Hans-Peter Schwarz
Republik ohne Kompaß

P
V

Hans-Peter Schwarz

Republik
ohne Kompaß

Anmerkungen zur
deutschen Außenpolitik

Propyläen

Propyläen ist ein Verlag der
Ullstein Buchverlage GmbH

ISBN 3-549-07242-2

© 2005 by Ullstein Buchverlage GmbH
Alle Rechte vorbehalten
Printed in Germany
Satz: Pinkuin Satz und Datentechnik, Berlin
Druck und Bindung: Clausen & Bosse, Leck

Inhalt

Vorwort

Die Realpolitik bewegt sich nicht in einer nebelhaften Zukunft, sondern in dem Gesichtskreis der Gegenwart. Sie findet ihre Aufgabe nicht in der Verwirklichung von Idealen, sondern in der Erreichung konkreter Zwecke. Endlich ist die Realpolitik eine abgesagte Feindin aller Selbsttäuschung. Es ist ihr eine Gewissenssache, die Menschen und Dinge so zu sehen, wie sie sind, und demgemäß nur das zu wollen, was sie kann.

August Ludwig von Rochau,
*Grundsätze der Realpolitik angewendet auf die
staatlichen Zustände Deutschlands* (1869)

»Das Ende aller Sicherheit«[1] – gut möglich, daß man künftig die Geschichte unseres Jahrzehnts unter dieser Überschrift abhandeln wird. Deutschland ist heute mit einer dreifachen Krise konfrontiert. Das Erschrecken über die Krise des »Modells Deutschland« hat sich inzwischen bis ins letzte Dorf verbreitet. Damit verbunden ist die Krise der deutschen Identität: Wird sich die Demokratie des Grundgesetzes im Verlauf des 21. Jahrhunderts in der Europäischen Union auflösen? Und wie kann sich Deutschland in der Völkerwanderung behaupten, an deren Anfängen wir heute stehen? Mit der sozioökonomischen Krise und der Identitätskrise Hand in Hand geht der kritische Zustand deutscher Außenpolitik – das Thema unseres Buches.

Der Westen löst sich auf und mit ihm jene festgefügten Strukturen, die der Bundesrepublik über ein halbes Jahrhundert hinweg Stabilität gaben. Das Vertrauen in Amerika ist erschüttert, die alte NATO nur noch eine historische Reminiszenz. Aber auch die hybrid erweiterte Europäische Union mit nunmehr fünfundzwanzig Mitgliedern, in der sich Deutschland dauerhafte Sicherheit versprochen hatte, ist aus dem Gleichgewicht geraten.

Deutschland wohin? Es wäre zu kurz gegriffen, die derzeitige Orientierungslosigkeit der Berliner Außenpolitik nur der rotgrünen Bundesregierung anzulasten. In Wirklichkeit sind alle Parteilager ratlos. Die großen Entscheidungsfragen verlangen aber nach Antwort, so oder so: Wie gefährlich ist Amerika? Wie unentbehrlich? Kann aus der Europäischen Union eine neue

Sicherheitsgemeinschaft werden? Oder sollten wir rasch auf ein »Kerneuropa« zusteuern? Doch ist nicht auch Frankreich für uns ein Problemfall, darin den USA ähnlich? Soll die EU wie bisher uferlos erweitert werden – auch um die Türkei? Muß sich Deutschland wirklich in die unübersichtliche Krisenzone des Mittleren Ostens hineinstoßen lassen, wo überall die Pulverfässer herumstehen wie einstmals auf dem Balkan der Jahrzehnte vor 1914? »Herumtappen in den Korridoren des Chaos« hat seinerzeit ein gescheiter Beobachter die Weltpolitik jener Jahre genannt,[2] als sich die Katastrophen des 20. Jahrhunderts zusammenbrauten. Gehen die heutigen Mächte an die Probleme des Nahen und Mittleren Ostens wirklich mit mehr Verstand heran? Überhaupt: Wie kann und wie soll Deutschland künftig seine wohlverstandenen Interessen definieren – national, europäisch, global?

Und wie soll man die eben skizzierten Fragen diskutieren? Da heute global, europäisch und national fast alles im Fluß ist, spricht viel für die Form des Essays. »Essayistisch schreibt, wer experimentierend verfaßt, wer also seinen Gegenstand hin und her wälzt, befragt, betastet, prüft, durchreflektiert, wer von den verschiedenen Seiten auf ihn losgeht ...«, so hat das einstmals, zwei Jahre nach dem Ende des Zweiten Weltkriegs, der scharfsinnige Max Bense im ersten Jahrgang des *Merkur* formuliert.[3] Lang, lang ist's her. Offensichtlich aber hat sich die Methodik des Essays weniger geändert als das globale System, das europäische Staatensystem oder auch Deutschland, das trotz aller Orientierungsprobleme heute wesentlich besser dasteht als im Jahr 1947. Doch wie lange noch?

I. Unsicherheiten

1. Die Hoffnungen der neunziger Jahre

»Es sind kurze Augenblicke in der Geschichte, in denen ein nobler Enthusiasmus regiert, und man muß für alles Bleibende, was in einer solchen Zeit geschaffen wurde, dankbar sein.« Wer hat diese schöne Feststellung getroffen und aus welchem Anlaß? War es Václav Havel, Lech Wałęsa, einer der tapferen Bürgerrechtler in der DDR, Helmut Kohl oder sonsteiner der vielen, die den Umbruch der Jahre 1989–1991 als die unvergeßlichste Erfahrung ihres politischen Lebens in Erinnerung halten? Das Zitat stammt von Golo Mann, und er hat damit die Steinschen Reformen im Preußen der Jahre 1807/08 kommentiert.[1] Heute ist diese einstmals berühmte Reformperiode fast vergessen. Weitgehend vergessen sind aber auch schon die Hoffnungen und Befürchtungen, von denen die deutsche Außenpolitik während des weltpolitischen Umbruchs 1989–1991 geprägt war. Man ermißt überhaupt nur, welchen Weg Deutschland, Europa und auch Amerika seither zurückgelegt haben, wenn man sich die damaligen Erwartungen vergegenwärtigt. Jene dramatischen Ereignisse liegen zwar erst ein paar Jahre zurück, aber im heutigen Bewußtsein erscheint diese Zeit schon wie eine halbe Ewigkeit.

Wie tiefgreifend die Zäsur war, ließ sich damals in jedem Leitartikel nachlesen. Man stelle sich vor, ein Besucher vom Mars hätte Europa im Sommer 1989 besichtigt und dann erneut 1996, bloß sieben Jahre später. 1989 waren trotz der Gorbatschowschen Reformen Europa und Deutschland immer noch zweigeteilt, die Sowjetunion war eine Supermacht, und die USA waren, wie schon seit über vierzig Jahren, die Schutzmacht der europäischen Demokratien. Wie erstaunt hätte sich der Besucher im Jahr 1996 die Augen gerieben: Das zwischen 1944 und 1948 errichtete europäische Imperium Moskaus – verschwunden. Das russische Reich selbst, über mehr als drei Jahrhunderte hinweg unaufhaltsam erweitert und zur Weltmacht herangewachsen – schlagartig zerfallen,[2] genauso wie Jugoslawien. Ein ganz neues Staatensystem war in Europa entstanden. Es umfaßte nicht nur die dem sowjetischen Würgegriff entronnenen Nationalstaaten Polen, Ungarn, Bulgarien, Rumänien, sondern noch ein weiteres Dutzend neuer Republiken. Aus der Zerfallsmasse der Sowjetunion waren neben dem stark geschrumpften, an seiner West- und Südflanke amputierten Rußland Estland, Lettland, Litauen, die Ukraine, Weißrußland und Moldawien entstanden, aus Jugoslawien Slowenien, Kroatien, Serbien und Montenegro, Mazedonien und Bosnien-Herzegowina. Die Tschechoslowakei hatte sich in die beiden Staaten Tschechien und Slowakei aufgelöst, und die DDR, einstmals westlicher Vorposten des sowjetischen Imperiums, war der Bundesrepublik Deutschland beigetreten.

Was für atemberaubende Perspektiven für das wiedervereinigte Deutschland! Selbst skeptische Geister begannen zu träumen: »Deutschland ist unglaublich gestärkt worden durch die Wiedervereinigung. Wenn man nicht in Jahren, sondern in Jahrzehnten denkt, wird es die führende Wirtschaftsmacht in Europa werden, in diesem Sinne Hegemonialmacht im Osten.«[3] Doch im Wirbel des säkularen Umbruchs zeigten sich die Lenker der damaligen Bonner Politik entschlossen, die Sturmflut des geschichtlichen Wandels in die vertrauten Strukturen zu lenken. Nachdem sich auch die anfangs wankelmütige SPD mitsamt den Grünen unlustig zwar, aber dann doch gottergeben auf die Wiederherstellung des deutschen Nationalstaats eingestellt hatte, bestand von halbrechts bis halblinks ein parteiübergreifender Konsens, an dem seit den fünfziger Jahren gewachsenen und bewährten außenpolitischen Bezugssystem nichts Grundlegendes zu ändern. Modifikationen, gewiß. Doch die große Parole lautete: Kontinuität. Der Umstand, daß die Wiedervereinigung durch Beitritt gemäß Artikel 23 GG gelungen war, schuf dafür denkbar elegante Voraussetzungen.

Zuvörderst sollte die Europäische Union weiter vertieft werden, und zwar intensiv. Parallel dazu wurde die Ost- und Südosterweiterung der EU auf den Weg gebracht. Heute, nach vollzogenem Beitritt der neuen Demokratien Ostmitteleuropas, ist man in Deutschland zwar geneigt, neben den evidenten Vorteilen auch die Problematik dieser Entscheidung etwas sorgenvoller zu betrachten: Werden sich die neuen EU-Mitglieder wirklich auf eine gemeinsame Außen- und Verteidigungspolitik einschwören lassen? Kann die Verschmelzung der immer noch auf unterschiedlichem Entwicklungsniveau befindlichen Volkswirtschaften tatsächlich ohne politische Verwerfungen vonstatten gehen – in Polen, in den besonders betroffenen neuen Bundesländern, aber auch in den Altländern der Bundesrepublik, wo manche die neuen EU-Partner des Sozial- und Steuerdumpings verdächtigen?

Die Osterweiterung ist vollzogen, aber noch nicht voll gelungen. Ebendeshalb ist aus heutiger Sicht an die hochgespannten Erwartungen zu erinnern, die Anfang der neunziger Jahre den europäischen Kontinent bewegten und den großen Erweiterungsprozeß in Gang brachten, der am 1. Mai 2004 einen vorläufigen Abschluß fand. Das »alte« Europa der damaligen Zwölfer-EU war entschlossen, die unabhängig gewordenen neuen Demokratien Ostmitteleuropas in seiner Mitte aufzunehmen, auch aus Sorge, dort könne ein Machtvakuum entstehen und den bislang so sicheren Westen des Kontinents erschüttern. Paneuropäisches Hochgefühl spielte gleichfalls eine Rolle. Das »neue« Europa seinerseits erhoffte sich vom Beitritt zur EU massive Hilfe beim Übergang zu Marktwirtschaft und Demokratie sowie Schutz vor einer Rückkehr des russischen Bären. Doch der Blick der Osteuropäer ging in jenen Umbruchjahren weit über Westeuropa hinaus. Sie versprachen sich genausoviel von Amerika wie von der EU, in Sicherheitsfragen sogar weit mehr.

Nach dem Zusammenbruch des Kommunismus schien alles möglich, auch wirtschaftliches Chaos. Einzelne Analytiker, die den Vorgang mit Sympathie, aber zugleich mit Gespür für die kommenden Schwierigkeiten beobachteten, hatten zwar von Anfang an eine längere Wüstenwanderung durch »das ökonomische Tal der Tränen« prognostiziert.[4] Moralisch und politisch sah aber niemand eine praktikable Alternative zur Erwartung der befreiten Nationen, nunmehr gleichberechtigt einen Platz im Club der Demokratien Europas einzunehmen, der Sicherheit versprach und den neuen Mitgliedern die wiedererrungene Würde beließ.

Beim Blick auf Rußland, das sich zurückgezogen hatte, doch weiterhin eine Nuklearmacht war, die im Chaos zu versinken drohte, sprachen zwingende geostrategische Überlegungen für die Osterweiterung der EU wie auch der NATO. Regierungen irritieren zwar immer wieder mit der Behauptung, für ihre jeweilige Politik gebe es keine Alternative. Doch diese Entscheidung war auch aus heutiger Sicht alternativlos. Sie entsprach zugleich der Logik einer Staatenverbindung, die seit Inkrafttreten der Römischen Verträge am 1. Januar 1958 stets unter dem doppelten Gesetz der Vertiefung und der Erweiterung gestanden hat.

Zur Kontinuität gehörte aber genauso die stabile Fortentwicklung des atlantischen Bezugskreises, in dem die Demokratien Europas mit den USA und Kanada verklammert sind – wirtschaftlich, kulturell, vor allem aber sicherheitspolitisch. Daß dies künftig noch schwieriger werden würde als bisher schon, ließ sich unschwer vorhersehen. Schließlich waren die Beziehungen zwischen den Ländern des westlichen Europa und der amerikanischen Hegemonialmacht auch in den Jahrzehnten des Kalten Krieges nie konfliktfrei verlaufen. Doch wie bisher wiegte man sich in der Hoffnung, es würde auch diesmal gelingen, das wetterfeste Bündnis aus den Jahrzehnten des Kalten Krieges an die neuen Gegebenheiten anzupassen. Wer damals in Bonn außenpolitisch tätig war, wußte natürlich, daß die Verflechtung des östlichen Europa mit NATO und EU eine genauso herkulische Aufgabe sein würde.

Lauter schwierige Partner: das selbstbewußte, jetzt in einsamer Größe dominierende, vorerst unentbehrliche, zugleich unentrinnbare, durchaus auch zu gelegentlicher Brutalität fähige Amerika, das im Umbruch der neunziger Jahre gleichfalls des eigenen Kurses ungewiß war und sich unter Präsident Clinton eigentlich am liebsten mit sich selbst beschäftigt hätte … Das periodisch zickige, seit langem bald latent, bald offen amerikaphobe Frankreich, dessen politische Elite immer noch von unerfüllbaren Großmacht-Nostalgien bewegt war, zu dem Deutschland aber seit Jahrzehnten ein Sonderverhältnis pflegte, in dem sich zweckrationale und sentimentale Motive vermengten ... Das ewig unentschiedene, nach den Thatcherschen Reformen wiedererstarkte Großbritannien, das gleichzeitig Juniorpartner Amerikas zu sein wünschte und »im Herzen Europas« ... Das in Deutschland wie anderswo zumeist unterschätzte, aber durchaus gewichtige, immer etwas ehrpusselige, auf den Mittelmeerraum und den Nahen Osten fixierte Italien und die vielen mittleren und kleineren Länder in der EU, deren bald von Mitte-Links, bald von Mitte-Rechts dominierte Regierungen sich allesamt ihre eigenen Vorstellungen von der Rolle Amerikas, von der künftigen Rolle der EU und nicht zuletzt von der neuen Rolle Deutschlands machten ...[5]

In einem jahrzehntelangen Lernprozeß von *trial and error* hatte Bonn jedoch eine lebenskluge Taktik des Sowohl-Als-auch entwickelt. Helmut Kohl wirkte zwar im Kreis seiner Kollegen ungeheuer massig. Doch kein anderer besaß so viel vorsichtige Feinfühligkeit im Umgang mit den Empfindlichkeiten der Großen und der weniger Großen. Ihm und den meisten der damaligen Bonner Spitzenpolitiker war die Fähigkeit zum Ausgleich und zur Suche nach Kompromißformeln zur zweiten Natur geworden. Und da die Bundesregierung bis in die Mitte der neunziger Jahre Deutschland noch als dynamische, führende und sehr wohlhabende Industriemacht Europas begriff, war sie lange Zeit bereit gewesen, die Kompromisse durch Scheckbuchdiplomatie zu erleichtern. Weshalb, so die Hoffnung, sollte sich das nicht auch künftig fortsetzen lassen – in der EU, im Verhältnis zu den neuen Demokratien Ostmitteleuropas und weit darüber hinaus?

In gewisser Hinsicht bewegte sich auch das Verhältnis zu Rußland, das man damals auf dem steinigen Weg zu Demokratie und Marktwirtschaft sah, auf den altvertrauten Gleisen. Schließlich hatte ja die Bonner Entspannungspolitik während zweier Jahrzehnte eine Art Doppelstrategie zur Domestizierung der Großmacht im Osten entwickelt. Zu Zeiten Breschnews und seiner moribunden Nachfolger lastete die Sowjetunion schwer kalkulierbar und drückend auf dem gesamten europäischen Staatensystem. Ostblock und Westblock waren zwar porös, aber von

Natur aus völlig unvereinbar. Damals mußte die Bundesrepublik ihr ganzes Augenmerk darauf richten, sich die Russen mit Hilfe der Atlantischen Allianz, vor allem aber der USA, vom Leibe zu halten, andererseits aber durch Nutzung des sowjetischen Interesses an wirtschaftlicher Zusammenarbeit und durch ergebenst respektvolle Behandlung diesen ganz besonders schwierigen Klienten irgendwie doch mit den fortschrittlicheren westlichen Systemen zu verbinden – in der Hoffnung auf inneren Wandel. Solange die sowjetischen Offensivarmeen mitten in Deutschland standen und solange die kommunistischen Länder im Innern unfrei waren, war diese Entspannungspolitik, die Brandt und Schmidt begonnen hatten und die von Kohl fortgesetzt worden war, freilich wieder und wieder an ihre Grenzen gestoßen.

Nach dem völligen Zusammenbruch des Kommunismus und des sowjetischen Imperiums verstand es sich somit von selbst, die zuvor schon auf Verständigung und Zusammenarbeit ausgerichtete Politik unter nunmehr viel günstigeren Bedingungen weiterzuführen, um Rußland an die westlichen Systeme anzudocken. Auch jetzt blieb die vorherige Doppelstrategie in Kraft: die Nachfolger der roten Zaren in Männerfreundschaft zu umarmen, sie aber zugleich mit Hilfe Amerikas und der EU in sicherer Entfernung zu halten. Wenn Gerhard Schröder Rußland heute als »strategischen Partner« bezeichnet, so setzt er damit lediglich die Politik seines Vorgängers fort.

Soviel in kurzem Aufriß zur Phase der Neuorientierung bis Mitte der neunziger Jahre. Schon damals war häufig von einer »neuen deutschen Außenpolitik« die Rede. Aber war sie im Grundsätzlichen wirklich so neu? Wie eine Gruppe von Experten die Frage beantwortete, läßt sich in vier zeitgenössischen Sammelbänden studieren, die das Forschungsinstitut der Deutschen Gesellschaft für Auswärtige Politik 1994 bis 1998 unter dem suggestiven Titel »Deutschlands neue Außenpolitik« herausbrachte.[6] Daß im europäischen Staatensystem ein säkularer Umbruch erfolgt war, daß sich die Mitgliedsländer und die Arbeitsweisen der internationalen Institutionen entsprechend verändert hatten, daß mit dem Wandel neue und alte Hoffnungen oder Befürchtungen Hand in Hand gingen, war unbestreitbar. Weniger klar war indessen, ob man sich deshalb schon auf dem Kurs zu völlig neuen Ufern befand. Die Leiter des Projekts, Karl

Kaiser und Hanns W. Maull, waren sichtlich bemüht, auf der vertrauten Bonner Klaviatur des Einerseits-Andererseits zu spielen. »Kontinuität und Wandel«, »Souveränität und Verflechtung«, »Macht und Verwundbarkeit« des wiedervereinigten Deutschland, »Handlungsanforderungen und Handlungsfähigkeit«, so war zu lesen, seien Begriffspaare, mit deren Hilfe sich die Bedingungen der neuen deutschen Außenpolitik entschlüsseln ließen. Aber waren das wirklich so umwerfend neue Gegebenheiten? Hätte die Außenpolitik der »alten« Bundesrepublik nicht mit denselben Doppelbegriffen erfaßt werden können?

In ähnlicher Unentschiedenheit wurden drei weitere, nicht minder vage formulierte Begriffspaare erörtert, welche die »außenpolitische Identität« und das »Rollenverständnis« der »neuen deutschen Außenpolitik« erfassen sollten: »Zivilmacht[7] und Großmacht[8]«, »Werte und Interessen« sowie »nationales Interesse und internationale Verantwortung«. Auch hier war zu fragen: Hatte nicht auch die »alte« Bundesrepublik« ihre Außenpolitik zumeist mit beidem legitimiert – mit Werten, was immer auch darunter verstanden wurde, und mit sehr handfesten Interessen? Hatte dieses Ineinander von Werten und Interessen nicht recht eigentlich schon den vier Jahrzehnten bundesdeutscher Außenpolitik von 1949 bis 1990 das Gepräge gegeben?

Tiefgreifender Umbruch im europäischen Staatensystem, aber zugleich verläßliche Kontinuität der Außenpolitik des vereinigten Deutschland – so lautete die Botschaft. Auch in dieser Hinsicht zeichnete man im Kreis der Wissenschaftler nur nach, was zur gleichen Zeit in den damals letzten Jahren der Bonner Republik von der Politik gestaltet wurde.

Dort dominierte weiterhin das Bestreben, die EU auf vielen Feldern qualitativ zu vertiefen, um das Projekt Europa, in der Redeweise jener Jahre, »unumkehrbar« zu machen. Bekanntlich waren die Impulse zur forcierten Vertiefung der Europäischen Gemeinschaft – die Delors-Pakete, die Pläne für eine europäische Währungsunion – schon vor dem großen Umbruch auf den Weg gebracht worden.[9] Die Angst der Nachbarn vor einem »deutschen Moloch«, der 1990 auf die Weltbühne zu treten schien, und die Angst der Deutschen vor sich selbst haben diese Vorhaben beschleunigt. Ein Höchstmaß an Kontinuität war aber schon dadurch gewährleistet, daß derselbe Bundeskanzler, anfangs mit demselben Außenminister, gestützt auf eine unveränderte Regierungskoalition, den Übergang gestaltete, bei der Europapolitik übrigens weitgehend unterstützt von den Oppositionsparteien. Kontinuität also im Verhältnis zu den wichtigsten Partnern, Kontinuität auch im Hinblick auf die Bezugskreise deutscher Außenpolitik.

Der anschauliche Begriff »Bezugskreise« eignet sich gut, um die grundlegenden Orientierungen eines Landes zu erfassen. Eine kleine historische Reminiszenz mag das illustrieren. Am 14. Mai 1953 diskutierten zwei alte Herren die auch damals schon arg verworrene Weltlage. Einer von ihnen war Winston S. Churchill (*1874), der andere Konrad Adenauer (*1876). Da das Komplizierte einfacher erscheint, sobald man es zu Papier bringt, malte der britische Premierminister drei ineinander verflochtene Ringe auf eine Tischkarte.[10] Sie sollten die drei wichtigsten Bezugskreise englischer Außenpolitik symbolisieren: das Commonwealth, aus Churchills Sicht nach wie vor am wichtigsten, die atlantische Gemeinschaft mit den USA und das vereinigte Europa. Im Schnittpunkt dieser Kreise befand sich London mit Downing Street 10, wo Churchill, pessimistisch gestimmt, aber immer noch unbeugsam, über dem *imperial sunset* Großbritanniens präsidierte. England verstand sich somit gleichzeitig als Zentrum des schon verblassenden Commonwealth, als zentrale atlantische Macht und als ein Teil des westlichen Europa, das sich seit den frühen fünfziger Jahren auf den Weg zur Vereinigung gemacht hatte.

Hätte man Helmut Kohl nach dem Zäsurenjahr 1990 um einen ähnlich vereinfachten Aufriß seiner Außenpolitik gebeten, würde er vielleicht vier einander gleichfalls überschneidende Bezugskreise gemalt haben: das vereinte Europa (bevorzugte Adressen: Paris mit François Mitterrand und Brüssel mit Jacques Delors), die atlantische Gemeinschaft (die USA mit George Bush senior, dann mit dem gleichfalls deutschfreundlichen Bill Clinton), die neuen Demokratien Ostmitteleuropas (Vorzugsadressen Budapest und Warschau) und schließlich Rußland, das eben den Kommunismus hinter sich ließ, doch bei großer Unsicherheit über seine allernächste Zukunft (Gorbatschow? Jelzin?). Das wiedervereinigte, noch recht kräftig erscheinende Deutschland hätte sich wie einstmals England auf Churchills

Tischkarte im Schnittpunkt dieser vier Kreise befunden, woraus sich die außenpolitische Verhaltensmaxime der neuen Zentralmacht Europas[11] ergab: Ausgleich, Ringen um Konsens, eine Politik des Sowohl-Als-auch nach allen Seiten.

Vielstimmig ist damals der Festchoral neuer deutscher Außenpolitik angestimmt worden: Deutschland, erstmals in den langen Jahrhunderten der neueren Geschichte »von lauter Freunden umgeben«. Damit verband sich die bereitwillige, ja geradezu freudige »Einbindung« (dies ein enthüllendes Stichwort jener Epoche) in die multilateralen Strukturen, vor allem in Europa. »Gulliver in der Mitte Europas« hat Helga Haftendorn das seinerzeit genannt, und sie schloß einen so betitelten Aufsatz mit den Sätzen: »Bisher will es jedoch scheinen, als ob der Bürger in Deutschland weder den hohen Grad an internationaler Verflechtung noch die sich daraus ergebenden Einschränkungen für sein eigenes Leben erkannt hat. Nicht die Zwerge halten Gulliver gefesselt, sondern er selbst weiß noch nicht, welche Fesseln er abschütteln und welche (institutionellen oder multilateralen) Bindungen er zum eigenen Vorteil akzeptieren muß.«[12] Das war richtig beobachtet.

Im unklaren Dämmerlicht jener Übergangsepoche tendierte der Bundeskanzler allerdings zusehends dazu, den europäischen Bezugskreis mit dem deutsch-französischen Partner etwas stärker zu akzentuieren als die anderen. Manches kam dabei wohl zum Tragen: seine Entschlossenheit, die Integration Europas ein für allemal »unumkehrbar« zu machen, die Überredungskünste des schlauen Mitterrand, Unklarheit auch über die langfristige Entwicklung der amerikanischen Europapolitik. Alles in allem gelang Helmut Kohl aber doch die Balance zwischen den heterogenen Bezugskreisen, dies nicht zuletzt deshalb, weil außer der lästigen Unruhe auf dem Territorium des zerfallenen Jugoslawien keine scharfen Krisen zwischen den Mächten aufbrachen.

Das Konzept einer ausgleichenden Zentralposition des starken, aber zugleich bemerkenswert kooperativen Deutschland war schon damals mehr Wunsch als Wirklichkeit. In dem von vielen in der deutschen Öffentlichkeit als eine Quasi-Supermacht erträumten und somit bevorzugten Bezugskreis der Europäischen Union, in der nach Kohls Vorstellung Paris zumindest zeremoniell den Vortritt beanspruchen durfte, sorgte das immer noch stark atlantisch orientierte England für Unruhe. Daß die neuen Demokratien Ostmitteleuropas sich wirklich, wie in Frankreich erhofft, mittelfristig auf das noch recht unfertige Kunstgebilde EU unter französisch-deutschem Führungsduo einlassen würden, war vorerst nur eine Hoffnung. Mußte man nicht viel eher erwarten, daß sich die ein Comeback Rußlands befürchtenden Völker des Baltikums, Polens oder Ungarns in erster Linie auf die Weltmacht USA verlassen würden, somit aber auch, selbst nach einem Beitritt zur EU, lieber dem atlantischen Konzept Londons zu folgen bereit wären? Die heutigen Schwierigkeiten der erweiterten, über eine gemeinsame Außen- und Sicherheitspolitik uneinigen Europäischen Union ließen sich schon damals vorhersehen. Doch Helmut Kohl, obschon alles andere als ein Jünger des marxistischen Expressionisten Ernst Bloch, hat immer nach dem Prinzip Hoffnung regiert und sich entschlossen gezeigt, selbst das schwer Vereinbare zu erreichen: Erweiterung der EU und deren Krönung durch eine (mit Amerika weiterhin eng verflochtene) gemeinsame Außen- und Sicherheitspolitik zum einen, gute Beziehungen zu Rußland zum anderen.

Beunruhigend waren allerdings damals schon die Bürgerkriegslandschaften in Exjugoslawien. Wo sollte man Bosnien-Herzegowina, das Kosovo, Serbien und Montenegro im Konzept der vier Ringe unterbringen, wo Kroatien, dessen Fortschritte zur Demokratie unter Tudjman sehr zu wünschen übrigließen und das genauso wie Serbien im trüben fischte? Mußte nicht notgedrungen ein fünfter Bezugskreis gezeichnet werden, auch er irgendwie in die vier anderen verflochten, mit der Aufschrift »exjugoslawische Chaos-Regionen« (Semi-Protektorate der EU, der NATO, der UN)? Tatsächlich hat sich die Diplomatie der EU-Länder, Amerikas und Rußlands während der gesamten neunziger Jahre unablässig an den dortigen Kriegen und Bürgerkriegen abgearbeitet. Das Problem einer ungeduldig an den Toren der EU rüttelnden Türkei stieg in jenen Jahren gleichfalls schon am Horizont empor, allerdings vorrangig als schwer lösbare Frage deutscher Innenpolitik.

Immerhin funktionierte damals noch der atlantische Bezugskreis. Gerne haben die Politologen jener Jahre das Wunschbild beschworen, alles in allem verhalte sich Amerika in Europa wie ein »gütiger Hegemon« (Helga Haftendorn).[13] Denn immer dann, wenn es die Bürgerkriegsparteien auf dem Balkan zu bunt trieben und wenn sich der europäischen Kabinette oder der UN Ratlosigkeit bemächtigte, sorgte Washington, zögerlich zwar, aber schließlich entschieden, durch Einsatz von U.S. Air Force, Navy und Army für Ruhe.[14] Der jahrelang finassierenden, schließlich aber erfolgreichen Rußlandpolitik des Westens gelang schließlich sogar so etwas wie die Quadratur des Kreises: Osterweiterung der NATO vorerst um Polen, Ungarn und Tschechien bei zeitweiliger Ruhigstellung Rußlands. Dieses wurde einerseits in der *Partnership for Peace* als politisches Quasimitglied mit der NATO verbunden, andererseits aber doch weit genug vom militärischen Kernbestand der Atlantischen Allianz entfernt gehalten.[15] Möglicherweise werden künftige Historiker den vitalen, auf dem Saxophon und auf manch anderem spielenden Bill Clinton, der sich aufgrund seiner Hosenladenprobleme zum öffentlichen Gespött machte, einmal als einen ernstzunehmenden, außenpolitisch sensiblen und besonders europafreundlichen amerikanischen Präsidenten in Erinnerung bringen. Jedenfalls ist das auf allseitige Ausbalancierung der Bezugskreise angelegte deutsche Konzept seinerzeit vor allem deshalb nicht vorzeitig gescheitert, weil Amerika, damals wie heute die vorerst einzige verbliebene Weltmacht, etwas lässig zwar, aber immerhin wohlmeinend, mitspielte.[16]

Tempi passati ... Im Verlauf weniger Jahre findet sich Deutschland inmitten einer völlig neuen politischen Landschaft. Als zeitgenössischer Beobachter sieht man sich zwar stets versucht, die aktuellen Veränderungen jeweils überzubewerten und vorschnell historische Zäsuren auszurufen. Aber diesmal hat es doch den Anschein, als sei Deutschland in den vergangenen Jahren in eine Phase großer Unsicherheit hinübergeglitten. Die traditionellen Bezugskreise sind aufgeplatzt. Die alten Konzepte stimmen nicht mehr. Berlin experimentiert mit den unterschiedlichsten Kombinationen. Was im längerfristigen deutschen Interesse liegt, ist zwischen Regierung und Opposition strittig. Aber auch die rot-grüne Bundesregierung selbst fährt seit ihren Anfängen einen Zickzackkurs, dessen Hektik selbst freundliche Beobachter irritiert.

Daß die Außenpolitik eines Landes hin und her geworfen

wird, unsicher experimentiert und ins Schleudern gerät, mag zwar niemanden erstaunen, der über einige Geschichtskenntnisse verfügt. Doch in Deutschland, wo lange Zeit alles seinen geordneten Weg ging, ist das eine ziemlich neue Erfahrung. »Aufgrund der langjährigen transatlantischen Einigkeit ist man bei uns der Illusion verfallen, die Nachkriegssituation Deutschlands und Europas sei gewissermaßen aus sich selbst heraus stabil, die Westintegration, die Westverschmelzung, dieses Einströmen Deutschlands in das westeuropäisch-atlantische Kräftefeld sei ein dauerhaftes, unabänderliches Ergebnis der westdeutschen Politik seit dem Zweiten Weltkrieg und werde daher für alle Zeiten unsere außenpolitische Grundlage bleiben« – mit diesen Worten hat Arnulf Baring unlängst die Psychologie des Landes und seiner Eliten recht zutreffend charakterisiert.[17]

Wie stellt sich die neue Lage in großen Zügen dar? Es sind vor allem fünf gravierende Veränderungen, auf die sich die deutsche Außenpolitik heute einzustellen hat: erstens die außerordentlich verstärkte »Europäisierung« des gesamten politischen Spektrums, also auch der Außenpolitik; zweitens, daß im vereinten Europa die außen- und sicherheitspolitischen Gegensätze, die zu überwinden man sich gerade anschickte, viel tiefer reichen als noch in den neunziger Jahren; drittens, daß es heute nicht mehr gelingen will (und vielleicht auch nicht mehr gelingen kann), den atlantischen und den europäischen Bezugskreis deutscher Außenpolitik zur Deckung zu bringen; viertens, daß sich Deutschland widerstrebend, aber wohl unausweichlich in den unübersichtlichen, hoch explosiven Großraum des Nahen und Mittleren Ostens hineingestoßen sieht; und fünftens schließlich, was Gabor Steingart unlängst plakativ, aber zutreffend mit dem Schlagwort umschrieben hat: »Deutschland. Der Abstieg eines Superstars«.[18] Ausgerechnet in einer Phase, in der sich das Umfeld der deutschen Außenpolitik dramatisch verändert, bringt die Bundesrepublik Deutschland weniger Gewicht auf die Waage als jemals zuvor. Skizzieren wir zunächst den neuerlichen Gang der Dinge, um dann nach den strukturellen Gegebenheiten und Optionen zu fragen.

2. Rot-Grün auf der Weltbühne: Verpatzte Auftritte

Eben war von den Bezugskreisen die Rede, an denen sich Helmut Kohl in den neunziger Jahren orientierte. Sollten sich aber Gerhard Schröder und Joschka Fischer zum Aufriß ihrer außenpolitischen Bezugskreise veranlaßt sehen, würde wohl mehr als eine Tischkarte benötigt. Doch man muß gerecht sein. Fast vier Jahre lang herrschte auch unter Rot-Grün so etwas wie Kontinuität. Die Turbulenzen sind neueren Datums, und sie haben leider bewiesen, daß selbst eingespielte Bezugskreise in kürzester Zeit aufplatzen können. Dabei ist der Scherbenhaufen im atlantischen Porzellanladen nicht nur vom großen Elefanten George W. Bush verschuldet worden. Auch zwei kleinere Elefanten waren dafür verantwortlich: Gerhard Schröder und Jacques Chirac. Doch die Differenzen zwischen den Spitzenchargen und deren Folgen wären nicht so tiefgreifend gewesen, hätten sie nicht Verwerfungen in den tektonischen Tiefenschichten der atlantischen Allianz zum Ausdruck gebracht – den strukturellen Wandel im europäisch-atlantischen Staatensystem, veränderte Machtverhältnisse, auch einen Mentalitätswandel.

Ein paar Jahre lang also rollte der rot-grüne Zug wie zuvor auf der Kontinuitätsschiene.[1] Daß die Regierung Schröder/Fischer idealistische Lieblingsthemen der Koalition als eine Art Spielbein begriff, wurde zwar spürbar, fiel aber nicht allzu stark ins Gewicht. Entwicklungspolitik mit dem Ziel präventiver Kalmierung von Unruhezonen, globaler Klimaschutz, Menschenrechtspolitik und Stärkung der UN, Hilfe beim Aufbau von Zivilgesellschaften – derartige Forderungen fanden schließlich weit über das Regierungslager hinaus Unterstützung. Doch in einem entscheidenden Punkt erfolgte eine deutliche Akzentverschiebung. Ausgerechnet Rot-Grün verstärkte anfangs den atlantischen Bezugskreis und wandte sich von der für kurze Zeit attraktiven Doktrin ab, Deutschland solle auf der Weltbühne die Rolle des idealistischen Liebhabers der »Zivilmacht« spielen. Als im Herbst 1998 die ethnische Säuberung im Kosovo einsetzte, entsandte die sich eben konstituierende rot-grüne Bundesregierung die Bundeswehr zu Kampfeinsätzen im NATO-Verbund gegen Serbien. Auch die eigentlich sakrosankte Forderung nach UN-Mandatierung militärischer Gewaltmaßnahmen gegen Friedensbrecher wurde brüsk beiseite geschoben.[2] Somit schien sich eine entschlossene, wenngleich bedingte NATO- und Amerika-Orientierung durchzusetzen. Das berechtigte, allerdings propagandistisch übertriebene Entsetzen über einen beginnenden »Genozid« im Kosovo mag dafür maßgebend gewesen sein. Es hatte aber allianzpolitische Konsequenzen.

Die Amerika-Orientierung verstärkte sich noch als Folge der Sympathiewelle für Amerika nach dem Anschlag des 11. September 2001. Die Entsendung von Bundeswehreinheiten ins ferne Afghanistan war genauso spontan wie zuvor das militärische Vorgehen gegen Serbien, allerdings ähnlich unüberlegt. Es ist unerfindlich, wie auf längere Sicht die Pazifizierung und Demokratisierung von Bergvölkern gelingen soll, die seit den letzten Jahrzehnten des 19. Jahrhunderts viel Freude daran haben, gemeinsam fremde Invasoren aus dem Lande zu treiben, um sich dann wieder ihrer Lieblingsbeschäftigung zu widmen, einander gegenseitig die Hälse abzuschneiden. Wer die Öffentlichkeit glauben machen möchte, damit einen gewichtigen Beitrag zum Aufbau einer »Zivilgesellschaft« zu leisten, bewegt sich am Rande der Lächerlichkeit. Nachhaltige Wirkungen sind von solchen Einsätzen nicht zu erwarten. Immerhin mochte man die auf längere Sicht perspektivlose Expedition als Beitrag zur Pflege des deutsch-amerikanischen Bündnisses rechtfertigen.

Neben dem atlantischen wurde von Rot-Grün jedoch auch der europäische Bezugskreis gepflegt. Da es hier in der Tat um die Planung langfristiger Strukturen ging, mochte sich das viel nachhaltiger auswirken als die spektakulären Militäreinsätze an der Seite Amerikas im Rahmen der NATO. Die Entschlossenheit vor allem Bundesaußenminister Fischers, an die föderalistische Europapolitik Kohls und Genschers anzuknüpfen, war evident. Wie schon in den Jahren der Kanzlerschaft Kohls wurde somit auch von Rot-Grün bei dem Bemühen um eine Gemeinsame Außen- und Sicherheitspolitik der EU (GASP) sowie um spezielle Ansätze für eine Europäische Sicherheits- und Verteidigungspolitik (ESVP) vieles probiert, allerdings nur halb ausgeführt, da das Geld fehlte und weil die NATO nicht aufgegeben werden sollte.[3] Doch so hat sich die europäische Integration immer voranbewegt. In den Fragen der Sicherheitspolitik ist das altvertraute Spiel in neuen Formen fortgeführt worden: einerseits nicht ganz so atlantisch zu sein, wie die Amerikaner und Briten dies wünschten, andererseits den USA gegenüber nicht ganz so antihegemonial und auf europäische Verteidigungsautonomie fixiert zu sein wie Frankreich. Genauso wichtig und von Langzeitwirkung war die Mitgestaltung der Verträge von Nizza und des Verfassungsvertrags für Europa. Diese Züge rollten gleichfalls auf der Kontinuitätsschiene, so daß CDU/CSU und FDP nichts Grundsätzliches einzuwenden hatten.

Behutsame Fortentwicklung erfuhr auch das Projekt der Osterweiterung der EU durch Beitritt der neuen Demokratien Ostmitteleuropas. Desgleichen pflegte Bundeskanzler Schröder genauso sorgsam wie vor ihm Helmut Kohl die Männerfreundschaft mit Jelzin, dann mit dessen Nachfolger Putin. Wer sich im Sommer 2002 anschickte, die Außenpolitik von Rot-Grün zu bilanzieren, kam gar nicht umhin, Kontinuität in den großen Linien zu konstatieren, ungeachtet kritischer Bewertung im einzelnen.

Das änderte sich, wie man weiß, schlagartig im Sommer 2002. Seither müßte man das Bild vom Gleichgewicht zwischen den vier Bezugskreisen durch das eines ständig sich drehenden Laufrades ersetzen, in dem aufgeregte Hamster umhersausen. Selten zuvor hat die Außenpolitik der Bundesrepublik so abrupte, unvorbereitete Kurswechsel erfahren. Zuerst wurde der atlantische Bezugskreis notleidend. Wenn langjährige Beziehungen zerbrechen, liegt die Schuld oft auf beiden Seiten. Die Bush-Administration, wie problematisch auch immer ihre Begründung gewesen sein mag, entschloß sich zum gewaltsamen Sturz des Diktators Saddam Hussein.[4] Die Regierung Schröder/Fischer ihrerseits entdeckte in den Nöten eines flatternden Wahlkampfs das Trumpf-As der Friedenspolitik und trat Washington öffentlich entgegen.

Von da an vollzog sich alles nach dem altvertrauten Schema der »Rosenkriege« von Medienzelebritäten: zuerst ein Crescendo von beiderseits zunehmend schrilleren Schuldzuweisungen für die Zerrüttung der Beziehung – bei anfänglicher Isolierung der Berliner Regierung, die sich im In- und Ausland des Vorwurfs zu erwehren hatte, erstmals seit dem Zweiten Weltkrieg wieder einen »deutschen Sonderweg« zu beschreiten; dann rettendes Hinzutreten eines Dritten – des französischen Staatspräsidenten Chirac. Die über Gebühr festlich begangenen Feiern zum 40. Jahrestag des Élysée-Vertrags im Januar 2003 machten den Anfang. Für eine Reihe von Monaten ließen Schröder und Chirac keine Gelegenheit aus, sich als strahlendes *couple francoallemand* zu präsentieren und gleichzeitig Schimpf und Schande auf den irrenden amerikanischen Verbündeten zu häufen. Berlin und Paris entfalteten eine ebenso rast- wie maßlose Geschäftigkeit beim Aufbau einer diplomatischen Gegenkoalition zu den USA und zu England in den Vereinten Nationen. Das ähnlich wie Frankreich traditionell antihegemoniale Rußland wurde mit einbezogen, ebenso, mehr im Hintergrund bleibend, die künftige Weltmacht China. Wer hätte im Frühjahr 2002 vorhergesehen, daß wenige Monate später eine buntscheckige diplomatische Koalition traditioneller, zu ihrem Leidwesen abgestiegener europäischer Großmächte – Deutschland, Frankreich und Rußland – zusammen mit der kommenden Großmacht China und einem stattlichen Schwarm von Dritte-Welt-Staaten im Gefolge gegen eine transatlantische Koalition auftreten würde mit den USA als Führungsmacht und mit England, Spanien, Portugal, den Niederlanden, Dänemark, Polen, Ungarn, der Türkei und anderen in deren Gefolge? Nur die PR-Abteilung der Bundesregierung und wem es sonst am geschärften Blick für unbeabsichtigte Grotesken auf dem Feld der Außenpolitik mangelte, mochte die Auftritte in der UN als Demonstration neu entdeckten deutschen Selbstbewußtseins feiern. Doch in den internationalen Beziehungen liegen Grotesken und Fehler oft nahe beisammen.

Innerhalb kürzester Zeit war somit – aus wessen Schuld auch

immer – nicht nur der atlantische Bezugskreis bisheriger deutscher Außenpolitik, sondern auch der Bezugskreis »Europa« vorerst aufgeplatzt. Über die Jahre hinweg hatte die rot-grüne Regierung ähnlich wie die Vorgängerregierung Helmut Kohls die wünschenswerten, naturgemäß aber schwer realisierbaren Pläne verfolgt, die Außen- und Sicherheitspolitik der EU-Länder sowie diejenige der Beitrittskandidaten zu harmonisieren. Als sogar England bei dem nachmals berühmten britisch-französischen Treffen von Saint-Malo im Dezember 1998 endlich signalisiert hatte, beim Aufbau einer rudimentären Verteidigungsstreitmacht der EU mitzuwirken, schienen langjährige Wünsche deutscher Außenpolitiker in Erfüllung zu gehen.

Die unüberlegte Arroganz aber, mit der Chirac und Schröder im Winter 2002/03 vorpreschten, um »im Namen Europas« den USA und somit auch England entgegenzutreten, hat alle diese Bemühungen vorerst desavouiert. In der Krise erwies sich die schon halb auf den Weg gebrachte, halb noch virtuelle Gemeinsame Außen- und Sicherheitspolitik der EU als Illusion. Die EU-Regierungen fanden sich im Verein mit den Beitrittskandidaten in zwei heftig zerstrittenen Lagern wieder. Nur wenigen EU-Ländern gelang das Kunststück, sich halbwegs bedeckt zu halten. Zu den ersten Opfern des Irakkrieges gehörten somit nicht nur die jahrzehntelang gewachsenen freundschaftlichen Beziehungen zwischen Deutschland und den USA, sondern genauso die GASP. Nie seit dem Suez-Debakel von 1956 ist zwischen den westlichen Demokratien unter hoch emotionalisierter Beteiligung der Öffentlichkeit ein so giftiger Streit ausgetragen worden. Tatsächlich war das Zerwürfnis diesmal noch heftiger, weil fast alle Regierungen im atlantischen Bündnis Position bezogen haben – beziehen mußten.

Anders als in Berlin und Paris erhofft, geriet aber das französisch-deutsche Tandem in der EU wie seitens der Beitrittskandidaten in eine bedrückende Minderheitsposition. Die an deutsch-französischen Kaminen erträumte Vision eines vertieften und gleichzeitig erweiterten Europa unter französisch-deutscher Führung gefiel weder in Warschau noch in Prag, weder in Rom noch – solange der konservative Ministerpräsident Aznar an der Macht war – in Madrid, und in London und Washington schon gar nicht. Das von England geführte, in erster Linie aber von Amerika zusammengebrachte Lager der Amerikafreunde in Europa war stärker. Statt einer Konkretisierung europäischer Außenpolitik und Verteidigungsidentität ergab sich beim Feldzug gegen den Irak und bei der anschließenden Besatzungspolitik dort eine Konkretisierung des atlantischen Europa. England fungierte als Juniorpartner Amerikas. Wichtige Gründungsmitglieder der einstigen Sechsergemeinschaft und lange Zeit Kernländer eines »karolingischen« Europa – Italien und die Niederlande – haben sich gleichfalls auf die Seite Amerikas geschlagen, desgleichen anfänglich Spanien, Portugal und das erneut auf Großbritannien fixierte Dänemark.

Bei genauerem Nachdenken hätte zudem niemand darüber erstaunt sein dürfen, daß sich auch die in die NATO neu aufgenommenen oder unter den amerikanischen Schutzschild strebenden Regierungen Ostmitteleuropas, vor allem Polen, mit Truppenkontingenten am Irakkrieg beteiligen oder doch ihr Verständnis für das Vorgehen der USA und Englands bekunden würden. Hinter dem französisch-deutschen Tandem radelten jetzt nur noch Luxemburg und Belgien. Die Proklamation der Vier auf dem Gipfel von Vervuren Ende April 2003, nun zum Trotz mit dem Aufbau eines Kerns europäischer Streitkräfte zu beginnen, sogar mit eigenem Hauptquartier, gegebenenfalls auch außerhalb der NATO,[5] wirkte nicht wie ein neues Konzept, sondern unterstrich eher, wie sehr sich Berlin und Paris verrannt hatten. Nie zuvor hatte sich die deutsche Diplomatie innerhalb der Europäischen Union so ungünstig positioniert. Der Verweis auf europaweite Massendemonstrationen gegen die Bush-Administration und die Unterstützung des kleineuropäischen Aufbegehrens in den Feuilletons großer Zeitungen oder durch die philosophischen Stichwortgeber der linken Intelligenzija[6] konnten an dieser Tatsache nichts ändern. Erstmals war es England gelungen, in einer zentralen Frage transatlantischer Politik den größten Teil der europäischen Regierungen auf seine Seite zu ziehen, obschon Tony Blair mit dem Waffengang an der Seite von George Bush seine politische Existenz riskiert hatte.

Deutlicher als je zuvor war im Jahr 2003 zu erkennen, wie unterschiedlich die geostrategische Interessenlage in Europa sich darstellt. In Ostmitteleuropa und Südosteuropa, vom Baltikum über Polen bis Rumänien, überlagert die Furcht vor einer Rückkehr Rußlands nach wie vor alles. Deshalb sind die dortigen Regierungen zu vielem bereit, um die Schutzmacht USA günstig zu stimmen – vom Kauf amerikanischen Rüstungsmaterials über die Bereitstellung von Militärbasen bis hin zur Entsendung von Truppen in den Irak. Gewiß sprechen die wirtschaftlichen Interessen wie die kulturellen und geographischen Affinitäten dafür, auf längere Sicht in der EU die Zukunft zu sehen. Aber ist es wirklich ausgemacht, so fragte und fragt man dort, daß sich das Europa der 25 in moralisierender Trotzhaltung gegen das hegemoniale Amerika konstituieren muß? In Estland, Lettland, Litauen, Polen, Rumänien, Bulgarien, Ungarn, Slowenien, Slowakei und Tschechien glaubt man zu wissen, daß im Krisenfall nur auf die NATO unter amerikanischer Führung Verlaß ist. Auch in der Haltung Italiens und Spaniens kamen anfangs geostrategische Überlegungen zum Tragen. Besorgte Politiker, Sicherheitsexperten und eine kritische Öffentlichkeit beobachten dort beunruhigt die Gärung an den Gegenküsten. Man fürchtet, daß dort aggressive muslimische Regime an die Macht kommen könnten, verspürt den Völkerwanderungsdruck dieser jungen Gesellschaften und hält beim Blick auf mittelfristige Eventualitäten die Rückversicherung bei der amerikanischen Weltmacht für angebracht.

Da und dort ganz offensichtlich, anderswo eher untergründig spielte bei der Reaktion Europas auf den Irakkrieg auch der Rechts-Links-Gegensatz eine Rolle. Die konservativen Regierungen in Rom, Den Haag, Kopenhagen und Wien (bis zur Abwahl Aznars auch in Madrid) empfanden alles in allem doch eine gewisse Sympathie für das konservative Amerika, desgleichen für das auch unter New Labour weiterhin ausgeprägt thatcheristische England Tony Blairs. Zwar regiert auch in Paris eine dem Namen nach konservative Regierung. Doch Frankreich ist seit den Jahren de Gaulles ein Sonderfall. Kritik an Amerika gehört dort gewissermaßen zum Nationalcharakter. Staatspräsident Jacques Chirac, in dem man geradezu die Inkarnation eines politischen Opportunisten studieren kann, hat nicht völlig vergessen, daß er bei der absurd verlaufenen Präsidentschaftswahl im Jahr 2002 auch von Millionen linker Franzosen mitgewählt wurde, die so gegen den rechtsradikalen Le Pen protestierten. Das ohnehin schon verwackelte Gruppenbild der EU-Regierungen wurde durch Vorbehalte gegen die französisch-deutsche Achse zusätzlich verunklart. Unterschwelliges Mißtrauen gegen die Führungsattitüde von Paris und Berlin war seit längerem schon zu verspüren und kam bei dieser Gelegenheit offen zum Ausbruch. Daß selbst die alte Sechsergemeinschaft auseinandergedriftet ist, gibt besonders zu denken. Wenn nur noch Frankreich, Deutschland, Belgien und Luxemburg übrig bleiben (vielleicht ergänzt durch das jetzt sozialistisch regierte Spanien), so ist ein um die Führungsmächte Frankreich und Deutschland gruppiertes »Kerneuropa«, bestehend aus den Ländern der alten Sechsergemeinschaft, keine realistische Option mehr, wie immer es auch strukturiert wäre – innerhalb der EU-Verträge oder auf eigener Vertragsbasis. Das blieb auch den Lenkern der Berliner Außenpolitik nicht unverborgen. Im März 2004 hat Außenminister Fischer denn auch das kurz zuvor noch etwas vorlaut aufgezogene Kerneuropa-Fähnlein öffentlich eingerollt.[7] Nach einer selbst für seine Verhältnisse erstaunlichen Volte plädiert er nun – bis auf weiteres – für eine »transatlantische« Sicherheitsstrategie.

Die Europapolitik Deutschlands war also ähnlich unbeständig wie seine Amerikapolitik. Einerseits erstmalige, nicht UN-mandatierte Kriegführung im Rahmen der NATO gegen Serbien unter Führung der USA, andererseits das Bemühen, eine autonome Europäische Verteidigungsstreitmacht aus dem Boden zu stampfen, woraus aber angesichts der Nöte des Bundeshaushalts nicht viel Vorzeigbares entstehen wird. Anschließend das handstreichartig improvisierte Konzept einer angeblich auch für andere EU-Länder offenen französisch-deutschen Sicherheitsunion, seit Februar 2004 – nach einer erneuten Volte – gefolgt von Gesprächen über ein trilaterales deutsch-britisch-französisches Zusammengehen.[8] Schließlich Rolle rückwärts zu einer »transatlantischen« Strategie für den »erweiterten Mittleren Osten«. Keine moderne Außen- und Sicherheitspolitik wird innere Widersprüche ganz vermeiden können. Doch ist bisher noch keine Bundesregierung derart hurtig, und stets mit anspruchsvoller theoretischer Begründung, in der Hamstertrommel der Widersprüche herumgesaust.

Vorerst sind die einstmaligen Bezugskreise deutscher Außenpolitik völlig durcheinandergeraten. Nichts paßt mehr richtig zusammen. Zwar sind am 1. Mai 2004 die meisten der neuen Demokratien Ostmitteleuropas und Osteuropas der NATO beigetreten. Zur gleichen Zeit wurde die Osterweiterung der EU vollzogen. Bulgarien und Rumänien dürften im Jahr 2007 beitreten, Kroatien etwas später. Das Türkeiproblem ist noch offen. Eigentlich kommen somit der atlantische Bezugskreis mit der Zentralorganisation NATO und der europäische Bezugskreis mit der Zentralorganisation EU halbwegs zur Deckung. Doch ebenhier liegt die Widersprüchlichkeit offen zutage. Frankreich, unsicher und unbeständig von Deutschland sekundiert, möchte nach wie vor die EU außen- und sicherheitspolitisch zu einem festen Block verschmelzen, der seine Identität in der selbstbewußten Abkehr von Amerika findet. Die Massenerweiterung der EU hat aber diese Hoffnungen zunichte gemacht. Schon jetzt ist deutlich erkennbar, daß die Vision einer vertieften EU unter französisch-deutscher Führung weder in Warschau akzeptabel ist noch in Prag, doch ebensowenig in Rom oder in Den Haag, und am allerwenigsten nach wie vor in London. Nicht allein ökonomisch ist die neue EU inhomogener denn je. Sie vereinigt heute fünfundzwanzig Staaten, die stark divergierende außen- und sicherheitspolitische Prioritäten verfolgen. Angesichts des europäischen Debakels in der Irakfrage hat somit die Erweiterung der EU und der NATO keine Vereinfachung der Beziehungsmuster gebracht, vielmehr die diffuse Lage potenziert.

Alle historische Erfahrung lehrt natürlich, daß sich Allianzen, die man einstmals für ewig erachtet hat, früher oder später aufgelöst haben. Auch in dieser Beziehung gibt es nichts Neues unter der Sonne. Die Auflösung alter Bündnisse und die Entstehung neuer Koalitionen vollzieht sich manchmal evolutionär, häufiger aber in Krisen und Kriegen. Wer immer auch an den Konfrontationen des Jahres 2003 die Hauptschuld tragen mag, diese haben jedenfalls vor Augen geführt, daß die bislang eingespielten, gewissermaßen klassischen Bezugskreise deutscher Außenpolitik nicht mehr krisenfest sind.

Gegenwärtig hat es zwar den Anschein, als könnten sich die durch die Psychodramen des Irakkrieges in Mitleidenschaft gezogenen Beziehungen wieder einrenken. Doch wie lange wird die Beruhigung andauern? Es ist unschwer vorhersehbar, daß auch künftig neue Krisen zu veränderten Mächtekonfigurationen führen werden wie beim Drehen eines Kaleidoskops. Für die nähere und fernere Zukunft läßt das somit erwarten, daß die europäischen und atlantischen Rahmenbedingungen deutscher Außenpolitik auch weiterhin nicht stabil sein werden, sondern stark volatil. Mit wem soll Deutschland in den großen Sicherheitsfragen zusammenspielen? An wen kann es sich anlehnen? Ist vielleicht doch die Rückkehr zur gewissermaßen guten alten Zeit vor dem Sommer 2002 möglich, als EU und NATO noch auf gutem Wege schienen? Oder muß Deutschland realistischerweise neue Institutionen und Koalitionen ins Auge fassen? Fragen über Fragen, von denen im folgenden einige zu diskutieren sein werden.

Aber nicht allein die bisher recht stabilen Beziehungsmuster sind in kürzester Zeit aus dem Gleichgewicht geraten. Seit dem fatalen 11. September 2001 hat sich auch eine Verschiebung der strategischen Lage Deutschlands vollzogen, deren weitreichende Bedeutung erst langsam zu dämmern beginnt. Geostrategisch hatte sich die Bundesrepublik seit ihrer Gründung allein vom Osten her bedroht gesehen. Deshalb hat sie eine Kontinentalstrategie betrieben. Alle Überlegungen wurden von dem Problem bestimmt, wie die mitten in Deutschland stehende sowjetische Großmacht eingedämmt werden könnte. Das schien nur im hochgerüsteten, erforderlichenfalls rasch kriegsbereiten NATO-Bündnis möglich. Vierzig Jahre lang wären nur schwärmerische Außenseiter auf die Idee verfallen, die Bundesrepublik könnte die Rolle einer »Zivilmacht« spielen. Vielmehr war die Bundeswehr die stärkste konventionelle Streitmacht in Europa, und sie hatte eine einzige defensive Aufgabe: Abschreckung im Rahmen der NATO oder, im Fall eines Angriffs, die Landesverteidigung.

Natürlich wußte man auch damals, daß der »Krisenbogen« vom Maghreb bis Pakistan, wie Zbigniew Brzezinski das seinerzeit genannt hat, eine weitere, kritische Spannungszone des Kalten Krieges darstellte.[9] Die Außenpolitiker und Experten waren sich über die vitale Abhängigkeit der Industriestaaten Europas vom Erdöl am Golf immer im klaren. Genausogut kannte man die Gefährlichkeit des Nahostkonflikts, in den Israel verwickelt ist, dem gegenüber man von Schuldgefühlen geplagt wird, und die geostrategisch viel wichtigere arabische Welt. Aber unumstritten war und blieb doch bis zum Ende des Kalten Krieges, daß sich die Bundesrepublik mit ihren Streitkräften allein auf die kontinentale Bedrohung zu konzentrieren hatte, während es den USA – in den Anfängen auch England – oblag, zusammen mit den prowestlichen Regierungen dieser Region die Expansion der Sowjetunion durch Bündnisse und durch Militärmacht einzudämmen.

Das ändert sich jetzt tiefgreifend. Ein Wiederaufleben der russischen Gefahr ist vorerst nur eine ferne Eventualität. Heute sieht sich Deutschland durch die Macht der Umstände und durch seine bisherigen Verbündeten genötigt, den Nahen und Mittleren Osten von der Türkei bis Afghanistan als fernen, aber entscheidend wichtigen Großraum zu entdecken. In Kleinasien und im Mittleren Osten soll, so die Botschaft, die aus Washington, Paris, London, Rom, aber auch aus Ankara (desgleichen aus Bagdad und Kabul) zu vernehmen ist, künftig ein Schwerpunkt deutscher Außen- und Sicherheitspolitik liegen – und dies nicht nur politisch und wirtschaftlich, sondern auch militärisch. Tatsächlich geht es dort um vieles: um die Stabilisierung der Ölversorgung, um das Verhältnis der vom Fundamentalismus aufgewühlten muslimischen Gesellschaften zu den westlichen Demokratien, um ein halbes Dutzend jeweils auf ihre Art höchst kritische Länder – Israel mit dem Palästinenserproblem, Syrien, die Türkei, Irak, Saudi-Arabien, Iran, Afghanistan. Es geht auch um Geschäfte. Vor allem aber steht dort auch die Bündnisfähigkeit auf dem Spiel. Zugleich sieht sich die Berliner Außenpolitik mit der Entscheidungsfrage konfrontiert, ob Deutschland in diesen unübersichtlichen Spannungszonen eher mit Amerika und Großbritannien oder aber mit Frankreich zusammengehen will.

In vielerlei Hinsicht erinnert heute der sogenannte Große Mittlere Osten an den Balkan vor 1914, die damalige Krisenzone Europas, wo die säkulare Katastrophe ausgelöst wurde, von der sich der Kontinent noch am Ende des 20. Jahrhunderts nicht ganz erholt hatte. Wie seinerzeit der Balkan ist auch der Große Mittlere Osten eine strategisch wichtige, zugleich aber unübersichtliche Region, wo die Interessen der Verbündeten, der Gegner und einer Menge unsteuerbarer mittlerer und kleinerer Mächte zusammenstoßen, deren Völker, so sie in raschen Feldzügen niedergeworfen werden, am Partisanenkrieg große Freude haben. Gäbe es einen Teufel, der die ruhebedürftigen, friedlichen, neospießbürgerlichen Deutschen mit mephistophelischem Vergnügen in einen Hexenkessel werfen wollte, so hätte ihm nichts Schöneres einfallen können. Ob, wie weit, an wessen Seite und mit welchen Kräften sich Deutschland in diese fernen Krisenzonen tatsächlich und auf Dauer hineinziehen lassen sollte, ist in den ersten Jahren des 21. Jahrhunderts urplötzlich zu einer der großen, beunruhigenden und zu Recht sehr umstrittenen Entscheidungsfragen deutscher Außenpolitik geworden. Wenn die Berliner Außenpolitik ihren Kompaß verloren hat, dann auch deshalb, weil niemand so recht auf diese dramatische Schwerpunktverschiebung vorbereitet war. Ohne es eigentlich zu wollen, aber auch ohne sich grundsätzlich verweigern zu können, sieht sich Deutschland in einen Großraum hineingestoßen, in dem es sich seit dem Bau der Bagdadbahn in der Wilhelminischen Epoche und der Waffenbrüderschaft mit dem Osmanischen Reich im Ersten Weltkrieg bis zum Vorstoß der Panzerdivisionen Rommels gegen den Suezkanal im Jahr 1942 eigentlich immer nur eine blutige Nase geholt hat.

Bisher hat Rot-Grün dort nur improvisiert. Anfangs ist die Regierung Schröder im Gefolge Amerikas nach Afghanistan gezogen und hat durch den Mund ihres Verteidigungsministers Struck erklärt, Deutschland werde auch am Hindukusch verteidigt. Wenig später stellte sich dieselbe Regierung zusammen mit Frankreich den Amerikanern, den Briten und weiteren europäischen Partnern beim Irakkrieg in den Weg. Wenn Rot-Grün heute den Beitritt der Türkei zur EU forciert, so nicht allein aufgrund der wohlbekannten innenpolitischen Wahlkalküle und der Hypothek des grünen Multikulturalismus, sondern auch aufgrund der strategischen Überlegung, die Europäische Union müsse mit Hilfe eines EU-Mitglieds Türkei im Nahen und Mittleren Osten eine segensreiche Rolle spielen. Man mag diese Hoffnung für illusionär halten, dennoch hat sie Gewicht. Schwierigste Orientierungsprobleme mit denkbar weitreichenden Konsequenzen also auch hier.

Das alles verbindet sich mit einer weiteren, gravierenden Frage, die in Europa nicht ausdiskutiert ist und schon gar nicht in

Deutschland: Wie viele außen- und sicherheitspolitische Zuständigkeiten können und sollen an die Europäische Union abgegeben werden? Es geht dabei um nicht mehr und nicht weniger als um die Zukunft des modernen Staates. Henry Kissinger, dessen Realismus vielen verhaßt ist, der aber die Fähigkeit besitzt, das aktuelle Auf und Ab in historischer Perspektive zu beleuchten, hat unlängst formuliert, der Entfremdung zwischen den USA und Europa liege eine Ursache zugrunde, die struktureller, ja philosophischer Natur sei. Nicht aus der Irakfrage, so schreibt er, resultieren die grundlegenden Meinungsverschiedenheiten. Die eigentliche Ursache für den Bruch sei »die fortschreitende Erosion des Nationalstaats europäischer Prägung, der seit dem 17. Jahrhundert das Fundament des internationalen Systems gebildet hat und das Zentrum von Bündnispolitik war«.[10]

Zur Verunsicherung der Öffentlichkeit trägt eben auch die Unklarheit darüber bei, an welchen verfassungspolitischen Prinzipien und Leitvorstellungen sich die deutsche Europapolitik orientieren soll. Ist es nicht atavistisch, überhaupt noch von einer deutschen Außenpolitik zu sprechen? Gibt es überhaupt noch einen Kernbestand nationaler Interessen? Haben sich diese bereits in Europa aufgelöst oder sollen sie das? Und wie steht es mit den Menschheitsinteressen, zu denen wir uns gerne bekennen? Ob man in diesem Zusammenhang von Werten spricht oder von Interessen, ist eher zweitrangig. Von erstrangiger Bedeutung aber ist, »in wessen Namen«[11] Deutschland seine Außenpolitik führen möchte. Über dieser Frage liegt genausoviel Nebel wie über der Zukunft unserer Allianzen und Bezugskreise.

3. Deutsche Interessen?
Europäische Interessen?

»Nationales Interesse« ist eine diffuse Kategorie. Doch darin unterscheidet sich der Begriff nicht von anderen politisch-historischen Grundbegriffen.[1] Friedrich von Hajek hat gelegentlich von »Wieselbegriffen« gesprochen. Wiesel sind kleine, flinke, kaum faßbare Raubtiere von enormer Sprungkraft, Wendigkeit und Vorsicht. Kein Loch ist ihnen zu klein, kein Zaun zu hoch. Das Wiesel ist, lesen wir in »Meyer's« berühmtem Konversationslexikon von 1908, »sehr mutig und kühn und entgeht bei seiner List und Schnelligkeit vielen Verfolgungen«. In manchen Gegenden halte man es für »äußerst gefährlich«, in anderen glaube man, daß es wirtschaftlich Glück bringe.[2] Viel spricht dafür, daß auch das sogenannte nationale Interesse einer jener Wieselbegriffe ist, die durch Schwerfaßlichkeit gekennzeichnet sind, auch durch Ambivalenz. Längst sind jedenfalls die Tage vorbei, in denen der britische Premierminister Palmerston mit der naiven Selbstsicherheit viktorianischer Staatsmänner erklären konnte: »Wir haben keine ewigen Verbündeten, und wir haben keine ewigen Feinde. Unsere Interessen sind ewig, und diesen Interessen zu folgen ist unsere Pflicht.«[3]

In Wirklichkeit waren die »ewigen Interessen« auch schon in den Jahrzehnten der Viktorianer umstritten. Geboten sie den globalen Freihandel, oder lag auf lange Sicht auch ein gewisser Protektionismus im britischen Interesse? Sprachen die »ewigen Interessen« für periodische Interventionen in den Händeln des kontinentalen Europa und Lateinamerikas, oder waren Sicherheit und Frieden der englischen Inseln besser gewährleistet, wenn London seine Außenpolitik nach dem Grundsatz »no intervention« betrieb?[4] Immerhin blieb das Staatensystem im viktorianischen Zeitalter noch einigermaßen überschaubar: etwa ein halbes Dutzend Großmächte, zwei Dutzend kleinerer Staaten und große Gebiete in kolonialer und halbkolonialer Abhängigkeit. Verkehr, Informationskanäle, Einwanderung, Kapitalverkehr – alles war noch einigermaßen kontrollierbar, und die rapide Veränderung der Daseinsverhältnisse befand sich erst in den Anfängen.

Unter den heutigen Bedingungen aber ist es vollends unmöglich, den Begriff »ewige Interessen« auch nur zu denken, geschweige denn damit Politik zu treiben. Die moderne Unübersichtlichkeit und das Tempo der Veränderungen werfen lange Schatten des Zweifels auf jeden Versuch, die »nationalen Interessen« widerspruchsfrei zu definieren.[5] In allen westlichen Demokratien, die den pluralistischen Diskurs erlauben, vernimmt man diesbezüglich eine Kakophonie unterschiedlicher Meinungen. Die amtierenden Staatsmänner, politische Parteien oder sonstige Meinungsträger pflegen zwar ihre jeweiligen Zielvorstellungen als »objektive Interessen« zu propagieren; wie wollten sie sich im politischen Diskurs auch anders durchsetzen? Bei nüchterner Betrachtung ist aber doch festzustellen, daß die sogenannten nationalen Interessen recht subjektiv definiert werden.[6]

Wie im folgenden zu entwickeln sein wird, kann und muß man zwar immer wieder versuchen, im kritischen Diskurs zu erhellen, welche Sicht der Dinge im gegebenen Moment vernünftigerweise als »nationales Interesse« zu definieren wäre. Die Welt ändert sich aber ständig, und die Akzentsetzungen der Außenpolitik müssen dem Rechnung tragen. Tatsache ist und bleibt jedenfalls, daß die sogenannten nationalen Interessen relativ sind und dementsprechend oft stark umstritten. Diese Feststellung gilt generell, somit auch für Deutschland.

Von wo soll also der Versuch seinen Ausgang nehmen, in die beim ersten Zusehen recht verwirrenden Subjektivismen deutscher Interessendefinition einige Ordnung zu bringen? Im heutigen Streit über die jeweils maßgebenden Interessen werden häufig zwei Probleme miteinander verquickt, die eigentlich auseinandergehalten werden sollten. Deren erstes ist gewissermaßen die klassische Frage der internationalen Beziehungen: Wie kann, soll und muß eine gegebene staatliche Einheit die eigenen Interessen im internationalen System optimieren, wo zahlreiche andere Staaten ihren eigenen Interessen gleichfalls Priorität zuerkennen? Das zweite Problem ist die Frage, ob die Staaten Europas, Deutschland zuvorderst, überhaupt noch Staaten in einem Verständnis bleiben wollen und können, das bis vor kurzem noch maßgebend war und außerhalb Europas nach wie vor Geltung hat. Für diese Unklarheit steht die vieldeutige Verlegenheitsbezeichnung »Europäische Union«.

Als nationales Interesse im erstgenannten Verständnis wird zumeist ein ganzes Bündel von vorrangigen Zielen begriffen: die Forderung nach nationaler Selbstbestimmung und Bewahrung der eigenen Identität, die Sicherheitsinteressen, die Wirtschaftsinteressen und anderes mehr. Dabei hat das moderne Staatsverständnis längst jene Vorstellungen hinter sich gelassen, wonach sich Staaten in einer gleichsam hobbesianischen Welt befinden, also in ständigem Kriegszustand, der nur von periodischen Erholungspausen unterbrochen wird.[7] Die Staaten der heutigen Welt scheinen viel eher riesigen Konzernen zu gleichen, die in komplizierten Konkurrenzverhältnissen stehen. Sie kooperieren miteinander, gehen strategische Allianzen ein, suchen die Konkurrenz in Abhängigkeitsverhältnisse zu bringen, machen aber auch manchmal bankrott und werden zerlegt wie der kommunistische Ostblock in den frühen neunziger Jahren. Dabei wirken in der globalisierten Welt nicht nur die großen und kleinen Mächte aufeinander ein. Mehr oder weniger anonyme Trends, regionale Asymmetrien, transnationale Akteure und Wertvorstellungen unterschiedlichster Art müssen gleichfalls von den Staaten berücksichtigt werden.

Unter dem Dauerdruck der Globalisierung ist die Autonomie vieler Staaten stark eingeschränkt. Nur sollte man sich nicht täuschen: Die Schale der nationalen Souveränität ist zwar an vielen Stellen porös, aber durchaus noch haltbar, ganz besonders außerhalb Europas. Schon mehr als einmal haben Politologen die frohe oder nicht ganz so frohe Botschaft von der »anachronistischen Souveränität« zu früh ausgerufen.[8] Kaum bestreitbar ist, daß der Staat, wie immer er im Innern strukturiert sein mag, nach wie vor die höchste politische Handlungseinheit darstellt, somit auch den jeweils eigenen Interessen die Priorität zuspricht. Darauf insistieren die Vertreter der Theorien des Realismus oder des Neorealismus, wobei ein jeder seine individuellen Akzente setzt.[9] Fixpunkt der Interessenanalyse ist und bleibt der Staat. Welche Konzernstrategie, um im Bild zu bleiben, der einzelne Staat dabei zu verfolgen hat, wie er seine Interessen also definieren soll, ist in pluralistischen Demokratien, und nicht nur dort, oft heftig umstritten. Als außenpolitisch artikulierte Interessen werden somit die Strategien und die taktischen Mittel zur Optimierung der jeweiligen Eigeninteressen begriffen, die nicht nur materiell zu verstehen sind. Wenn wir in Teil II (»Lauter unkorrekte Fragen«) eine Reihe von Optionen deutscher Außenpolitik diskutieren, wird es um solche Fragen gehen: Welcher Nutzen oder welcher Schaden resultiert aus dieser oder jener Option für die wohlverstandenen materiellen und ideellen Interessen Deutschlands?

Eine Analyse, die sich auf das sogenannte nationale Interesse eines gegebenen Staates bezieht, ist also immer noch zweckmäßig, wenngleich die Theoretiker wie die Praktiker gut daran tun, die Bedingtheiten dieses Ansatzes zu betonen. Dies gilt in erster Linie für die Staaten im heutigen Europa. Vor allem hier wird die klassische Frage nach den Wirtschafts-, Sicherheits- und Identitätsinteressen des jeweiligen Staates durch die zweite Frage kompliziert, an der sich niemand vorbeidrücken kann: Ist es im Verbundsystem der EU überhaupt noch realistisch, den jeweiligen Nationalstaat als den alleinigen Fixpunkt außenpolitischen Interessenkalküls zu begreifen? Hat sich nicht bereits »jenseits der Staaten« auf europäischer Ebene mit der EU eine neue, dauerhafte Bezugsebene herausgebildet, auf der ein ganz erheblicher Teil der deutschen Interessen formuliert oder in Gestalt von Verordnungen und Richtlinien vorformuliert wird? Und ist nicht auch die Außen- und Sicherheitspolitik, die nach dem geltenden EU-Vertrag erst koordinativ ist, bereits so unausweichlich in die EU-Maschinerie eingebunden, daß die Autonomie faktisch nicht mehr besteht?

Die lange Epoche des autonomen Nationalstaats, so die gängige Beobachtung, nähere sich dem Ende.[10] Zumindest zwischen den Staaten Europas habe sich inzwischen ein völlig neuer Aggregatzustand herausgebildet, für den Historiker, Politologen und Verfassungsjuristen noch nach adäquaten Begriffen suchen. »Post-national« (Karl Dietrich Bracher)[11] seien diese Demokratien, sagen die einen, »post-klassische« (Heinrich August Winkler)[12] oder »supranationale Nationalstaaten« (Rolf Grawert)[13] nennen sie andere, oder man spricht von »internationalisierter Souveränität« (Rainer Arnold)[14]. Damit verschiebt sich aber die Interessendiskussion. Nicht welche unterschiedlichen Interessen die einzelnen Staaten verfolgen sollen, ist in dieser Hinsicht zu erörtern, sondern vor allem die Frage, wieviel ihrer originären Souveränität die EU-Länder an die neuartigen Brüsseler Entscheidungsgremien, die sich ständig vermehren und verändern, abgegeben haben oder abgeben sollen und was daraus resultiert.

Bevor das weiterdiskutiert wird, ist auf ein wichtiges Paradox zu verweisen. Dieses besteht darin, daß man außerhalb Europas den souveränen, mit der Territorialhoheit ausgestatteten und ein sehr komplexes Binnensystem gestaltenden Staat immer noch als mehr oder weniger unangefochtenes, ideales und durchaus praktisches Modell zur Organisation großer Kollektive betrachtet. Ein Staat, der nach innen noch weitgehend souverän ist, sucht auch nach außen weiterhin ein hohes Maß an Handlungsfreiheit zu bewahren. Somit sind auch die von den entsprechenden Regierungen artikulierten Interessen nach wie vor und unbeschadet zeremonieller Verbeugungen vor den Vereinten Nationen oder dem Völkerrecht primär auf den jeweiligen Staat fokussiert.[15] »Rußland, China, Japan und Indien zum Beispiel haben«, um nochmals Henry Kissinger zu zitieren, »nicht anders als die USA ... ein Staatsverständnis, das sich mit dem der europäischen Mächte vor dem Zweiten Weltkrieg vergleichen läßt.«[16] Doch auch die mittleren und kleineren Länder außerhalb Europas klammern sich zäh an der staatlichen Souveränität fest, obgleich die uneingeschränkte Autonomie vielfach nur noch ein schöner Traum ist – gelegentlich auch ein Alptraum der dort von politkriminellen Eliten kujonierten Untertanen.

Ausgerechnet Europa aber, wo der inzwischen weltweit exportierte »Staat der Neuzeit« in langwierigen Geburtswehen entstanden ist und wo auch die Interessenlehre der Staatsräson entwickelt wurde, ist heute ein ganz außergewöhnlicher Sonderfall. Hier plädieren zahlreiche Politologen, Professoren des Europarechts und die große Truppe neoliberaler Ökonomen für ein »Regieren jenseits des Nationalstaates«.[17] In der EU ist dieses Programm tatsächlich bereits Wirklichkeit geworden. Der Aufbau eines Mehrebenensystems hat dort schon erstaunliche Fortschritte gemacht. Die EU-Länder sind nicht mehr Herren der eigenen Wirtschaftspolitik und – was die Mitglieder von Euroland angeht – auch nicht mehr der eigenen Währung. Zwischen den Ländern von Schengen-Europa sind auch die Grenzen völlig porös geworden, obgleich sie rechtlich noch existieren. Wer sich daran erinnert, welche Bedeutung die Grenzsicherung noch bis weit über die Mitte des 20. Jahrhunderts hinaus hatte, weiß, was dies langfristig für die Zukunft des »Staats der Neuzeit« bedeutet. Daß sich aus dieser Asymmetrie zwischen der außereuropäischen Staatenwelt, in der die Souveränität noch weitgehend in Kraft ist, und dem sehr dicht vernetzten EU-System mit erodierenden nationalen Souveränitäten auch für die deutsche Außenpolitik weitreichende Konsequenzen ergeben, ist evident.

In diesem neuartigen System sind die Regierungen selbst großer europäischer Staaten von der Taillenweite Deutschlands nicht mehr in der Lage, die Interessen ihrer Bürger allein zu definieren. Sie müssen dialektisch agieren – einerseits, indem sie weiterhin selbständige Interessenpolitik betreiben (auch gegenüber den Partnern im EU-System), andererseits aber, indem sie für jene Teile der Souveränität, die an Europa abgegeben wurden, die Interessen »Europas« zu optimieren versuchen. Die nach Lage der Dinge definitive Abtretung eines Teils einstmaliger deutscher Souveränität an die EU ist schließlich in der Erwartung erfolgt, die Bündelung der nationalstaatlichen Interessen auf europäischer Ebene werde auch dem einzelnen Staat Nutzen bringen – größeren Nutzen, als dies das Festhalten an der uneingeschränkten Souveränität gebracht hätte.

Neben dem Nationalstaat, der in Europa weiterhin der erste Fixpunkt außenpolitischer Interessen ist, steht somit die Bezugsebene Europäische Union. Diese verfügt zwar weder über das Gewicht noch über die Legitimität eines großen Nationalstaates. Ein System, dem die beteiligten Staaten nur etwa ein Prozent des Bruttosozialprodukts als Betriebsmittel zur Verfügung stellen, während jeder dieser Staaten rund vierzig Prozent seines Bruttosozialprodukts nach eigenem Gusto einsetzt, hat bis zur Quasistaatlichkeit noch einen langen Weg vor sich. Dennoch irren alle gewaltig, die allein den Nationalstaat als Fixpunkt der deutschen Interessen begreifen möchten. An vielen Bahnhöfen, wo deutsche Interessen verladen werden, sind die Züge nach Europa längst abgefahren. Wer das nicht wahrnehmen möchte, ist kein Realist, sondern ein altmodischer Illusionist.

Gewisse Zweifel lassen sich allerdings nicht unterdrücken, ob das wenig überlegte Durcheinander gleichzeitiger Vertiefung und Erweiterung der Europäischen Union nicht manche dieser Züge entgleisen lassen könnte. Die Krisenfestigkeit der EU ist nicht über jeden Zweifel erhaben. Gleichwohl bleibt festzuhalten, daß neben dem weiterhin vorrangigen deutschen Nationalstaat die zweite zentrale Bezugsebene deutscher Interessen »Europa« ist.

Die deutschen Interessen, doch ebenso diejenigen aller anderen EU-Mitglieder, sind wie bei einer Ellipse in zwei Brennpunkten fokussiert: zum einen in der weiterhin handlungsfähigen, staatsrechtlich in letzter Instanz autonomen Demokratie des Grundgesetzes, zum anderen in der Europäischen Union. Manche beschreiben die deutsche Europabindung schon mit sehr weitgehenden Formulierungen. »Die Staatsidentität wurde grundlegend europäisiert«, lesen wir in einer neueren Studie, in der das weiterhin viel stärker an der nationalen Souveränität orientierte Staatsverständnis Frankreichs mit den deutschen Vorstellungen verglichen wird.[18] Selbst wenn eine solche Feststellung staatsrechtlich zu weit geht, zeigt sie das Problem auf. Deutsche Interessen werden in dem System geteilter Souveränität einerseits in Berlin, andererseits in den Brüsseler Gremien formuliert. Zwischen beiden Bezugsebenen besteht eine unauflösliche Interdependenz. Zwar sehen sich einzelne Denkschulen oder politische Lager ständig versucht, bloß eine einzige dieser Orientierungsebenen zur allein maßgeblichen zu erklären, doch solche Versuche enden eher früher als später in sophistischen Simplifizierungen. Deutsche Außenpolitik ist nur dann vernünftig, wenn sie den dialektischen Zusammenhängen zwischen beiden Ebenen gerecht wird.

Doch wie wird sich das Verhältnis dieser Handlungsebenen

weiterentwickeln? Vor allem seit Mitte der achtziger Jahre ist die Verdichtung und Erweiterung der EU-Ebene beispiellos rasch vorangekommen. Das Totenglöcklein des Staates ist aber auch in Europa noch nicht zu vernehmen. Im Gegenteil. Die Analyse von nunmehr vier Vertragsrevisionen von den Maastricht-Verträgen aus dem Jahr 1991 bis zum Verfassungsvertrag für Europa von 2004 zeigt, daß sich das Verhältnis zwischen der Regelungsebene EU und den Mitgliedstaaten einzupendeln beginnt. Der große, von Brüssel aus gesteuerte Binnenmarkt ist ein gewaltiges Projekt, das alle beteiligten Länder tiefgreifend verändert, direkt oder indirekt. Die einstmalige Nationalökonomie, die darauf zielte, die in einem Staat zusammenwirkenden Elemente der Wirtschaft zu verstehen und zu steuern, ist nur noch eine ferne Erinnerung. Auch die Regelungsdichte der EU auf einstmals klassischen Feldern der Innenpolitik – nennen wir nur beispielhalber: Rechtspolitik, Gesundheitspolitik, Gleichstellungsfragen, Verbrechensbekämpfung, Grenzschutz – engt den Gestaltungsspielraum der bis vor kurzem noch autonomen Staaten mehr und mehr ein. Viel ist zwar weiterhin vetobewehrt, doch eine Art europäischer Koordination der Politik ist erreicht, selbst auf dem Feld der Außenpolitik. Die Bedeutung dieser Neuerungen kann schwerlich überschätzt werden, und somit trifft die Theorie der geteilten Souveränität in der Tat zu. Auch der Beitritt von zehn neuen Ländern hat Tatsachen von denkbar weitreichender Bedeutung geschaffen.

Bei genauerem Hinsehen zeigt sich indessen, daß heute ein vorläufiger Endpunkt der stürmischen Entwicklung der vergangenen beiden Jahrzehnte erreicht ist. Die Erweiterung um zehn neue Mitglieder von zumeist heterogenem Entwicklungsstand am 1. Mai 2004 muß jetzt erst einmal verkraftet werden – politisch, wirtschaftlich und institutionell. Voraussichtlich wird der Erweiterungsvorgang 2007 oder etwas später durch die Aufnahme Bulgariens, Rumäniens und Kroatiens noch arrondiert. An der Problematik dieser kühnen Ost- und Südosterweiterung wird das aber nichts Entscheidendes ändern.

Zugleich sind auch die seit den Verträgen von Maastricht permanent vollzogenen Änderungen der EU-Verträge im Jahr 2004 zu einem gewissen Abschluß gelangt. Niemand vermag zwar abzusehen, ob und wie der Verfassungsvertrag für Europa den Hindernislauf durch wohl an die zehn Referenden überstehen wird. Wenn er scheitern sollte, würden die EU-Länder vorerst auf dem Vertrag von Nizza sitzenbleiben. Darin hatten die Regierungen der großen, bevölkerungsstarken und in jeder Hinsicht leistungsfähigsten Länder Europas den kleineren und mittleren Ländern Stimmrechte eingeräumt, die auf Dauer nicht haltbar sind. Aus Sicht der großen Länder Europas (Deutschland, England, Frankreich, Italien) beinhaltet der Verfassungsvertrag für Europa mit dem Prinzip der doppelten Mehrheit eine Korrektur dieses Fehlers. Beim Scheitern der Ratifikation des Verfassungsvertrags müßte also eher früher als später ein anderer Weg gefunden werden, dies zu korrigieren. Ein neuer, großer Anlauf zu einem Vertrag, der in den Ländern der 25er-EU Zustimmung finden könnte, wäre aber dann kaum zu erwarten.

Auch das für den Fall eines Scheiterns des Verfassungsvertrags häufig beschworene »Kerneuropa«, bestehend aus denen, die zustimmen, ist aus vielen Gründen, die noch zu erörtern sein werden, ziemlich unrealistisch. Der Verweis auf diese Option dient in erster Linie dem Zweck, bei den ausstehenden Referenden die Scheinalternative »Zustimmung zum Verfassungsentwurf oder Ausscheiden aus der EU« aufzubauen. Daß die Länder, in denen negative Referendumsmehrheiten zustande kommen, darauf mit dem Verlassen der EU reagieren, ist jedoch nicht zu erwarten; und sie würden sich mit ihrem Bleiben auf sicherem vertraglichem Boden befinden. Vor allem in Deutschland will man sich mit der Alternative »Kerneuropa« selbst Mut zusprechen. Es ist bitter, sich in Momenten der Nachdenklichkeit einzugestehen, daß das Projekt eines quasiföderalistischen Europa nicht mehr erreichbar sein wird.

Tatsächlich hat nämlich der Verfassungsvertrag für Europa jene Ziele nicht erreicht, die von den Föderalisten erstrebt wurden. Was Hermann Lübbe von seiner Schweizer Warte aus im Jahr 1994 formuliert hatte, trifft auch weiterhin zu, obwohl Europa seither noch sehr viel dichter vernetzt worden ist: »Vereinigte Staaten von Europa wird es nicht geben.«[19] Der Vertrag markiert das Äußerste, was an Vertiefung und institutioneller Reform gerade noch möglich ist. Doch die Union erhält keine Kompetenz-Kompetenz. Die Mitgliedstaaten bleiben weiterhin die Herren der Verträge. Sie behalten wie bisher ihre überkommenen Verfassungsordnungen, Parteien- und Mediensysteme inbegriffen. Kernbestände der nationalen Souveränität sind weiterhin dem Veto unterworfen. Die Steuerhoheit verbleibt bei den Mitgliedstaaten, desgleichen die Sozialpolitik und die Bildungspolitik. Steuerhoheit bedeutet praktisch: Auch nach Ratifikation des Verfassungsvertrags würde die EU weiterhin nur etwas mehr als ein Prozent des Bruttosozialprodukts erhalten. Und ungeachtet der neuen Kunstfigur eines der Kommission angehörenden »Außenministers« werden auch künftig alle Bemühungen um Vergemeinschaftung der Außen- und Verteidigungspolitik dem Veto der Regierungen unterliegen. Aller Voraussicht nach wird wohl Helmut Schmidt recht behalten. Er ist gewiß keiner von denen, die dem Ziel einer gemeinsamen Außen- und Verteidigungspolitik Europas ablehnend gegenüberstehen, rechnet aber für die Verwirklichung einer gemeinsamen Außenpolitik mit einem Zeitraum von 25 bis 50 Jahren. Bis zu einer gemeinschaftlichen Verteidigung, so hat er im Herbst 2003 in Washington ausgeführt, könne es sogar noch länger dauern.[20]

Somit ist nach wie vor eine deutliche Rangordnung der Bezugsebenen gegeben. Wenn die neuartige, an die Nationalstaaten angedockte Bezugsebene EU künftig gut funktioniert, ist das ein hoher Wert an sich. Es gibt sie in der Tat, die »europäischen Interessen«, und sie hängen mit den im engeren Sinn nationalen Interessen nur noch indirekt zusammen. Dennoch konnte sich der Nationalstaat auch im eng verflochtenen Europa unserer Tage als vorrangiger Fixpunkt halten, an dem sich die kollektiven Interessen festmachen lassen. Um es pointiert zu formulieren: Die demokratisch verfaßten Staaten Europas sind für das Geltendmachen deutscher, französischer, britischer, niederländischer oder polnischer Interessen nach wie vor die Nummer eins, die EU ist die gewichtige Nummer zwei.

Wie ist unter den Bedingungen engster wirtschaftlicher und sonstiger Verflechtungen die Resistenz der europäischen Staaten zu erklären? Wenn sich Gesellschaften seit Jahrhunderten oder auch nur seit Jahrzehnten in festen Staatsgehäusen eingerichtet haben, sind zahllose Partikularitäten entstanden: vom politischen System über die Wirtschaftsordnung, die Verbände,

45

die sozialen Sicherungs- und die Bildungssysteme bis weit ins soziale Unterfutter der Familien, der Religionsgemeinschaften und des Vereinswesens. »Die Natur des Menschen ist verwikkelt. Die Gegenstände des gesellschaftlichen Lebens sind unendlich zusammengesetzt ...« So hat der Altliberale Edmund Burke vor mehr als zweihundert Jahren die Eigenart der Gesellschaften seiner Zeit charakterisiert,[21] die im Vergleich mit denen des frühen 21. Jahrhunderts geradezu Musterbeispiele von Übersichtlichkeit gewesen sind.

Die Verflechtung der Wirtschaft im großen Binnenmarkt, planmäßig vorangetrieben durch die Steuerungsinstanzen der EU, wirkt zwar homogenisierend. Angleichungsprozesse des Wirtschaftens, des politischen Handelns, der Sozialsysteme, der Lebensverhältnisse, die ohnehin weltweit gegeben sind, im klein gewordenen Europa aber besonders nachhaltig wirken, werden durch die EU erheblich verstärkt. Es ist lediglich eine Tatsachenbeschreibung, wenn man die Brüsseler Bürokratien und das Europäische Parlament in Verbindung mit dem Europäischen Gerichtshof in Luxemburg als eine Riesenkrake beschreibt, deren zahllose Fang- und Greifarme vom Kartellrecht und dem Verbraucherschutz bis hin zu den Curricula der Hochschulen und zur Gleichstellungsproblematik alles anzusaugen versuchen, was sich an partikulärer Eigenart erhalten hat. Das ist unvermeidlich, es ist politisch gewollt, vielfach auch nützlich, auf manchen Feldern allerdings kurzsichtig überzogen, was sich früher oder später rächen wird. Bei genauerem Hinsehen läßt sich auch gut erkennen, daß vieles, was in den Gesellschaften Europas als Folge der Globalisierung verstanden wird, tatsächlich in erster Linie das Resultat umfassend angelegter Europäisierungsprozesse ist.

Wie aber der elastische Widerstand der Nationalstaaten anläßlich der Vertragsänderungen des EU-Systems beweist, werden sich die Strukturen ihrer sozio-politischen Systeme noch lange halten. Je unheimlicher der anonyme Sog der Globalisierung, um so zäher klammern sich viele Bürger an die Kernelemente des eigenen Staates, auch wenn sie aus Brüssel und von den eigenen Regierungen unablässig die Botschaft vernehmen, die Länder Europas könnten der Globalisierung nur durch Europäisierung widerstehen. Die kommenden Referenden über den Verfassungsentwurf werden diese Beobachtung vielleicht wieder einmal bestätigen.

Wieweit sich im Einzelfall die alte Idee der Nation künftig noch als handlungsbestimmend erweisen wird, ist nicht leicht vorherzusagen. Daß in den neuen Demokratien Ostmittel- und Südosteuropas, die eben erst dem Käfig des Ostblocks entronnen sind, der nationale Unabhängigkeitswille noch viel ungestümer artikuliert wird als in den eher apathischen Gesellschaften des westlichen Europa, versteht sich von selbst. Doch verborgen oder auch offen ist auch im »alten« Europa das nationale Identitätsbewußtsein noch eine bestimmende Kraft, wenngleich nicht mehr wie einstmals in der Narrenphase europäischer Nationalismen in Gestalt nationaler Auserwähltheitsillusionen, sondern nur noch defensiv und voller Sorge vor dem Überhandnehmen fremder Einflüsse.

Selbst in Deutschland, wo man mit dem Nationalismus besonders negative Erfahrungen gemacht hat, vollziehen sich bisweilen denkwürdige Vorgänge. Nirgendwo war der nationale Gedanke so nachdrücklich diskreditiert gewesen wie in den beiden deutschen Staaten vor dem Herbst 1989. Fast niemand dachte noch im Ernst an die Wiederherstellung eines deutschen Nationalstaats. Heute aber erinnert man sich nur noch mit Staunen an jenes Bündel historischer, theoretischer, machtpolitischer und moralischer Argumente, die damals beiderseits der Mauer für eine Verstetigung der Zweistaatlichkeit und das Ende der deutschen Nationalidee geltend gemacht wurden. Seit 1990 wissen wir: Es waren vielfach Irrtümer,[22] denn tatsächlich bedurfte es nur kurzer 329 Tage[23] zur Beendigung der unnatürlichen Teilung der deutschen Nation. Seither scheint die Glut unter der Asche wieder erloschen. Aber wer diese 329 Tage unter den national scheinbar perfekt kastrierten Deutschen erlebt hat, der hält auch künftig beim Eintreten außergewöhnlicher Konstellationen manches für möglich.

Unnötig zu sagen, daß die heutigen Nationalstaaten ihre stärkste Legitimität aus der Tatsache beziehen, daß sie Demokratien sind – alterprobte Verfassungsstaaten wie Großbritannien, die Niederlande oder auch Frankreich, jüngere, inzwischen aber doch konsolidierte Demokratien wie Italien, Deutschland oder Österreich, neue Demokratien wie die des östlichen Europa.

Bisher wurde noch keine andere Organisationsform erfunden, die dem Staatsvolk ein Höchstmaß an demokratischer Partizipation eröffnet, auch rechtsstaatlichen Schutz für alle, nationale Minderheiten inbegriffen. Bekanntlich existieren weltweit vergleichsweise viele Nationalstaaten, die keine oder allenfalls recht liederliche Demokratien sind. Aber es existiert keine Demokratie, die nicht ein Nationalstaat wäre, also nationales Identitätsbewußtsein besitzt, selbst wenn dieses aus verschiedenen Volksgruppen und Religionsgemeinschaften entstanden ist wie in der Schweiz, in Belgien, in Indien oder in der Schmelztigel-Demokratie USA. Demokratie im Innern und Selbstbestimmung nach außen sind komplementär.

Die meisten Demokratien im EU-Bereich, die großen, die mittleren und nicht zuletzt die kleinen, legen allergrößten Wert darauf, vitale Elemente des klassischen Nationalstaats faktisch oder doch zumindest prinzipiell unter ihrer Kontrolle zu behalten. Kann sich das im Grundsatz ändern? Wird es sich ändern? Jedem Deutschen ist zwar seit gut einem Vierteljahrhundert das föderalistische Argument geläufig, dem evidenten Demokratiedefizit innerhalb der EU könne und müsse durch Ausweitung der Zuständigkeiten des Europäischen Parlaments abgeholfen werden. Manches ist in dieser Hinsicht dank kontinuierlicher Vertragsänderungen auch schon erreicht worden. Doch so, wie die EU konstruiert ist, wird eine weiter als bisher reichende Parlamentarisierung aus vielen Gründen nicht möglich sein. Direkte demokratische Verantwortung des Regierungshandelns ist nur auf der Ebene der Nationalstaaten möglich. Ralf Dahrendorf hat kürzlich pointiert geschrieben, »wenn die EU um Aufnahme in die EU nachsuchte, müßte sie als unzulänglich demokratisch abgewiesen werden«.[24] Wir lebten, so konstatierte er bitter, in einer Zeit der »Wegwerfpolitik«, in der die Parlamente ihre bis vor kurzem noch zentralen Rechte widerstandslos in diffuse politische Räume abwandern lassen. Daß der über Jahrzehnte, wenn nicht Jahrhunderte hinweg gewachsene Verfassungsstaat bis heute den verläßlichsten Rahmen darstellt, in dem moderne Demokratie funktioniert, ist ebenso eine Tatsache wie die, daß sich in den EU-Ländern dieser Rahmen auflöst. Nachhaltigkeit der parlamentarischen Debatte ist zusehends weniger gegeben. In der nationalstaatlichen Demokratie hat die Wählerschaft noch die Möglichkeit, bei allgemeinen Wahlen auf die Ablösung einer schlechten Regierung hinzuwirken. Eine Abwahl des Europäischen Rats aber ist nicht möglich.

Föderalistisches Europa: ein neuer deutscher Sonderweg?

Man müßte derart grundlegende, zugleich aber evidente Sachverhalte nicht ausdrücklich hervorheben, würde in der deutschen Öffentlichkeit darüber nicht ein beträchtliches Maß an Unklarheit herrschen. Daß die Deutschen alles in allem »gute Europäer« sind, zeigt sich jedesmal erneut, wenn es bei einer neuerlichen Revisionsrunde der EU-Verträge darum geht, weitere Zuständigkeiten an die EU zu übertragen. Jeder Blick auf die entsprechenden Grundsatzpositionen der maßgeblichen Parteien oder auf die EU-Diskussion in der Wissenschaft bestätigt diesen Eindruck. Nur sind die lieben Deutschen zugleich unaufmerksame Europäer: Sie achten nicht genau genug darauf, daß die meisten Partner in der EU längst nicht so viel an Souveränität abgeben möchten wie sie selbst. Wer sich aber über diese fundamentale Tatsache in unserem derzeit wichtigsten zwischenstaatlichen Bezugssystem unzutreffende Vorstellungen macht, hat ein Problem, wenn es um die Formulierung der richtigen Strategien deutscher Außenpolitik geht. Der amerikanische Europa-Historiker John Gillingham, dem wir eine der klügsten Analysen der Integrationsgeschichte verdanken, resümiert deshalb kurz und knapp: »No big country except Germany wants federalism.«[25]

Bevor man dies kritisch registriert, ist jedoch Verstehen geboten. Bis an die Schwelle unserer Gegenwart gab es plausible Gründe, weshalb die deutschen Eliten (die Wähler waren zumeist skeptischer) nicht so recht sehen oder zugeben wollten, daß Deutschland, das seine Interessen am liebsten mit Vorrang von der EU artikuliert sehen würde, unter den europäischen Partnern eine Sonderrolle spielt. Viele der großen oder kleineren Nationalstaaten in der EU – Großbritannien, Frankreich, die Niederlande, Dänemark, Schweden, Spanien, Portugal – sehen auf eine über die Jahrhunderte hinweg gewachsene, kaum je durch totale Katastrophen der Staatlichkeit unterbrochene Geschichte zurück. Selbst der vergleichsweise junge Nationalstaat Italien hat die Prüfungen des Zweiten Weltkriegs ziemlich ungerupft überstanden. Anders die Bundesrepublik Deutschland. Zwar hatte sie sich von Anfang an zum Rechtsnachfolger des Deutschen Reiches erklärt. Aber tatsächlich war dieses 1945 zerbrochen, und die Bonner Republik war etwas völlig Neues. Sie trat zugleich mit den Anfängen der Einigung Europas ins Licht der Geschichte, und ihre nunmehr sechzig Jahre während Existenz hat sich im denkbar engsten Zusammenhang mit dem Zusammenschluß Europas entwickelt. Aus Sicht des frühen 21. Jahrhunderts läßt sich sogar feststellen: Die Teilung Deutschlands war ein langwieriger, aber letztlich ephemerer Vorgang, während die Integration Europas sich als viel dauerhafter erwies. In jeder Entwicklungsphase ihrer Innen- und Außenpolitik hat sich die Bundesrepublik voll auf die jeweils erreichbare Stufe der Vereinigung Europas eingestellt und ist damit lange Zeit gut gefahren. Natürlich vollzog sich dies vor dem Hintergrund der nationalistischen Exzesse in den Jahrzehnten vor 1945. Der nachholende Antinationalismus fand seine positive Ausdrucksform in der Bejahung der Integration Europas.

Auch in dieser Hinsicht begann alles mit Adenauer. Konsequenter als jeder andere seiner politischen Rivalen war dieser George Washington der Bundesrepublik entschlossen, »das große Europakonzert in Gang zu setzen«.[26] Kaum zum Vorsitzenden der CDU in der britischen Zone gewählt, verkündete er im Mai 1946: »Ich hoffe, daß in nicht zu ferner Zukunft die Vereinigten Staaten von Europa, zu denen auch Deutschland gehören würde, geschaffen werden und daß dann Europa, dieser so oft von Kriegen durchtobte Erdteil, die Segnungen eines dauernden Friedens genießen wird.«[27] Damit waren bereits verschiedene Aspekte angesprochen, die in den künftigen deutschen Europaideen wieder und wieder auftauchen sollten: das Fernziel eines europäischen Bundesstaats,[28] Europa als »stabile Friedenszone«, wie man dies heute gerne nennt,[29] vor allem aber auch das Ziel eines wirtschaftlichen, politischen und moralischen Comeback des besetzten, isolierten und schuldbeladenen Deutschland durch zivilisierte Eingliederung in die europäische Völkergemeinschaft.

Bei Adenauer hatte die Idee Europa noch viele weitere Facetten:

- Europa als Organisation, um in engster Zusammenarbeit mit Frankreich die deutsch-französischen Differenzen zu überwinden;
- Europa als naturgegebener wirtschaftsgeographischer und geostrategischer Nachbarschaftsverband;
- Europa als großer Binnenmarkt;
- Europa als Teil der westlich-demokratischen Welt, in dem Deutschland auf Dauer seinen Platz finden sollte;
- Europa als konsolidierter Großraum, der für amerikanisches Kapital und für den Schutz der Supermacht USA attraktiv sein würde;
- Europa als Bollwerk wirtschaftlich gesundeter und militärisch verteidigungsfähiger Gesellschaften, um den expansiven Ostblock in Schach zu halten;
- Europa als handlungsfähige »dritte Kraft« zwischen den beiden Supermächten (ein Gedanke, dem Adenauer mit Rücksicht auf amerikanische Sensibilitäten nur selten öffentlich Ausdruck gab);
- Europa als Verteidigungsalternative für den Fall amerikanischer Untreue oder eines Neoisolationismus der Amerikaner;
- Europa als Freiheitsmagnet für die unter Diktaturen gefangenen europäischen Völker (die Deutschen in der DDR, die Polen, die Ungarn, die Bürger der Tschechoslowakei, die Spanier, die Portugiesen).

Schon der Aufriß derart heterogener Zielvorstellungen verdeutlicht, daß Adenauers europäischer Kurs mehr durch Entschlossenheit gekennzeichnet war als durch ein Übermaß an konzeptioneller Klarheit. Die Vorkämpfer für einen europäischen Bundesstaat können sich genauso auf ihn berufen wie die Befürworter eines lediglich eng kooperierenden Europa der Nationalstaaten. Bald ging er mit Föderalisten des Typs Paul Henri Spaak zusammen, bald mit de Gaulle, der ein »Europa der Vaterländer« wollte. Aber ungeachtet aller Kurswechsel hielt dieser Proteus des europäischen Gedankens an dem Ziel der Einigung Europas völlig unerschütterlich fest, wie immer sie sich auch darstellte und wer immer auch dazu gehörte: »Wenn nicht gleich die bestmögliche Lösung erreicht werden kann, so muß man eben die zweit- und drittbeste nehmen ... Ob nun eine Föderation oder Konföderation entsteht, oder welche Rechtsform es immer sein mag: Handeln, anfangen ist die Hauptsache« – so formulierte der 91jährige, wenige Wochen vor seinem Tod, im Madrider »Ateneo« sein europapolitisches Testament.[30]

Bis in die frühen sechziger Jahre hinein schaffte Adenauer es aber auch fast immer, seine jeweiligen europäischen Prioritäten mit engster Anlehnung an die Hegemonialmacht Amerika zu verbinden. Und nachdrücklicher als die meisten seiner Nachfolger verstand er es gleichzeitig, auf einem gewissen Primat der Interessen der Bundesrepublik zu bestehen, darin ein Vorbild für alle, die deutsche und europäische Interessen nicht als Gegensatz begreifen, sondern komplementär. Die CDU wurde unter ihm zur Europapartei. Kiesinger, Barzel und vor allem Helmut Kohl haben diese Traditionslinie weitergeführt, immer von der Annahme ausgehend, es sei im genuin deutschen Interesse, Europa kontinuierlich zu vertiefen und zu erweitern. In diese Traditionslinie gehört übrigens auch Walter Hallstein, 1950 bis 1957 Staatssekretär des Auswärtigen Amts unter Adenauer und 1958 bis 1967 erster Präsident der EWG-Kommission. Wenn die CDU ihre Vision vom Weg nach Europa formulieren sollte, so könnte sie es mit den drei Worten tun, die er 1969 seiner Programmschrift als Titel voranstellte: »Der unvollendete Bundesstaat«.[31]

Wie man weiß, war die europäische Idee anfangs nicht unumstritten. Die SPD unter Kurt Schumacher und seinem weniger bedeutenden Nachfolger insistierte auf der nationalen Priorität der Wiedervereinigung Deutschlands. Auch die FDP war zeitweilig unsicher und wollte noch 1957 der Gründung der EWG nicht zustimmen. Erst Walter Scheel, der damals schon europäisch orientiert war, und nach ihm Hans-Dietrich Genscher haben die Freien Demokraten gleichfalls zur Europapartei gemacht. Auf charakteristische Weise verband sich dabei der Wille, mit Europa entschieden voranzugehen, zumeist mit dem Konzept denkbar engen Zusammenwirkens zwischen Frankreich und Deutschland. Achse, Motor, Duopol, Partnerschaft,

Freundschaft – der Namen sind viele. Schon Adenauer hat für diese Idee eine denkbar einleuchtende Begründung gefunden: »Mit Frankreich zusammen können wir Deutsche in der äußeren Politik einen großen Einfluß ausüben, ohne Frankreich nicht.«[32] Daß man in Paris damit die Vorstellung verband, eine gewisse Führungsrolle müsse legitimerweise dem französischen Staatspräsidenten zukommen, blieb dabei nicht unbemerkt, wurde aber meist seufzend akzeptiert.

Ausreißer aus dem Europakonzert mit französischem Dirigenten gab es nur einmal, als Ludwig Erhard Bundeskanzler war und Gerhard Schröder Bundesaußenminister. Daß die Administration Johnson diese beiden demonstrativ auf Amerika orientierten Männer dabei auf die Nase fallen ließ, diente künftigen Kanzlern zur Warnung. Nachdem sich auch die SPD mit den europäischen Prioritäten angefreundet hatte (allerdings bei großem Mißtrauen gegen de Gaulle), zeigten sich seit Mitte der sechziger Jahren alle bundesdeutschen Parteien mehr oder weniger entschieden bereit, beim »großen Europakonzert« mitzuspielen. Es ist bemerkenswert, daß die beiden Phasen, in denen in der Bundesrepublik grundsätzliche und sehr heftige Kontroversen über »Europa« geführt wurden, aus heutiger Sicht in grauer Vorvergangenheit liegen – das Ringen um die Montanunion (1950/51) sowie um die Europäische Verteidigungsgemeinschaft (1951–1954) und der Streit zwischen »Atlantikern« und »Gaullisten« in den sechziger Jahren. Von da an waren kontinuierliche Vertiefung und Erweiterung sowie das privilegierte Sonderverhältnis zu Frankreich beim Aufbau Europas vorrangige und parteiübergreifende Ziele der bundesdeutschen Außenpolitik.

Der Unterschied zu anderen Partnern in der EU beziehungsweise EG ist schon bemerkenswert. In der Bundesrepublik herrscht seit rund vierzig Jahren im Verhältnis von Regierung und Opposition, aber auch innerhalb der maßgeblichen Parteien weitgehender Konsens darüber, daß zwischen enger verstandenen nationalen Interessen und dem deutschen Interesse an der Vertiefung und Erweiterung Europas kein grundlegender Gegensatz besteht. Demgegenüber flammen in Großbritannien seit Ende der sechziger Jahre immer wieder Grundsatzdebatten darüber auf. Doch auch Frankreich hat anläßlich des von Präsident Mitterrand leichtsinnig ausgerufenen Referendums über die europäische Währung im Jahr 1992 eine heftige Kontroverse erlebt. Und selbst dort, wo sich Paris und London für eine Europäisierung bestimmter nationaler Politiken entschieden haben, ist doch deutlich zu erkennen, daß sie ihre jeweils partikulären Interessen heftig und offen zur Geltung bringen. Auch in Polen ist das Thema Europa noch nicht zur Ruhe gekommen, genausowenig wie in Dänemark, Schweden oder Irland. Was sich alles bei den Referenden über den Verfassungsvertrag für Europa noch ereignen wird, bleibt abzuwarten.

Aus vielen Gründen war natürlich die deutsche Politik umsichtig bestrebt, die Frage der Finalität des Einigungsprozesses möglichst nicht ins Zentrum öffentlicher Diskussion zu rücken. Allzu viele schwer lösbare Fragen hätten dabei für Kontroversen gesorgt. Ziemlich unumstritten ist aber bis heute, daß der große europäische Binnenmarkt viel mehr wirtschaftliche Vorteile als Nachteile bringt. (Ob er weiter vertieft werden könnte und sollte, wird für längere Zeit kein Thema mehr sein, da der Vertrag von Nizza und der Verfassungsvertrag für Europa die Grenzen wirtschaftlicher, sozial- und haushaltspolitischer Souveränitätsabgabe doch ziemlich deutlich aufgezeigt haben.) Unumstritten war und ist auch noch immer, daß eine gemeinsame, wenn nicht gar gemeinschaftliche Außen- und Verteidigungspolitik die Krönung der Europapolitik darstellen würde. (Daß dies seitens aller Beteiligten eigentlich den Schritt zum Bundesstaat voraussetzen würde, wird behutsam verschwiegen.) Unstreitig ist auch, daß die Weiterentwicklung des Vereinten Europa am besten in engem Interessenausgleich mit Frankreich erfolgen sollte. (Unerörtert bleibt dabei, wie mit der Tatsache umgegangen werden soll, daß heute eine Mehrheit in der EU kein Europa unter französischer Führung und nach den derzeit in Frankreich vorherrschenden Zielvorstellungen wünscht, also auch kein Führungsduo Chirac/Schröder.) Unumstritten war auch bis vor kurzem, daß Deutschland sich am sichersten fühlt, wenn möglichst viele europäische Länder der EU als Vollmitglieder angehören. (In diesem Punkt hat der Streit bereits begonnen: Soll, kann und darf die Türkei Mitglied der EU werden?)

Alles in allem ist somit der parteiübergreifende Konsens noch ungebrochen. Im Zweifelsfall, so läßt sich weiterhin formulieren, sind große Teile der deutschen Öffentlichkeit nach wie vor bereit, bei offensichtlichem Widerspruch zwischen nationalen und europäischen Interessen eher für letztere zu optieren, genauer gesagt: den Widerspruch möglichst unerörtert zu lassen.

Wenn der deutschen Politik, desgleichen aber auch den großen Wirtschaftsverbänden, über einen langen Zeitraum hinweg das Bekenntnis zur permanenten Vertiefung und Erweiterung vergleichsweise leichtfiel, so vor allem deshalb, weil die Bundesrepublik bis in die frühen neunziger Jahre der potenteste Partner in der Europäischen Gemeinschaft war. Die wirtschaftliche Leistungskraft und Dynamik erleichterten es, zugunsten des Aufbaus »Europas«, auch zugunsten der Erweiterung (so in den Fällen Griechenlands, Spaniens und Portugals) mit den im engeren Sinn nationalen Interessen etwas großzügiger umzugehen als die Regierungen der Partnerländer. Und nach der Vereinigung 1990 schienen die beängstigende Größe und das scheinbar gewachsene Gewicht Deutschlands eher ein Anlaß zur beschleunigten Souveränitätsabgabe zu sein, um den Nachbarn die Angst vor der Wiedergeburt »Großdeutschlands« zu nehmen.

In dieser Hinsicht ist allerdings ein Wandel eingetreten, der in starkem Maß zu den heutigen Unsicherheiten beiträgt. In wirtschaftlicher Hinsicht ist die Vereinigung bisher kein rauschender Erfolg. Sie hat die Bundesrepublik Deutschland nicht gestärkt, sondern eher geschwächt. Zugleich aber hätte die dramatische Vertiefung des europäischen Binnenmarkts und die genauso dramatische Erweiterung der EU eigentlich von einer konsequenten Runderneuerung des liebgewordenen »Modells Deutschland« begleitet werden müssen. Diese hat im Jahr 2002 erst sehr spät mit einigem Nachdruck begonnen. Ob und wie nachhaltig sie weitergeführt wird, wann Deutschland wieder als Konjunkturlokomotive Europas fungiert und nicht mehr als Schlußlicht beim Wachstum, ist eine offene Frage. Die wirtschaftliche Schwächeperiode hält nunmehr schon recht lange an, und sie dürfte sich vorerst fortsetzen. Was das für die Neuorientierung unserer Außenpolitik, auch der Europapolitik, bedeutet, wird aber nur wenig reflektiert. Doch die Frage läßt sich nicht abweisen: Ist ein hinsichtlich der eigenen wirtschaftlichen Zukunft so unsicheres Land wie die Bundesrepublik überhaupt noch legitimiert und faktisch in der Lage, Europa neu zu orientieren oder gar an dem Spiel um die »neue Weltordnung« teilzunehmen, auf das sich die Bundesregierung neuerdings kapriziert?

4. Der deutsche Patient

Das Thema ist unerfreulich, Grund genug, daß die Analytiker der deutschen Außenpolitik darum gern einen großen Bogen machen.[1] Aber wer sich über die Ursachen unserer gegenwärtigen Unsicherheiten klarwerden möchte, muß sich ihm stellen. Zu besichtigen ist die Außenpolitik eines Landes, mit dem es bergab geht. »Wird man in einem Land geboren, in dem die Zeit des Verfalls angebrochen ist, dann täuscht man sich nicht«, hat Machiavelli einstmals geschrieben.[2] Florenz, an dessen Schicksal er wohl dachte, befand sich damals im freien Fall. So weit ist es mit der Bundesrepublik noch nicht gekommen. Würde man den Blick allein auf die statistisch meßbaren Positionen richten, könnte sich der Pessimismus in Grenzen halten. Gemessen am Bruttosozialprodukt, ist Deutschland nach den USA und Japan weiterhin die drittgrößte Volkswirtschaft der Welt und gegenwärtig wieder Nummer eins unter den Exportnationen.

Doch eine Reihe neuerer Entwicklungen läßt daran keine Freude mehr aufkommen. Deutschland ist relativ schwächer geworden, vor allem auch gegenüber den Konkurrenten in Europa. Großbritannien, Frankreich, Italien, die Niederlande und Österreich weisen günstigere Wachstumsraten auf und haben das einstige Land des Wirtschaftswunders auch im Wohlstandsniveau überholt. Die Goldmedaille des Exportweltmeisters ist kein Grund zur Beruhigung mehr. Der deutsche Anteil am Weltexport in der vergangenen Dekade ist von elf auf acht Prozent zurückgefallen (während derjenige der USA im selben Zeitraum von fünfzehn auf neunzehn Prozent anstieg).[3]

Zur psychologischen Malaise in der deutschen Öffentlichkeit mag auch die seit langem vorherrschende Neigung beitragen, die immer noch beachtliche Größe des deutschen Wirtschaftsgiganten in der EU gleichsam verschwinden zu lassen. Deutschland versteckt sein nach wie vor erhebliches Potential gerne vor sich selber. Eine Abfolge von Bundesregierungen hat das Kunststück fertiggebracht, seit den Jahren des ersten Präsidenten der Sechsergemeinschaft, Walter Hallstein, der 1967 ausschied, nie mehr eine leitende Position in der Kommission zu besetzen. In Brüssel amtiert heute ein portugiesischer Kommissionspräsident im Kreis von 24 weiteren Kommissionsmitgliedern aus ebenso vielen Ländern, wobei der Kanzler der mit Abstand größten Wirtschaftsnation der EU voller Stolz darauf hinweist, es sei ihm gelungen, für den einzigen Deutschen in der Kommission wenigstens die Position des für die Industrie Zuständigen zu sichern. Unablässig wird die Öffentlichkeit daran erinnert, daß sechzig oder siebzig oder achtzig Prozent der Gesetzgebung besonders in wirtschaftlichen Fragen nach Brüssel abgewandert seien. In Frankfurt, von wo aus früher die Bundesbank die europäische Stabilitätspolitik dirigierte, residiert inzwischen ein französischer EZB-Präsident. Deutschland stellt noch ein Direktoriumsmitglied unter zwölf. Diejenigen, die der einstmals stabilen D-Mark nachtrauern, müssen noch froh sein, daß Jean-Claude Trichet einer Denkschule angehört, die auf dem unbedingten Primat der Währungsstabilität und der Unabhängigkeit gegenüber budgetär laxen Regierungen besteht. Es könnte auch anders kommen, und Deutschland hätte kaum Möglichkeiten, dies zu verhindern. Aber wollte es das denn? Tatsächlich sägt die Bundesregierung konsequent am Europäischen Stabilitäts- und Wachstumspakt, der ihr und den Partnern des Euroclubs bisher Handschellen angelegt hat, wenngleich nur recht lockere.

Das alles ist politisch gewollt, es ist nicht mehr zu ändern, und die Euroföderalisten beteuern nach wie vor, es sei von langfristigem Nutzen. Aber es erklärt mit, weshalb sich in Deutschland trotz fortbestehender relativer Überlegenheit eine Stimmung des Defätismus breitmacht. Psychologisch hat das immer noch starke Land wenn nicht abgedankt, so doch verlernt, auf die eigene Kraft zu vertrauen. Nicht allein mit der Dynamik der deutschen Volkswirtschaft ist es nicht mehr weit her. Seit längerem schon hat sich bei den politischen Eliten, unterstützt von der Wirtschaft und den großen Verbänden, aber auch in den Medien die Bereitschaft verstärkt, die Zügel in die Hand europäischer oder internationaler Gremien zu legen und das wirtschaftliche Heil in starkem Maß von außen zu erhoffen: von einem neuen Konjunkturboom in den USA und in Asien, von dem ziemlich hochstaplerischen Lissabon-Programm der EU, mittels dessen Amerika bis 2010 überholt werden soll, von der Einführung des Euro oder von der Osterweiterung der EU.

Wie so oft schon in der Geschichte, wenn sich ein einstmals bewunderter Staat verlegen aus dem ersten Rang verabschiedet, um über den zweiten Rang auf die Stehplätze zu wandern, hat das viele komplexe Gründe. Es versteht sich, daß die Verantwortlichen und ihre Lobredner mit Vorliebe nur solche Ursachen nennen, an denen sie keine Schuld haben: den Tornado der Globalisierung, die Umstellungsschwierigkeiten auf ein völlig neues europäisches Staatensystem nach dem Umbruch 1989/91, die Belastung durch die Transfers in die neuen Länder als Folge der Erblast von vierzig Jahren Kommunismus und weiteres mehr. Das alles ist richtig und in der Tat zu berücksichtigen. Doch es gibt andere gewichtige Gründe für den Verlust an internationaler Gestaltungskraft und internationalem Ansehen, die man in Deutschland nicht gerne erwähnt, obschon sie zur Nachdenklichkeit veranlassen sollten.

Ein entscheidender Faktor, weshalb sich in der Öffentlichkeit Europas der Begriff »Modell Deutschland« heute eher mit negativen Assoziationen verbindet, ist jedenfalls die wirtschaftliche Schwäche des Landes. Es bedurfte nicht erst des klugen Historikers Paul Kennedy, um zu wissen, daß das internationale Gewicht großer Staaten seit dem 16. Jahrhundert mehr oder weniger direkt von ihrer ökonomischen Leistungsfähigkeit abhängt.[4] »It's the economy, stupid!« hat später Bill Clinton diese Grundbedingung erfolgreichen modernen Regierens, somit auch erfolgreicher Außenpolitik, auf eine Kurzformel gebracht.[5] Heute hängt die lahmende Wirtschaft wie ein Klotz am Bein unserer Europa- wie unserer Bündnispolitik.

Man kann nur mit einer gewissen Wehmut auf die Jahre Adenauers und Erhards, Helmut Schmidts und ebenso Helmut Kohls im ersten Jahrzehnt seiner Kanzlerschaft zurückschauen.

Noch in den siebziger und achtziger Jahren, selbst in den frühen Neunzigern fungierte die Bundesrepublik, wenngleich mit immer weniger Dampf, als Konjunkturlokomotive Europas. Sie erzwang aus eigener Kraft budgetäre Stabilitätspolitik im ganzen EU-Bereich, vermochte bei den Vertiefungs- und Erweiterungsrunden der EG jeweils maßgebliche Sonderleistungen zu erbringen und konnte sich eine anständige, im internationalen Vergleich überdurchschnittlich hohe Entwicklungshilfe leisten. Bis in die frühen neunziger Jahre galt auch die Bundeswehr als erstklassige, im Ausland vielfach bewunderte Militärmaschine. Seinerzeit wurde oft von »D-Mark-Diplomatie« gesprochen. In dem Wort schwang ein Unterton von Verächtlichkeit mit, zu Unrecht. Denn auch in den internationalen Beziehungen gilt der Satz: *Life is unfair.*« Armen Schluckern fällt es leider oft schwer, ihre vielleicht ganz legitimen Wünsche mit Nachdruck geltend zu machen. Demgegenüber kann ein wirtschaftlich potenter Staat seine jeweiligen Interessen, mögen diese vernünftig sein oder nicht, durch Scheckbuch-Diplomatie optimieren. Mit Geld erweckt man zwar vielerorts Neid, doch gewichtiger sind das Ansehen und der Einfluß, die damit zu erzielen sind. Es wäre ein reizvoller Gedanke, einmal die Geschichte eines halben Jahrhunderts bundesdeutscher Außenpolitik allein unter diesem Aspekt zu schreiben.

Die wohl für längere Zeit letzte Phase, in der sich die Bundesrepublik in derart privilegierter Lage befand, fiel mit der Vereinigung Deutschlands und dem großen Umbruch der frühen neunziger Jahre zusammen. Damals fühlte sich die Regierung Kohl nicht nur stark genug, die Hinterlassenschaft der maroden DDR durch gewaltige Transferzahlungen zu sanieren. Zugleich ist der Rückzug Rußlands von deutschem Boden mit beachtlichen Finanzleistungen honoriert worden. Allein für die Rückführung der Westgruppe der russischen Streitkräfte stellte Bonn 8,4 Milliarden DM zur Verfügung. Im Kreis der westlichen Länder, die damals der UdSSR, später der GUS, bei den politischen und wirtschaftlichen Reformen zu helfen versuchten, belief sich der Beitrag Deutschlands auf 57 Prozent.[6] Daneben wurden weitere Milliardenbeträge direkt oder über die EG, den Internationalen Währungsfonds und die Weltbank in die neuen Demokratien Ostmitteleuropas und Südosteuropas geleitet. Und als die Bundesregierung etwas spät erkannte, daß die Nichtteilnahme am Irakkrieg von 1991 gegen den damals offenkundigen Aggressor Saddam Hussein in der westlichen Welt Befremden hervorgerufen hatte, beeilte sie sich, im Zusammenhang damit den USA Transferzahlungen und Sachleistungen in Höhe von rund 18 Milliarden DM zur Verfügung zu stellen.[7]

Dies waren die Jahre, als in Amerika Bücher und Aufsätze erschienen, in denen Deutschland und Japan als »neue Supermächte« identifiziert wurden.[8] Doch die kurzen Jahre von 1990 bis 1992 waren nur noch eine Spätblüte, hervorgerufen durch den kurzfristigen Wiedervereinigungsboom, der schon weitgehend auf Pump finanziert war. Bereits 1993 lag die Nettokreditaufnahme der öffentlichen Haushalte bei über vier Prozent des Bruttoinlandsprodukts.[9] Jahre sehr bescheidenen Wachstums wurden abgelöst von Jahren der Stagnation oder der Schrumpfung. In der Phase zwischen 1995 und 2003 wuchs das deutsche Bruttoinlandsprodukt noch um spärliche 10,2 Prozent gegenüber 18,1 Prozent im EU-Durchschnitt, 19 Prozent in Frankreich und 22 Prozent in Großbritannien,[10] von den Wachstumszahlen in den USA ganz zu schweigen.

Vor dem Hintergrund dieses Befunds kann es niemanden erstaunen, daß Deutschland in der Europapolitik nichts mehr zuzulegen hat. Dabei würde der Beitritt der ostmittel- und südosteuropäischen neuen EU-Mitglieder doch genau dies erfordern. Symptomatisch ist ein Schreiben, das die sechs relativ am stärksten belasteten Nettozahler der EU mit Blick auf die für die Jahre 2007 bis 2013 zu treffenden Festlegungen des Finanzrahmens an die EU-Kommission gerichtet haben. Deutschland, die nach wie vor stärkste Wirtschaftsmacht in der EU, gehört ebenso zu den Unterzeichnern wie England, Frankreich, die Niederlande, Österreich und Schweden. Sie alle fordern, die Ausgaben der EU künftig von 1,24 Prozent des jeweiligen Bruttoinlandsprodukts auf ein Prozent zurückzufahren.[11]

Ein genauso kennzeichnender, von der Opposition hinlänglich kritisierter, von den Wählern mit wissendem Zynismus registrierter Vorgang (man ahnte das schon bei Einführung des Euro) ist die Unfähigkeit Deutschlands, den Europäischen Stabilitäts- und Wachstumspakt mit der Verschuldungsgrenze von drei Prozent einzuhalten. Der deutsche Patient ist nicht mehr in der Lage, den von ihm selbst aufgestellten und für alle feierlich verpflichtend gemachten Diätplan einzuhalten.

Ebenso entlarvend ist die Entwicklung des deutschen Verteidigungshaushalts. Dieser hatte sich 1991 auf 52,6 Milliarden DM belaufen. Die Gesamtstärke der damals noch als modern und kampfkräftig geltenden Bundeswehr lag bei 476 000 Mann.[12] Seit 2002 liegt der im wesentlichen bis zum Jahr 2006 eingefrorene Verteidigungshaushalt noch bei 24,4 Milliarden Euro, und die Gesamtstärke der aktiven Truppe belief sich im Jahr 2004 auf 284 000 Mann, mit ständig sinkender Tendenz. Daß nach dem Ende des Ost-West-Konflikts ein gewisser Schrumpfungsprozeß vernünftig war, versteht sich von selbst. Nur entspricht die gegenwärtige Ausstattung der Bundeswehr weder den Ambitionen zum entschlossenen Aufbau eines Europäischen Sicherheits- und Verteidigungssystems noch den aus jeweils zwingenden Gründen eingegangenen Auslandseinsätzen (Bosnien-Herzegowina, Kosovo, Afghanistan), noch den Erfordernissen, die heute an hochmoderne, im NATO-Verbund einsatzfähige Streitkräfte gestellt werden müssen.

Besonders aufschlußreich ist der Vergleich. England beispielsweise hat im Jahr 2003 pro Kopf der Bevölkerung 722 US-Dollar oder 2,4 Prozent des Bruttosozialprodukts für Verteidigungszwecke aufgebracht, Frankreich 765 Dollar oder 2,6 Prozent des BSP. Die beiden Staaten zeigen sich bemüht, durch periodisch stärkere Aufwendungen mit Maß und Ziel zu modernisieren. Deutschland aber lag im gleichen Jahr 2003 bei nur 426 Dollar oder 1,5 Prozent Anteil am BSP. Die Gründe für die Divergenz sind vielschichtig. Zweifellos ist der Primat der Innenpolitik hierzulande noch ausgeprägter als in England und Frankreich. Doch ein Hauptgrund für die gewichtigen Unterschiede liegt offensichtlich in der Misere des Bundeshaushalts. Das wird parteiübergreifend auch ganz offen zugegeben. Während der Bundestagswahl 2002 hat der damalige CDU/CSU-Kanzlerkandidat Stoiber mit entwaffnender Offenheit eingeräumt, die Ausgaben für die Verteidigung könnten erst dann wieder steigen, wenn dank der – wie er meinte – besseren Wirtschafts- und Sozialpolitik der Union auch wieder Wachstum zustande käme.

Aus anderen Gründen und bei teilweise anderen Symptomen

befindet sich Deutschland gegenwärtig und wohl noch für eine Reihe von Jahren in einer ähnlich kritischen Lage wie Großbritannien in den späten sechziger und den siebziger Jahren des 20. Jahrhunderts, als eine Abfolge von Labour- wie konservativen Regierungen nicht mehr aus noch ein wußte. Damals war in den europäischen Kanzleien und in der Presse der Begriff »englische Krankheit« ein geflügeltes Wort. Auch Frankreich hatte seine strukturellen Schwächeperioden – die fünfziger Jahre des vergangenen Jahrhunderts, als die Vierte Republik nicht zuletzt deshalb wirtschaftlich absackte, weil sie mit den Problemen der Dekolonisierung nicht fertig wurde. Aber auch die Anfänge der Präsidentschaft Mitterrands von 1981 bis 1983, als man in Paris die sozialistischen Rezepte ad absurdum führte, waren Jahre des Versagens. Italien hat seit Ende der sechziger bis in die neunziger Jahre hinein Vergleichbares erlebt. In dieser gesamten Periode dominierte die Bundesrepublik fast durchgehend im westlichen Europa, sorgte direkt oder indirekt für ein gewisses Maß an Stabilität, für Konvergenz der westeuropäischen Volkswirtschaften und auch für Wachstum. Schwächeperioden, die sich mittelfristig verheerend auswirken können, lassen sich mit Härte, wie durch Margaret Thatcher, oder mit großer Schlauheit, wie durch Mitterrand, meistern. Heute steht England wieder relativ gut da. Nun ist offenbar Deutschland an der Reihe.

Vorerst braucht sich daher niemand mehr Gedanken darüber zu machen, ob das größer gewordene Deutschland im neuen Europa zu einer Art Hegemon heranwachsen könnte. In dieser Hinsicht haben die Nachbarn, doch auch manche selbstquälerische Deutsche, erst einmal ausgesorgt. Aus der Rückschau ist es zwar vergleichsweise gut zu erkennen, daß und weshalb sich die Nachbarn Deutschlands, aber auch die Deutschen selbst, wegen der Größe und Dynamik des vereinten Deutschland viel zu viele Gedanken gemacht haben. Margaret Thatcher, sie hat es selbst geschildert, sah 1989/90 eine erneuerte Großmacht aufs Spielfeld treten, »welche sich auf Kosten anderer Geltung verschafft«.[13] Sie fürchtete »den deutschen Moloch« als eine Art Wiedergänger des Bismarckreichs, des nicht saturierten wilhelminischen Deutschland oder Großdeutschlands unter Adolf Hitler und meinte: »Ein wiedervereinigtes Deutschland ist schlichtweg viel zu groß und zu mächtig, als daß es nur einer von vielen Mitstreitern auf dem europäischen Spielfeld wäre.«[14] Auch François Mitterrand suchte damals nach Mitteln und Wegen, »den deutschen Riesen zu bändigen«.[15]

Die Wirklichkeit war allerdings schon damals viel weniger dramatisch, als dies die Gespenster der Vergangenheit vorgegaukelt haben. Seitdem sind die Möglichkeiten eines erneuten deutschen Machtmißbrauchs noch sehr viel geringer geworden. Der seitherige Gang der Dinge hat zwar gezeigt, daß das heutige Deutschland in mancher Hinsicht tatsächlich ein Problemfall ist. Seine Größe gehört aber vorerst nicht mehr zu den erstrangigen Fragen, mit denen Europa oder die deutsche Außenpolitik selbst konfrontiert sind. Deshalb ist auch die Argumentation atavistisch, Deutschland müsse weiterhin darauf bedacht sein, Souveränität an die EU abzugeben, um die Sorgen vor seiner Übermacht zu beschwichtigen.

Was Europa zu schaffen macht, ist gegenwärtig und wohl noch in absehbarer Zukunft vor allem die Schwäche dieses Riesen, der seine Dynamik verloren hat. Ob der Verlust dieser Dynamik nicht auch auf die sehr weitgehende Europäisierung zurückgeht, sei dahingestellt. Kritische Ökonomen mögen das prüfen. Jedenfalls läßt die seit den Tagen von Jacques Delors von der Europäisierung erwartete Dynamisierung der deutschen Volkswirtschaft auf sich warten. Die Tendenzen sind rückläufig. Wie aus der folgenden Tabelle ersichtlich, lag das BIP der Bundesrepublik im Jahr 1987, kurz vor dem Umbruch, deutlich über dem der drei anderen Großen in der EG. Dieser Abstand war durchaus spürbar, er hat in Paris, London und Rom nicht besonders gefallen, war aber angesichts der schon sehr engen Verflechtungen in der EG nicht als dramatische Asymmetrie zu verstehen.

Das gilt genauso für die Gegenwart. Die Zahlen für 2002 lassen gegenüber Frankreich mit rund 28 Prozent eine höhere wirtschaftliche Leistungsfähigkeit Deutschlands erkennen, während der Abstand zu dem seither produktiver gewordenen Großbritannien nur noch 21 Prozent beträgt, der zu Italien allerdings 40 Prozent. Obwohl Deutschland nunmehr über das durchaus beachtliche Wirtschaftspotential der einstigen DDR verfügt, bei gleichzeitig starker Zunahme seiner Bevölkerung gegenüber den folgenden drei Großen, ist der Abstand des BIP längst nicht so dramatisch geworden wie von vielen erhofft oder befürchtet. Die Beobachtung, daß es allein Großbritannien gelungen ist, im Vergleich zum Ausgangsjahr 1988 deutlich aufzuschließen, bei stark gebremster Zunahme des größer gewordenen Deutschland, sagt doch viel über den Faktor Erblast der DDR, aber ebenso über die Wirtschafts- und Sozialpolitik aus, vielleicht auch über die Währungspolitik. Der wieder genesene englische Patient holt auf, während sich der deutsche Patient schwertut.

Aufschlußreich ist auch ein Vergleich des BSP pro Kopf der Bevölkerung. Er macht deutlich, daß die alte Bundesrepublik 1988 vor den anderen Großen in Europa noch an der Spitze lag. In der Zwischenzeit sind aber die Unterschiede zu Frankreich völlig eingeebnet, Großbritannien liegt deutlich höher. Die Zahlen für das in unserer Tabelle gleichfalls aufgelistete Österreich erinnern daran, daß heute eher die Mittleren und Kleinen in der EU ein günstiges BSP pro Kopf erzielen. Österreich (BSP von 23 860 US-Dollar pro Kopf), die Niederlande (23 390 Dollar), Schweden (25 970 Dollar), Dänemark (30 260 Dollar) und Luxemburg (39 470 Dollar) liegen alle vor Deutschland und sind ein Indiz dafür, wer sich in Europa auf die Bedingungen des großen Binnenmarkts eingestellt hat, somit entsprechend profitiert, und wer nicht. Zugleich ist es immer auch aufschlußreich, die Vergleichszahlen der USA zu beachten. Diese beweisen, daß Größe in Verbindung mit insgesamt intelligenter Wirtschaftspolitik zu bemerkenswertem Wachstum führt. Das BIP hat sich dort allein in den vierzehn Jahren zwischen 1988 und 2002 verdoppelt (im Licht der konsolidierten Zahlen für 2003 und 2004 wird sich die relative Position Deutschlands noch ungünstiger darstellen).

Ein Hauptgrund für die vergleichsweise geringe Zunahme des deutschen Pro-Kopf-Einkommens in den Jahren seit 1988 ist neben der Vereinigung doch auch der Umstand, daß der lahmende Riese fast so viele arbeitslose Bürger produziert hat wie die fünf EU-Länder Estland, Lettland, Zypern, Malta und Luxemburg zusammen Einwohner haben. Wenn die heutige strukturelle Schwäche Deutschlands bei den einstmals deklassierten Mächten eine gewisse Schadenfreude weckt, ist dies nur allzu natürlich. Heute hält sich der *Economist* über die »deutsche

	Bevölkerung in Mio.		BIP in Mio. US-$		Pro-Kopf-BSP in US-$	
	1989	2003 oder früher	1987	2002	1988	2002
Deutschland	61,3	82,500	1117730	1984095	18480	22740
Frankreich	55,9	58,518	873370	1431278	16090	22240
Großbritannien	57,1	58,789	702370[1]	1566283	12810	25510
Italien	57,4	56,900	828850[1]	1184273	13330	19080
Österreich	7,6	8,000	117660	204066	15470	23860
Polen	37,7	38,600	82200[2]	189021	1850	4570
Russland	–	145,100	–	346520	–	2130
Spanien	39,0	40,800	287970	653075	7740	14580
Türkei	52,4	67,800	60820	183665	1280	2490
USA	246,3	281,400	4497220	10383100	19840	35400

[1] 1988 [2] 1989 – Quelle: *Der Fischer Weltalmanach 1991, 1992 und 2004*, Frankfurt a. M. 1990, 1991 und 2004

66

Krankheit« auf, und seine Diagnosen sind genauso zutreffend wie diejenigen, die seinerzeit im *Handelsblatt* oder in der *Frankfurter Allgemeinen Zeitung* zu lesen waren, als es um die Krankheiten Englands oder Frankreichs oder Italiens ging. Zugleich wächst jedoch bei allen EU-Partnern die Besorgnis darüber, daß die einstige Wachstumslokomotive nicht mehr unter Dampf steht.

Es ist an der Zeit, auch aus diesem Unsicherheitsfaktor außenpolitische Schlußfolgerungen zu ziehen. Dabei mag man sich an ein Axiom erinnern, das der skeptische Publizist Walter Lippmann seinen amerikanischen Landsleuten in der Mitte des 20. Jahrhunderts unentwegt in Erinnerung rief: die Außenpolitik eines Staates müsse liquide bleiben! Amerika hat sich damals in den Jahren des Zweiten Weltkriegs und danach urplötzlich in der Rolle einer Supermacht wiedergefunden, der alles möglich schien. Zum Ärger einer ganzen Abfolge demokratischer und republikanischer Administrationen warnte jedoch Lippmann, der auch ein scharfsinniger Theoretiker war, unablässig und durchaus zu Recht, die Ambitionen und Verpflichtungen selbst eines sehr starken, imperialen Landes müßten mit den tatsächlich verfügbaren Ressourcen in Einklang gebracht werden.[16]

Anders als das Amerika Lippmanns ist Deutschland heute keine Weltmacht im Aufstieg. Zwar ist es noch ein potentiell starkes Land, aber es befindet sich im Sog des Niedergangs und wird alle Kräfte brauchen, wieder auf festen Boden zu gelangen. Doch erlaubt es die Unruhe in der internationalen Politik und im europäischen Staatensystem nicht, sich für einige Jahre ins Sanatorium zurückzuziehen. Dem deutschen Patienten bleibt keine andere Wahl, als weiterhin Außenpolitik zu betreiben. Aber was können wir uns kurz- und mittelfristig noch leisten? Wo sind Abstriche zu machen? Wo darf trotz aller Schwierigkeiten keinesfalls gespart werden? Es ist an der Zeit, ein paar unkorrekte Fragen zu stellen und zu erörtern.

II. Lauter unkorrekte Fragen

1. Wie gefährlich ist Amerika?
Wie unentbehrlich?

Der Glaube, in der globalen Informationsgesellschaft würden wir fremde Länder besser kennen und verstehen lernen, gehört zu den schönen Illusionen unserer Jahrzehnte. Doch immer noch gilt eine Beobachtung des erwähnten Walter Lippmann. In seinem Klassiker *Public Opinion* hat er geschrieben: »Jeder von uns lebt und arbeitet auf einem kleinen Teil der Erdoberfläche und bewegt sich in einem kleinen Bezugskreis. Selbst von denen, die er dabei trifft, kennt er nur wenige gründlich. Und von jedem öffentlichen Vorgang, der weitreichende Auswirkungen hat, sehen wir bestenfalls nur eine Phase und einen Aspekt ...«[1] Lippmann hatte seinerzeit im Journalismus und bei der Kriegspropaganda im Ersten Weltkrieg hinlänglich Erfahrungen gesammelt. Er zog daraus den Schluß, daß das Bild, das wir uns von fernen Ländern machen, durch vorgeformte Klischees und verzerrte Fragestellungen bestimmt wird. Zumeist gewollt, bisweilen auch ungewollt, verstärkt die Berichterstattung solche Stereotype.

Je besser wir allerdings ein fremdes Land kennen und je mehr wir davon überzeugt sind, daß es unseren ureigensten Interessen dienlich sein könnte, um so eher sind wir geneigt, uns ein günstiges Bild zu machen. Vertrautheit und nationales Interesse steuern häufig die Wahrnehmung. Scheint uns ein fremdes, aber mächtiges Land von Nutzen und wird der Utilitarismus noch durch häufige, positive Primärkontakte verstärkt, so mag uns dies helfen, bestimmte negative Aspekte zu übersehen und nur das zu beleuchten, was nützt. Rückt allerdings ein Land wieder in größere Ferne, fällt es schwerer, ein erfahrungsgesättigtes und zugleich positives Urteil zu formulieren. Und sind wir gar davon überzeugt, einen einstmals unentbehrlichen Verbündeten nicht mehr ganz so dringend zu brauchen, wächst auch die Neigung, das einstmals gute Bild von Negativbildern überlagern zu lassen.

Was von den Sozialpsychologen gern als Klischee oder Stereotyp erfaßt wird, läßt sich auch in Form von Fragen formulieren. Wir definieren unsere Nähe, unsere Distanz, unsere Sympathie und unser Interesse, indem wir die Bedeutung, die ein ferner Staat für uns hat, mittels leitender Fragen zu erfassen suchen. Die Definition ist dann vielfach bereits in die Fragestellung eingegangen.

Welche solcher leitenden Fragen sind nun geeignet, die verwirrende Vielfalt der Einstellungen zu Amerika zu erfassen? Im Dezember 1949, also kurz nach Gründung der Bundesrepublik, soll der hessische Kirchenpräsident Niemöller bei einem Amerikabesuch vor Journalisten kritisch geäußert haben, diese sei »in Rom gezeugt und in Washington geboren worden«.[2] Das hatte seinerzeit großen Ärger bei Adenauer geweckt, wurde dann auch von Niemöller zurückgenommen. Tatsächlich wäre eine andere Formulierung korrekter gewesen: »Die Bundesrepublik wurde in Washington gezeugt und in Bonn am Rhein geboren.« Es ist eine historische Tatsache, daß die Bundesrepublik ohne den Willen Amerikas nicht entstanden wäre. Im Washington jener Jahre wurde sie als sehr wichtiges Element zum wirtschaftlichen Wiederaufbau Westeuropas und gleichzeitig zum Containment der Sowjetunion begriffen. Dabei blieb es im Auf und Ab des Kalten Krieges.

Auch in der Bundesrepublik war man sich der Abhängigkeit vom amerikanischen Schutz hinlänglich bewußt. Über mehr als ein halbes Jahrhundert hinweg ließen sich alle Bundesregierungen und ein überwiegender Teil der Öffentlichkeit somit von der Frage leiten: »Wie unentbehrlich ist Amerika?« Wie unentbehrlich für die Sicherheit, für das wirtschaftliche Wohlergehen, für das Zusammenwachsen Europas, aber auch für das psychologische Gleichgewicht der Demokratien in einem globalen System? Je länger die neue Partnerschaft andauerte, um so mehr festigte sich die Überzeugung von der Unentbehrlichkeit

Amerikas. Man muß jedoch hinzufügen: Die Deutschen in der Bundesrepublik haben über lange Jahre hinweg auch deshalb die richtige Frage gestellt, weil sich auch die amerikanische Außenpolitik zumeist von der richtigen Frage leiten ließ, die zu lauten hatte: »Wie unentbehrlich für Amerika ist die Bundesrepublik Deutschland?«

Wird eine Großmacht als unentbehrlich betrachtet, so beinhaltet das durchaus nicht die Abwesenheit von Spannungen. Periodische Friktionen sind auch in einem engen zwischenstaatlichen Verhältnis, das die politischen und administrativen Führungsgruppen in ebenso engen Kontakt bringt wie viele Segmente der Gesellschaft, ganz unvermeidlich und immer wieder aufgetreten.[3] Die leitende Frage selbst aber – »Wie unentbehrlich?« – war nicht nur vernünftig. Sie war auch erfahrungsgesättigt und daher nur selten grundsätzlich umstritten.

Hat sich das seit der Zäsur der Jahre 2002/03 grundlegend geändert? Man soll Vorgänge der allerjüngsten Vergangenheit nicht überinterpretieren. Auch heftige Differenzen zwischen Regierungen lassen sich nach einiger Zeit wieder einrenken, werden vergessen oder durch Konflikte mit anderen Ländern überlagert. Dennoch läßt sich nicht übersehen, daß große Teile der außenpolitisch interessierten deutschen Öffentlichkeit heute von einer völlig anderen grundlegenden Frage umgetrieben werden als noch vor wenigen Jahren. Tag für Tag wird heute in vielen E- oder Printmedien, auch auf den Chatseiten des Internet, die neue Frage artikuliert und findet überall Widerhall, besonders in den neuen Ländern: »Wie gefährlich ist Amerika?« Wie gefährlich für den Weltfrieden, wie gefährlich für Europa, wie gefährlich für unsere Ideale?

Bekanntlich ist diese kritische Frage während des halben Jahrhunderts deutsch-amerikanischer Nachkriegsgeschichte in bestimmten Konstellationen und von bestimmten Gruppen immer wieder einmal aufgeworfen worden. Aber sie hat den Diskurs in den Feuilletons, bei den Fernsehrunden und an den Stammtischen der Republik doch noch nie so suggestiv bestimmt wie seit der Zäsur im Jahr 2002. Immer wenn sie früher aufkam, hatten sich hinlänglich viele Stimmen gefunden, nicht zuletzt seitens der Bundesregierung, die auf der zutreffenderen Frage insistierten: »Wie unentbehrlich ist Amerika?« Heute indessen gilt das vielfach schon als unkorrekte Frage – politisch unkorrekt, moralisch unkorrekt, auch europäisch unkorrekt ... Aus heutiger Sicht ist nicht ganz auszuschließen, daß künftige Historiker einmal die Jahre 2002 und 2003 als Wendejahre diagnostizieren, von denen an eine Mehrheit in der meinungsbildenden deutschen Öffentlichkeit, die Bundesregierung zuvörderst, einen abrupten Wechsel der leitenden Fragestellungen für angebracht hielt – und auch für unriskant.

Nach dem großen Krach über den Irakkrieg[4] ist zwar zwischen den Regierungen in Berlin und Washington wieder Ruhe eingekehrt. Doch man darf sich nicht täuschen. In Deutschland findet sich heute eine Mehrheit, die an viele Probleme der deutsch-amerikanischen Beziehungen in erster Linie mit der Frage herangeht: »Wie gefährlich sind die Amerikaner?« Nicht der potentielle Nutzen Amerikas wird in erster Linie reflektiert, sondern der potentielle Schaden. Wie allen Veränderungen in den Tiefenschichten der Sozialpsychologie liegen dem viele Auslöser zugrunde. Die drei wichtigsten sind: der Irakkrieg, der Haß auf George W. Bush und eine schleichende kulturelle Entfremdung.

Der Irakkrieg

Auch im Rückblick vermitteln die Umfragedaten der Jahre 2002/03 faszinierende Einblicke. Sie zeigen, wie rasch sich das psychologische Großwetterklima zwischen zwei modernen Gesellschaften abkühlen kann. Außenpolitik in der Stimmungsdemokratie steht auf schwankendem Boden. Während der gesamten neunziger Jahre war eine Stimmung freundlicher Indifferenz vorherrschend bei bereits deutlicher Reserve, vor allem in den neuen Ländern, wo ganze Generationen mit Amerikakritik aufgewachsen sind. Schon 1991 – also zum Zeitpunkt des damaligen Golfkriegs – hielten 33 Prozent der Befragten die Amerikaner für »gewalttätig«, 28 Prozent für »rücksichtslos«, 38 Prozent für »hochmütig«, nur 41 Prozent für »friedliebend« und nur 30 Prozent für »ehrlich«. Bei Auslösung des Kriegs gegen Saddam Hussein im Frühjahr 2003 kippte die psychologische Großwetterlage vollends um. Jetzt hielten mehr als die

Hälfte der Befragten – 54 Prozent – die Amerikaner für »rücksichtslos« und zwei Drittel – 66 Prozent – für »hochmütig«. Nur noch ein kleiner Prozentsatz – 18 Prozent – bezeichnete sie als »friedliebend« und nur noch 17 Prozent als »ehrlich«. Die Zahl derer, die ankreuzten, Amerikaner und Deutsche stünden sich besonders nahe, sank auf 32 Prozent.[5] Die Folge: tiefer Zweifel am Nutzen des amerikanischen Verbündeten. Zwei Zahlen sind besonders illustrativ. Auf die Frage »Auf welches Land könnte sich Deutschland im Fall einer Krise am meisten verlassen?« antworteten im August 1996 64 Prozent »die USA«; im September 2003 waren es nur noch 28 Prozent.[6]

Bei der Frage nach den Motiven für diese rasche und beispiellos heftige Reaktion zeigt sich eine Mischung aus Angst, moralischer Entrüstung und vernünftigem Zweifel an den nachhaltig positiven Ergebnissen des Krieges.[7] Während ungeachtet der auch im Jahr 1991 schon heftigen Proteste der damalige Krieg gegen Saddam Hussein bei drei Vierteln der Bevölkerung noch breite Zustimmung gefunden hatte,[8] wobei 85 Prozent Saddam Hussein als Hauptschuldigen bezeichneten und nur drei Prozent die Amerikaner, gaben jetzt – im März 2003 – 49 Prozent der Regierung Bush die Schuld und nur noch 26 Prozent dem Irak.

Man kann viele Vermutungen darüber anstellen, welche Faktoren auf diese recht eindeutige Negativeinschätzung der USA verstärkend eingewirkt haben. Die frühzeitige, offene Kritik der Regierung Schröder, die sich als Trumpf-As bei den Bundestagswahlen 2002 erwies, spielte sicher eine wichtige Rolle. Zudem war der Irakkrieg 2003 genauso wie der des Jahres 1991 ein Fernsehkrieg. Eine beispiellos intensive Abfolge von Sondermeldungen und Kommentaren mit meist kritischer Tendenz schürte die Empörung, doch genauso die Angst vor einem Flächenbrand im Nahen Osten. Die pazifistisch unterlegte Fernsehberichterstattung rückte auch unablässig die Demonstrationen in anderen Ländern Europas ins Bild und entlegitimierte damit die Tatsache, daß ein erheblicher Teil der EU-Regierungen und der osteuropäischen Beitrittskandidaten auf seiten Amerikas stand.

Der Befund ist jedenfalls eindeutig. In Deutschland hat der Irakkrieg von 2003 als Katalysator für eine Entfremdung gewirkt, deren Symptome jedoch zuvor schon deutlich erkennbar waren. Massiver amerikanischer Militäreinsatz in Übersee wird abgelehnt, gleich ob im Bündnis mit anderen oder unilateral. Ob eine Mandatierung durch die UN oder das Auffinden von ABC-Massenvernichtungswaffen daran viel geändert hätte, mag bezweifelt werden. Wie bereits während des Golfkriegs von 1991 lehnt die öffentliche Meinung – heute noch stärker als damals – die Beteiligung deutscher Streitkräfte an derartigen Kriegen ab. Für die traditionelle deutsch-amerikanische Sicherheitspartnerschaft fehlt vorerst bei den deutschen Wählern das sozialpsychologische Unterfutter. Zwar lassen die Umfragen erkennen, daß die generelle Bedeutung der USA für Deutschland nach wie vor realistisch, das heißt relativ hoch eingeschätzt wird. Auch die Sympathiewerte für »die Amerikaner« sind weiterhin recht günstig.[9] Die deutsche Bevölkerung will aber in ihrer Mehrheit nicht mehr glauben, daß ihre Sicherheitsinteressen an der Seite Amerikas gut aufgehoben sind. Sie hält die Frage »Wie gefährlich ist Amerika?« für viel aktueller als die Frage »Wie nützlich ist Amerika?«.

George W. Bush – »Sektiererisch begründeter Allmachtswahn«[10]

Im britischen *Economist* war unlängst zu lesen, seit Harry Truman habe kein anderer US-Präsident die amerikanische Außenpolitik so tiefgreifend beeinflußt wie George W. Bush. Zu Zeiten Trumans sei ein weltumspannendes System von Allianzen unter amerikanischer Führung entstanden, das selbst den Kalten Krieg überdauerte, bis Bush sich für die von Amerika ad hoc improvisierten »Koalitionen der Willigen« entschieden habe.[11] Nur wenige in Deutschland würden dieser Feststellung widersprechen. Der gegen schärfsten Widerstand im Weltsicherheitsrat brüsk durchgezogene Irakkrieg scheint nur das spektakulärste Indiz eines Kurswechsels zu sein, der allen Informationen zufolge in erster Linie vom Präsidenten festgelegt worden ist.[12] Begleitet wurde er durch eine Vielzahl von Entscheidungen, die allesamt auf eine Verstärkung des Unilateralismus der einzigen Supermacht hindeuteten: Kündigung des ABM-Vertrags von 1972 zugunsten des Aufbaus eines primär amerikanischen, allerdings auch den Europäern angebotenen Raketenabwehr-systems, Ablehnung des Protokolls von Kyoto, Ablehnung und Sabotage des Internationalen Strafgerichtshofs zur Verfolgung humanitärer Verbrechen, »Festschreibung der unilateralen Sicherheitspolitik«[13] in der neuen »National Security Strategy« vom September 2002 mit dem Bekenntnis zu präventivem Vorgehen im Fall einer Bedrohung der nationalen Sicherheit,[14] Außerachtlassen des Angebots der Verbündeten, Amerika im Kampf gegen den Terror im Rahmen der NATO zu unterstützen, und verächtliches Ignorieren der UN, als keine Mehrheit für eine formelle Ermächtigung zum Irakkrieg erreichbar war. Ernst-Otto Czempiel hat das auf eine knappe Formel gebracht: »UNO ade, NATO passé«.[15]

Sicherlich konnte Washington für die meisten dieser Entscheidungen differenzierte Rechtfertigungen vorbringen. Der ABM-Vertrag war ein Relikt des Kalten Krieges, dem in erster Linie ältere Herren aus der Rüstungskontroll-Community in Europa noch Tränen nachweinten. Das wissenschaftlich umstrittene Kyoto-Abkommen, an dem die Umweltbürokratien der EU maßgebenden Anteil haben, das aber einige der künftig besonders besorgniserregenden Luftverschmutzer wie China und Indien ausklammert und dessen Ratifikation durch Rußland damals sehr zweifelhaft war, wäre vom US-Senat nicht ratifiziert worden, genausowenig wie der Vertrag über den Internationalen Strafgerichtshof.

Auch frühere Verteidigungsdoktrinen schlossen präventives Vorgehen der USA im Fall akuter Bedrohung nicht aus. Gegen eine Beteiligung der NATO am Afghanistan-Krieg sprachen die Erfahrungen im Luftkrieg gegen Serbien und bei der Vorbereitung von Bodenoperationen, als bestimmte europäische Alliierte – Frankreich, Italien, Griechenland, auch Deutschland – den USA, auf welche die Hauptlast der Einsätze entfiel, gewissermaßen Handschellen angelegt hatten.[16] Aber alles zusammen war eine geballte Ladung von Entscheidungen, die zudem den beteiligten Regierungen und der Weltöffentlichkeit zumeist in arrogantem Stil übermittelt wurden. Besonders erstaunlich war es somit nicht, daß auch eine große Mehrheit der Deutschen einen amerikanischen Präsidenten, der mit dem Holzhammer agierte, als gefährlich einschätzte. Das galt nicht nur für die

Wähler insgesamt, sondern genauso für einen großen Teil der außenpolitisch maßgeblichen Eliten.[17]

Allerdings kam im Fall George W. Bushs noch mehr hinzu als nur das Erschrecken über eine prononciert nationalistische Außenpolitik in einer durch den Anschlag des 11. September 2001 aufgewühlten Szenerie. Man kann ohne Übertreibung von einem tiefen ideologischen Unbehagen sprechen. Es bewirkte und bewirkt noch immer, daß eine nach Lage der Dinge durchaus nachvollziehbare Kritik zu einer bislang beispiellosen Verunglimpfung des Regierungschefs eines befreundeten Landes entartete.

Jeder Beobachter der Szenerie hatte schon beim Wahlkampf erkennen können, daß amerikanische Rechtsrepublikaner in Deutschland eine schlechte Presse haben. Die Motive dafür sind heterogen: residuale Attitüden der Achtundsechziger-Generation, kulturell bedingte Affekte, berechtigte Sorge vor dem ungeheuren Unheil, das aus Fehlentscheidungen mächtiger amerikanischer Präsidenten resultieren könnte, pathologische Dämonisierung. Die emotionale Fokussierung auf einen gefürchteten und verhaßten Rechtsrepublikaner war zuvor schon erstmals im Fall des Präsidenten Ronald Reagan manifest geworden. Die schrille Ablehnung legte sich erst in Reagans zweiter Amtszeit, als aus dem Kalten Krieger der Entspannungspräsident wurde.

Immerhin war das in Umfragen ermittelte Bild George W. Bushs bei seiner Amtseinführung im Januar 2001 noch durch kühle Indifferenz gekennzeichnet: 27 Prozent der befragten Deutschen meinten aber schon damals, sie hätten »keine gute Meinung«, was nach der sehr umstrittenen Auszählung der Stimmen in Florida eigentlich kein Wunder war, 18 Prozent bekundeten aber noch eine »gute Meinung«, die Mehrheit gab an, keine feste Meinung zu haben. Nach dem 11. September 2001, als Bush eine gute Figur machte, kletterte die Zustimmungsrate sogar kurzfristig auf 30 Prozent. Von da an ging es steil bergab. Auch die zuvor Meinungslosen hatten sich nun ein Bild von Bush gemacht, und zwar ein ungünstiges. Im März 2003 war die Einschätzung ganz eindeutig ins Negative abgekippt. 71 Prozent bekundeten jetzt »keine gute Meinung«, die ohnehin schon kleine Zahl derer, die eine »gute Meinung« hatten, war auf 10 Prozent geschrumpft.[18] Das hielt sich und färbte sehr stark auf die gesamte Einschätzung Amerikas ab. Bei einer Umfrage im Sommer 2004 bezeichneten sogar nur noch 13 Prozent die USA als »Deutschlands verläßlichsten Partner«; 64 Prozent nannten Frankreich, 6 Prozent Rußland und 35 Prozent Großbritannien.[19] Der Grund war ganz eindeutig Bushs Entscheidung für den Irakkrieg und die präzedenzlos heftige Kritik, die diese in den Medien und seitens der Bundesregierung fand. Die Anti-Bush-Stimmung in ganz Europa, über die das Fernsehen ausgiebig berichtete, verstärkte das ausgeprägt negative Bild.

Dabei war bei vielen, die ihre Kritik auf diesen Präsidenten fokussierten, eine hochgradig emotionale Komponente doch recht erstaunlich. Manche Kolumnen waren von kaltem, höhnischem Haß diktiert, wie er sonst nur bei übelsten innenpolitischen Auseinandersetzungen anzutreffen ist. Allerdings war die deutsche Bush-Kritik auch ein Echo auf den heftigen Lärm, der aus dem amerikanischen Wald herausschallte. In den USA ist schon seit langem der Begriff *culture wars*[20] gang und gäbe. Den Auseinandersetzungen zwischen Linksliberalen und Rechtsrepublikanern über die Abtreibung, die Homosexualität, die Bedeutung der biblischen Lehren für das Privatleben und die öffentliche Moral, neuerdings auch über die Bedingungen für den Einsatz von Militärmacht, über die Rolle der UN, der europäischen Verbündeten oder Israels für Amerika ist ein Element haßerfüllter Unerbittlichkeit beigemischt, mit dem man in der auf Konsens abonnierten, von weltanschaulichem Relativismus durchdrungenen deutschen Parteiendemokratie dem parteipolitischen Gegner im allgemeinen nicht begegnet, nicht einmal dem noch viel verhaßteren innerparteilichen Rivalen.

Unter Reagan wie nun nochmals unter George W. Bush haben sich die ursprünglich innenpolitischen Fronten mit weiterem außenpolitischem Konfliktstoff aufgeladen. Das strahlt auf Europa aus. Natürlich wurde in der deutschen Öffentlichkeit deutlich vermerkt, daß Bush beim Präventivkrieg gegen den Irak anfangs vom Kongreß, von großen Teilen der Medien und von der Bevölkerung insgesamt weithin unterstützt wurde. Gewiß ist die eben skizzierte, generell amerikakritische Stimmung in Deutschland auch darauf zurückzuführen. Weniger wurde anfangs erkannt, wie stark eine höchst kritische Minderheit in den USA den ohne formelle Mandatierung durch den Weltsicherheitsrat vom Zaun gebrochenen Krieg von Anfang an leidenschaftlich bekämpfte. Diese entrüsteten Stimmen fanden in Deutschland vor allem in Buchform rasch Gehör. Die Flut kritischster Monographien, die allein seit 2001 über Bush und die Neokonservativen erschienen sind, alsbald deutsche Verleger fanden und dann in den Buchhandlungen breit auslagen, ist bemerkenswert.[21] Die Bush-kritische Publizistik deutscher Autoren griff und greift dabei vielfach nur Vorwürfe, Verdächtigungen und moralische Argumente auf, die zuerst in Amerika artikuliert werden. Die Vorstellung, es handle sich dabei um originär deutsche Auffassungen, ist somit nicht ganz richtig. Daß der Haß gegen Bush teilweise direkt aus der emotional aufgeheizten amerikanischen Szene herüberschwappt, könnte das hierzulande ansonsten eher unübliche Element der Boshaftigkeit gegen den führenden Staatsmann eines anderen Landes erklären. Erst während des Wahlkampfs von John Kerry gegen Bush wurde einer breiteren deutschen Öffentlichkeit klar, wie stark tatsächlich die Polarisierung war, die Amerika erfaßt hatte.

Dennoch ist die Dämonisierung des Präsidenten George W. Bush erstaunlich. Wer nur über ein wenig historisches Erinnerungsvermögen verfügt, weiß, daß es eine solche Explosion von persönlicher Verunglimpfung in der Bundesrepublik noch nicht gegeben hat. Weder Chruschtschow noch Breschnew oder Andropow, die allesamt viel mehr auf dem Kerbholz hatten, von dem gefürchteten und deshalb eher respektvoll behandelten Monster Stalin ganz zu schweigen, sind seinerzeit zum Objekt derart persönlich gezielter Kampagnen gemacht worden. Starke Einflüsse aus den USA selbst spielen also sicher eine gewichtige Rolle, können allerdings die Intensität des Hasses nicht vollständig erklären.

Kulturelle Entfremdung

Die starke Emotionalisierung der Jahre 2002/03 erwächst vor allem aus der Besorgnis, daß sich in den USA starke Tendenzen politisch durchgesetzt haben, die mit den hierzulande vorherrschenden kulturellen Wertvorstellungen nicht mehr in Einklang zu bringen sind. Wieder und wieder zeigt sich in solchen Krisen, daß viele Deutsche seit langem schon, gewissermaßen bis in die Gene, pazifistisch geprägt sind. Das verbindet sich dann mit anderen Einstellungen.

An dieser Stelle ist nochmals an unsere Ausgangsüberlegung zu erinnern. Komplizierte, sehr unterschiedlich ausdeutbare Großgesellschaften wirken meist fremd und vielleicht sogar bedrohlich, sobald man ihre Eigenart kritisch ins Auge faßt. Daß Amerika immer ein »fremder Freund« war,[22] mußte eigentlich im Auf und Ab der letzten Jahrzehnte jedem bewußt sein, sofern er nur Verstand hatte. Aber so genau wollte man damals gar nicht hinsehen.

Enttäuschter Respekt aus früheren Zeiten mag gleichfalls manches erklären. Weshalb es problematisch ist, ausgerechnet an Amerika ein Exempel interkultureller Unduldsamkeit zu statuieren, und ob dieses Verhalten gegenüber einem einstmals befreundeten Land, das zugleich die stärkste Weltmacht ist, sonderlich intelligent ist, wird noch zu erörtern sein. Hier interessiert erst einmal die Feststellung, daß der Konflikt nicht primär um materielle Interessen oder um Sicherheitsfragen geht. Was die deutsche Öffentlichkeit aufregt und was sie zugleich inszeniert, ist vielmehr ein Kulturkonflikt. Die entsprechenden Vorwürfe an die Adresse der amerikanischen Gesellschaft sind bekannt. Sie alle zielen auf die Andersartigkeit Amerikas unter George W. Bush und bringen zum Ausdruck, daß man diese höchst problematisch findet.

In den Jahren 2002/03 wurde in fast jedem der kritischen Leitartikel, ganz besonders in den Feuilletons überregionaler Zeitungen, Woche für Woche dasselbe Klagelied intoniert:

– Amerika hält nichts vom Kyoto-Protokoll, mit dem die Länder der EU das Tempo der globalen Erwärmung verringern, somit den blauen Planeten retten möchten;
– In Amerika herrscht ein Kapitalismus, der jedweder Solidarität ermangelt: *hire and fire* ist die Parole, der Wohlfahrtsstaat ist unterentwickelt;
– Amerika ist eine triste Konsum- und Wegwerfgesellschaft;
– In Amerika platzen die Gefängnisse aus allen Nähten, und

man vollzieht dort immer noch die Todesstrafe, am liebsten an Schwarzen aus der Unterschicht;

- Amerika ist ein Land der tausend Sekten, deren viele Millionen Mitglieder immer noch an die strengen Vorschriften der Bibel, an die Hölle und an das Jüngste Gericht glauben;
- In Amerika können sich nicht nur Ganoven Feuerwaffen besorgen, sondern jedermann;
- Amerika widerstrebt der Errichtung des Internationalen Strafgerichtshofs gegen humanitäre Verbrechen, weil es nicht riskieren möchte, eigene Soldaten auf der Anklagebank zu sehen;
- Amerika hat sich auf eine Präventivkriegstrategie festgelegt und spielt zunehmend den »pyromanen Feuerwehrmann«[23], dies mit Vorliebe gegenüber kleinen und schwachen Ländern;
- Amerika hat sich für den Unilateralismus entschieden und mißachtet den Weltsicherheitsrat der Vereinten Nationen;
- Amerika, einstmals die Führungsmacht der freien Welt, ist in eine Phase »militarisierter Hegemonie«[24] eingetreten: eine Militärmacht mit globalem Stützpunktsystem, mit der Fähigkeit zur Ausübung »selektiver Weltherrschaft«[25] und mit weltweitem Expansionswillen, gestützt auf eine Klientel abhängiger Regierungen;
- »Machtsicherung und Machtausbau rangieren vor Demokratie und Menschenrechten.«[26]

So könnte man fortfahren. Ist das nur die Karikatur einer weitverbreiteten Kritik? Keineswegs. Es ist eine recht unvollständige Zusammenstellung dessen, was in Deutschland Millionen glauben und was millionenfach gedruckt oder elektronisch verbreitet wird. Und die Gesamtheit dieser Feststellungen erklärt, weshalb man in Deutschland, und nicht nur in Deutschland allein, heute in erster Linie fragt: »Wie gefährlich ist Amerika?«[27] Auch wenn sich die Vorwürfe in erster Linie gegen die Administration Bush richten, bleiben sie naturgemäß an Amerika insgesamt hängen, zumal sich im November 2004 eine Mehrheit amerikanischer Wähler nach stark polarisiertem Wahlkampf für diese Administration entschieden hat.[28]

Auch im deutschen öffentlichen Diskurs zeigt sich ein Phänomen, das im intellektuellen Diskurs anderer Länder Europas
ebenfalls auftritt: die Entfremdungsthematik wird mit dem Thema europäischer Werte und europäischer Identität verknüpft.
Die Umfragen, die öffentlichen Kontroversen und die Positionen der Parteien lassen zwar von Land zu Land Differenzie-
rungen erkennen. Doch daß sich in diesen Jahren ein Kristalli-
sationsprozeß transnationaler Grundmuster der Amerikakritik
einerseits, der Entwicklung einer europäischen Ideologie andererseits vollzieht, ist offensichtlich. Auch dabei hat der Irakkrieg
nur Tendenzen verstärkt, die schon länger zu beobachten sind.

Seitdem Michel Albert zu Beginn der neunziger Jahre die
These vertreten hat, im Unterschied zum harten Kapitalismus
amerikanisch-angelsächsischer Ausprägung habe sich in Westeuropa der anfangs vor allem in der Bundesrepublik praktizierte
»rheinische Kapitalismus« verbreitet[29] und bewährt, erfreut sich
diese polit-ökonomische Unterscheidung bei der gemäßigten
Linken großer Beliebtheit. Wenn schon auch in Europa der Kapitalismus unvermeidlich sein sollte, so liest man vielfach, dann
bitte wenigstens mit menschlichem Antlitz. Das europäische
Sozialmodell, das sich, von der Bundesrepublik ausgehend, über
den gesamten EU-Raum verbreitet habe, wird als das humanere
bezeichnet – trotz niedrigerer Wachstumsraten.

Doch auch die Kritik an der amerikanischen Hegemonial-
politik und an den Weltordnungsvorstellungen Washingtons
erwächst aus der Überzeugung, Europa habe in jahrzehntelangen Lernprozessen eine andere, bessere politische Kultur
entwickelt. Man könnte dabei auf zahllose Aufsätze, Leitartikel
oder Buchveröffentlichungen rekurrieren. Auf drei der letzteren
sei exemplarisch Bezug genommen: *Macht und Ohnmacht. Amerika und Europa in der neuen Weltordnung*[30] von Robert Kagan,
Der Europäische Traum[31] von Jeremy Rifkin und *Der deutsche Weg*
von Egon Bahr. Zwei dieser in Europa stark wahrgenommenen
Bücher haben paradoxerweise Amerikaner zu Autoren, die den
derzeitigen Umbruch im Verhältnis zu den USA in Brüssel erlebt haben – fasziniert, befremdet, aber die fremdartigen Verhaltensweisen so scharf beobachtend wie einstmals die legendären

beiden Perser in den *Lettres Persanes* (1721) von Montesquieu, die ihren erstaunten Landsleuten im fernen Persien die Pariser Gesellschaft in den Jahren der Régence schilderten.

Politisch haben diese drei Autoren wenig miteinander gemein: Kagan wird den Neokonservativen zugezählt, Rifkin galt als Berater von Romano Prodi und findet sich wie dieser auf Positionen der linken Mitte, Egon Bahr kennt jeder. Ihre Lagebeurteilung konvergiert aber in einem Zentralpunkt: Amerika und Europa, so meinen alle drei, arbeiten heute an zunehmend unvereinbaren Gesellschaftsentwürfen und Weltordnungsmodellen. Ebendiese kulturelle Andersartigkeit erkläre letztlich die Differenzen zwischen ihnen. Dabei beleuchtet Rifkin vor allem die Eigenart der europäischen *life styles*, der Moral- und Ordnungsvorstellungen von Wirtschaft und Gesellschaft, die auf allen relevanten Feldern durch Harmoniestreben gekennzeichnet seien. Enthusiastisch bekennt er sich dabei als Anhänger des europäischen Traums.

Robert Kagan konzentriert sich mehr darauf, wie Amerikaner und Europäer mit den Problemen globaler Anarchie sowie der Bedrohung durch Schurkenstaaten fertig werden wollen, und entwickelt daraus seine Dichotomien. Er sieht in den Amerikanern pessimistische, aber zupackende Realisten, die von einem Weltbild ausgehen, für das Thomas Hobbes die Formel von der »Wolfsnatur« des Menschen geprägt hat, während umgekehrt die Europäer aufgrund der günstigen Erfahrungen mit der europäischen Einigung darauf vertrauen, ihr Konsensmodell auf die ziemlich anarchische außereuropäische Welt übertragen zu können. Entsprechend wachsame, harte Kämpfer seien somit die Amerikaner, Weicheier die Europäer. Die Amerikaner – so Kagans vielzitierte Analogie – sind auf dem Planeten Mars beheimatet, die Europäer auf dem Planeten Venus.

Auffällig ist, wie stark gegenwärtig auch Egon Bahr auf die kulturelle Deutung der europäisch-amerikanischen Unterschiede setzt. Daß er zu den USA gerne Distanz hält und viele Amerikaner zu ihm, ist bekannt. Nun behauptet er, dabei vielleicht von Kagan inspiriert, daß die Gefährlichkeit Amerikas und die Friedlichkeit Europas letztlich in fundamentaler Andersartigkeit wurzeln, die neben kulturellen Mustern auch stark durch geschichtliche Erfahrungen bedingt sei. Im Unterschied zu

Rußland, China, Japan, Deutschland, Frankreich oder England habe Amerika keine tiefen historischen Brüche zu verarbeiten. Die amerikanische Nation sei ihrer Identität sicher und habe es nach dem unaufhaltsamen Aufstieg im 20. Jahrhundert nicht nötig, zweifelnd über die Vortrefflichkeit der eigenen Werte zu diskutieren, mit denen sie so erfolgreich war. Daher das unbegrenzte Sendungsbewußtsein: »Ein Organismus, ganz unanfällig für Selbstzweifel«.[32]

Gewiß, auch Bahr vergißt nicht völlig zu differenzieren und erwähnt durchaus die Unterschiede zwischen der universalistischen Rhetorik Kennedys und der arroganten Machtpolitik George W. Bushs: »Der Repräsentant der Hypermacht weckt Sorge vor Hypermut.«[33] Doch Bushs Amerika, dies Bahrs Botschaft, wird das Amerika des 21. Jahrhunderts sein. Der Ausgang der Präsidentschaftswahlen im November 2004 kann ihn in dieser Überzeugung nur bestärken. Auffällig ist sein kulturmorphologischer Ansatz.[34] Dieser würde bei deutschen oder französischen Konservativen des Fin de siècle oder des ersten Drittels des 20. Jahrhunderts nicht verwundert haben, sie verblüfft indessen bei diesem Analytiker, der seine Leser davon überzeugen möchte, daß Amerika zu Beginn des 21. Jahrhunderts eine Gefahr ist: »Es ist, als ob solche Länder in ihren Organen ein geschichtsmächtiges Adrenalin erzeugen, das sie antreibt, Wachstumshormone hervorbringt und ihre Instinkte leitet. Das ist eine Droge, für die es keine Entziehungskur gibt. Amerika wird diesem Antrieb folgen. Es gibt keinen Grund zu stoppen, keinen Willen und auch keine innere Bereitschaft.«[35] »Universaler Nationalismus«, Errichtung einer Pax Americana, schrankenlose Machterweiterung und Demokratisierung der Welt mit der Tendenz, sie nach dem Bild Amerikas zu formen, seien das Programm der USA für die kommenden Jahrzehnte.[36]

Demgegenüber das »Modell Europa«: »Seine Prinzipien der Zusammenarbeit, des Gewaltverzichts, der friedlichen Regeln der Kooperation, der gegenseitigen Rücksicht, des jeweiligen Fortschritts durch die Zustimmung aller – sind das nicht die Grundlagen für das Zusammenwirken in einer multipolaren Welt?«[37] »Der deutsche Weg«, den Bahr dann proklamiert, laufe auf diese »europäische Vision« zu, auf ein prinzipiell gewaltfreies, kooperatives, durch Selbstbindung in feste Rechtsregeln der Vereinten Nationen ausgezeichnetes Gegenmodell zur US-Hegemonie. Dieses europäische Modell habe den großen Vorzug, daß es auch bei anderen Kulturen und bei großen oder kleineren Staaten weltweit Akzeptanz finde.

Wie gefährlich ist in diesem Entwurf Amerika? Wie unausweichlich erscheint der Zusammenstoß? Bahr bleibt vorsichtig. Wer wie er Europa und mit ihm Deutschland auf universelle Kooperation verpflichten möchte, würde aus der Rolle fallen, wollte er offen zum transatlantischen Kulturkampf aufrufen. Friedliches, partnerschaftliches Nebeneinander der im Grunde gegensätzlichen Modelle der Politik und der Lebensformen wird somit für wünschbar erklärt: »Europäische Selbstbestimmung« sei »neben« und nicht »gegen« Amerika zu definieren.[38] Aber ist das glaubhaft? An vielen Stellen dieser Studie, die in Wirklichkeit eine verkappte Streitschrift ist, läßt Bahr es sich nicht nehmen, auf der Klaviatur der gängigen Vorbehalte gegen Amerika zu spielen. Das einstige Konzept der atlantischen Wertegemeinschaft sei »ein Irrglaube«.[39] Das »Recht zum Waffentragen« werde in europäischen Augen nicht als »erstrebenswerte Freiheit« begriffen. Die Todesstrafe entspreche dem Bewußtsein, »das Böse nicht nur zu bekämpfen, sondern zu vernichten«. Aus Nationalbewußtsein und Sendungsbewußtsein (»das auserwählte Volk Gottes«) werde ein moralischer Maßstab abgeleitet, »der nicht verhandelbar ist«. Amerika halte kompromißlos an seiner Souveränität fest und lehne es ab, die Menschenrechte durch internationale Konventionen zu garantieren. Die Ablehnung des Internationalen Strafgerichtshofs beweise dies ebenso wie das offen beanspruchte Recht zur nicht UN-mandatierten Führung eines Präventivkriegs.

Wenn zwei derart unvereinbare Wertesysteme auf demselben Globus koexistieren sollen, schlußfolgert Bahr, liege naturgemäß nicht die partnerschaftliche Kooperation in der Logik der Dinge: »Die amerikanische Mission kann die europäische Vision zerstören.«[40] Die »Weltführungsmacht« wolle ihren Einfluß dank universeller Berufung weltweit ausdehnen, also auch auf Europa. Die milder und vernünftiger gestimmten Europäer indessen könnten und wollten ihr eigenes »Weltordnungssystem« nicht preisgeben.[41] Es bleibe also nur der Konflikt in allen Dimensionen: in der UNO, in der NATO, darüber, ob und wie eine Raketenabwehr gegen »Schurkenstaaten« aufgebaut werden sollte, über den Aufbau eigener, wenngleich moderater europäischer Streitkräfte und über das Verhältnis zum Islam.

Dieser Konflikt müsse aber auch mit den Anhängern Amerikas in Europa ausgekämpft werden, vor allem mit der Regierung Tony Blair. Mit solchen und anderen Überlegungen befindet sich Bahr wieder inmitten der politischen Kontroversen. Aber im wesentlichen, darauf insistiert er, gehe es um den Streit zweier Kulturen, die von globalem Sendungsbewußtsein erfüllt sind – der Kultur der Amerikaner und der der Europäer gleicherweise. Nicht physische Gefährdung, Fremdherrschaft oder ein Wirtschaftskrieg seien demnach von den USA zu befürchten, vielmehr Verlust der Selbstbestimmung, sprich: des Rechts der Europäer, weltweit ihre eigene zivilisatorische Mission friedlich zu verbreiten. Bahr spricht in diesem Zusammenhang von Vision, Jeremy Rifkin sehr viel zutreffender von »Träumen«.

Was ist tatsächlich von Amerika zu befürchten?

Wir sind heute wieder in der Lage, das Thema Amerika entspannter zu diskutieren, nachdem die kurzlebige Phase angeblicher amerikanischer Allmacht des Zeitraums 2001 bis 2003 in den Katzenjammer umgekippt ist. Noch vor kurzem, zwischen dem Afghanistan-Feldzug und demjenigen im Irak, schien den Amerikanern alles möglich. Vergleiche mit dem einstigen Imperium Romanum waren in jedem Feuilleton zu lesen.[42] Als das Standbild Saddam Husseins nach kurzem Blitzkrieg vom Sockel gestürzt wurde, sahen die abgestiegenen Großmächte auf dem europäischen Kontinent in der Tat ziemlich alt aus. Washington, das den Tyrannen von Bagdad entthront hatte, sonnte sich zusammen mit England im Glanz militärischer Effizienz und moralischer Rechtschaffenheit, während Paris und Berlin mitsamt ihren Parteigängern in der Publizistik mehr schrill als selbstsicher zur Bildung von »Gegenmacht« aufriefen, ohne damit in der EU ein großes Echo zu finden oder gar Amerika beim Angriff auf den Irak bremsen zu können.

Selten ist aber das Kalkül einer Weltmacht so rasch diskreditiert worden. Schon wenige Monate später herrschte in Amerika große Verlegenheit. Die in der kritischen deutschen Öffentlichkeit gehandelten Prognosen eines langen, verlustreichen Krieges, ungeheurer Opfer unter der Zivilbevölkerung, von Flächenbränden im Nahen Osten oder gar von einer Fortsetzung des Feldzugs in den Iran hinein haben sich zwar, wie zu erwarten, als Heißluft erwiesen. Die Bedenken in der deutschen Öffentlichkeit waren aber doch in drei Punkten berechtigt: Amerika und seine Verbündeten sahen sich tatsächlich außerstande, im Irak rasch für Frieden zu sorgen; die Demokratisierung des Mittleren Ostens läßt, wie sollte das auch anders sein, auf sich warten; und die Massenvernichtungswaffen Saddam Husseins sind nicht aufgefunden worden.

Mehr noch: Nicht die amerikanische Allmacht erscheint heute als das Hauptproblem, sondern das tatsächlich eingeschränkte amerikanische Vermögen zur Neugestaltung. Während besorgte deutsche Kritiker vorgestern noch vor der Fähigkeit Amerikas zur »selektiven Weltherrschaft« gewarnt hatten,[43] so wie sie sich zwanzig Jahre zuvor vom Supermacht-Militarismus der Sowjetunion hatten täuschen lassen, ist heute erkennbar, daß die angebliche Weltmacht nicht einmal in einem vergleichsweise kleinen, unter Besatzungsverwaltung stehenden Land von bloß 24 Millionen Einwohnern ein Minimum an öffentlicher Ordnung zu schaffen in der Lage ist, ganz zu schweigen von den stolzen Zielen, ein Modell der Demokratisierung für den ganzen Nahen Osten zu schaffen. Wie vor langer Zeit schon einmal während des festgefahrenen Vietnamkriegs haben Exit-Strategien Hochkonjunktur, und die Bush-Administration hält es nun für angebracht, selbst jene europäischen Regierungen um Hilfe anzugehen, die sie vorher im UN-Sicherheitsrat überrollt hatte. Schöne Weltmacht!

Skepsis bleibt allerdings weiter angezeigt. Selbst die nähere Zukunft ist unkalkulierbar. Die Stimmung kann jederzeit wieder umschlagen. Neue Anschläge, vielleicht wie bereits in Spanien auch anderswo in Europa, Beunruhigung der europäischen Öffentlichkeit durch die vor der eigenen Haustür bestehenden, schwer oder nicht assimilierbaren muslimischen Parallelgesellschaften, neue Krisen am Golf, eine veränderte Politik Washingtons oder bestimmter Länder Europas mögen eine weitere Drehung des Kaleidoskops bewirken.

Nicht zuletzt haben die Vorgänge seit dem 11. September 2001 wieder einmal den Nutzen historischer Langzeitperspektiven erwiesen. Gewiß verstärkt sich von Jahrzehnt zu Jahrzehnt der Eindruck, daß sich die internationalen Beziehungen immer schneller verändern, und Amerika war stets eines jener Länder, in denen Änderungen besonders rasch ablaufen. Somit muß man das jeweils Neue gebührend stark gewichten. Andererseits zeigt sich in der amerikanischen Politik aber doch auch eine Abfolge jeweils vergleichbarer Grundmuster und kollektiver Verhaltensweisen. Die Fehler, die Dummheiten, aber ebenso die positiven Leistungen Amerikas stehen gewissermaßen unter dem Gesetz der zyklischen Wiederkehr.

Das gilt für die überschießenden Reaktionen des gereizten Elefanten, wenn ihn unerwartete Gegner erschrecken. Es gilt für die periodischen Anfälle militärischer Allmachtsphantasien, die in der Regel kläglich enden und zur Wiederentdeckung der Tatsache führen, daß es in Kriegen und bei der Bekämpfung von Aufstandsbewegungen schmutzig zugeht. Die Übergriffe im Gefängnis von Abu Ghraib und in Guantánamo sind nicht die ersten dieser Art in der amerikanischen Zivilisationsgeschichte. Doch Amerika unterscheidet sich darin auch nicht von anderen Ländern, beispielsweise Deutschland, Rußland, Frankreich, Italien, Japan, Belgien oder den Niederlanden, die sich allesamt in Kriegen, bei der Partisanenbekämpfung oder bei der Zerschlagung von Widerstandsbewegungen in den einstigen Kolonien vergleichbar scheußlich aufgeführt haben. Auch die patriotischen Emotionen, von denen die amerikanische Öffentlichkeit in Kriegszeiten regelmäßig befallen wird, sind keine Besonderheit Amerikas.

Ähnliches gilt für Völkerrechtsverstöße. Auch in der Vergangenheit wollten sich amerikanische Regierungen, wenn sie sich zu militärischem Eingreifen gedrängt fühlten, davon ungern durch subtiles Nachdenken über Folgen und Nebenwirkungen abhalten lassen. So war es in Mittelamerika, so war es im pazifischen Raum, so war es auch in Europa. Doch auch darin haben sie sich nicht von den Regierungen Europas oder des japanischen Kaiserreichs unterschieden. Kriege werden leichter begonnen als beendet. Nach den siegreichen Blitzkriegen formieren sich Widerstandsbewegungen, gegen die oft nicht einmal widerwärtige Repression viel ausrichtet. Deutschland und Italien haben das im Zweiten Weltkrieg erlebt, die Sowjetunion in Afghanistan, Israel im Gazastreifen und im Westjordanland. Gegenwärtig macht Amerika im Irak wieder einmal dieselbe Erfahrung.

Für alle, die mit der Geschichte Amerikas etwas vertraut sind, ist auch der Unilateralismus, über den man sich heute so erregt, ein alter Bekannter, wenngleich nicht unbedingt ein guter. Dieser ist »so alt wie die Republik«, konstatiert der Historiker Arthur M. Schlesinger,[44] weist in diesem Zusammenhang aber auch auf gegenläufige Tendenzen hin, die Amerika seither entwickelt hat: kollektive Friedenssicherung, Bemühen um eine weltweit verpflichtende Völkerrechtsordnung und um multilaterale Problemlösung. Wie viele Demokraten fürchtet zwar auch er, der Irak könnte zu einem zweiten Vietnam werden, macht aber nicht den Fehler vieler naiv-idealistischer Europäer, die allen Ernstes fürchten, Amerika habe sich ein für allemal auf einem verhängnisvollen Sonderweg verrannt. Diese nach wie vor eigenwillige, oft übertrieben selbstbewußte Weltmacht gerät periodisch in Sackgassen, hat aber immer wieder aus diesen herausgefunden.

Die zyklische Wiederkehr des Gleichen äußert sich aber auch in der moralisierenden Überheblichkeit, mit der man jetzt in Europa auf amerikanische Kraftmeiereien reagiert, wenn diese noch nicht domestizierte große Republik gegenüber einem gemeingefährlichen Tyrannen auf den Einsatz von Militärmacht zurückgreift oder wenn sie ihre Fähigkeit überschätzt, im Dschungel der Weltpolitik aufzuräumen. Die Anlässe wechseln, die Entrüstung ist aber vielfach die gleiche, und häufig sind es dieselben Personen und Organisationen, die sich entrüsten: Vorvorgestern, 1967–1973, antiamerikanische Massendemonstrationen wegen Vietnam unter großen Transparenten, welche die Staatsterroristen Mao Tse-tung und Ho Tschi-minh ikonisierten (ein Teil des rot-grünen Bundeskabinetts mag sich insgeheim daran erinnern), 1981 bis 1983 Massendemonstrationen gegen die Stationierung der Pershings bei gleichzeitigem Ignorieren der bereits aufgebauten sowjetischen SS-20, gestern, 1990/91, Massendemonstrationen gegen den Golfkrieg von George Bush sen., der heute von den Kritikern seines Sohnes als

Vorbild staatsmännischer Mäßigung gerühmt wird, zuletzt die Massendemonstrationen des Jahres 2003 gegen den Irakkrieg von Bush jun. Immer war und ist bei den Kritikern Amerikas vieles vermischt: genuiner Idealismus, Kriegsangst und Friedensliebe, antiamerikanischer Linksradikalismus und die giftigen Ressentiments europäischer Regierungen, die nicht mehr in großem Stil eigene Machtpolitik betreiben können, selbst wenn sie wollten. Franzosen, Deutsche oder Italiener, die beim Rückblick auf die eigene Geschichte schweigsamer sein sollten, spielen sich gerne auf, als entstammten sie den Familien von Biedermännern.

Der Blick in die amerikanische Geschichte zeigt nämlich auch anderes. Es gibt nur wenige Länder, in denen Fehler und Niederträchtigkeiten der eigenen Regierung so vergleichsweise rasch in heftige öffentliche Kritik geraten sind und dann korrigiert wurden. Wenn sich ideologische Extremismen in Washington einmal durchgesetzt hatten, sind sie nie lange ungebremst wirksam gewesen.

Deshalb waren die besonders in Deutschland zu vernehmenden Beschwörungen der Jahre 2002 und 2003 so erfahrungsblind, Amerika sei auf dem Weg, ein neues, militarisiertes, unbarmherziges Rom zu werden, weshalb alle Wohlmeinenden ihre Kräfte zur Bildung von »Gegenmacht« bündeln müßten. Wie der Präsidentschaftswahlkampf des Jahres 2004 bewiesen hat, dauert es in den USA nie lange, bis aus der Kritik von Minderheiten eine Massenbewegung entrüsteter Bürger wird. Die Republikaner sind zwar nochmals davongekommen. Aber sie sind gewarnt.

Ein neues Rom … Im Fall der USA ist die Analogie mehr als windschief. Amerika fehlt selbst zur selektiven Weltherrschaft die ökonomische Basis, ihm fehlt, anders als dem britischen Empire, das Personal, das sich mit der Verwaltung des Imperiums identifizieren würde, und es ist zu sprunghaft. Der britische Historiker Niall Ferguson, einer der besten Kenner der europäischen Überseeimperien und zugleich ein bekennender Sympathisant der Weltordnung durch liberale Imperien, also ein eher unverdächtiger Skeptiker, hat neuerdings diese Defizite aufgelistet und sie mit dem Hinweis versehen, daß so »viele amerikanische Interventionen im Ausland ebenso sprunghaft und undiplomatisch waren wie die ›Weltpolitik‹ Wilhelms II.‹‹.[45] Doch anders als im wilhelminischen Deutschland sehen sich US-Präsidenten und deren Anhänger, die aus guten oder weniger guten Gründen »ferne Ungeheuer« erlegen möchten, mit einer mächtigen öffentlichen Meinung konfrontiert, die sich kurzfristig paralysieren läßt, aber nie auf Dauer.

Die Geschichte Amerikas ist nämlich nicht nur durch periodische Anfälle von Interventionshysterie gekennzeichnet. Kaum erschallen im Lager der imperialistischen Rechten oder der humanitär-interventionistischen Linken die Kriegstrommeln, da strömen auch alsbald aus politisch meist heterogenen Lagern die Antiimperialisten zusammen – Konservative, Gemäßigte, Linke und demagogische Linksradikale des Typs Michael Moore, in der Mehrzahl aber einfach anständige Leute, die aus den unterschiedlichsten Gründen den Imperialismus und die Pazifizierungsexzesse bekämpfen. Das begann schon 1898 bei der Besetzung der Philippinen und der Inseln im karibischen Raum. Damals stürzte sich unter anderem der deutschbürtige Alt-Achtundvierziger Carl Schurz, der es im amerikanischen Bürgerkrieg zum General und danach zum Innenminister gebracht hatte, in eine moralisch hochgestimmte politische Kampagne;[46] diese Art der Reaktion setzt sich bis zum heutigen Tage fort. Wer mit der Dialektik amerikanischer Außenpolitik auch nur oberflächlich vertraut war, konnte somit schon 2001 wissen, daß das mit Demokratisierungsideologie verbrämte, im ganzen doch eher schmalbrüstige Schrifttum der interventionistischen Neokonservativen[47] alsbald von einer wahren Flut antiimperialistischer Bücher weggeschwemmt würde. Und der intellektuellen Selbstkorrektur pflegt dann bald früher, bald später diejenige im Kongreß und bei den Wahlen zu folgen.

Auch in der Vergangenheit war es in der Regel Amerika selbst, das eher früher als später zur Vernunft kam, wenn sich herausstellte, daß es sich irgendwo verrannt hatte – bei der Liquidierung und beim Assimilationsversuch der Reste des spanischen Weltreichs im Pazifik und im karibischen Raum, bei der ursprünglich auf eine lange punitive Phase angelegten Besatzung Japans und Deutschlands, dann in Korea, in Vietnam, im Libanon 1982 oder in Somalia 2001. Kritik von außen kann nie schaden, aber der amerikanische Hang zur Selbstkritik könnte für Verbündete Amerikas eigentlich ein Grund sein, sich diesbezüglich eher diplomatisch bedeckt zu halten. Dieses Land hilft sich selbst, und Regierungen, die sich Dummheiten und Schlimmeres geleistet haben, werden abgewählt, oder sie sehen sich gezwungen, stillschweigend auf den Tugendpfad des Multilateralismus und des Respekts vor dem geltenden Völkerrecht zurückzukehren.

Zumeist erzeugt unüberlegtes, glückloses Ausgreifen einen *backlash*. Auf die Interventionspolitik Wilsons 1917/18 folgte die neoisolationistische Katerstimmung Mitte und Ende der dreißiger Jahre. Die kraftmeierische Überdehnung des amerikanischen Imperiums durch Präsident Johnson im Vietnamkrieg mündete in den großen Katzenjammer der siebziger Jahre unter den Präsidenten Ford und Carter. Der beispiellos erfolgreiche außenpolitische Aktivismus unter Reagan und George Bush sen. wurde abgelöst von einer programmatischen Wendung nach innen unter Clinton, der sich zwar zu ein paar humanitär motivierten, begrenzten Interventionen drängen ließ – auf Haiti, in Bosnien-Herzegowina und im Kosovo –, doch jedes größere militärische Eingreifen vermied.

Schriller Alarmismus ist aber nicht nur deshalb unangebracht, weil das pluralistische System der *checks and balances* in der selbstkritischen amerikanischen Demokratie erfahrungsgemäß eher früher als später funktioniert. Auch das Staatensystem des 21. Jahrhunderts wirkt mit eingebauten Bremssystemen und Korrekturmechanismen auf Amerika ein. Ist der Koloß zum Durchmarsch im Weltsicherheitsrat entschlossen, läßt er sich zwar von einer Koalition der Leichtgewichte nicht aufhalten. Doch der diplomatische Preis von Interventionen pflegt rasch anzusteigen, wenn die politischen Früchte auf sich warten lassen und wenn sich im nachhinein zudem erkennen läßt, daß die Begründungen für das Eingreifen fadenscheinig waren. Was als Demonstration hegemonialer Ordnungskraft gedacht war, erweist sich dann als Demonstration der Kurzsichtigkeit. Die befreundeten Regierungen aus der Koalition geraten in Bedrängnis (wie Tony Blair in Großbritannien) oder stürzen (wie Aznar in Spanien). Eine einfache Exit-Strategie steht Weltmächten, die sich verrannt haben, nicht offen: Sie müssen das Dekorum wahren, bedürfen neuer UN-Resolutionen und suchen nun ausgerechnet von den Regierungen Unterstützung, die der Intervention offen widerstrebt haben. Vor allem aber erkennen sie, daß ihr internationaler Einfluß nicht nur auf Macht beruht, sondern zugleich auf Ansehen und auf dem, was die Politologen mit Begriffen wie Legitimität oder internationale Akzeptanz bezeichnen.

Diktatoren des Typs Hitler, Mao Tse-tung oder Stalin lassen sich von der Aussicht auf moralische Isolation in der zivilisierten Welt nicht schrecken, wohl aber ein pluralistisches Establishment von Politikern, Beamten, Offizieren, Geschäftsleuten, Journalisten und Wissenschaftlern, von denen viele feine Antennen für das international Akzeptable haben. »Der isolierte Hegemon«[48] – was 2002 oder 2003 noch als düstere Prophezeiung verstanden werden konnte, war schon ein Jahr danach eine zunehmend realistische Lagebeschreibung. Es ist schon vergnüglich zu lesen, wie rasch im Jahr 2004 selbst Autoren, die kurz zuvor noch als Kronzeugen neokonservativer Außenpolitik galten, zu neuer Nachdenklichkeit fanden. So hat beispielsweise Eliot A. Cohen unter dem Titel »History and the Hyperpower« eine alte Wahrheit entdeckt, deren Essenz kurz und knapp umschrieben wird: »Überstarke Vorherrschaft hatte stets Feindschaft zur Folge. Die Führung Amerikas muß deshalb lernen, daß die Kunst des imperialen Managements und der Diplomatie darin besteht, Macht lieber mit freundlichem Lächeln auszuüben statt mit prahlerischen Sprüchen.«[49]

Darf man aus solchen Beobachtungen den Schluß ziehen, daß die Alarmrufe eines Egon Bahr und zahlloser tief besorgter Deutscher weit überzogen sind? Viel spricht dafür. Dennoch ist das kein Grund zur Sorglosigkeit. Auf kurze Sicht sind amerikanische Administrationen von außen nicht zu bremsen, falls sie Handlungsbedarf verspüren, wie rein oder unrein auch immer ihre Motive sein mögen – Angst vor Massenvernichtungswaffen, Streben nach Kontrolle der Ölquellen, Übermut oder Sorge. Aus der Intervention im Irak hätte tatsächlich ein Flächenbrand in der Golfregion entstehen können, und die Gefahr ist noch nicht gebannt. Desgleichen ist vorstellbar, daß sich die jetzige Administration trotz der ernüchternden Erfahrungen im Irak mit anderen Gegnern anlegt: dem Iran, Nordkorea oder gar China. Auch John Kerry hatte im Wahlkampf deutlich gemacht, daß er sich, falls Amerika unmittelbar bedroht werde, weder durch die Verbündeten noch durch internationale Gremien vom Einsatz von Waffengewalt abhalten lassen werde. So gesehen ist Amerika durchaus eine gefährliche Weltmacht, selbst wenn es sein Militärpotential nicht gegen Europa einsetzt. Denn letztlich müssen alle westlichen Demokratien mit ausbaden, was Washington anrichtet.

Dies ist allerdings keine neue Lage. Das gesamte Europa, Deutschland zuvorderst, hat in den Zeiten des Kalten Krieges befürchten müssen, in Ost-West-Krisen auch aufgrund amerikanischer Fehler physisch vernichtet zu werden. Tatsächlich ist es aber mit der Hegemonialmacht erstaunlich gut gefahren, in erster Linie auch deshalb, weil eine insgesamt enge, vertrauensvolle Eliten-Kommunikation das Geltendmachen eigener Interessen erlaubte. Zur heutigen Unberechenbarkeit der amerikanischen Weltmacht ist es vor allem deshalb gekommen, weil sich die Regierungen großer Länder Europas wie Deutschland oder Frankreich schon in den Anfängen der Irak-Krise durch Dialogunwilligkeit auszeichneten. Ihre Beunruhigung war gewiß verständlich, obgleich aus dem Hyperaktivismus Amerikas nach dem 11. September kein Weltkrieg resultierte, sondern »nur« der Schlamassel im Irak. Doch die eng vernetzte Weltwirtschaft ist labil, vor allem dann, wenn die Supermacht und deren Alliierte an den Zapfsäulen der Welt-Rohölversorgung operieren. Deutschland und Europa werden durch gelegentliche Urteilsschwäche amerikanischer Administrationen nicht direkt gefährdet, wohl aber indirekt. Aber läßt sich dem mit diplomatischen Allianzen begegnen, wie sie im Frühjahr 2003 im Weltsicherheitsrat – vergeblich – versucht wurden? Ist es der Einflußnahme dienlich, wenn sich in einer Flut von Demonstrationen, Büchern und Feuilletonartikeln das Schreckbild eines unsensiblen, übermächtigen Golem verbreitet?

Eine der Hauptgefahren der machtpolitischen Asymmetrie zwischen der Supermacht USA und dem Rest der Welt liegt gegenwärtig viel eher in der wirtschaftlichen Dimension als in der militärischen. Überblickt man das kritische Schrifttum zur jüngsten Phase amerikanischer Weltmachtillusion, so geben jene Warner am meisten zu denken, die die ökonomische Labilität Amerikas thematisieren. In diesem Punkt sind sich

Amerikafreunde und -kritiker merkwürdig einig. Seit den fernen Tagen des Zweiten Weltkriegs, also nun schon länger als ein halbes Jahrhundert, ist Amerika die mit großem Abstand führende Weltwirtschaftsmacht. Joseph S. Nye, der eher zu den selbstkritischen Multilateralisten gehört, ließ es sich nicht nehmen, seinem letzten vielbeachteten Buch ein Kapitel mit der Überschrift »The American Colossus« beizugeben, das eine Auflistung der seit dem 16. Jahrhundert führenden Staaten und ihrer Machtressourcen enthält – von Spanien über die Niederlande und Frankreich bis zu der zu Beginn des 20. Jahrhunderts noch führenden Weltmacht Großbritannien. Das 20. Jahrhundert aber sei in jeder Hinsicht das amerikanische Jahrhundert gewesen. Dank seiner technologischen Führungsposition, seiner Wirtschafts- und Militärmacht, doch auch dank der *soft power*, von der Joseph Nye seit langem zu singen und zu sagen weiß, und nicht zuletzt deshalb, weil Amerika das Zentrum der transnationalen Kommunikationssysteme bildet, werde es die führende Macht auch im 21. Jahrhundert bleiben. Dazu trügen nicht zuletzt die weltweit operierenden amerikanischen Großkonzerne bei. Von den 500 weltweit größten Unternehmen seien 219 amerikanisch, 158 europäisch und 77 japanisch.[50]

Andere Autoren sind skeptischer. Sie weisen darauf hin, daß die Verschuldung Amerikas eine beispiellose Höhe erreicht hat. Allein unter George W. Bush stieg sie von 3320 Milliarden Dollar im Jahr 2001 auf – geschätzte – 4694 Milliarden Dollar im Jahr 2005.[51] Die internationalen Nettoverbindlichkeiten der USA machen derzeit rund ein Viertel des amerikanischen Bruttosozialprodukts aus.[52] Das strukturelle Leistungsbilanzdefizit Amerikas wächst unaufhörlich. Allein im Jahr 2004 belief es sich auf mehr als fünf Prozent des BIP.[53] Dabei halten Ausländer, in erster Linie Chinesen und Japaner, etwa die Hälfte der amerikanischen Staatsanleihen.[54] Emmanuel Todd, der nicht zu den Amerikafreunden gehört, aber diesen wunden Punkt genau erkannt hat, formuliert deshalb pointiert, Amerika sei für die Weltwirtschaft »zu einer Art Schwarzem Loch geworden, das Waren und Kapital in sich aufsaugt, ohne selbst gleichwertige Güter liefern zu können«.[55] Viele andere Analytiker sehen darin gleichfalls eine Hauptgefahr. So warnt David Calleo seit Jahrzehnten vor den Gefahren amerikanischer Verschuldung, und man hat seine Analysen wesentlich ernster zu nehmen als Todds Appelle, die stark vom französischen Interesse geleitet sind.[56]

Doch was könnte daraus entstehen? Inflation, Deflation – beide mit gravierenden Auswirkungen auch auf Europa? Aber genau auf solche Gefahren ist die EU seit Errichtung der Eurozone prinzipiell gut vorbereitet. Ob gut genug, kann niemand vorhersagen. Sicher ist nur, daß die Aufgeregten der Jahre 2002 und 2003 solche Krisenszenarien weitgehend ignoriert haben.

Und wie verhält es sich mit der kulturellen Entfremdung? Ist Amerika wirklich gefährlicher geworden, weil sich die Europäer seiner Andersartigkeit stärker bewußt sind? Man wird in dieser Hinsicht zwischen der gesellschaftlichen Andersartigkeit und den kulturellen Motiven der Außenpolitik zu unterscheiden haben. Daß die Amerikaner länger arbeiten als die Deutschen, daß sie über Sozialsysteme verfügen, die stärker als die unseren auf die individuelle Leistung abstellen und weniger auf Sozialtransfer, daß sie sich eines höheren Wirtschaftswachstums erfreuen, daß die Strafen dort strenger sind, die Menschen frömmer, die Raucher diskriminierter, die Homo-Ehen umstrittener und das Bildungswesen weniger elitär als in Deutschland – dies und manches mehr ist nicht eigentlich gefährlich, sondern bloß anders.[57] Da Deutschland aus bekannten Gründen zu den wachstumsschwachen Industriegesellschaften gehört, ist es für die Verfechter des Status quo zwar naheliegend, vor amerikanischen Verhältnissen zu warnen und unwillkommene Reformen nach in Amerika bewährten Rezepten als uneuropäisch oder undeutsch zu diskreditieren. Paradoxerweise faßt aber das so amerikakritische Deutschland jedesmal neue Hoffnung, wenn der robustere und weniger solidarische amerikanische Kapitalismus für stärkeres globales Wachstum sorgt.

Auf einem anderen Blatt stehen jene Gegensätze der politischen Kultur, die sich auf Weltordnungsvorstellungen, Gewaltfreiheit in den internationalen Beziehungen, die Rolle der Vereinten Nationen oder die Bedeutung nationaler Souveränität beziehen.[58] Daß Amerika für uns auch in dieser Hinsicht keine direkte Gefahr darstellt, ist eben diskutiert worden. Aber wäre die Welt vielleicht eher in Ordnung zu bringen, wenn Amerika

dem »europäischen Modell« der Weltordnung zuneigen würde?
An diesem Punkt ist es geboten, zu der Anfangsfrage zurückzukehren: »Wie unentbehrlich ist Amerika?«

Wie unentbehrlich ist Amerika?

Bei ruhigem Zusehen findet sich auch heute kaum ein Feld
deutscher Interessen, auf die die Zusammenarbeit mit Amerika nicht weiterhin unverzichtbar wäre – kategorischer Imperativ
außenpolitischer Vernunft sozusagen. Manchmal ist es nützlich,
sich das Offenkundige in Form einer Punktation vor Augen zu
führen.

1. WELTWIRTSCHAFTLICHE BEDEUTUNG AMERIKAS. Bei allem
Krach der vergangenen Jahre ist der parteiübergreifende Konsens wenigstens in einem Punkt erhalten geblieben: Die deutsche
Konjunktur kann überhaupt nur dann wieder in Fahrt kommen,
wenn die Konjunktur Amerikas auf Hochtouren läuft. Deshalb registriert die ansonsten eher amerikakritische rot-grüne
Bundesregierung jedes Hoch an der New Yorker Börse wie ein
zärtlicher Liebhaber. Nachdem die deutsche Konjunkturlokomotive nicht mehr qualmt, Japan lange Zeit eine Enttäuschung
war und auch die Wachstumskräfte im EU-Binnenmarkt viel
bescheidener ausfallen als erhofft und auf den Brüsseler Gipfeln
beschlossen, ist die Wachstumslokomotive Amerika schlechthin
unentbehrlich. Die Größenverhältnisse der Volkswirtschaften
sind immer noch eindeutig. Im Kreis der G 8-Staaten lag das
Bruttoinlandsprodukt der USA im Jahr 2002 bei 10,383 Billionen Dollar, das Japans bei 3,993, das Deutschlands bei 1,984,
das Großbritanniens bei 1,566 und das Frankreichs bei 1,431
Billionen Dollar.[59] Amerika erwirtschaftete somit ganz allein ein
höheres BIP als die nächstgroßen Länder Japan, Deutschland,
Großbritannien und Frankreich zusammen. Die 25 EU-Länder
sind zwar stolz darauf, nunmehr ein ähnlich großes BSP auf die
Waage zu bringen wie die USA. Und da Amerika trotz seiner alles in allem anerkennenswerten Kooperationsbereitschaft nicht
zu den pflegeleichten Wirtschaftsgroßmächten gehört, ist das
EU-Gegengewicht auch für Deutschland von großem Nutzen.

Dennoch vermag eine einzelne integrierte, vom gesamtstaatlichen Willen gelenkte Volkswirtschaft stärkere Impulse zu vermitteln als 25 Länder, die noch auf lange Jahre hinaus Mühe haben werden, ihre heterogene Wirtschafts-, Haushalts- und Sozialpolitik aufeinander abzustimmen.

Von Zeit zu Zeit lassen sich zwar, wie erwähnt, besorgte oder höhnische Stimmen vernehmen, die den baldigen Niedergang, wenn nicht gar Kollaps der US-Wirtschaft prognostizieren. Dieser mag ja irgendwann einmal eintreten, doch auf absehbare Zeit ist damit zu rechnen, daß es bei der wirtschaftlichen Führungsrolle Amerikas bleiben wird. Käme es wirklich zum Zusammenbruch in den USA, so wären zuallererst Japan und die Volkswirtschaften Europas die Leidtragenden wie einstmals in der Weltwirtschaftskrise der Jahre nach 1929.

In der langen Abfolge von Präsidenten und parlamentarischen Mehrheiten im US-Kongreß hat Amerika seine weltwirtschaftliche Führungsrolle bald nationalistischer oder kooperativer, bald protektionistischer oder freihändlerischer, bald unilateraler oder multilateraler akzentuiert. Dabei dürfte es auch in Zukunft bleiben. Man sollte sich in Deutschland darauf einstellen. Es ist sicher auch geboten, immer dann, wenn der Wirtschaftsegoismus des transatlantischen Giganten überbordet, im Rahmen der EU im Sinn deutscher und europäischer Wirtschaftsinteressen nachdrücklich dagegen anzugehen. Nur darf das weder den Blick für die realen Machtverhältnisse noch für die Tatsache trüben, daß alle großen Industriestaaten letztlich im gleichen Boot sitzen. Handelspolitische Machtspielchen zwischen der EU und den USA, wozu besonders Frankreich gelegentlich neigt, sind kontraproduktiv. Es ist auch ein Gebot wirtschaftlicher Vernunft, die sicherheitspolitischen Differenzen oder sonstige Meinungsverschiedenheiten mit Amerika nur pianissimo zu spielen. Natürlich reizt es immer wieder einmal, den Giganten herauszufordern, um vor der eigenen Wählerkulisse zu punkten oder um Paris gefällig zu sein. Doch sind Wirtschaftssysteme gegen außerwirtschaftliche Erschütterungen keineswegs immun. Der Handelsstaat Deutschland ist auf möglichst spannungsfreie ökonomische Beziehungen zu den USA existentiell angewiesen. Das ist ein überragendes Interesse.

2. TERRORISMUS. Seit dem 11. September ist auch die deutsche Öffentlichkeit auf die terroristische Dauerbedrohung fixiert.[60] Ob die Bush-Administration besondere Weitsicht bewiesen hat, als sie das Unschädlichmachen des Netzwerks von al-Qaida zum »Krieg gegen den Terrorismus« hochstilisierte, wird in Deutschland vielfach in Frage gestellt. Der Begriff »globale Polizeiaktion« wäre angemessener gewesen. Immerhin war es geboten, Afghanistan zu besetzen, wo die Terrororganisation ihre wichtigsten Stützpunkte hatte. Doch die Zweifel am Nutzen primär militärischer Gegenmaßnahmen, zu denen die Kriegsmetapher verleitet, haben hierzulande rasch überwogen. Gegen Terrornetze, die in vielen Ländern verdeckt aktiv sind, wäre Militärmacht allein nur ein stumpfes Schwert. Schließlich hat der Irakkrieg all jenen in Deutschland Argumente frei Haus geliefert, die den Slogan »Krieg gegen den Terrorismus« immer schon als Bemäntelung des amerikanischen Militarismus in Verdacht hatten.

Wahrscheinlich trifft es aber zu, daß die Gefahren terroristischen Massenmords in den USA realistischer eingeschätzt werden als in Europa, wo man gerne abwiegelt und im Alarmismus Washingtons eine genauso große Gefahr sieht wie im fundamentalistischen Terrorismus. Die modernen Gesellschaften sind extrem verletzlich. Ihre Großstädte, ihre Menschenmassen, ihre Versorgungssysteme bilden ideale Anschlagsziele, die sich gegen entschlossene Gegner kaum schützen lassen. Sie sind auch psychologisch empfindlich und schwanken zwischen Hyperreaktionen, wie Amerika nach dem 11. September, und defätistischem Appeasement. Auf der anderen Seite wimmelt es weltweit von Terrororganisationen, die von unterschiedlichsten Motiven getrieben sind – ethnischen, nationalistischen, religiösen oder klassenkämpferischen.

In der Vergangenheit war der Terrorismus vielfach auf bestimmte Regionen oder Länder begrenzt. Die modernen Verkehrs- und globalen Informationssysteme bilden aber einen großen Anreiz für die Globalisierung von Terroranschlägen. Dabei sind die Zerstörungsmittel, die selbst von vergleichsweise kleinen Gruppen zum Einsatz gebracht werden können, bekanntermaßen fürchterlich. Terrorismusexperten legen uns lange Listen mit schlimmsten Waffen und Substanzen vor, die sich für den Massenmord eignen. Der Einsatz von ABC-Waffen ist eine reale Gefahr, und die Menschheit befindet sich erst in den Anfängen von Jahrzehnten, die wahrscheinlich sehr turbulent werden: »Das 21. Jahrhundert könnte zu einem Zeitalter werden, in dem ein Terrorismus der Katastrophen Wirklichkeit wird.«[61]

Wie immer die Gefahr des Terrorismus eingeschätzt wird, eines ist unbestreitbar: Auch auf diesem Feld ist die Zusammenarbeit mit Amerika völlig unentbehrlich, vor allem die der Nachrichtendienste, der Polizei, der Katastrophenschutzorganisationen und der Gesundheitsdienste. Das Beispiel Afghanistan in den Jahren der Taliban zeigt, daß in besonderen Fällen auch der Einsatz von Militärmacht unerläßlich ist. Der aber erfordert erst recht die Beteiligung Amerikas. Im übrigen ist der Kampf gegen die heterogenen Erscheinungsformen des Terrorismus nur ein Teilaspekt der internationalen Verbrechensbekämpfung. Auch dabei ist die Mitwirkung Amerikas unentbehrlich.

3. Nichtverbreitung von Massenvernichtungswaffen. Anders als erhofft, ist das Kernwaffenzeitalter mit dem Ende des Ost-West-Konflikts nicht zu Ende gegangen, ganz im Gegenteil. Schon 1996 kam eine Harvard-Studie zu dem Schluß, die Wahrscheinlichkeit, daß eine Großstadt in den USA oder in Europa durch Kernwaffen zerstört wird, sei heute größer als zu Zeiten des Kalten Krieges.[62] Das war, noch bevor sich Indien, Pakistan und Israel als Mitglieder des Kernwaffenclubs geoutet hatten, dem Nordkorea vielleicht heute schon angehört[63] und wohl in absehbarer Zeit auch der Iran.[64] Die Proliferation hat sich zwar insgesamt langsamer vollzogen, als noch vor einem Jahrzehnt befürchtet, aber die Gefahr nuklearer Anarchie ist nicht gebannt. Eine Welt mit fünfzehn oder zwanzig Mächten, die über Kernwaffen verfügen, von denen einige auch in die Hand terroristischer Gruppen fallen könnten, ist einer der Alpträume des 21. Jahrhunderts.[65] Die Gefahr potenziert sich durch die Existenz sehr wirksamer biologischer und chemischer Kampfstoffe, verbunden mit der gleichfalls kaum zu stoppenden Verbreitung von Kurz-, Mittel- und Langstreckenraketen. Internationale Regime zur Verhinderung oder wenigstens Verlangsamung der Proliferation von ABC-Waffen[66] und von Ra-

ketentechnologie sind auch für Deutschland überlebenswichtig. Bisher verfügt Amerika über die wirksamsten Ressourcen und zugleich über den Willen, die Antiproliferationsregime funktionsfähig zu erhalten und ihnen Respekt zu verschaffen. Welche Priorität diesen Fragen heute zukommt, zeigen die Auseinandersetzungen mit dem Iran und mit Nordkorea. Den Regierungen der EU erscheint es zwar reizvoll, sich durch stark plakatierte Dialogpolitik gegenüber diesen Kernwaffenaspiranten zu profilieren. Nachhaltige Effekte sind aber bisher ausgeblieben. Wieviel Amerika gegenüber den Hochrisikostaaten Nordkorea und Iran bewirken will und kann, ist freilich gleichfalls offen. Sicher ist hier nur eines: Auch auf diesem besonders sensitiven Feld der internationalen Politik ist ein konzertiertes Zusammenwirken unter mehr oder weniger eindeutiger amerikanischer Führung alternativlos.[67]

4. HUMANITÄRE INTERVENTIONEN. Diese waren in der jüngsten Vergangenheit geradezu das Paradebeispiel für die Unentbehrlichkeit Amerikas, und dabei dürfte sich auch künftig nicht viel ändern.[68] Die wohlgemeinten, ehrgeizigen, indessen wenig ertragreichen UN-Aktivitäten in den frühen neunziger Jahren, die aus zerfallenen Staaten wieder halbwegs funktionsfähige Gemeinwesen machen sollten, wären ohne amerikanische GIs, ohne US-Transportflugzeuge und ohne die Beobachtungs- und Kommunikationssysteme Amerikas unmöglich gewesen. Allein nach Somalia wurden auf Bitte der UN an die 25 000 US-Soldaten entsandt.

Als die Republiken des einstigen Jugoslawien in Kriegs- und Bürgerkriegsgreueln versanken, haben die beteiligten Regierungen der EU, die so schön und so vielstimmig das Lied der *soft power* zu singen verstehen, Washington schließlich händeringend um militärisches Eingreifen gebeten oder dieses stillschweigend akzeptieren müssen.[69] Zwar ist nach dem Amtsantritt der Bush-Administration die Bereitschaft zu multilateralen Einsätzen zurückgegangen, auch wenn sich unter den neokonservativen Ideologen die nervöse Disposition zum *nation building* und zum Demokratieexport gehalten hat. Die Idee, in Gesellschaften, die man nicht recht kennt und die dem Mittelalter häufig näher stehen als dem 21. Jahrhundert, westliche Demokratien zu errichten, um möglichst den ganzen Bereich von Saudi-Arabien bis Ägypten und Pakistan demokratisch und menschenrechtlich zu reformieren, gehört zu den bemerkenswerten Narreteien unseres Jahrzehnts. Im Grunde sind aber die Zielvorstellungen der Linksliberalen unter Clinton oder der grünen, linksliberalen und christlichen Menschenrechts- und Demokratie-Aktivisten in Deutschland gar nicht meilenweit von den demokratischen Raumordnungsphantasien amerikanischer Neokonservativer entfernt.

Auch auf diesem Feld aber gilt: Schwere humanitäre Katastrophen und internationalisierte Bürgerkriege in Afrika, in Zentralasien oder im Mittleren Osten werden noch auf lange Zeit zum Eingreifen in der einen oder anderen Form zwingen. Man mag daran zweifeln, ob rasch improvisierte Rettungsaktionen, Interventionen oder aufwendige Strategien des *nation building* und der Demokratisierung nachhaltige Wirkung erzeugen. Punktuelles Eingreifen Englands in Westafrika und Frankreichs im frankophonen Afrika beweist zwar, daß interventionserfahrene europäische Mächte dort bis zu einem gewissen Grad handlungsfähig sind. Alles in allem gilt aber doch die Faustregel, daß humanitäres Engagement der westlichen Demokratien der politischen, logistischen, notfalls auch militärischen Mitwirkung der USA bedarf.

5. SICHERHEIT IN OSTEUROPA. Die Deutschen haben sich recht schnell daran gewöhnt, daß aus dem Osten vorerst keine Sicherheitsgefahren mehr drohen. Doch auch dies ist in allererster Linie der amerikanischen Politik zu verdanken. Ohne maßgebliches amerikanisches Zutun hätte es in den Jahren 1989 bis 1991 keinen friedlichen Übergang in Mittel- und Osteuropa, ohne Amerika keine Osterweiterung der NATO gegeben. Sollte Rußland aber wieder einmal unruhiger werden, würden die USA genauso als Schutzmacht der baltischen Staaten und Polens sowie des Balkans gebraucht, wie sie einstmals im Kalten Krieg die Bundesrepublik geschützt haben.

In den betreffenden Hauptstädten weiß man das und verpflichtet sich die Schutzmacht für den Fall künftiger Eventualitäten, indem man Amerika selbst bei problematischen Feldzügen unter fernen Himmeln Hilfstruppen zur Verfügung stellt.

In Berlin weiß man es auch, möchte aber diese Tatsache gerne verdrängen. Doch solange Rußland sich nicht zuverlässig auf den Weg der Demokratie gemacht hat, ist Amerika als Rückversicherungsmacht völlig unentbehrlich.

6. Der Krisenbogen muslimischer Gesellschaften von Marokko bis Pakistan. Hier ist so ziemlich alles versammelt, was beim Blick in die nahe und fernere Zukunft Anlaß zur Sorge gibt. Trifft es nicht wenigstens für diesen Großraum zu, daß Amerika viel eher eine Gefahr ist als ein unentbehrlicher Partner? Nirgendwo sonst war es seit dem Zweiten Weltkrieg so schwer, die Interessen der USA und die der Mächte Europas zur Deckung zu bringen. Vor dem Hintergrund der Geschichte des Nahen und des Mittleren Ostens seit Ende des 19. Jahrhunderts sind die Kontroversen über den Irakkrieg und die dortige Neugestaltung nur eine kurze Phase in einer fast endlosen Abfolge machtpolitischer Manöver, partieller Zusammenarbeit und offener Konflikte. Im Kreis der externen Mächte, die in dieser Krisenzone ihr Süppchen kochen, sitzt Amerika allerdings seit gut fünfzig Jahren am längeren Hebel.[70] Die europäischen Mächte, die heute in der EU zusammenwirken, sind zwar rastlos bemüht, ihre eigenen Ordnungsvorstellungen und wirtschaftlichen Interessen zur Geltung zu bringen, aber ohne durchschlagenden Erfolg.

Man erinnert sich naturgemäß vor allem der Zusammenstöße: Konflikte zwischen Großbritannien und den USA über die Errichtung Israels 1947 und 1948; das von Washington brutal gestoppte Suez-Abenteuer Frankreichs, Englands und Israels im Herbst 1956; französisch-amerikanische Differenzen im Yom-Kippur-Krieg 1973 und danach; jahrzehntelanges, bis zum heutigen Tag anhaltendes Tauziehen zwischen Amerikanern und Westeuropäern über die richtige Politik gegenüber Israel und den Palästinensern; nunmehr der Irakkrieg von 2003 – die Liste ist lang.

Dennoch ist es eine historische Tatsache, daß Amerika und die großen Länder Westeuropas bei der Stabilisierung dieses Raums häufig vernünftig zusammengearbeitet haben. Unter den Ländern Europas war es in der Regel nur Frankreich, das nervös aus der Reihe tanzte. Vor allem die Bundesrepublik

Deutschland zeigte sich durchweg bemüht, eine mit Amerika eng abgestimmte Nahostpolitik zu betreiben: Militär- und Wirtschaftshilfe für die Türkei, Stabilisierung Israels, Ägyptens und Jordaniens durch beträchtliche Entwicklungs- und Kapitalhilfe. Daß die EG/EU seit den frühen siebziger Jahren bemüht ist, im europäisch-arabischen Dialog durch Vorstöße zur Lösung des israelisch-arabischen Konflikts eigenes Profil zu gewinnen, hat zwar in Washington häufig verdrossen, war der Position der westlichen Demokratien in diesem Raum aber eher dienlich. In aller Fairneß muß man allerdings feststellen, daß Amerika trotz Teilerfolgen eine umfassende Lösung des Palästinakonflikts nicht zustande gebracht hat. Doch die unablässig nach Tel Aviv, Damaskus und Amman fliegenden deutschen Außenminister haben noch viel weniger bewirkt. Sollten sich Israelis, Palästinenser und Syrer künftig bewegen, wenngleich im Tempo der Schnecke, dann nur aufgrund partnerschaftlicher transatlantischer Initiativen, bei denen es vor allem auf Amerika ankommt.

Auch am Persischen Golf haben Amerika und die Mächte Westeuropas trotz mancher Differenzen und Fehler vielfach zusammengewirkt. Während des Kalten Krieges ist es gelungen, die Sowjetunion von der Golfregion fernzuhalten, doch nur deshalb, weil sich Amerika dort diplomatisch und militärisch engagiert hat. In der Sturm-und-Drang-Periode der iranischen Theokratie nach der Revolution der Jahre 1979/80 hat der Westen, die großen Länder Europas inbegriffen, durch massive Rüstungslieferungen den Irak als machtpolitisches Gegengewicht ins Spiel gebracht (zu unvorsichtig, wie man später erkannte). Amerika und die meisten Länder Westeuropas haben sich, trotz längerem Zögern Frankreichs und bei Abwesenheit des gerade wiedervereinigten Deutschland, 1990/91 zum Krieg gegen Saddam Hussein bereitgefunden, der Kuweit besetzt hatte und Saudi-Arabien bedrohte. Auch auf die anschließende UN-Kontrolle des Irak haben sich die westlichen Mächte im Weltsicherheitsrat über mehr als zehn Jahre trotz nie endender Meinungsverschiedenheiten wieder und wieder geeinigt.

Ist Amerika in diesem Krisenbogen unentbehrlich? Jedenfalls unvermeidlich und somit letzten Endes für die Stabilisierung eines Raums, der noch lange nicht zur Ruhe kommen wird, auch unentbehrlich.

7. ERDÖLVERSORGUNG. Alle Industriestaaten Europas, somit auch Deutschland, haben ihre Achillesferse: Das Schicksal ihrer Volkswirtschaften, ja, wenn es sehr kritisch wird, sogar ihr Überleben, hängt von der ungestörten Erdölzufuhr ab. Die Öffentlichkeit sieht zwar getrost darüber hinweg. Tatsächlich aber wird der Preis des Rohöls und die Versorgungssicherheit künftig eher noch mehr als in der Vergangenheit von den labilen Ländern der Golfregion abhängen. Seit den großen Ölschocks der siebziger Jahre hat Deutschland zwar seine Abhängigkeit vom Erdölimport aus der Golfregion stark reduziert. Weniger als vier Prozent kommen aus Saudi-Arabien. Doch auf die muslimischen Länder entfällt immer noch mehr als ein Fünftel der deutschen Rohölimporte.[71] Der Anteil ganz Westeuropas an Erdölimporten aus der Golfregion ist beunruhigend hoch: Er lag im Jahr 2000 bei 45 Prozent.[72] Angesichts der Interdependenz der EU-Volkswirtschaften ist Deutschland also indirekt weiterhin sehr stark von dieser Krisenregion abhängig.

Nach wie vor liegen in der Golfregion etwa 65 Prozent der Welterdöl- und 34 Prozent der globalen Erdgasreserven.[73] Noch kritischer wird das Bild, führt man sich vor Augen, daß 90 Prozent der heute nachweisbaren Erdölreserven in islamischen Ländern liegen – von Zentralasien über das Kaspische Becken bis nach Saudi-Arabien. Zwar werden die meisten von Oligarchien regiert, die an stabilen Bedingungen auf den Weltmärkten Interesse haben. Wie stark diese Regime aber durch das fundamentalistische Aufbegehren gefährdet sind, bedarf keiner weiteren Unterstreichung. Die Lage ist viel labiler, als man in Europa gerne wahrhaben möchte. Die globale Rohölnachfrage ist in der vergangenen Dekade dramatisch angestiegen, und man rechnet damit, daß sich der Energiebedarf Chinas, Indiens und der ASEAN-Staaten bis 2020 verdoppeln wird. Schon heute können selbst kleinere Krisen – Terroranschläge auf Ölfelder und Pipelines oder gezielter Boykott einzelner Förderländer – zu ruinösen Preiserhöhungen führen. Tatsächlich sind zehn der vierzehn führenden rohölexportierenden Staaten als politisch instabil einzuschätzen. Rund 50 Prozent der Erdöllieferungen kommen aus innenpolitisch instabilen Staaten, und man schätzt, daß sich künftig etwa 60 Prozent der Raffineriekapazität in wenig stabilen Ländern befinden werden.[74] Was geschehen würde, wenn Saudi-Arabien, wo sich mehr als ein Fünftel der Welterdölreserven befindet,[75] politisch explodiert, ist nicht auszudenken.

Ob die dominierende Stellung der USA und der amerikanischen Erdölkonzerne in der Golfregion die dortige Stabilität gefährdet oder doch eher sichert, ist in Europa umstritten. Daß politische Krisen in diesem Raum künftig eher wahrscheinlicher werden, steht zu erwarten. Allein auf sich gestellt, wären die Staaten der EU dieser Entwicklung ziemlich hilflos ausgesetzt. Weder wären sie in der Lage, starken Druck auszuüben, noch würden sie im äußersten Notfall über die Machtmittel für begrenzte, erfolgversprechende Interventionen verfügen.

Wie problematisch es ist, wenn nur Amerika und Großbritannien, mit der eher symbolischen Unterstützung einer »Koalition der Willigen«, in diesem geostrategisch kritischen Raum handlungsfähig und handlungsbereit sind, haben der Irakkrieg 2003 und die anschließende Besatzungsperiode deutlich gemacht. Aber wie könnte und sollte sich dies ändern? Washington verfügt nun einmal über das Privileg jeder Großmacht, einerseits stabilisierend zu wirken, andererseits aber auch erhebliche Fehler zu machen.

Deutschland hat sich sowohl aus der »Operation Wüstensturm« des Jahres 1991 als auch aus dem Irakkrieg 2003 herausgehalten. Heute und noch für geraume Zeit hätte es für Machtspiele am Golf auch nicht viel an geeigneten Streitkräften beizubringen. Die gerühmte »Kultur der Zurückhaltung« würde bei einer schweren Krise wenig helfen, die in solchen Fällen erfahrungsgemäß recht zerstrittene EU wahrscheinlich genausowenig. Auch in bezug auf politisch bedingte Krisen der Energieversorgung spräche alles dafür, in der EU mit Augenmaß, aber nach besten Kräften auf ein partnerschaftliches Vorgehen mit Amerika zu drängen. Wer vom Sommer 2002 bis ins Frühjahr 2003 die größeren Fehler gemacht hat, wird noch lange strittig sein. Alle Beteiligten an der damals total verkorksten Allianzpolitik könnten aber daraus lernen, daß jeder, der übermütig Krach riskiert, bestenfalls mit einem blauen Auge davonkommt. Auch mit Blick auf die Energiesicherheit ist die Suche nach einer gemeinsamen Strategie der atlantischen Demokratien ein vorrangiges deutsches Interesse.

8. Ferne Gewitterwolken. »Die Weltgeschichte der nächsten tausend Jahre wird im Pazifik geschrieben werden«, hat General MacArthur, einstmals Far East Commander im Zweiten Weltkrieg, im Dezember 1944, kurz vor der Niederringung Japans, vor einer Gruppe amerikanischer Korrespondenten ausgeführt. Für das 21. Jahrhundert scheint sich dies zu bewahrheiten. Seit längerem schon konstatieren amerikanische Analytiker globale Machtverschiebungen, die bereits im Gang sind und sich wohl bald noch beschleunigen werden. Mit China, Japan und den »kleinen Tigern« in Fernost, nun auch noch mit Indien, sind die Wirtschaftsmächte der Zukunft auf den Plan getreten, während die Kräfte Deutschlands nachlassen. Man rechnet bereits damit, daß China (im Jahr 2002: 1,266 Billionen Dollar) schon im Jahr 2010 das doppelte BIP wie Deutschland (im Jahr 2002: 1,984 Billionen Dollar) erreicht haben wird und um 2020 Japan (im Jahr 2002: 3,993 Billionen Dollar) überholt haben könnte.[76] An mittel- und langfristigen Krisenszenarien ist auch hier kein Mangel – Nordkorea, das sich gegenwärtig atomar bewaffnet, die Taiwan-Frage, Erdöllager im Südchinesischen Meer, das Kaschmir-Problem.

In allen diesen Fällen sind einerseits Kernwaffenmächte im Spiel, andererseits denkbar gewichtige strategische und wirtschaftliche Interessen der USA. Da die energiehungrigen Großmächte China, Japan und Indien auch als Wettbewerber um die Erdöl- und Erdgasressourcen am Persischen Golf und in Zentralasien auftreten, ist für Unruhe gesorgt. Dementsprechend wird Amerika seine Aufmerksamkeit und seine Machtmittel wohl zunehmend auf diese Regionen ausrichten – es sei denn, die weiter negative Entwicklung im Irak führt zu Defätismus und Selbstzerfleischung wie in den siebziger Jahren nach dem Vietnamkrieg. Noch ist es alles andere als ausgemacht, daß die USA stark und intelligent genug sein würden, gleichzeitig mit Krisen im Mittleren und im Fernen Osten fertig zu werden. Amerikanische Fehler, auch amerikanisches Scheitern sind nicht auszuschließen.

Selbst wenn sich die Länder der EU ganz oder teilweise aus kommenden Erschütterungen im Fernen Osten und in Südostasien militärisch heraushalten wollten, könnten sie deren wirtschaftliche und allianzpolitische Rückwirkungen nicht abwehren. Das gilt erst recht für mögliche Machtkämpfe mit den fernöstlichen Großmächten um den Einfluß auf die Länder der Golfregion. Zudem wird sich dort die Renaissance des vom religiösen Feuer mittelalterlicher Verblendung inspirierten Islam komplizierend und unkalkulierbar auswirken.

Nach Lage der Dinge ist es viel zu früh für die Ausarbeitung tragfähiger außenpolitischer Strategien. Europazentrischer Isolationismus der EU-Länder, um von den aus Fernost, aus Zentralasien und aus der Golfregion sich fortpflanzenden Erschütterungen nicht erfaßt zu werden, ist genausogut vorstellbar wie eine Verwicklung in die außereuropäischen Konflikte. Angebracht wäre aber auch hier ein enges, wenn möglich halbwegs vertrauensvolles und vielleicht arbeitsteiliges Zusammenwirken mit Amerika, das in diesen Räumen viele Optionen hat, aber auch für allerlei Dummheiten gut ist. Zumindest müssen die EU-Länder in der Lage sein, im eigenen Interesse auf die dort dominierende Weltmacht USA einzuwirken – gekoppelt mit paralleler Einflußnahme auf China, Japan und Rußland. Ausgehend von den engen Verflechtungen in der atlantischen Gemeinschaft wäre auch dies im freundschaftlichen Dialog immer noch besser möglich als im konfrontativen Aufbegehren oder im zum Scheitern verurteilten Versuch der Gegenmachtbildung.

9. WEITERENTWICKLUNG DER EU. Der Stolz, mit dem man auch in Deutschland die EU als vorbildliche »Friedenszone« rühmt, wurde schon erwähnt. Aber man sollte doch bei der historischen Wahrheit bleiben: Diese Friedenszone war vom Ende des Zweiten Weltkriegs bis Ende der neunziger Jahre in erster Linie das Werk eines mächtigen transatlantischen Impresarios. Amerika hat Frankreich und die Bundesrepublik zur Beilegung ihrer atavistischen Differenzen gezwungen, Amerika hat auch die immer noch vorhandenen Rivalitäten der abgestiegenen oder im Abstieg befindlichen europäischen Großmächte um den Vorrang entschieden, indem es der antisowjetischen NATO-Allianz einen Amerikaner als Oberbefehlshaber vor die Nase setzte (den Quartiermeister in Gestalt eines Generalsekretärs mochte ein Engländer, ein Belgier, ein Deutscher, ein Spanier oder ein Niederländer spielen). Somit war Amerika im Kreis der verblüh-

ten Diven Frankreich, England, Deutschland und Italien, die jahrzehntelang um den ersten Platz gekämpft hatten, der große Gleichmacher, damit aber zugleich der große Friedensstifter.[77] Es hat auch bei der Wiedervereinigung Europas nochmals die führende Rolle gespielt. Nunmehr, da die größte Arbeit geschafft ist, an der sicherlich auch die Europäer redlich, aber nicht führend mitgewirkt haben, lehnen sich einige von diesen überheblich in die Brüsseler Sessel zurück und beraten, wie sie die USA mehr oder weniger höflich in den Vorraum hinauskomplimentieren könnten.

Ist dieses Bild übertrieben? Vielleicht ein wenig. Doch die Vorgänge der Jahre seit 2002 halten eine wichtige Lehre bereit: Die EU fällt auseinander, sobald bestimmte Regierungen Europas Außen- und Verteidigungspolitik ohne oder gar gegen Amerika konzipieren möchten. Ebenso trifft es aber auch zu, daß Amerika nur dann seinen Platz in Europa halten kann, wenn es wie früher auf eine feste Allianz setzt und der Verführung widersteht, aus den NATO-Alliierten vorschnell eine »Koalition der Willigen« herauszupicken.

Im Irakkrieg hat Washington die Wonnen des Unilateralismus und des Schmiedens der »Koalition der Willigen« reichlich ausgekostet. Die Wahrheit des alten Spruchs hat sich wieder einmal bewahrheitet: »Womit einer sündigt, pflegt er auch gestraft zu werden.« Rückkehr in Demut wird nicht von Amerika erwartet, wohl aber Rückkehr zum Realismus und zum partnerschaftlichen Problemlösen. Tatsächlich ist ja die multilaterale Denkschule in den USA nicht ausgestorben, ihre politischen Repräsentanten und intellektuellen Wortführer sind nur beiseite geschoben worden. »Für vernünftige Leute auf beiden Seiten scheint es an der Zeit zu sein, ihre Länder vom Abgrund wegzuführen und anzuerkennen, daß Europa und Amerika einander brauchen, daß sie tatsächlich lebenswichtige Teile des anderen sind«, so unlängst David Calleo.[78] Man könnte die Aufgabe nicht schöner beschreiben.

Auch die Berliner Politik hat ihre Lektion zu verdauen. Mit antiamerikanischen Alleingängen, selbst wenn man sich dabei an die Rockschöße Chiracs klammert, isoliert man sich in der großen EU-Familie und entfremdet sich von Amerika, das weiterhin unentbehrlich ist, auch für ein vernünftiges Zusammenwachsen

Europas. Das Konzept der transatlantischen Partnerschaft ist von zahlreichen Bundesregierungen vorexerziert worden. Auch Gerhard Schröder und Joschka Fischer haben in ihren guten Jahren von 1998 bis in den Sommer 2002 danach gehandelt und sind mit einer Strategie des Sowohl-Als-auch beim Bau Europas einerseits und bei der Modernisierung der atlantischen Partnerschaft andererseits nicht schlecht gefahren.

In gewisser Hinsicht werden es allerdings die Deutschen bei der Einsicht, daß sie sich vergaloppiert haben, schwerer haben als die Amerikaner. Diese müßten vor allem den Messianismus der neokonservativen Sektierer auf Sparflamme setzen[79] und den texanisch überdrehten Nationalismus so läutern, dass er auch in Europa wieder halbwegs akzeptabel würde. Hierzulande ist die Lage komplizierter. Jahrzehntelang ist die Verteidigungsautonomie Europas als eine Art Krönung der EU alias EG verstanden worden. Nun ist die 25er-EU eine Wirklichkeit, und die Deutschen müssen zur Kenntnis nehmen, daß sie in Sachen GASP nicht übertreiben und Frankreich nicht auf allen Wegen folgen dürfen. Vor allem für deutsche Euro-Föderalisten ist das eine bittere Pille. Sie mögen sich vielleicht noch davon überzeugen lassen, daß die Frage »Wie unentbehrlich ist Amerika?« mit einer Reihe guter Vernunftgründe beantwortet werden kann und muß. Aber aus der Logik des Gedankengangs ergibt sich alsbald eine zweite unkorrekte Frage, mit der viele sich schwertun: »Europäische Verteidigungsautonomie – eine Chimäre?«

2. Europäische Verteidigungsautonomie – eine Chimäre?

Republik ohne Kompaß – das trifft ganz besonders auf die deutsche Sicherheitspolitik zu. Die Orientierungsprobleme ergeben sich auch aus dem grundlegenden Sachverhalt, daß es nicht *eine* Tradition bundesdeutscher Sicherheitspolitik gibt, sondern deren zwei: die NATO-Tradition und die Vision einer europäischen Verteidigungsgemeinschaft. Die Wurzeln dieser Traditionen reichen bis in die ersten Jahre der Bundesrepublik zurück. Beide scheinen zwar im Prinzip miteinander vereinbar, aber die Widersprüche zwischen ihnen waren immer wieder stärker als die Bemühungen um komplementäre Organisationsformen.

Eigenartigerweise begann die bundesdeutsche Sicherheitspolitik mit dem geradezu verwegenen Versuch, das Konzept einer Europäischen Verteidigungsgemeinschaft (EVG) und das NATO-Konzept organisch miteinander zu verbinden.[1] Zwischen 1951 und 1954 war die EVG keine blasse Vision, vielmehr ein im Detail ausgehandeltes Vertragswerk zwischen den sechs kontinentaleuropäischen Ländern Deutschland, Frankreich, Italien und Benelux. Beim Rückblick staunt man noch heute darüber, was sich die Beteiligten damals zutrauten: eine Europa-Armee mit standardisierter Bewaffnung und einheitlichen Uniformen unter eigener politischer und militärischer Führung und mit autonomen Beschaffungsprogrammen.

Doch wenn die europäischen Föderalisten seither von diesem Großprojekt träumen, das maßgeblich von Frankreich initiiert, dann aber am 30. August 1954 in der Pariser Assemblée Nationale torpediert wurde, vergessen sie häufig, daß diese hybride, mit vielen Ausnahmeregelungen zuungunsten der Bundesrepublik belastete Organisation aufs engste mit der NATO verbunden sein sollte. Schon bei der Verteidigungsplanung, erst recht aber im Kriegsfall, wäre das NATO-Oberkommando mit einem amerikanischen Viersterne-General an der Spitze letztlich maßgebend gewesen. Auch die glühendsten Verfechter eines europäischen Bundesstaates waren sich damals über die strukturelle Abhängigkeit Westeuropas von der Supermacht USA völlig im klaren. Ohne die Erstausstattung mit schwerem amerikanischem Gerät, ohne den amerikanischen Atomschirm, ohne die Sicherung der Seewege über den Atlantik durch die U.S. Navy und ohne die kampfstarken, in der Bundesrepublik stationierten amerikanischen Divisionen und Geschwader wären die Soldaten der EVG nicht mehr als Kanonenfutter gewesen.

Die Frage, ob die hochkomplizierte Verbindung von EVG und NATO in der Praxis überhaupt funktioniert hätte, kann nur spekulativ beantwortet werden. Genausowenig weiß man, welche politischen Konsequenzen das damals übermächtige Amerika aus einem Nichtfunktionieren gezogen hätte. Jedenfalls ist die EVG rasch in der Versenkung verschwunden und war fast ein halbes Jahrhundert lang nur noch Hoffnung und nicht Wirklichkeit. Statt dessen wurde die Bundesrepublik 1955 in die NATO aufgenommen. Von da an bildete diese fünfzig Jahre lang das Standbein bundesdeutscher Sicherheitspolitik mit der ganz natürlichen Folge, daß die NATO-Tradition im Denken des Offizierskorps und der Verteidigungspolitiker bis zum heutigen Tag dominiert. In der neueren deutschen Geschichte seit den Tagen der Reichsgründung 1870/71 gibt es keine Verteidigungsorganisation, die den Frieden, die Freiheit und die territoriale Integrität so lange und so katastrophenfrei gewährleistet hat wie die Sicherheitsgemeinschaft der atlantischen Demokratien diesseits und jenseits des Nordatlantik unter amerikanischer Führung.

Aus deutscher Sicht hatte die NATO-Allianz vor allem zwei unschätzbare Vorteile. Einerseits verankerte sie das eigentlich raumfremde Amerika in der militärisch exponierten Bundesrepublik, die gewissermaßen auf dem Präsentierteller lag und (zusammen mit dem Appendix West-Berlin) ohne die US-Präsenz jedem sowjetischen Druck hilflos ausgesetzt gewesen wäre. An-

dererseits machte die Tatsache, daß Amerika die Hegemonialmacht in Westeuropa und im Mittelmeerraum war, der nervösen
Rivalität der Mächte Europas ein Ende. Als der britische Historiker A. J. P. Taylor 1954 seine ebenso brillante wie überzogene
Gesamtdarstellung des Schicksals der europäischen Staatenwelt
zwischen dem Revolutionsjahr 1848 und dem Jahr 1918 veröffentlichte, gab er dem Buch den suggestiven Titel *The Struggle for Mastery in Europe.*[2] Aber natürlich wußte er genausogut
wie die ganze Historikerzunft, daß er nur einen Ausschnitt der
Machtkämpfe um die Vorherrschaft in Europa analysiert hatte. In Wirklichkeit könnte dieser Buchtitel die gesamte neuere
europäische Geschichte vom 16. Jahrhundert an bis in die fünfziger Jahre des 20. Jahrhunderts abdecken, in der die größeren
und kleineren Mächte Allianzpolitik betrieben, Kriege führten
und um Hegemonie rangen. Erst dann kam jene einmalige Konstellation zustande, in der das zum Giganten herangewachsene
unartige Kind Europas, die Vereinigten Staaten, zum unwider-
stehlichen Gleichmacher wurde. Entschieden, manchmal auch
grob, verwies Amerika die absteigenden Weltmächte Frankreich und Großbritannien auf die zweiten Plätze, während es
gleichzeitig, geleitet von übergeordneten geostrategischen und
weltwirtschaftlichen Interessen, die einstigen Kriegsgegner
Deutschland und Italien wieder emporstufte. Für die Bundesrepublik Deutschland war diese Entwicklung hoch willkommen.
In kurzen zehn Jahren nach Kriegsende vollzog sich das Comeback aus dem völlig rechtlosen Zustand eines Landes unter Be-
satzungsherrschaft über den Status eines Quasiprotektorats der
drei Westmächte zu weitgehender Gleichberechtigung. Deshalb
wurde Amerika nach den unvermeidlichen Anpassungsschwie-
rigkeiten weithin als befreundete Schutzmacht bewertet, wobei
man – anders als in Frankreich – die Tatsache nicht allzu laut
herausposaunen wollte, daß Schutzmacht nur ein freundlicheres
Wort für Hegemonialmacht ist.

Weniger willkommen, nach Lage der Dinge aber unvermeidlich, war das deutsche Comeback für Frankreich und England.
Desgleichen hatten auch die mittleren und kleineren Nachbarn
schwer daran zu schlucken, daß vergleichsweise wenige Jahre
nach Kriegende wieder militärisch potente deutsche Streitkräfte
aus dem Boden gestampft wurden, wenngleich in die NATO in-

tegriert, demokratisch kontrolliert und anstelle des gefürchteten Worts Wehrmacht mit der harmloser klingenden Bezeichnung Bundeswehr geschmückt. In erster Linie war es die Präsenz der amerikanischen Hegemonialmacht, die dieses Großexperiment glücken ließ.

Einige Historiker haben in diesem Zusammenhang von einem »doppelten Containment« gesprochen: Containment der Sowjetunion durch die polit-ökonomische und militärische Präsenz der USA, zugleich aber auch Containment der Bundesrepublik. Doch der Begriff ist mehr als windschief. Er verdeckt nämlich die Tatsache amerikanischer Hegemonie im gesamten Großraum Westeuropa und im Mittelmeerraum. Der Begriff »hegemoniale Kontrolle Westeuropas« wird diesem Vorgang sehr viel besser gerecht, der 1944/45 einsetzte und sich erst in den letzten Jahren des 20. Jahrhunderts sichtlich abschwächte. Niemandem wurde die Tatsache dieser hegemonialen Kontrolle so brutal zur Kenntnis gebracht wie Frankreich und Großbritannien, als diese im Herbst 1956 ohne Wissen und gegen den Willen der Regierung Eisenhower zum Suez-Abenteuer aufbrachen. Ein Containment der handzahmen, ohne die Allianz völlig schutzlosen Bundesrepublik war überhaupt nicht erforderlich, wohl aber das Zurechtstutzen des noch vorhandenen Großmacht-Übermuts in Paris und London sowie umsichtiges Drängen auf Rückzug aus den weder finanziell noch militärisch, noch moralisch mehr haltbaren europäischen Kolonialreichen. Vor allem in Frankreich hinterließ das Ressentiments.

Der Bundesrepublik jedenfalls erwuchsen aus der NATO-Mitgliedschaft unter amerikanischer Hegemonie nur Vorteile – sofern es gelang, einen dritten Weltkrieg auf deutschem Boden zu verhindern. Entsprechend tief verwurzelt war noch nach dem Ende des Kalten Krieges die NATO-Tradition, doch genauso die Fixierung auf die Vereinigten Staaten. Seit den frühen fünfziger Jahren hat Allensbach bei Repräsentativerhebungen wieder und wieder unter Vorlage einer Auswahlliste dieselbe Frage formuliert: »Mit welchen von diesen Ländern sollten wir möglichst eng zusammenarbeiten?« Fast ausnahmslos haben Jahr für Jahr um die 80 Prozent der Befragten die USA genannt. Am höchsten war die Amerika-Sympathie mit 90 Prozent im September 1963, nach dem triumphalen Deutschlandbesuch

Kennedys. Selbst im Juli 1983, als die Protestbewegung gegen die Stationierung amerikanischer Pershings und Cruise Missiles das ganze Land zu überschwemmen schien, plädierten 79 Prozent der Befragten für eine möglichst enge Zusammenarbeit mit den USA.[3] Erst Mitte der neunziger Jahre wurden die positiven Nennungen der USA deutlich rückläufig. 1995 nannten nur noch 50 Prozent die USA, wobei die erstmals Befragten aus der ehemaligen DDR spürbar ins Gewicht fielen, die sich vielfach nicht durch besondere Amerikafreundlichkeit auszeichneten.

An zweiter Stelle wurde auf diese Frage übrigens seit den frühen sechziger Jahren durchgehend Frankreich benannt mit Zahlen zwischen 71 Prozent für 1963, dem Jahr des Élysée-Vertrags, und 48 Prozent Ende der siebziger Jahre. Auch in diesem Fall waren die Nennungen in den neunziger Jahren deutlich rückläufig mit nur noch 17 Prozent im Jahr 1995.[4] Erst die Jahre 2002 und 2003 markieren hier einen neuerlichen Umschwung.

Diese Beobachtung führt zur zweiten Traditionslinie bundesdeutscher Verteidigungspolitik – zur Vision einer Europäischen Verteidigungsgemeinschaft. Sie war anfangs auf die Sechsergemeinschaft bezogen, dann auf die EG und die EU mit ihrer jeweils erweiterten Mitgliedschaft. Dabei ging man sowohl im damaligen Bonn als auch in Paris davon aus, daß diese Vision einen harten Kern deutsch-französischer Waffenbrüderschaft beinhalten sollte. Es war alles andere als ein Zufall, daß Adenauer und de Gaulle im Sommer 1962, wenige Monate vor Abschluß des Deutsch-Französischen Vertrags, nicht nur gemeinsam eine Messe in der Krönungskathedrale von Reims besuchten und damit gewissermaßen die spirituell-abendländische Grundlage der neu begründeten deutsch-französischen Zusammenarbeit betonten, sondern gleich anschließend auf dem Truppenübungsplatz von Mourmelon den Vorbeimarsch deutscher und französischer Panzerkolonnen abnahmen. Auch das beiderseitige Interesse an der Produktion modernsten eigenen Rüstungsmaterials spielte von Anfang an eine große Rolle.

Viel sprach aus deutscher und französischer Sicht dafür, den Bilateralismus militärischer Zusammenarbeit im umfassenden Sechserrahmen anzulegen. Doch dieser war eher das Mittel zum Zweck einer engen Verteidigungszusammenarbeit zwischen Deutschland und Frankreich. Als sich de Gaulle allerdings zusehends stärker von dem hegemonialen Amerika absetzte und aus der Verteidigungsintegration der NATO herausstrebte, verblaßte in der Bundesrepublik die Idee, eine westeuropäische Verteidigungsgemeinschaft im Rahmen der NATO zu errichten. Doch selbst in den Jahren stärkster deutsch-französischer Differenzen über die Rolle der EWG und diejenige Amerikas hat die Vision nie ganz ihre Anziehungskraft eingebüßt. Obwohl im deutschen Denken die NATO-Tradition durchgehend dominierte, zeigten sich Politik und Öffentlichkeit gleichzeitig von dem Fernziel fasziniert, beides zu verbinden: die NATO und eine Wiedergeburt der EVG, die effektive Allianz mit Washington und die virtuelle Allianz mit Paris.

Wie erklärt sich der Charme dieser europäischen Option, die bisher fast alle Bundesregierungen verzaubert hat, ohne daß sie deswegen auf das NATO-Bündnis verzichten wollten? Seit den frühen Jahren der Regierung Adenauer begegnet man in dieser Hinsicht wieder und wieder denselben Argumenten – artikuliert von wechselnden Kanzlern in wechselnden Konstellationen und mit recht unterschiedlicher Substantiierung.

Die Vision: Europäische Verteidigungsgemeinschaft

Auf lange Sicht – so ein erstes Bündel von Überlegungen – bedarf die Bundesrepublik und mit ihr ganz Westeuropa einer Verteidigungsalternative für den jederzeit möglichen Fall amerikanischer Unzuverlässigkeit. Diese mochte unterschiedliche Ursachen haben. »Neo-Isolationismus« war ein erstes Stichwort, das seit den Tagen Adenauers immer wieder auftauchte. Die geostrategischen Überzeugungen der amerikanischen Isolationisten gründeten auf den zwei schlichten Tatsachen der Geographie und der Geschichte. Anders als die zersplitterte Staatenwelt Europas dehnen sich die Vereinigten Staaten über eine kontinentale Landmasse, die sich im Schutz zweier Ozeane befindet und riesige Rohstoffressourcen besitzt. Sollte es Amerika also nicht möglich sein, sich im Schutz von Navy, Air Force und der jeweils modernsten technologischen Abwehrsysteme notfalls allein zu verteidigen? Das inzwischen etwas verjährte geschichtliche Argument wies auf die seit George Washington bis zum Ersten Weltkrieg geheiligte Tradition hin, sich nicht an den Händeln außereuropäischer Mächte zu beteiligen. Die imperiale Republik mochte zwar seit der zweiten Hälfte des 19. Jahrhunderts auf Lateinamerika ausgreifen, gleichzeitig in die Weiten des Pazifik mitsamt dessen Gegenküsten und seit den beiden Weltkriegen auch nach Europa. Aber für amerikanische Isolationisten existiert als Alternative zur globalen Machtprojektion weiterhin ein anderes Konzept: die defensive Selbstgenügsamkeit einer für fremde Armeen fast unzugänglichen, die Ozeane beherrschenden Kontinentalmacht. »Das Wort von der Festung Amerika ist ein Wort, das wir uns immer vor Augen halten müssen«, warnte der seinerzeit durchaus noch proamerikanische Adenauer im Jahr 1956 hinter verschlossenen Türen im Kreis seines CDU-Vorstandes.[5]

In der Bundesrepublik hatten entsprechende Befürchtungen immer dann Konjunktur, wenn in Washington Tendenzen spürbar wurden, die eigene Verteidigung unilateral zu organisieren oder sich aus überdehnten strategischen Positionen zurückzuziehen. Anfang und Mitte der siebziger Jahre des 20. Jahrhunderts beispielsweise, als Amerika resigniert und voller Selbstzweifel den perspektivlosen Vietnamkrieg beendete, Indochina den Rükken kehrte und die Südvietnamesen, Laoten und Kambodschaner ihrem grausamen Schicksal überließ, gab es zeitweilig im damaligen Bonn nicht wenige, die einen weitgehenden und bald bevorstehenden Rückzug amerikanischer Bodentruppen aus der Bundesrepublik befürchteten. Eine vergleichbare Rückzugsperspektive zeichnete sich dann erneut nach dem Ende des Kalten Krieges ab, wenngleich diesmal evolutionär und viel weniger gefährlich, aber dennoch mit weitreichenden Konsequenzen.

Die Länder Europas, so war und ist in diesem Zusammenhang aus Amerika zu vernehmen, seien groß und stark genug, sich selbst zu verteidigen. Dieses Argument hat bis zum heutigen Tag schon deshalb Gewicht, weil es wahr ist. Gegenwärtig reden zwar nur wenige von einem künftigen amerikanischen Isolationismus. Die öffentliche Meinung Europas, Deutschland inbegriffen, zeigt sich völlig auf das Schreckgespenst des *American Empire* fixiert. Weiterblickende Experten weisen aber auf eine völlig gegenläufige Zukunftsperspektive hin, die durchaus eintreten könnte: das Wiederaufleben eines gewissermaßen post-klassischen Isolationismus, gestützt auf die technologischen Abwehrmittel des 21. Jahrhunderts.

Es lohnt sich, in diesem Zusammenhang einen amerikanischen Experten, Charles Kupchan, zu zitieren: »Die neuen Aufgaben im Krieg gegen den Terrorismus«, so schreibt er in einem seiner noch vor dem Irakkrieg veröffentlichten Bücher, »werden jedenfalls Amerikas Willen schwächen, Soldaten auf Missionen wie in der Vergangenheit zu schicken. Sollte sich Amerikas Außenpolitik nach innen wenden, werden sich die Vereinigten Staaten bald von der Weltbühne verabschieden, noch bevor andere das Vakuum besetzen können. Wenn keiner die Stellung hält, wird auf Bedrohungen wie auf dem Balkan und im Nahen Osten demnächst nicht mehr reagiert. Hätten die USA Saddam Hussein in den frühen neunziger Jahren nicht in Schach gehalten, würde der Irak heute vielleicht Saudi-Arabien und die großen Ölfelder kontrollieren. Und auf dem Balkan würde vielleicht noch Chaos herrschen … Diese Zukunftsvision ist kein Phantasiegebilde. Es ist die Welt, auf die wir uns wahrscheinlich zubewegen. Das Ende von Amerikas unipolarer Stellung in der Welt könnte sogar von Amerika selbst ausgehen.«[6] Vielfach wurzeln solche Überlegungen in der Befürchtung, daß die globale Machtprojektion den USA nicht nur psychologisch zu schwer werden könnte, sondern vor allem auch budgetär.

Wenn früher in Deutschland Befürchtungen aufkeimten, die USA könnten sich strategisch von Europa abwenden, wurde das häufig als Resultat eines verstärkten Engagements im Fernen Osten, im Indischen Ozean und im Mittleren Osten erwartet. Immer wieder zogen Konstellationen herauf, die das befürchten ließen: das Drängen der Republikaner auf Priorität für die Sicherung der pazifischen Gegenküste Amerikas im Bündnis mit Japan, Südkorea und Taiwan zu Beginn der fünfziger Jahre; die Bemühungen um ein Containment der Volksrepublik China mit der daraus folgenden Verirrung in den Dschungeln Indochinas unter Kennedy, Johnson und Nixon; die Sorge um explosive Konflikte zwischen Indien und Pakistan sowie die militärische Präsenz der USA in der Golfregion seit dem Umsturz im Iran zu Zeiten von Präsident Carter, verstärkt seit dem Überfall Saddam Husseins auf Kuwait mit dem dadurch bedingten Golfkrieg von 1991. Wer will, mag sogar eine direkte Linie von der pazifischen Ausdehnung der USA seit Ende des 19. Jahrhunderts bis zur Gegenwart ziehen. Der Kalte Krieg mit der Sowjetunion in Europa, der 1947/48 voll einsetzte und 1990 zu Ende ging, wäre demzufolge nur eine Zwischenphase in einer säkularen amerikanischen Strategie, deren Befürworter ihre Aufmerksamkeit vor allem auf die Gefahren und Möglichkeiten im Pazifischen Großraum konzentrieren, aber zugleich nicht vergessen, daß die modernen Demokratien immer noch im Erdölzeitalter leben. Der gegenwärtige Aufwuchs der Wirtschafts- und Militärmacht China läßt erwarten, daß es diesmal mit der Hinwendung Amerikas zum Pazifik sehr viel ernster werden könnte als früher.

Demgegenüber sind die Warnungen vor amerikanischer Untreue in den Jahrzehnten des Kalten Krieges, die damals keinen Bundeskanzler ruhig schlafen ließen, endgültig eine Sache der Vergangenheit. Amerikanische Deals mit der Sowjetunion zuungunsten deutscher Sicherheitsinteressen sind nicht mehr zu erwarten. Viel näherliegend ist heute ein machtpolitisches Zusammenspiel zwischen Washington und Moskau, um dem muslimischen Terrorismus zu begegnen.

Jedenfalls speist sich die Vision einer eigenständigen europäischen Verteidigungspolitik seit über einem halben Jahrhundert aus nervöser Wachsamkeit gegenüber einer Schutzmacht, die so unkalkulierbar ist, wie dies wahre Großmächte zu allen Zeiten gewesen sind. Aus deutscher Sicht gibt es aber noch eine zweite Argumentationskette für das visionäre Fernziel gemeinsamer Verteidigung Europas. Dieses Ziel entsprang zwar der ständigen Sorge vor amerikanischer Untreue, zugleich aber auch dem Wunsch, die weltpolitische »Machtminderung der europäischen Länder«, wie Adenauer dies nannte,[7] durch Errichtung einer Föderation oder Konföderation zu kompensieren. Gewiß haben in die Europapolitik dieses ersten Bundeskanzlers auch viele andere Motive Eingang gefunden. Er glaubte an die schöpferische Kraft Europas, er hielt die christlichen Traditionen für dauerhafter und stärker als den historisch sehr viel jüngeren Nationalismus der europäischen Völker, er wollte Europa im Geist abendländischer Gesittung erneuern, er war entschlossen, das deklassierte Deutschland wieder gleichberechtigt in die europäische Zivilisationsgemeinschaft zurückzuführen, ihm schwebte ein integrierter Wirtschaftsraum vor, und er glaubte zu wissen, daß die verwirrten Deutschen eine neue Ideologie brauchten: Europa. Aber einer seiner stärksten Beweggründe war ganz zweifellos die kompensatorische Idee, gegenüber den frisch arrivierten Weltmächten USA und Sowjetunion aus den abgestiegenen Mächten des alten Europa einen neuen weltpolitischen Machtfaktor zu bilden, um der »völligen Entmachtung Europas«[8] entgegenzuwirken.

Da Adenauer seine CDU, tatsächlich aber die bundesdeutsche Europapolitik insgesamt, für das folgende halbe Jahrhundert auf das Ziel der europäischen Einigung festgelegt hat, ist der Hinweis auf dieses sehr weit zurückreichende Motiv der Wiederherstellung machtpolitischer Eigenständigkeit Europas gegenüber den »Superstaaten« am Platze. Die durch eigene Schuld geschwächten Mächte Europas sollten in die Lage versetzt werden, durch Bündelung der eigenen Ressourcen, einschließlich der Militärmacht, und gestützt auf eine eigene Rüstungsindustrie wieder eine globale Rolle zu spielen. Insofern wurde die Errichtung einer europäischen Friedenszone und der Europäischen Wirtschaftsgemeinschaft auch als Voraussetzung einer gemeinsamen Außen- und Sicherheitspolitik begriffen.

Für die bundesdeutsche Europapolitik war die Adenauersche Tradition zwar am wichtigsten, weshalb der Hinweis auf ihn in unserem Zusammenhang geboten ist. Doch nicht nur Adenauer dachte so. Die kompensatorische Idee einer neuen Weltmacht Europa gehörte gewissermaßen zur Grundausstattung der ersten und zweiten Generation europäischer Föderalisten. Die meisten nachfolgenden Bundeskanzler suchten diese Idee zu realisieren, ein jeder auf seine Weise. Eine europäische Großmacht nach der anderen, so stellte sich die trübe Lage dar, hatte ihre weltpolitische Gestaltungsmacht verloren. Deutschland und Italien hatten diese im Zweiten Weltkrieg verspielt. Kein Wunder, daß die kompensatorische Idee einer zwar friedlichen, aber doch zur Selbstbehauptung fähigen Quasi-Supermacht Europa in diesen beiden Ländern anfangs am stärksten faszinierte.

Doch auch für Frankreich war das Ende als überseeische Großmacht gekommen, als es 1954 den Indochinakrieg verlor und 1962 den Algerienkrieg. Zur gleichen Zeit sah sich Großbritannien zur Liquidierung seines Kolonialreichs genötigt. *Imperial sunset* allüberall, auch bei den mittleren und kleinen

Ländern Europas – den Niederlanden, Belgien und Portugal –, die sich unter dem Druck von Unabhängigkeitsbewegungen aus ihren Überseeimperien zurückziehen mußten. Und in allen Kabinetten des geschwächten Europa war damals wohlbekannt, daß nicht allein Moskau, sondern vor oder hinter den Kulissen auch die USA zum Kummer der Kolonialmächte auf rasche Dekolonisierung drängten.

Konfrontiert mit zwei weltweit ausgreifenden Supermächten, hatten sich die Länder Europas wohl oder übel primär auf ihre Rolle in Europa zu konzentrieren. Frankreich, die Niederlande und Belgien begriffen dies etwas früher als Großbritannien, über das der damalige amerikanische Außenminister Dean Acheson Anfang der sechziger Jahre lässig spottete, es habe ein Empire verloren und seine neue Rolle noch nicht gefunden.[9] Bald früher, bald später weckte somit die verspielte Großmachtrolle den Wunsch, wenigstens im europäischen Verbund wieder eine Rolle auf der Weltbühne zu spielen. So war das bei de Gaulle und seinen Nachfolgern, deren letzter, der Neogaullist Chirac, keine Gelegenheit vorbeigehen läßt, die Vision der *Europe puissance* zu beschwören. Doch auch London freundet sich zunehmend mit dem Gedanken an, den Zusammenschluß Europas zur Unterfütterung eigener Ambitionen zu nutzen.

Der Hinweis erübrigt sich, daß die Idee kompensatorischer Machtentfaltung eines vereinten Europa weiterhin zu jenen Grundgedanken gehört, denen sich die heutige Berliner Außenpolitik immer noch verpflichtet fühlt. In diesem Punkt zeigen sich offenkundige Kontinuitäten von Adenauer über Willy Brandt, Helmut Schmidt, Helmut Kohl und Hans-Dietrich Genscher bis zu Joschka Fischer und Gerhard Schröder. Doch bis zum großen Umbruch 1989/91 hat sich in der exponierten, vom Schutz Amerikas abhängigen Bundesrepublik die Vision einer irgendwann zu realisierenden europäischen Verteidigung durchgehend mit der Idee verbunden, ein auch sicherheitspolitisch handlungsfähiges Europa müsse eine möglichst enge strategische Partnerschaft mit den Vereinigten Staaten eingehen. Der diesbezüglich immer wieder lancierten Konzepte und der Versuche zur praktischen Ausgestaltung gab es in den vergangenen Jahrzehnten fast wie Sand am Meer.

Idealerweise, so die Hoffnung, müsse Amerika einsehen, daß

ein starkes, außen- und sicherheitspolitisch vereintes Europa viel wünschenswerter sei als eine bunte Truppe kapriziöser, heute dies, morgen das anstrebender europäischer Mächte, die zwar für eine wirklich überzeugende weltpolitische Rolle allesamt zu schwach sind, aber doch noch stark genug, der Supermacht Amerika überall Knüppel zwischen die Beine zu werfen. Ein langfristig konzipiertes Zwei-Pfeiler-Konzept atlantischer Verteidigung und atlantischer Lastenteilung schien somit erstrebenswert.

In der Tat hat dieser Gedanke auch in Amerika durchaus überzeugt, beginnend in den fünfziger Jahren und bis ins letzte Jahr Präsident Clintons. Natürlich war es vor allem die Erwartung transatlantischer Lastenteilung, die das in den verschiedenen Administrationen als reizvolle Idee erscheinen ließ. Heute sind es vor allem die Gegner des Unilateralismus der Bush-Administration, die im arbeitsteiligen Zusammenwirken zwischen den USA und der EU den einzig vernünftigen Weg europäisch-amerikanischer Sicherheitspolitik erkennen wollen. Und seitdem Amerika im Irak in Schwierigkeiten geraten ist, findet selbst die Bush-Administration wieder an bestimmten Formen transatlantischer Arbeitsteilung Gefallen. Im eigenen Interesse, so schreibt beispielsweise David Calleo, ein scharfer Kritiker der Neokonservativen, müsse »der isolierte Hegemon« am Aufbau einer europäischen Säule atlantischer Sicherheitspolitik arbeiten. Der Kerngedanke Calleos verdient es, wörtlich zitiert zu werden: »Ein unzufriedenes Europa, dessen geopolitische Ambitionen durchkreuzt würden, könnte mit ziemlicher Wahrscheinlichkeit Amerikas unipolare Phantasievorstellungen zunichte machen. Das trifft wahrscheinlich sogar eher zu, als daß Amerika Europas Einheitsträume zerstören könnte. Für vernünftige Leute auf beiden Seiten scheint es an der Zeit zu sein, ihre Länder vom Abgrund wegzuführen und anzuerkennen, daß Europa und Amerika einander brauchen, daß sie tatsächlich lebenswichtige Teile des jeweils anderen sind.«[10] Vernünftige Leute ... aber werden sie sich durchsetzen? Wenn von Unvernunft die Rede ist, denkt man heute in erster Linie an die Bush-Administration. Allerdings haben sich auch frühere Administrationen in Washington, die noch vor den Altären der atlantischen Partnerschaft Weihrauchwolken aufsteigen ließen, immer dann als recht zugeknöpft erwiesen, wenn die praktische Ausgestaltung des Zwei-Säulen-Konzepts auf die Tagesordnung kam. Ein Grund dafür, obgleich nicht der einzige, war der Umstand, daß es auch in Europa Hauptstädte gibt, in denen gelegentlich die Unvernunft regiert. Eine von ihnen ist Paris.

Wer verstehen möchte, weshalb die Vision gemeinsamer europäischer Sicherheitspolitik in der Bundesrepublik traditionellerweise so viel Sympathie erweckt, muß das deutsch-französische Sonderverhältnis ins Auge fassen. Die einstigen Bonner und die jetzigen Berliner Außenpolitiker haben dessen Pflege stets für fast genauso wichtig erachtet wie die der deutsch-amerikanischen Beziehungen. So gab und gibt es gewissermaßen drei Hauptargumente für den Aufbau einer eigenständigen Sicherheitspolitik Europas: erstens die Sorge, Amerika könne sich von Europa abwenden und es schutzlos zurücklassen, zweitens die innere Logik des Auf- und Ausbaus der EWG respektive EG respektive EU, deren Krönung eine Gemeinsame Außen- und Sicherheitsgemeinschaft sein soll, und drittens die stets mehr oder weniger starken Einwirkungen aus Paris. Letztere waren allerdings nicht durchweg von europäischer Vernunft, sondern oft auch von der Unvernunft einer Möchtegern-Weltmacht gekennzeichnet, die sich mit ihrem Schicksal nicht abfinden möchte und periodisch gegen die atlantische Hegemonialmacht aufbegehrt.

Wie eingangs erwähnt, ist das große, bis heute unvergessene Vorhaben einer integrierten Europäischen Verteidigungsgemeinschaft Anfang der fünfziger Jahre in Paris initiiert und dort auch wieder beerdigt worden, letzteres unter führender Mitwirkung der seinerzeitigen Anhänger General de Gaulles. Als dieser 1958 erst als Ministerpräsident im Matignon, dann bis 1969 als Staatspräsident im Élysée-Palast residierte, sind die Impulse für eine kontinentaleuropäische Verteidigungsunion erheblich verstärkt worden, dies jedoch unter der Bedingung, Frankreich gegebenenfalls auch den Alleingang zu gestatten. Kontinentaleuropäische Verteidigungsautonomie, geführt von Frankreich, gestützt auf die *force de frappe*, koordiniert, aber nicht integriert, sondern nur noch locker mit der NATO verbunden, langfristig von Amerika abgekoppelt, wenn nicht gar in offenem antihegemonialem Aufbegehren, Ersetzung also der amerikanischen Hegemonie durch diejenige Frankreichs – so lassen sich die Zielvorstellungen de Gaulles vereinfacht, aber nicht ganz unzutreffend skizzieren.[11] Der wirtschaftlich potenten, damals auch militärisch noch eindrucksvollen Bundesrepublik war in diesem Konzept eine zwar privilegierte, aber doch dienende Funktion zugewiesen. Und da de Gaulle zu Recht annahm, Großbritannien werde sich nicht gegen Amerika instrumentalisieren lassen und auch die Hegemonie Frankreichs nicht willig hinnehmen, beschränkte er sein Konzept europäischer Verteidigung auf die kontinentale Sechser-Gemeinschaft.

Bekanntlich hat der große General Frankreich damit in die außenpolitische Isolation geführt. De Gaulles Nachfolger mußten sich recht unwillig (wie Pompidou), aus Einsicht (wie Giscard d'Estaing) oder national-egoistisch taktierend (wie Mitterrand) mit dem NATO-Konzept arrangieren und sind mit der Vision europäischer Außen- und Verteidigungspolitik nach französischen Vorstellungen nie allzuweit vorangekommen. »Das große, sowohl von de Gaulle wie dann nochmals von Mitterrand in verschiedenen Formen betriebene Projekt französisch-deutscher Zweisamkeit unter Führung Frankreichs, eine europäische Verteidigung zu konstruieren, die zugleich mit Amerika verbündet und von diesem unabhängig ist, dieses Projekt ist gescheitert«, so lautete im Jahr 1996 die Zwischenbilanz von Georges-Henri Soutou, einem der besten, weil nüchternsten französischen Außenpolitik-Experten.[12]

Seither versucht der Neogaullist Chirac einmal mehr, den Traum von der Weltmacht Europa unter französischer Führung zu realisieren. »Europäische Souveränität« lautet sein großes Stichwort. Europa sei nicht wirklich souverän, belehrte er 1999 das Europäische Parlament, solange es nicht über »die autonome Kapazität verfügt, auf dem Gebiet der Verteidigung zu agieren«.[13] Im Vorfeld des Irakkrieges und danach hat er die Schwäche der Regierung Schröder zu nutzen versucht, um auf einer Welle des Antiamerikanismus das alte Ziel autonomer Außen- und Sicherheitspolitik Europas unter faktisch französischer Führung zu erreichen. Während die vorhergehenden Bundesregierungen mit der Vision eigenständiger europäischer Verteidigung eher gespielt haben oder diese allenfalls ansatzweise zu erproben versuchten, ohne Amerika zu verprellen, schien nun eine Bundesregierung erstmals ernst damit machen zu wollen. Die französisch-deutsche Initiative mit dem Höhepunkt des Vierergipfels vom April 2003 im belgischen Vervuren ist zwar inzwischen wieder versandet. Der Vorgang beweist aber einmal mehr das große Gewicht des Faktors Frankreich bei allen diesbezüglichen Überlegungen und die große Aufgeschlossenheit, die den entsprechenden Pariser Vorstößen in der Bundesrepublik zuteil wird.

Zwischenbilanz der europäischen Vision

Wenn die Befürworter europäischer Verteidigung nachweisen wollen, daß aus den Träumen faßbare Wirklichkeit wird, können sie darauf verweisen, daß die Planungen seit dem Jahr 1999 tatsächlich viel rascher vorangekommen sind als jemals seit dem Scheitern der EVG im Jahr 1954. Der Kosovokrieg gegen Serbien hatte zur großen Blamage der Militärmächte Europas geführt. 78 Tage hat die NATO damals gebraucht, um eine drittklassige Militärmacht niederzuringen. Dabei spielten die Luftwaffen und Seestreitkräfte der europäischen NATO-Länder nur eine nachgeordnete Rolle. Von 927 Flugzeugen, die an den Luftangriffen teilnahmen, stellte Amerika 650. Auf die USA entfielen rund achtzig Prozent der Kosten der Kampagne und des Nachschubs. Der größte Teil des Beitrags europäischer Streitkräfte kam von Frankreich und Großbritannien. Die Bundesrepublik spielte zusammen mit Belgien, Dänemark, Italien, Spanien und anderen nur eine drittklassige Rolle. Und als die NATO für den Fall der Erfolglosigkeit ihres Luftkrieges den Einsatz von Bodentruppen plante, konnten die europäischen NATO-Länder aus ihrem Gesamtbestand von rund zwei Millionen Soldaten nur spärliche 40 000 Mann zusammenkratzen.[14]

Die völlige Dominanz der USA bei diesen Kampfhandlungen im Hinterhof Europas beleuchtete indessen nur die strukturellen Asymmetrien, die sich im Verlauf eines guten Jahrzehnts zwischen der amerikanischen Militärmacht und den Streitkräften der Länder Europas aufgetan hatten. Die gesamten Verteidigungsausgaben Europas erreichten damals nicht einmal die

Hälfte der amerikanischen.[15] Seither hat sich die Schere noch erheblich erweitert. Zu Beginn des 21. Jahrhunderts belief sich Europas Aufklärungskapazität auf nur zehn Prozent der amerikanischen, die Lufttransportkapazität auf zwanzig Prozent und die der präzisionsgesteuerten Luft-Boden-Waffen auf ebenfalls etwa zehn Prozent.[16]

Daraus resultierten die vielgerühmten Impulse der beiden 1999er EU-Gipfel von Köln und Helsinki. Bis 2003 sollte eine rein europäische, zu autonomen Einsätzen fähige Streitmacht von rund 60 000 Soldaten einsatzbereit sein – fünf mit schwerem Gerät ausgerüstete Brigaden, unterstützt von rund 500 Flugzeugen sowie 15 Flotteneinheiten. Diese Eingreiftruppen sollen fähig sein, mindestens ein Jahr lang am Einsatzort tätig zu werden, was je nach Berechnung die zwei- bis dreifache Zahl an Reserven erfordern würde.[17] Gedacht ist dabei in erster Linie an Einsätze, bei denen die EU wenigstens mit Krisen im balkanischen »Hinterhof Europas«, wie manche verächtlich formulieren, aus eigener Kraft fertig werden kann. Daneben wünscht vor allem Frankreich, die eigene Politik in Schwarzafrika von autonom operierenden Streitkräften der EU demonstrativ unterstützt zu sehen. Die mühsam zustande kommende Konkretisierung beleuchtet aber die Schwierigkeiten. 350 EU-geführte und -finanzierte, aber auf die Militärstrukturen der NATO gestützte Soldaten aus sage und schreibe 29 Ländern, darunter ein paar Dutzend deutsche,[18] lösten im Frühjahr 2003 in Mazedonien die dort stationierten NATO-Einheiten ab. Ein paar Wochen später wurden rund 1850 Mann unter französischem Oberbefehl zur Unterbindung ethnischer Auseinandersetzungen in den Kongo entsandt. Die Bundeswehr beteiligte sich mit 35 Mann.

Viel wichtiger als diese ersten Einsätze sind natürlich die mittelfristig wirksamen Beschlüsse. Mit der Finanzierung des Satelliten-Navigationssystems »Galileo« wird sich die EU eigene Aufklärungskapazitäten schaffen, und der Bau des Militärtransporters A400 M erhält im Rahmen eines Sieben-Nationen-Programms hohe Priorität. Deutschland will schließlich sechzig dieser Flugzeuge abnehmen.[19] Ansonsten: schwierigste Planungen, bei denen stets zwei Grundfragen ungelöst sind: soll, will und kann die EU wirklich die Finanzmittel aufbringen, um eigene Verteidigungskapazitäten von einigem Gewicht aufzubauen, und was soll das politische Fernziel sein: eine europäische Säule der NATO oder eine sicherheitspolitisch autonome EU?

Analytiker, die das Vorhaben einer Europäischen Sicherheits- und Verteidigungspolitik (ESVP) mit Wohlgefallen betrachten, betonen, insgesamt bestünden »mehr Chancen als Grenzen militärischer Kooperation und Integration«.[20] Kritiker sehen darin eine pure Verschwendung von ohnehin knappen Ressourcen und Schlimmeres.[21] Sie verweisen darauf, dass die im Jahr 1999 groß herausposaunten »Headline Goals« einer kampfstarken EU-Eingreiftruppe im Jahr 2003 noch meilenweit von der Realisierung entfernt waren. Heute rechnen die Experten damit, daß dieses Ziel vielleicht in den Jahren 2013 bis 2015 erreicht sein könnte. Tatsächlich bleiben die grundlegenden Fragen weiterhin ungeklärt. Gewiß sind die Länder der EU bei der Koordination ihrer Außenpolitik schon recht weit vorangekommen. Beginnend in den frühen siebziger Jahren, sind diese Bemühungen ständig intensiviert worden, ganz besonders seit der raschen Abfolge von Revisionen der europäischen Verträge von Maastricht bis zum gegenwärtigen Projekt der Verfassung für Europa. Vor allem Deutschland hat dabei immer gern auf Entscheidungsverfahren gedrängt, bei denen die mühsame zwischenstaatliche Koordination der Außenpolitik von verbindlichen Mehrheitsabstimmungen abgelöst werden sollte. Doch selbst der in diesem Punkt am weitesten gehende EU-Verfassungsentwurf zeigt deutlich, daß sich die bisherigen Schwierigkeiten nicht überwinden lassen. Die Länder der EU sind auf absehbare Zeit nicht bereit, auf ihr Recht zur autonomen Außenpolitik zu verzichten. Zwar soll die Kunstfigur eines »Außenministers« bekunden, daß sie weiterhin zur Konzertierung ihrer Außenpolitik bereit sind, aber eben nur nach Maßgabe dessen, was die jeweiligen Regierungen als nationales Interesse definieren. Wo aber keine Bereitschaft zur integrierten Außenpolitik erreichbar ist, kann auch die Verteidigung nur koordinativ erfolgen.

Wie dramatisch die Auffassungen im Krisenfall auseinanderlaufen können, wenn wirklich wichtige Fragen auf dem Spiel stehen, hat das Verhalten Deutschlands, Frankreichs und Englands sowie ihrer jeweiligen europäischen Mitstreiter im Vorfeld des Irakkriegs bewiesen, aber auch danach. Die Paradoxie war mit Händen zu greifen: Dieselben Regierungen, die mit großem

Aplomb eine Verfassung für Europa auf den Weg brachten, haben sich zur gleichen Zeit außenpolitisch tief zerstritten. Im Moment suchen die Kampfhähne zwar geflissentlich, alles vergessen zu lassen, was sie sich vor kurzem noch angetan haben. Doch das kann niemanden täuschen. Auch in Zukunft wird es immer wieder einmal zu tiefgreifenden Meinungsverschiedenheiten kommen, ganz gewiß vor allem auch über die Amerikapolitik. In einer EU mit 25 Mitgliedern ist das noch viel wahrscheinlicher.

Eine lange Reihe von Jahren hindurch haben verschiedene Bundesregierungen die Illusion genährt, eine gemeinschaftliche Außenpolitik Europas in einer Abfolge kleiner Schritte erreichen zu können. Die blauäugige Vorstellung, irgendwann könnten Großbritannien und Frankreich bereit sein, zugunsten eines Sitzes der EU im Weltsicherheitsrat auf den Veto-bewehrten Status zu verzichten, den sie seit 1945 innehaben, beweist das ganze Ausmaß deutscher Fehleinschätzung. Erst neuerdings zeichnet sich ein Wandel ab. Die Entschlossenheit, mit der die Bundesregierung seit Herbst 2004 auf einen Ständigen Ratsitz für Deutschland im Weltsicherheitsrat zusteuert, ist kein Indiz für »linken Nationalismus« oder – so das föderalistische Totschlagargument – für »Renationalisierung«. Es beweist nur, daß selbst die Lenker der deutschen Außenpolitik endlich in der Wirklichkeit angekommen sind.

Daher wird man sich auch von dem im EU-Verfassungsvertrag vorgesehenen »Außenminister« nicht viel versprechen dürfen. So der Vertrag die Referenden in den Mitgliedsländern überhaupt überlebt, wird Xavier Solana trotz seiner verstärkten Machtposition in den EU-Gremien weiterhin nicht viel mehr übrigbleiben, als im Gefolge der viel potenteren Regierungschefs und Außenminister der EU-Staaten um den Globus zu reisen – vielleicht nicht eben als Ritter von der traurigen Gestalt, aber auch nicht als strahlender Siegfried an der Spitze einer Quasi-Weltmacht Europa.

Daß viele in Deutschland jahrzehntelang allen Ernstes daran glaubten, früher oder später würden sich Frankreich oder Großbritannien in irgendeiner Form zur Europäisierung ihrer Streitkräfte bereitfinden, bekundete gleichfalls die altbekannte deutsche Fähigkeit zum Bau von Luftschlössern. Von den beiden Kernwaffenmächten ist zwar gegebenenfalls das Versprechen zu erhalten, über Zielplanung und Einsatz dieser Terrorwaffen mit den Mitgliedern der EU zu sprechen. Aber es wäre wider die menschliche Natur, zu erwarten, daß die Regierungen in London oder Paris und deren industriell-militärische Komplexe die Verfügungsgewalt über ihre Massenvernichtungswaffen irgendwann einem EU-Gremium anvertrauen könnten, das darüber mit Mehrheit entscheidet. Bei Kernwaffenmächten hält sich die Idee nationaler Verteidigungsautonomie naturgemäß besonders lange, auch wenn der geringe praktische Nutzen dieser Waffensysteme allbekannt ist. Könnten England oder Frankreich irgendwann einem wieder auf dem Expansionspfad befindlichen Rußland oder dem Iran oder einem anderen nuklear bewaffneten Staat mit Kernwaffeneinsatz drohen? Schwerlich, denn alles, was in den Jahrzehnten des Kalten Krieges zur Absurdität einer Strategie der *mutual assured destruction* (MAD) ausgeführt worden ist, gilt auch in Zukunft. Und wäre es vorstellbar, daß verrückte muslimische Fundamentalisten, die vielleicht eines Tages in Algerien, Libyen oder Ägypten an die Macht kommen und nach dem Märtyrertod den Eingang ins Paradies erwarten, sich durch Androhung nuklearen Massenmords von militärischen oder terroristischen Übergriffen abschrecken lassen? Die Frage beinhaltet bereits die Antwort.

Solche Überlegungen setzen nicht die Tatsache außer Kraft, daß Paris und London, vielleicht in den kommenden Jahrzehnten auch weitere Regierungen, Kernwaffen als Statuswaffen betrachten, die sie um keinen Preis mit anderen teilen möchten. Häufig wird zwar argumentiert, die Kernwaffen Englands oder Frankreichs sollten irgendwann einmal das Rückgrat einer gemeinschaftlichen EU-Verteidigungsstreitmacht abgeben. In Wirklichkeit aber bilden diese Kernwaffen eine der höchsten Barrieren auf dem Weg zur Vergemeinschaftung europäischer Verteidigungspolitik, und es ist nicht absehbar, wann und wie sie beiseite geräumt werden können.

Wenn man über die Realisierungsmöglichkeiten europäischer Verteidigungspolitik nachdenkt, dürfen auch die kleineren Länder in der EU nicht vergessen werden. Finnland, Schweden, Estland, Lettland, Litauen, Slowenien, die Tschechische Republik, Österreich oder Irland finden sich entweder in besonderer Bedrohungslage, oder sie haben über lange Zeiträume hinweg

Traditionen der Neutralität entwickelt, die sie vorerst nicht über Bord werfen möchten. Daß sie andererseits die EU-Gremien maximal zu nutzen suchen, um auf die Außen- und Sicherheitspolitik der großen EU-Länder einzuwirken, ohne völlig in deren Schlepptau zu geraten, versteht sich von selbst. Wo somit die größeren und kleineren Länder ungeachtet der Bereitschaft zur Kooperation an ihrer Autonomie in diesen Kernfragen nationaler Souveränität festhalten wollen, stoßen alle Bemühungen zur Konzertierung an ihre Grenzen.

Das gilt erst recht, wenn man sich klarmacht, daß für eine größere Zahl europäischer Regierungen die Sicherheitsoption der NATO unter amerikanischer Führung aus verschiedensten Gründen immer noch attraktiver erscheint als die schwer realisierbare Vision der Verteidigungsautonomie Europas. Amerika ist zwar heute ziemlich unpopulär, selbst in manchen jener Länder, deren Regierungen sich am Feldzug gegen Saddam Hussein beteiligt haben. Bei Meinungsumfragen in den Wochen des Irakkrieges haben sich in allen großen EU-Ländern außer England deutliche Mehrheiten für eine Europäische Sicherheits- und Verteidigungspolitik erklärt.[22] Aber die praktischen Hindernisse auf dem Weg zur echten Verteidigungsautonomie sind zu hoch, vor allem die Kosten. Schon in den späten neunziger Jahren wurden Schätzungen angestellt, wonach allein Aufstellung und Unterhalt einer modern ausgerüsteten, autonomen europäischen Streitmacht von 50 000 Soldaten die EU dazu nötigen würde, ihre Verteidigungsausgaben von zwei auf vier Prozent des Bruttoinlandsprodukts zu steigern – in Friedenszeiten eine völlig illusionäre Vorstellung.[23]

Mittelfristig ist durchaus zu erwarten, daß aus den 24 verschiedenen Armeen, 22 Luftwaffen und 17 Marinen mit unterschiedlichen Ausrüstungsstandards und Beschaffungsvorhaben[24] ein bescheidenes Potential an EU-Verfügungsstreitkräften bereitgestellt wird. Doch bei Lichte besehen kann sich die Organisationsstruktur dieser Einsatztruppe nicht grundlegend von der Art und Weise unterscheiden, wie sie in der NATO oder im Rahmen von UN-Einsätzen schon seit langem gegeben ist. Hier wie dort würden sich die jeweiligen Regierungen verpflichten, einer internationalen Organisation Truppen mit dem erforderlichen Gerät und entsprechender Infrastruktur zur Verfügung zu stellen. Die Fragen des Oberkommandos sind dabei im Zusammenhang mit den Mandaten über Einsatzort, Einsatzdauer und Zusammensetzung der Stäbe zu regeln.

Bei alledem macht Deutschland keine besonders gute Figur. Wenn man seit Jahren beobachtet, wie verlegen die Bundesregierung ihre nicht allzu zahlreichen »Kernkräfte«, die für Auslandseinsätze geeignet sind,[25] bald für Einsätze im EU-, bald im NATO-, bald im UN-Rahmen vorsieht, dann ist unschwer zu erkennen, daß auch eine EU-Armee eine Art Patchwork-Armee wäre. Dabei würde jedes kleinste Detail durch die jeweiligen Entsendestaaten kontrolliert. Die Balkan-Einsätze der UN, der einstigen WEU, der NATO und der EU geben das Muster dafür ab.

Nach Lage der Dinge ist dies auch gar nicht anders möglich. Soll ein Land seine Soldaten in Krisengebiete oder gar Kampfeinsätze entsenden, ist jede Regierung dem eigenen Parlament und der Öffentlichkeit gegenüber verpflichtet, dies zu legitimieren. Soldaten sind keine Wegwerfobjekte im Dienst internationaler Organisationen. Hinzu kommt die Tatsache, daß sich jeder Auslandseinsatz in einem politischen Dschungel abspielt, in dem lokale Regierungen, Bürgerkriegsparteien und politkriminelle Banden einander befehden. Somit sind auch die Entsendestaaten multilateraler Kontingente vielfach uneinig. Ihre Auffassungen über die Schuld an den Konflikten mögen ebenso auseinandergehen wie ihre Vorstellungen über die Robustheit der Einsätze oder darüber, welche dauerhaften Lösungen wünschbar wären. Europäische Regierungen, die für ihre Streitkräfte künftig vor allem die Aufgabe friedensstiftender und humanitärer Interventionen[26] vorsehen, dies prinzipiell im multilateralen Rahmen, möchten natürlich jedes Detail dieser Einsätze politisch kontrollieren. Wer will sie dafür tadeln?

Dabei schätzt es die deutsche Politik, ihre ins Ausland entsandten Truppen an ganz besonders kurzer Leine zu führen. In der Öffentlichkeit der Bundesrepublik haftet solchen Militäreinsätzen nach wie vor ein Hautgout an. Außerdem liebt man in Deutschland legalistische Spitzfindigkeiten. Keine Opposition kann zudem von dem Spielchen je genug kriegen, auch den kleinsten Fehler einer Regierung wochen- und monatelang bis in die hintersten Winkel auszuleuchten. Durch die *obiter dicta* im berühmten Urteil des Bundesverfassungsgerichts vom 12. Juli 1994, durch das Auslandseinsätze prinzipiell für verfassungsgemäß erklärt wurden, sind die Zuständigkeiten des Deutschen Bundestags bezüglich von Einsätzen außerhalb des NATO-Gebiets entscheidend verstärkt worden. Die deutsche Exekutive besitzt in solchen Fällen einen sehr viel engeren Entscheidungsspielraum als andere Länder der EU, von den USA ganz zu schweigen. Tatsächlich haben sich die Fraktionen des Deutschen Bundestags mit ihren Vorstellungen von einer »Parlamentsarmee« wenigstens in bezug auf Einsätze außerhalb des NATO-Gebiets weitgehend durchgesetzt und regeln jedes Detail. Die Frage, ob bei Unruhen in Prizren ein betrunkener Serbe verbrannt ist oder ob ein paar Dutzend Bundeswehrsoldaten in einer fernen Stadt Afghanistans, deren Namen zuvor noch niemand gehört hat, stationiert sein sollen und unter welchen Bedingungen, vermag den Verteidigungsausschuß des Deutschen Bundestags wochenlang zu beschäftigen, und das Ergebnis entscheidet selbst über ministerielle Karrieren.

Aus dieser innenpolitischen Zwangsjacke kann sich auch ein deutscher Beitrag zur EU-Truppe nicht lösen. Das Paradox ist evident: Auf den höchsten europäischen Gipfeln suchte die Bundesregierung in immer neuen Vorstößen eine gemeinschaftliche, im Idealfall supranationale europäische Verteidigungspolitik zu erreichen, während im Alltag der Berliner Militärpolitik eine denkbar engstirnige nationale Kontrolle bis zur Perfektion gediehen ist. Für dieses Selbstverständnis der Bundeswehr mag es gute Gründe geben. Ein schlagkräftiges, gegebenenfalls rasch einsetzbares Militärinstrument der EU läßt sich aber so nicht aufbauen.

Von Bismarck stammt der bekannte Satz, die Händel auf dem Balkan seien nicht die Knochen eines einzigen pommerschen Grenadiers wert. Das war noch im Zeitalter des Obrigkeitsstaats und der Sechs-Kinder-Familien, das uns sehr fern gerückt ist. Somit kann es niemanden verwundern, daß die schon längst demokratisch verfaßten, postheroischen Gesellschaften Europas noch viel größere Hemmungen haben, ihre wenigen Söhne und Töchter auf Geheiß anonymer internationaler Bürokratien zu Interventionen in ferne, völlig unbekannte Länder und mit höchst ungewissem Ausgang zu entsenden. Unter allen großen

Ländern Europas hat Deutschland neben Italien die am stärksten ausgeprägte postheroische Mentalität. Ausgerechnet das Land also, das für die Streitkräfte der EU theoretisch die meisten Truppen beisteuern könnte, zögert am stärksten – vielleicht vernünftigerweise.

Die postheroischen Gesellschaften Europas sind aber nicht nur deshalb vorsichtig, weil Interventionen in überseeischen Krisengebieten zu größeren Verlusten führen könnten. Nachdem sich die russischen Offensivarmeen weit hinter die Pripjetsümpfe zurückgezogen haben, verwenden sie ihre öffentlichen Mittel viel lieber für die rasch wachsenden Millionenheere ihrer Pensionäre und kranken Bürger als für die technische Modernisierung von Einsatzstreitkräften. Auch in dieser Beziehung ragt Deutschland, die mit Abstand größte Volkswirtschaft der EU, besonders hervor. Während Frankreich 2,6 Prozent, England 2,4 Prozent und Italien 1,9 Prozent ihres Bruttosozialprodukts für die Verteidigung aufwenden, leistet sich Deutschland sparsame 1,5 Prozent.[27] Hier ist der Widerspruch zwischen europapolitischer Programmatik und budgetärer Hilflosigkeit mit Händen zu greifen. Der Aufbau einer auch nur halbwegs glaubhaften Krisenbewältigungsstreitmacht Europas würde, wie eben erwähnt, eine beträchtliche Steigerung der Militärhaushalte, desgleichen der Ausgaben für zivile Aufbauhelfer erfordern, und das nicht temporär, sondern über einen langen Zeitraum hinweg. Ohne die USA wären die Militärapparate Europas 1999 nicht in der Lage gewesen, den gefährlichen Brandherd Kosovo vorerst auszutreten. Seither sind die Potentiale nicht wesentlich stärker geworden. Auch heute und in absehbarer Zukunft wäre die EU ohne Rückgriff auf amerikanische Truppen nicht in der Lage, wenigstens auf dem Balkan für Ruhe zu sorgen. Zweifellos hat das potentiell reiche Deutschland an dieser Schwäche erheblichen Anteil.

Selbstverständlich fehlt es nicht an Politikern und Theoretikern, die dieses Unvermögen als Manifestation überlegener europäischer Staatskunst rühmen. Präventives Vorgehen sei geboten, Dialogpolitik, Entwicklungshilfe und Unterstützung beim Aufbau von Zivilgesellschaften, dann müsse man nicht mit dem großen militärischen Hammer zuschlagen.

Europas »militärische Schwäche ist politisch seine Stärke«,

hat Egon Bahr diese Ideologie auf den Punkt gebracht.[28] Nun wird sicherlich niemand, der Vernunft hat, den Nutzen präventiver Entschärfung von Konflikten in Frage stellen wollen. Doch die nun immerhin anderthalb Jahrzehnte lang gesammelten Erfahrungen mit ethnischen und religiösen Konflikten auf dem Balkan lassen erkennen, daß dort und in vergleichbaren Krisengebieten zweierlei erforderlich ist: ein breiter Fächer ziviler Maßnahmen, diplomatische Einwirkung inbegriffen, und die Präsenz, notfalls der Einsatz von Militärmacht. Wie lange es dauert, wie schwierig es ist und wie viele Truppen erforderlich sind, um vergleichsweise überschaubare Quasi-Protektorate nach Art Bosnien-Herzegowinas oder des Kosovo zu pazifizieren, ist gleichfalls bekannt. Seit 1994 sind dort jährlich zwischen 20 000 und 40 000 europäische Soldaten im Einsatz. 15 bis 17 Brigaden mit insgesamt etwa 40 000 Soldaten sind aber derzeit das Äußerste, was die EU-Länder überhaupt einsetzen können.[29] Der deutsche Beitrag für Einsätze auf dem Balkan und in Afghanistan ist zahlenmäßig anständig, aber doch nicht überwältigend. Im Jahr 2003 waren rund 8500 Mann im Ausland stationiert,[30] die wenigsten davon im EU-Rahmen.

Wie schon angedeutet, resultiert die derzeit in Deutschland durchaus vorhandene Sympathie für eine Europäisierung der Verteidigung in starkem Maß aus der weitverbreiteten Abneigung gegen Amerika. Damit verbindet sich aber zugleich eine begründete Zurückhaltung gegenüber Einsätzen, die über Europa hinausführen. Die Unterschiede zur Psychologie in Frankreich und England sind mit Händen zu greifen. Ungeachtet der Dekolonisierung betrachtet Frankreich das frankophone Schwarzafrika politisch, wirtschaftlich, doch auch strategisch als eine Art *chasse gardée*. Die Politik in Paris ist es gewohnt, mit kleinen Einheiten der Fremdenlegion und anderen Berufssoldaten unter welchen Vorwänden auch immer zum Schutz ihrer einheimischen Klientel zu intervenieren. Daß dies künftig unter dem Deckmantel der EU erfolgen soll, dient der internationalen Akzeptanz von Operationen, die weitgehend vom nationalen Interesse geleitet sind. Doch auch in England sind die politischen Eliten noch traditionell auf überseeische Konflikte orientiert. Es unterhält seit Jahrzehnten die traditionelle Berufsarmee, für die Kampfeinsätze kein Fremdwort sind. Kommt es zu langdauernden, verlustreichen und perspektivlosen Großeinsätzen wie seit 2003 im Irak, geht die innenpolitische Unterstützung zwar spürbar zurück, besonders bei Frauen. Aber die Psychologie ist doch grundlegend anders als in Deutschland, das sein Überseeimperium schon am Ende des Ersten Weltkriegs verloren hat und das traditionellerweise auf Gefahren fixiert ist, denen sich nur mit einer kontinentalen Strategie begegnen läßt.

Bis vor kurzem schien die eurozentrische Ausrichtung deutscher Sicherheitspolitik genauso naturgegeben wie die überseeische Orientierung Großbritanniens. Seit dem Rückzug Rußlands liegt aber Deutschland erstmals in seiner Geschichte inmitten einer europäischen Friedenszone. Verständlicherweise drängt deshalb die Öffentlichkeit nicht sonderlich darauf, die Bundeswehr, die im Prinzip immer noch eine Wehrpflichtarmee ist, unter massivem Mitteleinsatz auf globale Interventionen auszurichten. Das erklärt die im Ausland oft bedauerte deutsche Verteidigungsindolenz – sei es in einem noch auszubauenden EU-Rahmen, sei es in der NATO. Die derzeitige Neigung, deutsche Sicherheitspolitik zu minimalen Kosten künftig lieber in der EU als mit Amerika in der NATO zu betreiben, ist daher ziemlich unverbindlich. Sie vermag der Vision autonomer Verteidigung Europas keine Schubkraft zu verleihen. Somit war es wenig erstaunlich, daß die im Frühjahr 2003 von Rot-Grün im Verein mit Paris angefachte Stimmung, nunmehr auf ein Konzept europäischer Sicherheit ohne, ja gegen Amerika einzuschwenken, bald wieder wie ein Strohfeuer erloschen ist.

Was bedeutet das alles für die Vision europäischer Verteidigungsautonomie? Einiges Nützliche wird sich künftig erreichen lassen, aber nicht allzubald und nicht allzuviel. Für die eingangs skizzierten drei grundlegenden Fragen sind vorerst keine europäischen Lösungen in Sicht, die auch nur halbwegs befriedigen könnten.

1. Wird es auf mittlere Sicht möglich sein, die Asymmetrien zwischen den Militärpotentialen Amerikas und Europas mit einem Zwei-Pfeiler-Konzept auszubalancieren oder gar den Beistand der USA zu ersetzen, wenn größere Krisen eintreten? Wer so fragt, kennt den Leichtsinn Europas nicht. Kein Gedanke daran, daß die Europäer morgen oder übermorgen

eine Art autonomer Sicherheitsgemeinschaft aufbauen könnten! In der EU fehlt es am Willen, am Geld und am akuten Gefahrenbewußtsein. Solange die amerikanischen Legionen notfalls zum Eingreifen bereit sind, verläßt man sich seelenruhig auf die USA, nicht ohne deren Übermacht ständig zu bemäkeln. Diese Mentalität ist besonders bei den friedfertigen Deutschen hoch entwickelt. Im Vergleich mit früheren Epochen deutscher Geschichte befindet sich unser Land immer noch in einer sicherheitspolitischen Schönwetterzone. Die amerikanische Hegemonie wird zwar abgelehnt, aber keine Partei denkt im Ernst daran, deswegen für die vielgerühmte europäische Sicherheitspolitik mehr Geld auszugeben. So wird man in den kommenden fünf, zehn oder fünfzehn Jahren neben dem amerikanischen Pfeiler allenfalls ein kleines europäisches Pfeilerchen errichten – es sei denn, ein neuer Lenin betritt die Weltbühne oder ein Mahdi, der über Kernwaffen und ganze Schwärme von Selbstmordattentätern gebietet.

2. Deshalb wird die Frage auch weiterhin nicht verstummen, ob eine zusehends stärker vergemeinschaftete Europäische Sicherheits- und Verteidigungspolitik nicht eben doch die eigentliche Krönung des Projekts Europa wäre. Gäbe sich, so fragt man vor allem in Brüssel, die EU nicht selbst auf, wollte sie auf den Herzenswunsch Walter Hallsteins und seiner Gleichgesinnten verzichten, »außenpolitisch mit einer Stimme zu sprechen«[31] und den »unvollendeten Bundesstaat« durch Einbeziehung der Verteidigung zu vollenden? Leider zeigt die Erfahrung: Die Wirklichkeit, sie ist nicht so. Heute, und wohl noch auf längere Zeit, wirkt dieses Vorhaben im Kreis der 25er-EU eher als Spaltpilz, falls man es zu heftig forciert: Es ist zu ehrgeizig, zu unpraktisch und wie so vieles, was wünschenswert wäre, ganz und gar unfinanzierbar. Dabei ist das Verhältnis zu den USA nicht die einzige Streitfrage, über die keine Einigkeit zu erzielen ist.

3. Und wie soll Deutschland künftig mit dem Drängen Frankreichs umgehen? Daß dieser Wunschpartner unablässig darauf insistiert, die Vision autonomer Verteidigung zu französischen Bedingungen zu realisieren, wird wohl auch in den kommenden Jahrzehnten zu den Konstanten europäischer Politik gehören. Rot-Grün hat sich erstmals einfangen lassen.

Doch autonome europäische Verteidigung *à la française* ist im Europa der 25 ein perspektivloses Vorhaben. Wer die EU zersprengen möchte, soll nur so weitermachen. Vernünftiger ist die Rückkehr zum altbewährten Konzept des Sowohl-Als-auch: eine modernisierte NATO als Standbein, die evolutionär weiterentwickelte EU als Spielbein, es sei denn, Amerika zeigt sich wirklich von allen guten Geistern verlassen. Jedenfalls wird in der EU auf absehbare Zeit die Neigung gering sein, sich aus lauter Ärger über das arrogante Amerika George W. Bushs auf das hochmütige Frankreich Jacques Chiracs zu verlassen, das ein schwächliches Deutschland hinter sich herzieht. Aber, so fragt mancher hierzulande, würden dann die Träume einer Quasiföderation Europa nicht überhaupt ausgeträumt sein? Darüber hinaus stellt sich die Frage, was aus der deutsch-französischen Freundschaft würde, wenn Berlin in Sicherheitsfragen eher für London, Rom und Warschau optieren wollte und zu Paris auf Distanz ginge. Dennoch: Irgendwann wird man es in einer breiteren deutschen Öffentlichkeit doch bemerken und kritisch zu bewerten haben, daß nicht nur Amerika ein Dauerproblem ist, sondern auch Frankreich.

3. Warum immer mit Frankreich?

Man muß der Wirklichkeit ins Gesicht sehen: Die Jahrzehnte des exklusiven deutsch-französischen Duos sind zu Ende. Dafür gibt es zwei objektive Gründe, die immer deutlicher zutage treten. Erstens hat sich der Nutzen dieses Duos in einer EU mit heute 25 Mitgliedern erschöpft. Aus Sicht der größeren und kleineren Partner erscheint die einstmals vielgerühmte deutsch-französische Integrationslokomotive (beziehungsweise: Tandem, Motor, Achse, Duo, *entente*[1]) heute eher als ein Gefährt, das die Volkswirtschaften der EU bremst. Unter diesen Umständen weckt die Arroganz, mit der Frankreich und Deutschland weiterhin die großen Linien der EU-Politik bestimmen möchten, nicht nur atavistisch; sie provoziert auch heftige Gegenreaktionen. Zum zweiten läßt es sich weniger denn je verheimlichen, daß Paris und Berlin ihre Interessen unterschiedlich definieren. Der französische Kompaß weist nach wie vor auf einen festen Polarstern, das nationale Interesse Frankreichs, während die Deutschen ihren Kompaß verloren haben. In Paris weiß man noch, was der eigene Nationalstaat wert ist; in Berlin wird das häufig vergessen, und dies durchaus mit Absicht. Natürlich tun die von Chirac und Schröder geführten Regierungen ihr Bestes, die unterschiedliche Philosophie ihrer Europapolitik möglichst unter der Decke zu halten, aber vergebens. »Tatsachen hören nicht auf, Tatsachen zu sein, nur weil man sie ignoriert«, hat der gescheite und skeptische Aldous Huxley einstmals formuliert.[2]

Gewiß sind die Regierungen an der Seine und an der Spree völlig im Recht, wenn sie beim Blick auf mehr als ein halbes

Jahrhundert Nachkriegsgeschichte die für ganz Europa segens-
reichen Auswirkungen deutsch-französischer Versöhnung feiern
– die »Friedenszone Europa«, die enge Wirtschafts- und Poli-
tikverflechtung und die wirkungsvollen deutsch-französischen
Initiativen zur Vertiefung der europäischen Gemeinschaften.
Europa in seiner heutigen Form wäre in der Tat ohne das französisch-deutsche Duo nicht möglich gewesen, auch wenn man die
äußeren Bedingungen nicht ganz vergessen darf. Es war schon
zu erwähnen: Die von zwei Weltkriegen erschöpften früheren
»Erbfeinde« haben nicht zuletzt deshalb ihre europäische Mission entdeckt, weil der wohlwollende Hegemon Amerika sie zur
Verständigung gezwungen hat und weil fast ein halbes Jahrhundert lang die russischen Panzerarmeen vor der Tür standen.

Warum kann es aber trotz dieser Erfolgsgeschichte nicht so
weitergehen wie bisher? Bleiben Deutschland und Frankreich
nicht auch in Zukunft der »Kern des Kerns«, wie das der sympathisch frankophile CDU-Politiker Karl Lamers zusammen
mit Wolfgang Schäuble einstmals formuliert hat? Beruht die
deutsch-französische Freundschaft nicht auf einer ganz ein-
maligen sozialen Infrastruktur? Wo sonst in Europa wird dem
Autofahrer schon auf den Ortsschildern signalisiert, daß die
kleineren oder größeren deutschen oder französischen Städte
seit Jahrzehnten der Pflege ihrer jeweiligen Partnerschaft große
Sorgfalt angedeihen lassen und stolz darauf sind? Mehr als 2300
solcher Städtepartnerschaften existieren heute, und das wird
verstärkt durch die Bemühungen des Deutsch-Französischen
Jugendwerks. Die Franzosen finden die Deutschen, die Deutschen die Franzosen sympathisch und vertrauen einander.[3]

Auch die wirtschaftliche Verflechtung ist eng wie eh und je.
Seit den fünfziger Jahren sind Frankreich und Deutschland in
Europa die beiderseits besten Handelspartner, wobei an die
2500 deutsche Firmen in Frankreich tätig sind und 1500 französische in Deutschland.[4] Wo sonst existiert seit den fünfziger Jahren des 20. Jahrhunderts und verstärkt seit dem Deutsch-Französischen Vertrag vom 22. Januar 1963 ein so dichtgewebtes
Netz bilateraler Regierungskonsultationen? Und wo sonst wird
selbst an durchaus unspektakulären Jahrestagen im deutsch-
französischen Verhältnis mit so viel Pomp symbolische Politik
inszeniert, selbst wenn das oft einen leicht ridikülen Touch hat?

Die letzte Aufführung dieser Art fand im Januar 2003 statt, als der 40. Jahrestag des Élysée-Vertrags zu feiern war. Mehr als fünfhundert Bundestagsabgeordnete wurden damals ins Schloß von Versailles geflogen, um dort mit ihren Kollegen aus dem Palais Bourbon zu dinieren und bedeutsame Reden anzuhören. Die wenigsten waren allerdings in der Lage, miteinander in der Sprache des Gastlands zu parlieren. Denn zu den Tatsachen der exklusiven Zweierbeziehung gehört auch die dramatische Rückläufigkeit der beiderseitigen Sprachkenntnisse. Somit machte das Diner der Parlamente in dem historischen Spiegelsaal, wo 132 Jahre zuvor das Deutsche Reich proklamiert worden war, auf kritische Beobachter den seltsamen Eindruck eines Treffens »von alten Nachbarn, die sich über all die Jahre aneinander gewöhnt haben, ohne sich wirklich zu kennen«.[5]

Aus Sicht der EU-Nachbarn: eine Entente fatale?

Wie so mancher politische Mythos, an dem wir unsere Freude haben, beinhaltet der Mythos von der unverzichtbaren deutsch-französischen Entente neben viel Gutem und Wahrem auch eine starke Beimischung von Unkenntnis. Das wäre nicht weiter alarmierend. Doch heute kommt ein neuer Aspekt ins Spiel: Während die europäischen Nachbarn über lange Jahre hinweg die immer wieder demonstrativ zelebrierte Allianz Deutschlands und Frankreichs im großen und ganzen für nützlich, ja lobenswert hielten, sind jetzt die Zweifel vorherrschend. Das deutsch-französische Duo hat die Länder der EU »unumkehrbar« an sein eigenes Schicksal gekettet, es hat – angetrieben von der nicht nur dezidiert proeuropäischen, sondern zugleich stark profranzösischen Bundesregierung – den Euro durchgesetzt und über den ganzen Kontinent das enggewebte Netz der Brüsseler Vorschriften geworfen. Nun aber entdecken die Partner, daß dies nicht zu hohen Wachstumsgewinnen führt, wie immer wieder prognostiziert. Die Hauptschuld dafür trifft ausgerechnet die beiden reformunlustigen EU-Giganten Deutschland und Frankreich, die zusammen weit über die Hälfte des Bruttoinlandsprodukts der EU erwirtschaften.

Seit längerem schon leisten die Deutschen Großes bei der

Nabelschau auf ihre wirtschaftlichen Schwierigkeiten. Doch sie achten kaum darauf, daß sie sich politisch aufs engste mit einem Partner verbunden haben, der gleichfalls seit längerem schon an vielen Krankheiten laboriert. Tatsächlich sind in den letzten drei Jahrzehnten auch über Frankreich immer wieder Wellen des Alarmismus hinweggegangen, viele von ihnen genauso wie die in Deutschland durchaus berechtigt. Die vorerst letzte ist im Herbst 2003 von dem Publizisten Nicolas Baverez in Gang gesetzt worden. Was er im einzelnen auflistet, ist geradezu ein Spiegelbild Deutschlands: Nullwachstum im Jahr 2003, Arbeitslosigkeit bei zehn Prozent.[6] Die Staatsschuld wächst ähnlich galoppierend wie in Deutschland, zwischen 1995 und 2003 hat sie sich von 550 auf 950 Milliarden Euro fast verdoppelt. Schon heute liegt sie bei 62 Prozent des jährlichen Bruttoinlandsprodukts. Genauso wie Deutschland sündigt auch Frankreich gegen den Europäischen Stabilitäts- und Wachstumspakt: Staatsdefizit im Jahr 2003 gegen 4,1 Prozent des BSP.

Mit dem Wachstum im Jahr 2004 sieht es zwar wieder günstiger aus. Doch eine Schwalbe macht noch keinen Sommer. Auch in Frankreich sind die produktiven Investitionen tendenziell rückläufig, während die konsumtiven Ausgaben für Renten, Gesundheitsfürsorge, Altenpflege, Arbeitslosenunterstützung und Sozialhilfe unablässig zunehmen. Zugleich schlagen erhebliche Verluste zu Buch, um die nach wie vor viel zu zahlreichen, bisweilen gefährlich defizitären Großunternehmen in staatlichem Besitz vor dem Konkurs zu retten. Die Schlußfolgerung von Baverez und anderen kritischen Geistern: Auch Frankreich ist die Kontrolle über die öffentlichen Budgets entglitten. Wenn der Trend ungebremst anhält (und er wird bisher nicht wirksam gebremst), läuft das auf zwei fatale Alternativen hinaus: entweder Staatsbankrott oder Inflation, um sich von der untragbaren Last der Zinszahlungen für die Staatsschulden zu befreien. Genau besehen, so Baverez, sei die Lage noch gravierender als in Deutschland, das immerhin geltend machen könne, es habe die Erblast des Kommunismus in den neuen Ländern abzuarbeiten.

Wie so oft, wenn sich große, einstmals respektierte Länder auf der schiefen Ebene befinden, hat es auch im Kreis der EU-Partner lange gedauert, bis das volle Ausmaß der Gefahren erkannt wurde. Noch immer zögern die meisten Regierungen, gegen die Defizitsünder mit den gebotenen Sanktionen vorzugehen. Vielmehr ereignet sich, was vorherzusehen war: Auch Italien outet sich nun als Defizitland, und die EU-Kommission sowie die Regierungen müssen einräumen, daß sie auch vor den kreativen Haushaltskünsten der Regierung Griechenlands ihre Augen fest verschlossen gehalten haben. In nicht allzu ferner Zukunft könnte indessen der Punkt erreicht sein, an dem eine kritische Entwicklung droht: Die derzeit mäßige Geldentwertung würde sich beschleunigen, was zu Zinserhöhungen durch die Europäische Zentralbank führen müßte. Da das Gremium der Zentralbankgouverneure aber politisch freischwebend ist, dürften sich diese wohl kurzfristig, spätestens aber mittelfristig stärkstem politischem Druck seitens der nach wie vor dominierenden nationalen Regierungen ausgesetzt sehen, die ihre ohnehin bescheidenen Wachstumserwartungen noch weiter revidieren müssen mit entsprechendem weiterem Anwachsen der Arbeitslosigkeit. Ob und wie das Eurosystem eine solche Belastung aushalten wird, bleibt abzuwarten. Gerät es ins Wanken, würde dies auch den europäischen Binnenmarkt in Mitleidenschaft ziehen.

Das alles bleibt von den EU-Regierungen vorerst noch ungesagt, hat aber eine ganz natürliche Folge: Der nie formalisierte, aber praktisch lange Zeit akzeptierte Führungsanspruch des deutsch-französischen Duos stößt nun vielfach auf taube Ohren. Zu deutlich ist, wie sorglos Paris und Berlin, mit Rom im Gefolge, mit der von ihnen durchgesetzten Eurowährung umgehen. Zu deutlich ist auch, daß Frankreich und Deutschland die EU-Maschinerie nutzen möchten, um ihre ungelösten Probleme auf die EU-Partner abzuwälzen und zu allem noch eine ihnen ergebene EU-Kommission einzusetzen. Die Liste der entsprechenden Verstöße, die Chirac und Schröder vorgeworfen werden, ist schon recht lang: das Plädoyer für eine Harmonisierung der Unternehmensbesteuerung mit dem durchsichtigen Ziel, die Konkurrenzvorteile ostmitteleuropäischer Beitrittsländer (man nennt das »Steuerdumping«) zu konterkarieren; der rasch gescheiterte Versuch, einen Frankreich und Deutschland hörigen Kommissionspräsidenten in Gestalt des belgischen Ministerpräsidenten Verhofstadt zu installieren; die gleichfalls ins Leere gelaufene Forderung nach einem deutschen Vizepräsidenten als eine Art »Wirtschafts-Superkommissar«; die hartnäckigen Bemühungen, die Wettbewerbspolitik der Kommission zugunsten eigener Großunternehmen auszuhebeln; die Weigerung, bei der Subventionierung der eigenen Landwirtschaft zugunsten der Bauern in Polen, Ungarn oder der Slowakei größere Abstriche zu machen.

Das alles wird natürlich von den EU-Partnern genauestens registriert. So fragt etwa der in den Brüsseler Kulissen bestens bewanderte österreichische Publizist Klaus Emmerich: »Ist es wünschenswert, möglich und europapolitisch akzeptabel, daß Paris und Berlin beispielsweise zweiseitige Industriepolitik betreiben – und dies sowohl innerhalb als auch außerhalb des Gemeinschaftwerks?« Er gibt darauf selbst zur Antwort: »23 der 25 EU-Mitglieder neigen dazu, nein zu sagen. Selbst in der mehr oder weniger frankophilen EU-Kommission formiert sich Widerstand dagegen, daß Frankreich und Deutschland nationale Industriepolitiken entwickeln und im Bedarfsfall zusammenspannen – etwa bei den Airbus-Projekten, der Werftindustrie oder der Landwirtschaft.«[7] Wie die Neubesetzung der EU-Kommission unter dem Kommissionspräsidenten Barroso zeigt, hat die Mehrheit der EU-Länder darauf geboten kritisch reagiert. Noch nie seit den Tagen de Gaulles war das Prestige Frankreichs in der europäischen Gemeinschaft so angekratzt wie gegenwärtig, noch nie zuvor hat sich Paris mit einer Kommission konfrontiert gesehen, die sich für die Durchsetzung französischer Interessen so wenig eignete. Und da sich Deutschland auf vielen Feldern mit Frankreich verbündet hat, ergeht es ihm genauso.

Dazu kamen die Gegensätze in der Irakpolitik. Bei ihrem forschen Vorgehen gegen die USA im Vorfeld des Irakkriegs hatten Berlin und Paris keinerlei Anstalten gemacht, auf eine konzertierte Position der EU sowie der zehn Beitrittskandidaten hinzuarbeiten. Vielleicht hätte das ja nichts gebracht. Doch zweifellos kam in der Entschiedenheit, mit der sich die Regierungen Italiens, der Niederlande, Dänemarks, Spaniens und Portugals auf die Seite Englands und damit auch der USA schlugen, auch der Ärger über den Anspruch Chiracs und Schröders zum Ausdruck, im Namen Europas zu sprechen. Der undiplomatische

Stil, in dem Chirac beim Auftreten von Widerstand die Regierungen Ostmitteleuropas öffentlich abkanzelte, sie hätten als Neulinge gefälligst erst einmal den Mund zu halten, hat dem dann die Krone aufgesetzt. So hätte es gar keiner amerikanischen Einwirkungen bedurft, den Führungsanspruch der französisch-deutschen Achse zu unterminieren.

Beim Blick auf die Fehlschläge seiner EU-Politik in den vergangenen Jahren muß sich Deutschland also schon fragen, ob der enge Schulterschluß mit Frankreich seinen wohlverstandenen Interessen dienlich war und die EU vorangebracht hat. Wenn sich sogar die immer noch stark auf Paris fixierte rot-grüne Bundesregierung neuerdings wieder bereit findet, in den strittigen Fragen der Amerika- und Mittelost-Politik einen minimalen Konsens im EU-Rahmen anzustreben, geht das auf derart desillusionierende Beobachtungen zurück.

Hingegen hat man in der Bundesrepublik immer noch nicht recht eingesehen, daß sich die maßgeblichen Kräfte in Frankreich ein völlig anderes Bild von der Europäischen Union machen als große Teile der deutschen Öffentlichkeit. Und sofern man das in Deutschland erkennt, wagt niemand, daraus die erforderlichen praktischen Konsequenzen zu ziehen. Aus Sicht der Eliten in Paris ist die EU eine Funktion des französischen Nationalinteresses, während die deutschen Parteien darin ein staatsähnliches Gehäuse zu erkennen glauben, in dem sie Geborgenheit suchen – noch unvollendet, gewiß, aber doch dazu bestimmt, Deutschland in einer wohltätigen Einheit aufzunehmen. Das französische Europabild ist realistisch, das deutsche sentimental. Frankreich handelt dementsprechend aktivistisch, überzieht dabei auch häufig seinen Kredit und isoliert sich bisweilen, aber vielfach setzt es sich doch durch. Deutschland hingegen paßt sich an. Und da es heute, anders als früher, Amerika gegenüber große Vorbehalte hat, bleibt unter den Großen, mit denen es sich seit den fünfziger Jahren besonders eng verbündet hat, in der Tat nur noch Frankreich.

Vor langen Jahrzehnten, im Jahr 1937, als sich Deutschland finster, schreckenerregend und erfüllt von törichter Selbstüberhebung als Großmacht im Aufstieg befand, während die französische 3. Republik eine Phase innerer Zerrissenheit und äußerer Schwäche durchlebte, hat Hans Speidel eine Denkschrift für das Oberkommando des Heeres verfaßt. Der Titel lautete: »Französischer Sicherheitsbegriff und französische Führung. (Erfahrungen aus Volkspsychologie und Kriegsgeschichte für die französische Führung)«.[8] Speidel, zuvor Militärattaché in Paris, war damals noch ein unbekannter Oberst, immerhin aber schon Leiter der Abteilung Fremde Heere West im Generalstab des Heeres. Seine Hauptthese: Aus vielen Gründen habe Frankreich traditionell eine defensive Sicherheitspolitik betrieben – gegen die Umklammerung durch das Haus Habsburg im 17. Jahrhundert, nach 1871 gegen Deutschland. Der imperialistische Napoleon sei eine Ausnahme gewesen. Entscheidend aber für die Jahre 1871 bis 1937 sei »die tatsächliche Angst vor Deutschland« gewesen, bedingt durch die »Invasionen«, durch die zahlenmäßige Überlegenheit der deutschen Armeen und durch die Furcht vor dem »prussianisme«, also »der dem citoyen unverständlichen, bedingungslosen Einsatzbereitschaft und Diszipliniertheit«. Desgleichen habe der Blick auf »die überlegene deutsche wirtschaftliche Entwicklung«[9] eine Grundeinstellung der Defensive erweckt. Das war gut beobachtet, und es fiele nicht schwer, dafür weitere Stimmen aus der zeitgenössischen oder späteren Publizistik zu zitieren.

Als das Deutsche Reich 1945 zerschmettert war, suchte die französische Diplomatie anfangs mit den alterprobten Mitteln der Machtpolitik die deutsche Gefahr auf Dauer zu bannen: Aufteilung in einen Staatenbund mit schwachen, von Frankreich abhängigen Ländern im Westen – von Rheinland-Pfalz bis Baden und Württemberg-Hohenzollern –, Ruhrkontrolle, Reparationen, Zerschlagung Preußens sowie langfristige Kontrolle des gesamten deutschen Territoriums durch die Vier Mächte. Das ließ sich aber gegen die USA und England nur kurze Zeit durchhalten. Daß diese harte Siegerpolitik immer noch einer im Grunde defensiven Mentalität entsprang, versteht sich. Doch die sowjetische Gefahr und die Erkenntnis, daß eine Genesung der Volkswirtschaften Westeuropas ohne gesunde wirtschaftliche Verhältnisse im westlichen Deutschland unmöglich wäre, erzwangen den Wiederaufbau in den deutschen Besatzungszonen der USA, Englands und Frankreichs. 1948 war Paris mit seinem Konzept negativer Siegerkontrolle am Ende.

Parallel dazu und zuerst unbemerkt, wuchs am Quai d'Orsay ein zweites, sehr viel intelligenteres Konzept heran, das Sicherheit vor Deutschland bringen sollte: Schaffung eines integrierten Westeuropa unter französischer Führung. In einem Memorandum vom November 1948, also kurz vor Gründung der Bundesrepublik, findet sich ein Satz von ganz erstaunlichem Weitblick: »Der Zusammenschluß Europas wird für die deutschen Ambitionen eine wichtige Ablenkung sein«.[10] Schritt für Schritt, so zitierte Raymond Poidevin, einer der besten Kenner dieser Frühgeschichte, aus einem entsprechenden Dokument vom Januar 1949, »gelangte die französische Regierung zu der Überzeugung, daß sie die Garantien, die sie suchte, nur bekommen könne in einer Art Einbindung Deutschlands in eine größere Organisation, nämlich in die europäische«.[11]

Die Kontrolle der Bundesrepublik durch Europäisierung war allerdings nicht ohne deren prinzipielle Gleichberechtigung zu haben. Desgleichen erforderte die europäische Lösung des deutschen Problems die Einbindung Frankreichs in den Integrationsverbund. Es war dies allerdings eine Einbindung mit Vorbehalten. Denn die französischen Integrationsinitiativen zielten in der Regel darauf ab, gewichtige Potentiale unter eigener Regie zu belassen, während die Bundesrepublik sich genötigt sah, mehr zu geben als der französische Partner. Die EVG war das klassische Beispiel für das Festhalten an französischen Reservatrechten; auch die von de Gaulle projektierte Politische Union wäre dadurch gekennzeichnet gewesen. Wenn aber schließlich eine gewisse Symmetrie der Kräfteverhältnisse konzediert werden mußte wie bei der Montanunion, in der EWG oder bei EURATOM, verstand es Paris, sich in den europäischen Organisationen auf phantasievolle Weise ein gewisses Übergewicht zu verschaffen. Instrumente zu diesem Zweck waren die von Anfang an festgelegte obligatorische Stimmengleichheit zwischen Frankreich und der Bundesrepublik in den europäischen

Entscheidungsgremien (ungeachtet der viel größeren Bevölkerungszahl und der größeren Wirtschaftskraft Deutschlands), die Personal- und auch die Sprachenpolitik.

Nach diesem Muster waren alle großen Europaprojekte gestrickt, soweit sie vom Quai d'Orsay aus initiiert worden sind. Es waren Konzepte der intelligenten Defensive, und die Bundesrepublik tat gut daran, sich über die damit verbundene Diskriminierung nicht groß aufzuhalten. Die Deutschen, die vor kurzem noch Europa in Trümmer gelegt hatten und nun wieder aus der Verdammnis zurückkehren durften, mußten dankbar sein, unter Wahrung des Dekorums bloß an eine europäische Kette gelegt zu werden, die zwar gehörigen Auslauf erlaubte, deren Ende allerdings fest in Paris verankert war. Mit Befriedigung konnte man bald in Frankreich erkennen, daß die Bundesrepublik unter Adenauer und fast allen späteren Bundeskanzlern (nur Ludwig Erhard war aus der Reihe getanzt) den Zusammenschluß Europas nicht mehr als »wichtige Ablenkung« betrachtete, sondern geradezu als das ideale Ziel deutscher Außenpolitik – gleichrangig oder gar übergeordnet einem eng verstandenen nationalen Interesse.

Für die Regierungen in Paris aber blieb die integrative Kontrolle der Bundesrepublik im Rahmen der »*construction européenne*« und mittels privilegierter bilateraler Beziehungen weiterhin ein Konzept intelligenter Defensive. Wenn man nicht die Augen vor der Realität verschloß, war dabei die Absicht unverkennbar, das wirtschaftliche Übergewicht der Bundesrepublik mittels der europäischen Institutionen sowie durch den überlegenen internationalen Status (Deutschland-Macht, Ständiges Mitglied des Weltsicherheitsrats, Vormacht im frankophonen Schwarzafrika, Nuklearmacht) freundschaftlich auszubalancieren. Das Verhältnis war fast immer sehr eng, doch immer wieder auch prekär. Obschon sich Frankreich seit den Tagen des Zweiten Weltkriegs längst in einen modernen, leistungsfähigen Industriestaat verwandelt hatte, blieb es von periodischen wirtschaftlichen Krisen nicht verschont, zuletzt 1983, als Mitterrands sozialistische Politik kläglich scheiterte. Zudem fürchtete man in Paris lange Zeit die vielbeschworenen *incertitudes allemandes*. Deutschland war geteilt, die Westdeutschen sahen sich ständig einer Mischung von Druck und Verlockung seitens der Sowjetunion ausgesetzt.

Im Lauf der Zeit hatten sich zwar viele Beobachter angewöhnt, von dem *couple franco-allemand* zu schreiben und an die Unumkehrbarkeit der Einbindung der Bundesrepublik in Europa zu glauben. Dennoch betrachteten viele maßgebende Franzosen die Bonner Republik weiterhin als unsicheren Kantonisten und verhielten sich entsprechend defensiv.

Hat sich das seither geändert? Viele Anzeichen deuten darauf hin, mit sichtbaren Folgen für die deutsch-französischen Beziehungen. Wie zuvor stellen zwar die EU und der privilegierte Bilateralismus auf Grundlage des Élysée-Vertrags den Handlungsrahmen dar. Doch die beiderseitigen Grundeinstellungen haben sich geradezu umgedreht. Was Speidel in seiner Denkschrift als Kennzeichen der französischen Mentalität bezeichnet hatte[12] und was sich noch Jahrzehnte nach dem Zweiten Weltkrieg für Frankreich bewahrheiten sollte, trifft heute in vollem Umfang auf Deutschland zu. Man braucht nur die Worte »französisch« und »Franzosen« durch die Worte »deutsch« und »die Deutschen« zu ersetzen: »Der deutsche Volkscharakter ... neigt in allen Dingen menschlichen Seins zur Vorsicht. Die Ratio hat das Primat. Der Deutsche will sicher gehen in allen Dingen der Politik, Wirtschaft und Kriegführung ... Der Deutsche ist seiner Grundhaltung nach mehr zur Defensive veranlagt ... Alle Gedanken rationaler und auch irrationaler Art kreisen um die Sicherheit ...« Heute wird das eigentlich größere, gewichtigere Deutschland in allen grundlegenden Fragen der Außen- und Sicherheitspolitik von jener Ängstlichkeit bewegt, die früher für Frankreich kennzeichnend war, während das neogaullistische Frankreich unter Chirac eine zwar machtpolitisch wenig fundierte, dennoch frisch-fröhliche Außenpolitik der Offensive betreibt.

Paradoxerweise geht die psychologische Wende im deutsch-französischen Verhältnis ausgerechnet auf den Umbruch der Jahre 1989 bis 1992 zurück, der anfangs in Paris zu größten Befürchtungen Anlaß gegeben hatte. Würde sich, so die bange Frage, das wiedervereinigte, durch das Industriepotential der DDR verstärkte Achtzig-Millionen-Deutschland noch wie gewohnt europäisch einbinden und kontrollieren lassen? Eigentlich hätte es nach drei Jahrzehnten engster Verbindung auch in den westlichen Hauptstädten klar sein müssen, daß die bundesdeutschen Eliten tatsächlich domestiziert waren. Bekanntlich aber zeigten sich der französische Staatspräsident François Mitterrand und die britische Premierministerin Margaret Thatcher damals höchst alarmiert. Wie sie später in ihren Memoiren berichtet hat, spielte Frau Thatcher mit dem Gedanken, den »deutschen Moloch« durch eine britisch-französische Allianz in Schach zu halten, also durch Neuauflage der alten Entente cordiale. Mitterrand aber entschied sich dafür, »den europäischen Einigungsprozeß voranzutreiben, um den deutschen Riesen zu bändigen«.[13]

Der Vertrag von Maastricht aus dem Jahr 1992 ermöglichte dies. Deutschland spielte nicht den Moloch, sondern suchte ganz im Gegenteil seine Einbindung in die EU zu vertiefen und unumkehrbar zu machen. Noch bevor deutlich erkennbar wurde, daß die Wiedervereinigung mit der DDR die Bundesrepublik nicht gestärkt, sondern wirtschaftlich auf lange Jahre geschwächt hatte, zerstreute das damalige Bonn alle Sorgen. Wie vor 1989 schon angedacht und von Frankreich nachdrücklich gefordert, wurde die Europäisierung der D-Mark vertraglich zugesichert. Diese war bisher ein Hauptinstrument wirtschaftlicher Überlegenheit Deutschlands, aber auch ein Element psychologischer Selbstsicherheit gewesen, somit aus französischer Sicht ein ständiger Stein des Anstoßes. Zugleich zeigte sich die Bundesregierung willens, die EU zu einer echten Politischen Union auszugestalten – also zu einem präföderalen Gebilde, aus dem langfristig ein Bundesstaat mit außen- und sicherheitspolitischer Identität werden sollte. Ganz so weitgehend, wie man das in Bonn damals plante, wollten die Partner allerdings nicht auf ihre Souveränität verzichten, auch nicht Frankreich. Aber das Jahr 1992 war doch, wie auch Helmut Schmidt im Rückblick urteilt, »der bisherige Höhepunkt der europäischen Einigung«[14] und, so muß man hinzufügen, auch des bereitwilligen deutschen Eingehens auf das französische Konzept der Einbindung in Europa.

Schon zuvor hatte sich die Bundesregierung bereit gezeigt, das große Reformpaket von Jacques Delors, Präsident der EG-Kommission, zur übernehmen. Diese Vollendung des großen Binnenmarktes wurde zwar vorwiegend mit der Zielsetzung begründet, so würden in der EG beziehungsweise EU große

Wachstumskräfte entfesselt. Doch in Deutschland ist das immer noch Zukunftsmusik. Bis heute ist nicht ausgemacht, was sich in der EU endgültig durchsetzen wird: das Konzept einer modernen Freihandelszone mit einem Minimum an Gängelung der Marktkräfte oder der Etatismus *à la française*. In Deutschland, dank der sozialen Marktwirtschaft Ludwig Erhards einstmals das vielgerühmte Land des Wirtschaftswunders, war bisher eher letzteres der Fall.

»Politische Union«, so hat Margaret Thatcher den Umschlag in den frühen neunziger Jahren analysiert, »wurde mittlerweile in einem Atemzug mit der Wirtschafts- und Währungsunion genannt. In gewissem Sinn war dies auch durchaus logisch. Eine einheitliche Währung und eine gemeinsame Wirtschaftspolitik erfordern letztendlich auch eine gemeinsame Regierung ... Die Franzosen wollten die Macht der Deutschen in Grenzen halten. Dies sollte ihrer Ansicht nach mit Hilfe der Stärkung des Europäischen Rats und der vermehrten Anwendung von Mehrheitsbeschlüssen erreicht werden. Hingegen wollten sie weder die EG-Kommission noch das Europaparlament mit zusätzlichen Machtbefugnissen ausstatten. Demnach traten die Franzosen nicht aus Überzeugung, sondern aus taktischen Gründen für das föderalistische Konzept ein...« Anders die Deutschen. Sie waren »Föderalisten aus Überzeugung«. Man braucht kein Thatcherist zu sein, um diese Skizze der Unterschiede deutscher und französischer Europakonzepte für recht scharfsinnig zu halten.[15] Tatsächlich ist der französische Kalkül weitgehend aufgegangen. Der Wirtschaftsgigant Deutschland ist in der EU domestiziert. Frankreich braucht nichts mehr zu fürchten, und seit dem Amtsantritt Präsident Chiracs fühlt es sich deshalb frei, offensiv und nicht selten brüskierend vorzugehen. Die Liste solcher Vorstöße ist inzwischen recht lang: naßforsche Durchsetzung der Forderung, den einstigen Gouverneur der Banque de France, Jean-Claude Trichet, als Präsident der EZB lange vor Ablauf der Amtszeit Wim Duisenbergs einzusetzen; strikte Ablehnung der von Deutschland gewünschten Reform der europäischen Agrarpolitik; die große Szene des Staatspräsidenten Chirac als Gastgeber auf dem Gipfel zu Nizza, weil Bundeskanzler Schröder es gewagt hatte, die inzwischen ganz atavistische deutsch-französische Parität bei der Stimmengewichtung im Europäischen Rat in Frage zu stellen; und, kaum daß Frankreich und Deutschland im Jahr 2003 ihre diplomatische Allianz gegen die USA geschlossen hatten, schon 2004 provozierend nationalegoistische Industriepolitik unter deutlichem Verstoß gegen den liberalen Geist des großen europäischen Binnenmarktes (feindliche Übernahme von Aventis durch Sanofi bei Verlagerung der Konzernzentrale nach Paris, gleichzeitige Verhinderung der Beteiligung von Siemens an Alstom und eisernes Festhalten an dem Strommonopol des Giganten Electricité de France, EDF, der sich aber gleichzeitig ungeniert in Deutschland einkauft). Da Frankreich Ständiges Mitglied im Weltsicherheitsrat ist, sich im Status einer Nuklearmacht sonnt und schon viel früher als Deutschland Interventionsstreitkräfte aus Berufssoldaten aufgebaut hat, kann es auch die deutschen Wünsche nach Aufbau einer europäischen Verteidigung gelassen abwarten. Und während frühere Bundesregierungen Washington ins Spiel bringen konnten, um allzu forsches französisches Drängen abzuwehren, ist diese Option seit Sommer 2002 vorerst verspielt. In so gut wie allen Bereichen, die zählen, ist Deutschland innerhalb von knapp zehn Jahren aus einem zumindest gleichgewichtigen Partner Frankreichs zum Demandeur geworden.

Kein Wunder, daß weiterschauende Spitzenpolitiker in Paris das exklusive deutsch-französische Duo nicht mehr für vordringlich erachten. Frankreich, so hat der damalige Wirtschaftsminister Sarkozy verkündet, derzeit Chef der Regierungspartei UMP und wohl Präsidentschaftskandidat 2007, solle sich nicht zu fest an einen einzigen Partner binden, vielmehr privilegierte Beziehungen auch mit anderen europäischen Nationen anknüpfen. In der erweiterten EU gebe es sechs Staaten, die jeweils vierzig bis achtzig Millionen Einwohner haben: Frankreich, Deutschland, Großbritannien, Spanien, Italien und Polen.[16] Ablösung des deutsch-französischen Motors in der EU durch Gleichgewichtspolitik zwischen den Großen – ist das die Zukunft? Hat die EU-Politik der klugen französischen Regierungen ihr Ziel erreicht? Lohnt es sich nicht mehr, sich um Deutschland zu bemühen?

Sicherlich wäre es falsch, in diesem Zusammenhang von »Renationalisierung« der französischen EU- und Deutschlandpolitik zu sprechen. Die Sache ist einfacher: Klug und mit langem Atem hat Frankreich über die Jahrzehnte hinweg Europapolitik im nationalen Interesse betrieben. Nur die vielfach euroföderalistischen Deutschen wollten das nicht wahrhaben. Sie wurden nicht getäuscht, haben sich vielmehr selbst getäuscht und müßten nun neu nachdenken. Bisher ist aber nicht viel davon zu erkennen.

Manches spricht dafür, daß die neogaullistischen Regierungen in Paris ihr Spiel überreizen. Erfahrungsgemäß sind es zumeist kritische einzelne Beobachter, die sich von der offiziellen Rhetorik oder den großen Entwürfen und Auftritten nicht blenden lassen. Das gilt auch für die französische Öffentlichkeit. Chiracs aktivistische Diplomatie in der Frage des Irakkriegs von 2003 sei, so hat der Abgeordnete Jean-Louis Bourlanges spitz bemerkt, nur ein *cache-misère* für verlorene Größe: »Unsere Realität ist prosaischer. Frankreich entdeckt mit Verspätung, daß es nur noch eine Macht mittlerer Größe ist und mit Anpassungsproblemen kämpft.«[17] Auch Baverez zeigt sich skeptisch: »Gegenüber dem weltweiten Umbruch sind die nukleare Abschreckung, der starke Euro, der öffentliche Dienst *à la française* und der Glaube an die Einmaligkeit Frankreichs wie lächerliche Maginotlinien errichtet worden. Dieser politische, ökonomische, aber auch intellektuelle und moralische Immobilismus führt Frankreich in den Abstieg.«[18]

Ob und wann sich solche Einsichten beim politischen Establishment Frankreichs durchsetzen, ist ungewiß. Tatsächlich gibt es in Europa faktisch zwei insulare Länder: England und Frankreich. Dabei ist die französische Selbstbezogenheit alles in allem genauso groß wie die britische. Dank der Pariser Kaderschmieden und aufgrund einer Rekrutierung aus Familien der alten Eliten besitzt Frankreich eine politisch-ökonomisch-kulturelle Führungsschicht mit immer noch stark nationalem Kompaß. Diese nicht ganz unsympathische, aber doch nicht mehr ganz zeitgemäße Selbstbezogenheit mag sich irgendwann rächen, ist aber eine Tatsache. In Deutschland sollte man sie jedenfalls ernster nehmen, als bisher geschehen. Unser großer Wunschpartner Frankreich ist für eine koordinierte Außen- und Sicherheitspolitik nur unter der stillschweigenden Annahme zu haben, daß dem französischen Präsidenten dabei die Führung gebührt. Desgleichen begreift man in Paris auch den großen Binnenmarkt primär als Funktion eines enggefaßten nationalen Interesses. Auf Dauer kann sich Deutschland dem nicht willenlos anhängen. Oder etwa doch?

Wahrscheinlich wird sich an der derzeitigen Frankreich-Fixierung der deutschen Parteien aus den eben skizzierten Gründen vorerst nicht viel ändern. Seit den Bonner Zeiten ist die deutsche Außenpolitik eher traditionalistisch. Auch in Berlin rührt man nicht gern an Allianzen, die sich bewährt haben – die neuerliche Beziehungskrise zu Amerika ist die Ausnahme von dieser Regel. Und gerade weil die deutsch-amerikanische Freundschaft in die Krise geraten ist, besteht ein überparteilicher Konsens, wenigstens an der längst traditionell gewordenen Sonderbeziehung zu Frankreich festzuhalten, obgleich deren Ambivalenz in einer EU von 25 eng verflochtenen Ländern zusehends offenkundiger wird.

In diesem Duo ist Frankreich nicht nur der resolutere Partner. Es zeigt sich auch wieder und wieder, daß die französischen Staatsmänner von de Gaulle über Mitterrand bis Chirac besonders begabte Schauspieler waren und sind, die zwischen Schein und Sein genau zu unterscheiden wissen. Sehr viel besser als in dem nicht durch ein Übermaß an Raffinesse ausgezeichneten Deutschland versteht man sich in Paris auf Gesten, die nicht viel kosten, weithin aber, vor allem in der deutschen Öffentlichkeit, den Anschein erwecken, als habe man es mit einem durch eine Abfolge von Liebesschwüren, Krächen und Versöhnungen wetterfest gewordenen alten Ehepaar zu tun: *le couple franco-allemand*, wie es in der französischen Publizistik häufig genannt wird.

Öffentliche Accoladen, bei denen deutsche Kanzler bisweilen seltsam ungelenk wirken, vertrauliche, aber medial schönstens inszenierte Soupers in ländlichen Drei-Sterne-Restaurants, regelmäßige formelle Gipfelkonferenzen und gemeinsame Kabinettssitzungen, Einladungen von ein paar deutschen Panzern zur Parade auf den Champs-Élysées oder eines darüber sehr entzückten Bundeskanzlers zu den Invasionsfeiern in der Normandie, feierliche gemeinsame Briefe an die Partner in der EU, Öffnung der Zweierbeziehung zum Triptychon: Weimarer Dreieck zusammen mit Polen, flotter Dreier mit Putin auf der Krim, nicht minder flotter Dreier mit dem neuen spanischen Regierungschef Zapatero – der Varianten sind viele, und bei den meisten ist im Hintergrund eine kluge französische Regie zu spüren.

Wie sollte es aber weitergehen, wenn man in Berlin mit einem gewissen Erschrecken erkennt, daß nicht nur der Partner Amerika ein Problem ist, sondern auch das scheinbar viel vertrautere Frankreich? Da die mittelfristige Entwicklung der EU ebenso schwer prognostizierbar ist wie die Außenpolitik der USA oder die Krisen im Mittleren Osten, verbietet sich auch in dieser Hinsicht jeder Versuch, große Blaupausen zu skizzieren. Ein paar Hauptpunkte sind aber doch zu bedenken:

1. Die Schwerverträglichkeit zwischen Amerika und Frankreich ist wohl auf mittlere Sicht eine Konstante der internationalen Beziehungen. Deutschland braucht beide, Amerika aber noch etwas mehr als Frankreich. Jedenfalls hat es Deutschland gleichzeitig mit zwei schwierigen Partnern zu tun. Das Problem verschärft sich noch dadurch, daß die chronischen, eher zu- als abnehmenden Spannungen zwischen Amerika und Frankreich das ganze Gebäude der EU erschüttern, an deren Funktionieren Deutschland sein Schicksal gehängt hat.

2. In dieser Lage bestand einstmals die Staatskunst der Bundesrepublik darin, zu beiden guten Freunden, die sich leider nur selten besonders grün waren, in einem Verhältnis zu leben, für das die Diplomatensprache den Begriff Äquidistanz kennt. Nachdem sich aber die rot-grüne Regierung dazu hinreißen ließ, das deutsch-französische Duo zu einer Art Tandem Paris-Berlin umzugestalten (der eine lenkt, der andere strampelt hinterher), ist das schwierig. Auch erhebliche Teile der öffentlichen Meinung in Deutschland optieren heute lieber für Frankreich als für Amerika. Ob und wie die Regierung Bush eine deutsche Kurskorrektur honorieren würde, steht sicherlich zu fragen. Auf mittlere Sicht wäre es jedoch geboten, wieder ein Verhältnis der Äquidistanz anzustreben – dies vor allem auch deshalb, um wieder mehr weltpolitische Geschlossenheit in die EU zu bringen. Aber wenn es soweit ist, vielleicht unter einer anderen Bundesregierung, dann bitte diesmal mit mehr Fingerspitzengefühl als seinerzeit 2002 und 2003 bei der Distanzierung von Amerika!

3. Schließlich die Frage: Wäre vielleicht »Kerneuropa« ein Alternativkonzept, um den exklusiven französisch-deutschen Zweibund fortzuführen, der in der 25er-EU keine rechte Zukunft hat?

4. Kerneuropa – eine »Idiotendiskussion«?

Unwirsch hat Helmut Kohl unlängst die Überlegungen zum Thema Kerneuropa als »Idiotendiskussion« bezeichnet.[1] Das Stichwort ist im September 1994 vom damaligen Vorsitzenden der CDU/CSU-Fraktion, Wolfgang Schäuble, und dem Abgeordneten Karl Lamers in den EU-Diskurs eingeführt worden. Die deutsche Interessenlage, so war aus dem »Schäuble-Lamers-Papier« zu erfahren, erfordere bis zum Jahr 1998 die Einrichtung eines »festen Kerns« integrationsorientierter und kooperationswilliger Länder. Nur dadurch sei der Gefahr einer Verwässerung der EU zur bloßen Freihandelszone zu begegnen – letzteres, wie man weiß, der Alptraum nicht nur der deutschen Föderalisten. Natürlich, so wurde beruhigend ausgeführt, solle der Kern »für jedes Mitglied offen sein, das willens und in der Lage ist, seinen Anforderungen zu entsprechen«. Doch zur Zeit gebe es nur fünf bis sechs Länder, die dazu willens seien. Mit undiplomatischer Offenheit wurden Deutschland und Frankreich als »Kern des festen Kerns« genannt, dazu die Benelux-Staaten.

Vorsichtig hatten die Autoren eine allzu eingehende Substantiierung des Stichworts »Kerneuropa« vermieden. Doch das kritische Echo im Kreis der europäischen Nachbarn ließ erkennen, wie stark viele EU-Partner, zuzüglich der Beitrittskandidaten, schon von bloßen Gedankenspielen aufgeschreckt werden. Deshalb lohnt es sich, einen Moment die Motivation dieses Memorandums und die Reaktion aus dem Kreis der EU-Länder zu betrachten. Sie lassen ein Muster erkennen, das bis heute kennzeichnend ist.

Deutschland wurde damals noch nicht als gelähmter Riese betrachtet, wie ein Jahrzehnt später in der rot-grünen Ära, vielmehr als die dynamische Zentralmacht Europas. Allerdings scheute die um ein niedriges Profil bemühte damalige Bundesregierung alle Bekundungen energischeren deutschen Führungswillens wie der Teufel das Weihwasser. Somit betrachteten die meisten Regierungen der EU einschließlich der Beitrittskandidaten selbst diesen halboffiziösen Vorstoß in Richtung »Kerneuropa« als unbekömmliche Mixtur aus vier Elementen: inakzeptable deutsche Ungeduld, Verlegenheit, Taktik und Nostalgie – alles in einem. An dieser Reaktionsweise hat sich bis zum heutigen Tag wenig geändert.

Deutsche Ungeduld mit dem Integrationstempo in Europa ... Zäh und durchaus zielklar steuern Europas Föderalisten, zuvorderst die deutschen, das Fernziel eines europäischen Bundesstaats an, genauer gesagt: eines Quasi-Bundesstaats. Sie wissen indessen, daß eine Präzisierung ihrer weitreichenden Vorstellungen weder im Kreis der EU-Länder vermittelbar wäre noch im jeweils eigenen Land. »Vereinigte Staaten von Europa« nach dem Modell USA kann es nicht geben. Mit unschuldigem Augenaufschlag wird deshalb eine Diskussion über die Finalität der EU für unergiebig erklärt. Bekanntlich sei die Europäische Union eine völlig neuartige Kombination bundesstaatlicher, staatenbundlicher und bloß kooperativer Elemente. Das stimmt zwar, doch echte Föderalisten sind zäh bemüht, die Gewichte kontinuierlich in Richtung auf bundesstaatliche Strukturen zu verschieben. Bevorzugt wird das Verfahren, die Föderation gewissermaßen hinter dem Rücken der Bürger Europas unumkehrbar zu machen.

Je größer und komplizierter die EU wird, um so weniger wahrscheinlich ist es jedoch, daß die Finalität eines Quasi-Bundesstaats auch nur annähernd erreicht wird. »Kerneuropa« ist deshalb ein Verlegenheitskonzept. Es ist geeignet, die Partner aus der Reserve zu locken, indem es eine Alternative zum gegenwärtigen System andeutet. Und aus Sicht derer, die weiter gehen wollen als die Mehrheit der EU-Mitglieder, bringt es zugleich Unzufriedenheit darüber zum Ausdruck, daß das wünschenswerte Fernziel immer noch nicht in Reichweite ist.

In den größeren und kleineren Partnerländern wurde bereits dieses vorsichtige Drängen als anstößig registriert. Der europäische Konvoi war es damals gewohnt, das gleiche Tempo einzuhalten, und zwar ein gemächliches Tempo gemäß dem Grundsatz: »Das langsamste Schiff bestimmt die Geschwindigkeit des Geleitzuges.« Davon sollte aber tunlichst wenig gesprochen werden. Nun aber, so registrierten die Kapitäne der Langsamschiffe, kamen von der deutschen Kommandobrücke eine Reihe befremdlicher Signale. Zum einen wurde mit unerwünschter Offenheit darauf hingewiesen, daß die Staatsschiffe im EU-Geleitzug seit einigen Jahren schon »mit verschiedenen Geschwindigkeiten« vorandampften – Beispiele etwa: Schengen-Europa oder Euroland. Zum anderen mahnte man deutscherseits ungeniert ein schnelleres Tempo an – wenn nicht des gesamten Konvois, so eben einer Gruppe von Schnelldampfern unter Führung Deutschlands. Genannt wurden auch schon die Namen der Wunschpartner: »Den Kern des festen Kerns bilden Deutschland und Frankreich«, plus Benelux, wie eben schon erwähnt. Auch das wurde als unfein empfunden. Daß sich die Deutschen als gute Europäer tarnten, war hinlänglich bekannt. Üblicherweise, das wußte man aus Erfahrung, pflegten sie ihre Ambitionen »im Namen Europas« zu formulieren[2] oder im Doppelpack zusammen mit Frankreich. War es jetzt soweit, daß sich die Bonner Spitzenpolitiker nicht einmal mehr mit Frankreich abstimmten? Gewiß, in der Sehnsucht nach einem bundesstaatlich verfaßten Europa manifestierte sich nicht mehr der Wille deutscher Imperialisten, Europa zu beherrschen. Wer fair war, mußte das zugeben. Deutschlands Föderalisten zeigten sich vielmehr glaubhaft entschlossen, ihren eben erst wiedervereinigten Nationalstaat irgendwie in Europa aufgehen zu lassen. Sie verbanden das aber mit der Forderung, auch alle anderen Partner müßten genauso wie die Deutschen ihren Nationalstaat zur Disposition stellen. Doch eben das beunruhigte, und es beunruhigt noch immer.

Zwischen der Bundesrepublik Deutschland und ihren europäischen Partnern existiert nämlich seit Anbeginn eine sorgsam verhüllte, grundlegende Meinungsverschiedenheit. Freudig vernehmen die Nachbarn zwar die frohe Botschaft, daß sich das mächtige, zum Euro-Föderalismus bekehrte Deutschland europäisch »einbinden« möchte. Fast allen graust es aber vor den damit verbundenen bundesstaatlichen Erwartungen. Die meisten näheren und ferneren Nachbarn, große wie kleine, wollen ihren eigenen, über die Jahrhunderte gewachsenen oder im 20. Jahrhundert endlich etablierten Nationalstaat nicht aufgeben. Gewiß weiß man in allen Hauptstädten Europas, daß diese Nationalstaaten nur noch teilautonom sind. Man ist auch zu vielen Kompromissen bereit. Doch das ungeduldige Verlangen des größten, wirtschaftlich stärksten Landes, Europa nach seinen föderalistischen Träumen zu gestalten, wird als Nötigung verstanden. Deshalb reagiert man entsprechend bissig wie seinerzeit auf das »Schäuble-Lamers-Papier«.[3]

Verlegenheit im innersten Führungskreis der deutschen Föderalisten – auch das wurde damals schon deutlich erkannt. Allmählich, so sah man es im Kreis der EU-Partner, schien es auch den Deutschen zu dämmern, daß die so machtvoll proklamierte Doppelstrategie gleichzeitiger Vertiefung und Erweiterung der EU sehr widersprüchlich war. Bei der Suche nach einem Ausweg aus der Sackgasse bot sich die Idee eines »Kerneuropa« an. Wenigstens in der Theorie schien sie beides zu erlauben: die uferlose Erweiterung nach Osten, Südosten und Süden hin, die man im damaligen Bonn für zwingend geboten hielt, und die Vertiefung in einer kleinen, feinen Gruppierung, genannt »Kerneuropa«. Selbstverständlich war das Bekenntnis zu »Kerneuropa« mit der Beteuerung verbunden, damit sei keine definitive Ausgrenzung jener Länder verbunden, die sich vorerst noch nicht an »Kerneuropa« beteiligen wollten. Die zur Konstituierung von »Kerneuropa« bereiten Staaten würden bloß die Avantgarde oder der Motor sein, um die gesamte EU rascher voranzubringen. Jedermann in der EU sei eingeladen, sich möglichst bald an »Kerneuropa« zu beteiligen – wenn nicht früher, dann später. Aus Sicht der Nachbarn machte das aber die Sache nicht besser. Partikuläre Integrationskonzepte haben es nun einmal an sich, daß man Namen nennen muß und andere nicht nennt. Genau das führte zu giftigen Reaktionen. Sollen Italien, England, Spanien, Österreich und andere also nur in der europäischen B-Liga spielen? fragte damals die kritische Presse.

Aber die überraschende, wenngleich vage formulierte Proklamation des Modells »Kerneuropa« beinhaltete auch ein Element der Taktik – zuerst gegenüber den weniger integrationswilligen

Partnern. Diese wurden gewissermaßen vor die Frage gestellt, entweder für das quasiföderalistische Europa zu optieren oder vorerst beiseite gelassen zu werden. Hielten die vernünftigerweise zögernden Länder an wichtigen Kernelementen ihrer Nationalstaatlichkeit fest, so waren sie selbst schuld daran, wenn sie in der europäischen B-Klasse spielen mußten. Daß das vor allem von Italien als Zumutung empfunden wurde, zeigte sich in empörten Pressekommentaren.

Der Hauptadressat dieses durchaus auch taktischen Vorstoßes war aber die französische Regierung. Zwar feierten Schäuble und Lamers auch bei dieser Gelegenheit Frankreich zusammen mit Deutschland als den »Motor« des integrativen Fortschritts in Europa. Im gleichen Atemzug fügten sie aber hinzu, das deutsch-französische »Sonderverhältnis« stehe »vor einer schweren Bewährungsprobe«. Warum dies? Natürlich war es im damaligen Bonn nicht ganz unverborgen geblieben, daß Paris (im Verein mit Italien) mit dem Vertrag von Maastricht sein Hauptziel erreicht hatte: die Verpflichtung Deutschlands zur Europäisierung der D-Mark. Wohlbekannt war gleichfalls, daß die qualitative Stärkung des Europäischen Parlaments, ein Zentralpunkt im Credo der deutschen Föderalisten, in Paris zumeist nur auf kühles Desinteresse stieß. Und während die ihrer selbst nie sicheren Deutschen in einer europäisch integrierten Außen- und Sicherheitspolitik weiterhin die eigentliche Krönung des Einigungswerkes erblickten, zeigte sich die politische Klasse Frankreichs schon damals wenig dazu disponiert. Es ist eine Sache, unablässig zu fordern, Europa solle »mit einer Stimme sprechen« (in erster Linie gegenüber der amerikanischen Hegemonialmacht), eine ganz andere aber, die Kernbestände nationaler Autonomie in die nach deutschen Vorstellungen mit Mehrheit zu artikulierenden Entscheidungsprozesse der EU einzubringen. In der Tat zeigte die kühle Aufnahme der Kerneuropaidee durch die französische Diplomatie, daß diese lieber einen Ansatz der sogenannten variablen Geometrie verfolgt: verstärkte Solidaritäten auf diesem oder jenem Feld, aber kein fest integrierter Kern von Ländern, die auf allen Feldern gleichzeitig vorangehen.

Der Idee »Kerneuropa« lag aber noch ein weiteres Motiv zugrunde – die Nostalgie der nunmehr tonangebenden Generation deutscher Politiker. Die Sechsergemeinschaft mit Frankreich, Italien und den Benelux-Ländern – dies war das »Europa« der fünfziger und sechziger Jahre, als die deutschen Föderalisten noch jung und voll europäischer Hoffnungen waren. Aus der alten Sechsergemeinschaft der Jahre 1950 bis 1972 mit Frankreich und Deutschland »als Kern des festen Kerns« (so das Schäuble-Lamers-Papier) war in den neunziger Jahren bereits ein zeitgeschichtlicher Mythos geworden. Vieles vermischte sich darin, vor allem die Erinnerung an zahllose Aktivitäten, persönliche Begegnungen und Freundschaften. Von einer gewissen Wirkung waren auch die zum ikonographischen Artefakt geronnenen Bilder symbolischer Politik oder europäischer Wahrzeichen: etwa das Straßburger Münster, in dessen Schatten am 10. August 1949 der Europarat erstmals zusammengetreten war (zeitgleich mit den Wahlen zum Ersten Deutschen Bundestag am 14. August), das tausendmal replizierte Foto von der Unterzeichnung der Römischen Verträge auf dem Kapitol zu Rom oder – mehr bilateral – de Gaulle und Adenauer beim Hochamt in der Kathedrale von Reims und danach bei Abnahme der Parade französischer und deutscher Panzerkolonnen auf dem Truppenübungsplatz Mourmelon. Doch die Sechsergemeinschaft bedeutete mehr als nur die Überwindung neuzeitlicher Erbfeindschaft zwischen Franzosen und Deutschen. Mit dem Dom zu Aachen, der Kathedrale von Reims oder dem Kapitol zu Rom, auf dem die Römischen Verträge unterzeichnet wurden, trat ein Europa ins Blickfeld, das älter war als die europäischen Kriege des 18., 19. und 20. Jahrhunderts – das Europa der Kathedralen, des Karolingerreichs und des Imperium Romanum.

Entscheidend aber erschien auch im Rückblick die Modernität des Projekts »Europa«, auf das sich die Regierungen und die Völker nach 1945 eingelassen hatten. Das Europa der Sechs repräsentierte in erster Linie eine Reihe ganz neuartiger Organisationsformen, in denen die beteiligten Staaten ihre Interessen miteinander verflochten. Europa als Interessengemeinschaft ... Die Deutschen haben lange an dem gemütvollen Begriff »Europäische Gemeinschaft« Gefallen gefunden. Doch der kühlere Begriff *construction européenne*, mit dem der Vorgang im Französischen bezeichnet wird, trifft den hypermodernen Charakter der Zusammenarbeit sehr viel besser. Europa war und ist ein unerprobtes, kühnes und sehr künstliches Experiment mit dem Ziel, die recht heterogenen Interessen der Partner zu bündeln. Manche Experimente glückten und erwiesen sich als entwicklungsfähig, zuerst das Europa von Kohle und Stahl von 1951 und dann das Europa der Wirtschaft, des Freihandels und der gemeinschaftlichen Landwirtschaftspolitik von 1957. Andere Experimente scheiterten: die verfrühte Initiative zur Föderation aller Demokratien Europas mit dem Straßburger Europarat, das gleichfalls verfrühte, 1954 im Palais Bourbon begrabene Projekt einer Europäischen Verteidigungsgemeinschaft, doch auch de Gaulles Pläne einer Politischen Union aus den Jahren 1960 bis 1962. Tatsache ist aber, daß vorerst nur solche Projekte vorankamen, die im Rahmen der Sechsergemeinschaft entwickelt wurden. Wenn deren Mitglieder wenig Bedenken hatten, ihre partikulären Zusammenschlüsse vollmundig als »Europa« zu bezeichnen, war immer auch etwas Hochstapelei mit im Spiel. Denn es war ein Europa ohne England und Irland, ein Europa ohne Spanien, Portugal und Griechenland, ohne die Länder Skandinaviens und ohne Österreich. Daß eines Tages die Völker Ostmitteleuropas und Südosteuropas beitreten sollten, wurde zwar immer wieder einmal als wünschenswertes Fernziel proklamiert, etwa durch Konrad Adenauer im Frühjahr 1967 in seiner testamentarischen Ansprache im Madrider »Ateneo«, recht geglaubt daran hat fast niemand. Doch der Umstand, daß es sich nur um einen kontinentalen Kern europäischer Länder handelte, erklärt auch das kompensatorische Streben nach permanenter Erweiterung der Gemeinschaft.

Das Element Nostalgie kann jedenfalls nicht unterschätzt werden. Selbst heute noch erklärt es manches der ansonsten recht unverständlichen Sympathie für ein »Kerneuropa«, das um Deutschland und Frankreich gravitieren soll. Zweifellos war die alte Bundesrepublik im Guten und weniger Guten emotional vor allem auf zwei Länder fixiert: Frankreich und die Vereinigten Staaten. Manche Manifestationen der deutsch-französischen Freundschaft blieben zwar künstlich, zumal die Fähigkeit zu sprachlicher Kommunikation eher zurückgeht. Doch mit keinem anderen Land wurde, wie eben skizziert, mittels Städtepartnerschaften und Jugendaustausch für die offizielle Außenpolitik ein so dichtes soziales Unterfutter geschaffen, verstärkt durch Zusammenschlüsse von Großunternehmen, Filialen und Firmenkäufe. Seit alters her sind die beiden Länder füreinander auch die bevorzugten Handels- und Investitionspartner in Europa. »Kerneuropa« heißt auch: drei Dutzend französischer Käsesorten in den Delikateßläden deutscher Kleinstädte, BMW-Limousinen in Paris, deutsche Pensionärsdörfchen in Burgund oder im Elsaß und der Airbus mit den Fertigungsorten Toulouse und Hamburg, zugleich aber Ferien am Gardasee und in der Toskana und natürlich Brüssel als Sitz der Europäischen Kommission mit ihren Großbürokratien.

Die Gesamtheit solcher gewiß vager, aber doch starker Motive und Erinnerungen hat seit Mitte der neunziger Jahre dazu geführt, daß die Idee Kerneuropa nicht nur im Lager von CDU/CSU und FDP, sondern auch bei der SPD und den Grünen prinzipiell positiv erscheint, falls es mit der Vertiefung in der gesamten EU nicht vorangehen würde. Voraussetzung allerdings: Komplementarität zur EU und nicht etwa ein Alternativkonzept.

Sechs Jahre nachdem Schäuble mit seinen »Überlegungen zur Europapolitik« vorgeprescht war, hat Außenminister Joschka Fischer von Rot-Grün im Mai 2000 sein eigenes Kerneuropa-Konzept vorgelegt. Kennzeichnend war auch hier das vorsichtige Bemühen, eine Regierungsinitiative vorerst zu vermeiden. Wolfgang Schäuble hatte seinerzeit festgestellt, nur in seiner Eigenschaft als Vorsitzender der CDU/CSU-Fraktion zu sprechen (dies noch weiter relativiert durch die Nennung von Lamers), Fischer äußerte sich *à titre personnel*. Während Schäuble die Problematik nur leichthin angetippt hatte, entrollte Fischer bereits eine Blaupause. Angedacht war eine Parallelinstitution zur EU, wobei er den aus dem CDU-Lager stammenden Begriff »Kerneuropa« vermied. Für die allernächste Zukunft hatte zwar auch Fischer das für Frankreich akzeptablere Modell einer variablen Geometrie vorgesehen. Doch »als möglichen Zwischenschritt« hin zu einer vollen Föderation deutete er einen separaten neuen »Grundvertrag« als Möglichkeit an, durch welchen der »Nukleus« einer Verfassung der Föderation beschlossen würde, die eigene Parallelinstitutionen zur EU vorsehe: »eine Regierung, die innerhalb der EU in möglichst vielen Fragen für die Mitglieder der Gruppe mit einer Stimme sprechen sollte, ein starkes Parlament, einen direkt gewählten Präsidenten«.[4] Genauso wie zuvor Schäuble suchte jedoch auch er das Konzept denjenigen in der EU schmackhaft zu machen, die sich vorerst nicht beteiligen würden. Man verstehe sich als »Gravitationszentrum«, als »Avantgarde« oder als »Lokomotive« für die spätere, durch »Neugründungsakt« ins Leben zu rufende »Europäische Föderation«. Selbstverständlich dürfe die EU nicht gespalten, dürften ihre Rechtsformen beschädigt werden.

Nachdem das Echo auf das »Schäuble-Lamers-Papier« seinerzeit gezeigt hatte, wieviel Prügel derjenige bezieht, der die Namen von Teilnehmern nennt oder nicht nennt, verzichtete Fischer auf jede diesbezügliche Präzisierung. Ebenso wie bei Schäuble zielte auch dieser Vorstoß darauf ab, die Bereitschaft Frankreichs auszuloten und maßvoll zu drängen. Wenig später antwortete denn auch der französische Außenminister Védrine in einem verbindlich formulierten Brief, warf aber zahllose Fragen auf und bemerkte skeptisch, die Verdoppelung der Institutionen würde wohl »rasch unerträglich« und Europa »noch unüberschaubarer«[5] machen. Also ein höfliches Nein.

Doch die Geschichte geht ihre eigenen Wege. Was jahrelang nur theoretisch diskutiert wurde, schien im Frühjahr 2003 plötzlich Gestalt anzunehmen: Kerneuropa auf dem Feld der Verteidigung, eventuell auch losgelöst von der NATO, aber vorerst auch nicht mehr im Einklang mit der Mehrheit der EU-Mitglieder und Beitrittskandidaten. Daß damals eine von Rot-Grün getragene Bundesregierung auf dem von Belgien, Frankreich, Deutschland und Luxemburg beschickten Sondergipfel von Vervuren für ein paar kurze Wochen entschlossen schien, »Kerneuropa« ausgerechnet auf dem Verteidigungssektor zu konkretisieren, gehört zu den Wundern, von denen die Welt voll ist. Frankophile Publizisten von ausgeprägt konservativer Gesinnung wie beispielsweise Peter Scholl-Latour hatten seit langem für die Idee deutsch-französischer Waffenbrüderschaft getrommelt. Schon ein gutes halbes Jahr vor Veröffentlichung des Schäuble-Lamers-Papiers hatte er dessen vorsichtig verhüllten Grundgedanken mit erfrischender Direktheit artikuliert: ein engerer Kreis der EU müsse sich zum Staatenbund mit gemeinsamer Außen- und Verteidigungspolitik »zusammenschmieden«

und dürfe dabei auch die nukleare Abschreckungskomponente nicht ausschließen. »Die übrigen Partner – Skandinavien oder Griechenland – könnten sich an einem weniger ambitionierten, weit ausgreifenden Wirtschaftsraum beteiligen, würden jedoch nicht bemüht, existentielle Entscheidungen zu treffen, für die sie ohnehin nicht gewappnet sind.«[6] Nun also auch Rot-Grün ...

Vorangegangen waren jahrelange Verhandlungen, die EU als Ganzes zu einer Europäischen Sicherheits- und Verteidigungsunion (ESVU) fortzuentwickeln. Das sollte jedoch evolutionär geschehen, zudem komplementär zur NATO. Kerneuropäische Ansätze paßten nicht in dieses Konzept. Doch im April 2003 waren die bisherigen Sicherheitsstrukturen ins Rutschen geraten. Deutschland und Frankreich lagen im Weltsicherheitsrat auf Kollisionskurs mit den Angelsachsen. Der Versuch, durch eine rasch zusammengeschusterte diplomatische Koalition die USA und England vom Angriff auf den Irak abzuhalten, war kläglich gescheitert. Eben waren Amerika und England siegreich im Irak eingezogen. Die EU als virtuelle Handlungseinheit europäischer Außen- und Sicherheitspolitik war aufgeplatzt. Die »Unwilligen« – Deutschland und Frankreich – sahen sich weitgehend isoliert. Die meisten EU-Partner sowie die Beitrittsländer waren ins Boot der Amerikaner und Briten gestiegen. In dieser Lage ließen sich die Lenker der deutschen Außenpolitik von Chirac dazu hinreißen, ein »Kerneuropa«-Konzept mit unverhüllt amerikakritischer Pointe zu proklamieren. Auch jetzt ging von dem Wort »Kern« eine faszinierende Wirkung aus. Beabsichtigt sei, zwischen den »interessierten Staaten« (Deutschland, Frankreich, Luxemburg und Belgien) »den Nukleus einer kollektiven Kapazität [zu] schaffen«.[7] Dieser offizielle Vorstoß war schon wesentlich mehr als ein theoretisches Konzept *à titre personnel*. Von de Gaulle stammt der Ausspruch: »Der Krieg bringt Dinge ans Licht, die sonst verborgen bleiben.« Ist also »Kerneuropa« vielleicht eine jener seit langem schon wirksamen historischen Tiefenströmungen, die nur in schweren Krisen an die Oberfläche treten?

Doch der Vorstoß trug nicht weit. Er war improvisiert. Die meisten EU-Länder hatten wenig Lust, sich hinter den deutschfranzösischen Wagen spannen zu lassen. Zudem blieb den Rufern für ein Kerneuropa der Verteidigung gar keine andere Wahl, als ihren Vorschlag für weitere Teilnehmer offen zu formulieren. Somit landete alles wieder in den Brüsseler Sitzungssälen der Europäischen Union.

Im März 2004, ein knappes Jahr nach diesen Ereignissen, kam es zu einem weiteren erstaunlichen Vorgang. Jetzt hielt es Außenminister Joschka Fischer selbst für geboten, in pointierten Interviews von den ohnehin unausgegorenen Überlegungen eines mit Parallelinstitutionen ausgestatteten Kerneuropa abzurücken. Auch er vertrat nun die vagen Vorstellungen einer variablen Geometrie, für die sich jeweils im Rahmen der neuen Konventsverfassung Mehrheiten finden würden.[8] Wolfgang Schäuble hielt zwar mit der These dagegen: »Kerneuropa brauchen wir« und »eine dynamische Führung«, besonders auf den Feldern Außen- und Sicherheitspolitik. Aber indem er von der »Kooperation« zwischen Berlin, Paris, London und Warschau sprach, räumte er stillschweigend ein, daß daraus nicht viel werden könne.[9] Die tiefgreifenden Meinungsverschiedenheiten zwischen Deutschen, Franzosen, Briten und Polen in Sachen Amerika- und NATO-Politik, zur Rolle des UN-Sicherheitsrats oder auch in den institutionellen Fragen der EU sind hinlänglich bekannt. Man kann sie hinter bunt bemalten Bauzäunen verstecken. In Krisen und Kriegen, wenn es hart auf hart geht, werden sie erfahrungsgemäß immer wieder zum Vorschein kommen.

Und noch ein anderer hat sich recht entschieden geäußert: Bundeskanzler Gerhard Schröder. Ihm blieb auch gar nichts anderes übrig. Schließlich hatte er sich im April 2003 auf dem Sondergipfel von Brüssel mit den anderen zur Avantgarde der Vier zusammengetan. Seither strampelt er auf dem deutsch-französischen Tandem hinter Chirac her. Er kann es also nicht ungerügt lassen, wenn sein Außenminister »Kern-Europa« oder »Klein-Europa« als Idee von gestern bezeichnet. Mehr als das altbekannte Argument Schäubles ist allerdings auch ihm nicht eingefallen: Wenn die Vertiefung mißlinge (und sie wird wohl mißlingen), bedürfte es einer Pioniergruppe mit Deutschland und Frankreich.

In diese Diskurslandschaft hinein hat Helmut Kohl sein unwilliges Wort gesprochen: Kerneuropa – eine »Idiotendiskussion«. Er begründete dieses harsche Verdikt allerdings mit einem Argument, das von den klassischen »Kerneuropa«-Ideen etwas wegführt. Zu einem solchen »Kerneuropa«, meinte er, würden vermutlich nur jene Länder gehören, die wie Deutschland mehr als 50 Millionen Einwohner hätten, »aber die über 10 Länder Europas, die keine so große Bevölkerungszahl haben, gehören nicht dazu«. Damit war eine weitere interessante Variante von »Kerneuropa« angesprochen (kritisch angesprochen, wie man hinzufügen muß) – die Möglichkeit nämlich, die Außen- und Verteidigungspolitik um eine Art informelles Direktorium der größten und auch militärisch leistungsfähigsten Mächte gravitieren zu lassen. Deutschland und Frankreich würden ihm angehören, doch ebenso Großbritannien und Italien. Ob sie tatsächlich bereit wären, ihre Ressourcen zu poolen und sich auf gemeinsame Zielvorstellungen zu einigen, ist mehr als fraglich. Kohl mißfällt aber genau das, also der Gedanke, die gemeinsame Außen- und Verteidigungspolitik von den EU-Gremien der 25 Mitgliedsländer zu separieren.

Man mag es drehen und wenden, wie man will: Die Überlegungen stoßen immer wieder auf dieselben Schwachpunkte der Kerneuropa-Idee: Wie eigentlich könnte das hochkomplizierte EU-System der 25 Mitgliedstaaten und der zahllosen Gremien mit einem gleichfalls komplexen Integrationskern, genannt »Kerneuropa«, verflochten werden? Welche EU-Länder wollen »Kerneuropa« angehören? Wäre der Wunschpartner Frankreich überhaupt zur exklusiven Integration bereit und zu welchen Bedingungen?

»Kerneuropa« eignet sich somit nur bedingt als Drohung gegenüber den Kapitänen auf den Langsamschiffen im EU-Konvoi. Wer damit ernst machen will, muß eher früher als später den Mut aufbringen, Parallelinstitutionen zum EU-System aufzubauen. Auf das wahrscheinliche Resultat eines solchen Versuchs hat seinerzeit schon der französische Außenminister Védrine in der Antwort auf Fischers Humboldt-Rede hingewiesen: Man erhielte dann »eine Anhäufung von Strukturen und eine Verflechtung von Zuständigkeiten, die wahrscheinlich noch unübersichtlicher wären als heute«.[10] Die Befürworter »Kerneuropas« wären ja durchaus nicht willens, dafür ihre Mitarbeit in der EU aufzugeben. Ganz im Gegenteil. »Kerneuropa« soll angeblich helfen, die weniger willigen Partner zu rascherem Voranschreiten anzuspornen. Diese würden entweder von vornherein auf Gegenkurs gehen oder sich zuerst höflichst bedanken, um alsdann die Impulse der Kerneuropäer in einer Anzahl von Koordinationsgremien sich totlaufen zu lassen.

Einem Europa sich überlappender Gremien sind auch praktische Grenzen gesetzt. Schon heute sausen die Staats- und Regierungschefs, die Minister und die hohen Beamten atemlos von bilateraler Vorbesprechung zu Vorbesprechung und alsdann von einer europäischen Gremiensitzung zur nächsten. Wie sollten sie auch noch für die Parallelinstitutionen Kerneuropas Zeit finden und deren Aktivitäten vernünftig auf die EU-Politik abstimmen? Wer die kerneuropäische Zusammenarbeit so offen anlegen möchte, wie das behauptet wird, müßte sie zwangsläufig verwässern. Denn die Widerstände würden nicht nur von den Ausgeschlossenen ausgehen. Auch im Innern der Länder, deren Regierungen »Kerneuropa« etablieren wollen, würden sich zahlreiche Warner finden, die schon die Überlegungen zur Schaffung eines »Kerneuropa« als »Idiotendiskussion« bezeichnen. Der Ausgang solcher Versuche ist absehbar. Es gibt keinen Ausweg. In einer langen Abfolge von Einzelentscheidungen haben sich alle EU-Länder auf ein System eingelassen, dem sie nicht mehr entrinnen können. Wollte ein kleine Gruppe von Mitgliedsländern das dennoch versuchen, würde sie entweder ausgebremst oder aber, so sie sich nicht aufhalten ließe, käme das gesamte EU-System ins Wanken. Deutschland und Frankreich sitzen in der von ihnen selbst konstruierten Falle. Sie mögen davon träumen, wie schön es wäre, sich daraus zu befreien. Die Realität erlaubt es nicht.

Ähnlich undurchdacht erweist sich die Idee, sobald man fragt, wer eigentlich außer dem deutsch-französischen »Kern des festen Kerns« noch mitmachen sollte. Bekanntlich erhoffen sich die Befürworter von »Kerneuropa« vor allem die vertiefte Zusammenarbeit auf den Feldern der Außen- und Verteidigungspolitik. Wenn das Europa der 25 schon nicht zum disziplinierten Chorgesang fähig ist, könnte das nicht wenigstens fünf oder sechs *Comedian Harmonists* gelingen?

Tatsächlich ist erst einmal, in den Jahren 1960 bis 1962, also in grauer Vorzeit der guten alten Sechsergemeinschaft, der Versuch unternommen worden, eine Parallelinstitution zur integrativen EWG zu errichten.[11] De Gaulle war der Urheber dieser sogenannten Politischen Union, Adenauer hat ihm sekundiert, und beide sind damit gescheitert. Die Geschichte wiederholt sich nie vollständig, manches aber doch, und so ist es heute noch lehrreich, die Ursachen für den damaligen Mißerfolg in Erinnerung zu rufen.

Da waren erstens die kleineren Länder (damals die Niederlande und Belgien), dazu Italien. Einige wenige Kleinere fürchten stets, in einem Staatenbund mit zwei relativen Giganten an die Wand gedrückt zu werden. Eine Gemeinschaft mit zahlreichen Mitgliedern eröffnet ihnen viel günstigere Möglichkeiten. Und Italien pflegt aus Prinzip in gekränktem Stolz auf Gegenkurs zu gehen, wenn Franzosen und Deutsche zusammen ein großes Rad drehen möchten. Wie man weiß, ist das heute nicht viel anders als damals.

Auch ein zweiter Grund für das Scheitern der damaligen Politischen Union im Sechserrahmen wirkt gegenwärtig wie ein Déjà-vu-Erlebnis. Vernünftigerweise haben auch damals schon einige Regierungen argumentiert, eine Außenpolitik- und Verteidigungsunion müsse Großbritannien mit einschließen. Die Betreiber der Idee eines »Kerneuropa« der Sechs hielten dem damals entgegen: Damit würde man das trojanische Pferd Amerikas in den Bund mit hineinnehmen. Warum dann nicht gleich bei der NATO-Lösung für die europäische Sicherheit bleiben? Offenbar weist die Sicherheitspolitik Europas merkwürdige Konstanten auf. Eine dieser Konstanten ist der Wunsch Frankreichs, eine europäische Sicherheitsstruktur ohne, wenn nicht gar gegen Amerika aufzubauen. Eine weitere Konstante ist der Versuch Großbritanniens und im Hintergrund der USA, das zu durchkreuzen. Und zu den Konstanten gehört offenbar auch die Rolle der Bundesrepublik Deutschland, die im eigenen Sicherheitsinteresse bemüht ist, alle Seiten zu prekären Kompromissen zu bewegen.

Seit 1962 hat sich zwar die Welt dramatisch verändert, und in der 25er-EU ist alles noch viel schwerer als damals. Aber wer das negative Echo auf das unüberlegte Vorpreschen auf dem Vierergipfel von Vervuren analysiert, stößt auf die gleichen Kritikpunkte. Nur Belgien und Luxemburg fühlten sich in der Rolle deutsch-französischer Satelliten halbwegs wohl. Schon die Niederlande, Gründungsmitglied der alten Sechsergemeinschaft, beteiligten sich nicht an den separaten Beratungen über die von Frankreich und Deutschland initiierte Verteidigungsgemeinschaft, genausowenig Italien. Wie die meisten anderen EU-Regierungen möchten auch sie England unbedingt mit im Boot haben. Dabei bleibt die Verbindung einer kerneuropäischen Verteidigungsunion zur NATO, somit zu den USA, ein Hauptstreitpunkt, der sich zeitweilig verdrängen läßt, aber früher oder später grundsätzlich entschieden werden muß. Auch in diesem Punkt zeigt sich, daß Frankreich und Deutschland in der selbstgebastelten Falle sitzen. Die längste Zeit haben sie dafür plädiert, die Gemeinsame Außen- und Verteidigungspolitik im EU-Rahmen zu organisieren. Kein Wunder, daß sie mit ihren Plänen einer kerneuropäischen Verteidigungsunion kaum Gefolge finden. Auch auf diesen Bereich trifft die Beobachtung zu: »Lokomotive ohne Anhänger«.[12]

Die Konstellation in der EU mag sich wieder etwas ändern, wie neuerdings hinsichtlich Spaniens. Unverkennbar ist auch, daß das deutsch-französische Aufbegehren gegen den arroganten Führungsanspruch der USA in breiten Wählerschichten Europas Zustimmung findet. Doch Paris und Berlin werden von den verschiedensten europäischen Regierungen gleichfalls als hochmütig empfunden, sind aber zugleich schwächer als die mächtigen Amerikaner. Daß Deutschland seine Streitkräfte seit Jahren der Auszehrung preisgegeben hat, qualifiziert es ohnehin nicht für eine Führungsrolle bei der Verteidigung Europas. Den meisten Beteiligten ist bei dem Gedanken viel wohler, auf mittlere und längere Sicht der EU eine gewisse Verteidigungskomponente hinzuzufügen, dies aber nur subsidiär zur NATO. Die Entwicklung seit April 2003, als Chirac und Schröder das Fähnchen »Kerneuropa« entrollt haben, läßt deutlich erkennen, wohin vorerst die Reise geht. Erneut ist England bei den Planungen dabei, und der langsame Zug rollt wieder wie gewohnt auf der EU-Schiene.[13]

Tatsächlich schreckt aber auch der Wunschpartner Frankreich vor einem integrativen Kerneuropa zurück. Wie in Deutschland und anderswo laufen zwar auch dort widersprüchliche Europa-Konzepte nebeneinander her. Es gibt aber doch eine unbekömmliche Grundströmung, die wieder und wieder an die Oberfläche drängt. Die politische Klasse dieses sehr alten Nationalstaats zeigt keine Bereitschaft, die härtesten Kerne der Souveränität preiszugeben. Während die deutsche Politik lange Zeit nicht müde wurde zu versichern, man wolle sich in Europa »einbinden«, war das Bestreben in Frankreich stets ungebrochen, sich in den wirklich wichtigen Fragen der Verteidigungspolitik freie Hand zu bewahren. Das färbt auch auf die Einstellung zu »Kerneuropa« ab. Die entsprechenden Vorstöße aus Deutschland sind in Paris bisher zumeist auf taube Ohren gestoßen. Jahrzehntelange Erfahrung mit französischer Eigenwilligkeit verbietet somit die Hoffnung, daß daraus die Bereitschaft zu kerneuropäischer Verflechtung mit Deutschland resultieren könnte.

In mancher Hinsicht wäre die psychologische Basis für ein deutsch-französisches Kerneuropa sensationell günstig. Auf die Frage nach ihren besten Freunden antworten heute große Mehrheiten der befragten Franzosen: »die Deutschen«, und der Deutschen: »die Franzosen«. Keine Spur mehr von Erbfeindschaft. Aber wo beiderseits die Sprachkenntnisse rückläufig sind und wo sich die meisten Minister und Abgeordneten nur mit Hilfe von Dolmetschern oder auf englisch zu unterhalten vermögen, bleibt die gegenseitige Kenntnis doch sehr oberflächlich, gerade auch bei den politischen Eliten. Kein Vergleich mit den Deutschschweizern oder den Welsch-Schweizern, die fähig waren, trotz sprachlicher Verschiedenheit ein gemeinsames Nationalbewußtsein zu entwickeln. Deutsche und Franzosen sind einander sympathisch, aber sie kennen sich nicht sehr gründlich. Daran ändern auch die seit Jahrzehnten günstigen Handelsbilanzen, die spektakulären Zusammenschlüsse von Versicherungen und Großunternehmen sowie eine meist recht aufgesetzte politische Symbolik nichts Grundlegendes. »Frankreichs Uhren gehen anders«, hat der Schweizer Korrespondent in Paris, Herbert Lüthy, ein seinerzeit vielgelesenes Frankreich-Buch benannt.[14] Das war 1954, vor mehr als fünfzig Jahren. Seither ist Frankreich sehr modern geworden, Deutschland in vielem ähnlicher und auch weniger ängstlich. Aber seine Uhren gehen immer noch anders. Keine guten Voraussetzungen für einen Staatenbund »Kerneuropa«.

Was ergibt sich daraus für die deutschen Interessen?

1. »Kerneuropa« ist vorerst keine reale Option, sondern eher ein Traumbild. Jeder Versuch, daraus ein operativ umsetzbares Konzept zu machen, ist bisher schon im Ansatz gescheitert.
2. Irreale Optionen sollte man beiseite legen. Sie sind allenfalls Stoff fürs Feuilleton.

5. Warum nicht wie England?

Warum nicht wie England? Von allen unkorrekten Fragen zur deutschen Außenpolitik ist diese zweifellos eine der unkorrektesten. Gute Europäer schaudert es bei dem Gedanken, die EU könnte sich aufgrund britischer Arglist zu einer großen Freihandelszone zurückentwickeln – Europa *à l'anglaise*. Alle, die sich über das Amerika George W. Bushs empören, wären überglücklich, würde Premierminister Blair, »George W. Bushs Pudel«, das Opfer einer Parteirevolte. Doch ist nur Tony Blair zu tadeln? Muß man nicht Großbritannien überhaupt, ungeachtet aller Beteuerungen, eben doch als das trojanische Pferd Amerikas in der Europäischen Union betrachten? Somit erträumen manche ein britisches Nein beim Referendum über den Verfassungsvertrag für Europa, um in dem folgenden Debakel vielleicht England wieder loszuwerden, obgleich dessen Beitritt zur EWG während der gesamten sechziger Jahre eines der Herzensanliegen der deutschen Befürworter europäischer Integrationspolitik gewesen ist. Doch heute mag sich selbst der ursprünglich anglophile Hanseat Helmut Schmidt nach Ausweis seines neuesten Buches *Die Mächte der Zukunft* England nicht mehr als Mitglied des »inneren Kerns« der EU vorstellen und meint, die USA könnten »noch auf lange auf eine enge Kooperation mit England rechnen«.[1] England, so schreibt der Altkanzler, sei nicht aus der Überzeugung beigetreten, »daß ein Beitritt im strategischen Interesse Englands liegt, sondern um Einfluß auf die Entwicklung Europas zu behalten ... Die Mehrheit der englischen Wähler empfindet ähnlich insular wie die Premierminister, sie neigt stärker zur Anlehnung an die USA als zum Verzicht noch so kleiner Teile ihrer Souveränität.«

In Deutschland mißfällt aber auch das, was man für das britische Wirtschafts- und Sozialmodell hält. Wann immer die CDU in den langen Jahren von 1982 bis 1998, da sie an der Macht war, die moralische Überlegenheit des deutschen Sozialmodells hervorheben wollte, bekreuzigte sie sich vor dem jenseits des Kanals praktizierten Thatcherismus. Gerhard Schröder, die Flirtnatur *par excellence* unter den deutschen Bundeskanzlern, hat zwar anfangs auch mit den Ideen von »New Labour« geflirtet. Aber diese waren weder seiner eigenen Partei noch einer breiteren Öffentlichkeit zu vermitteln. CDU und FDP, so sie denn mehrheitsfähig würden, möchten zwar künftig die deutsche Krankheit mit einer kräftigen Dosis von Thatcherismus kurieren, sind aber sorgsam bemüht, ihre Medizin nicht mit diesem Namen zu benennen, obschon sie England wieder munter gemacht hat. Kein Wunder also bei dieser Stimmung in der deutschen Öffentlichkeit, daß schon die Frage mit hochgezogenen Brauen vernommen wird, ob die deutschen Außenpolitiker nicht doch einiges von England lernen könnten. Man brauchte ja nicht gleich alles zu übernehmen.

Immerhin sind hier Beobachtungen zu machen, die zu denken geben. Wer sich heute in Europa ohne deutsche Scheuklappen umsieht, wird unschwer feststellen, daß der britische Einfluß in der EU zunimmt. Das hat drei ganz plausible Gründe. Deren erster ist der eindrucksvolle Erfolg der britischen Volkswirtschaft. Man darf Regierungen nicht alles abnehmen, wenn es auf Wahlen zugeht. Doch als sich Tony Blair im Herbst 2004 auf dem Labour-Parteitag damit brüstete, England blicke gegenwärtig auf die längste Periode ständigen Wachstums in den letzten 200 Jahren zurück, sagte er nicht die Unwahrheit. Das stagnierende Deutschland könnte beim Blick auf das fast vier Prozent erreichende Wachstum des britischen BSP im Jahr 2004 oder auf die unter fünf Prozent liegende Arbeitslosenzahl eigentlich neidisch werden.[2] Deshalb sieht die deutsche Öffentlichkeit gar nicht erst hin. Man will es auch nicht hören, daß das Pro-Kopf-Einkommen in Großbritannien zwischen 1984 und 2003 umgerechnet von 91 auf 112 Euro gestiegen ist. Im selben Zeitraum ist es in Deutschland – wiedervereinigungsbedingt, sicher, aber nicht nur deshalb! – von 109 auf 98 Euro zurückgegangen.[3] Außerhalb Deutschlands werden solche Entwicklungen allerdings genauer registriert. Deshalb orientieren sich die ostmitteleuropäischen Wachstumsländer, aber auch Portugal oder Irland, eher am Modell England als an dem deutschen Auslaufmodell des »rheinischen Kapitalismus«. So wie die überzeugende wirtschaftliche Performance in den Jahrzehnten Konrad Adenauers, Ludwig Erhards, Helmut Schmidts, desgleichen auch noch in den Anfangsjahren Helmut Kohls dem außenpolitischen Kredit der Bundesrepublik sehr zugute kam, ist es heute England, dem seine gute Wirtschaftspolitik Prestige einbringt. Daß sich auf dem Feld der britischen Gesundheitspolitik ein paar häßliche Flecken finden, ist bekannt und dient Deutschland oder Frankreich zum Trost. Immer noch finden sich auch in London Publizisten – etwa Will Hutton[4] –, die bestimmte Aspekte des deutschen Modells für nachahmenswert halten. Dennoch gilt heute England weithin als vorbildlich, während Deutschland abschreckend wirkt.

Der zweite Grund für den wachsenden Einfluß Englands in der EU ist eine direkte Folge der Erweiterung um die zehn Beitrittsländer. Diese sind durchweg der Meinung, daß die Sicherheit Europas auf absehbare Zeit in einer modernisierten NATO am besten aufgehoben wäre. Da auch die liberal-konservativen Regierungen der Niederlande, Italiens und Portugals dieser Meinung sind, bei Zurückhaltung der Neutralen in der EU, hat sich die Lage gegenüber den neunziger Jahren stark verändert, als sich die sicherheitspolitischen Vorstellungen eher in Richtung des französischen Konzepts bewegten. Wesentlich war, daß sich die Regierung Blair im Jahr 1998, beginnend mit dem bereits legendären britisch-französischen Gipfel in Saint-Malo, für den Ausbau einer Europäischen Sicherheits- und Verteidigungspolitik (ESVP) im EU-Rahmen stark machte, wenngleich mit Hintergedanken. Für England, so beschreibt das ein Analytiker dieser Vorgänge zutreffend, ist die ESVP ein NATO-Projekt, das auch die EU-Maschinerie mit einbezieht, für Frankreich hingegen ein europäisches Projekt, das von den Kapazitäten der NATO Gebrauch macht.[5] Doch eine Mehrheit in der EU hält den britischen Ansatz prinzipiell für richtig, weil er die USA an Europa bindet, zugleich einen gewissen Einfluß auf Washington eröffnet und außerdem der Tatsache Rechnung trägt, daß die Länder Europas ihre Lage für so komfortabel halten, daß zusätzliche größere Ausgaben für eine autonome Verteidigung Europas überflüssig erscheinen. Auch im Irakkrieg hat London die proamerikanischen Länder Europas gewissermaßen galvanisiert. Die Rückschläge im Irak sowie die Nichtauffindbarkeit von Massenvernichtungswaffen im Irak haben zwar Blair in Schwierigkeiten gebracht. Dennoch ist davon auszugehen, daß England in der EU künftig ein starkes Lager anführen wird, das die Sicherheit nach wie vor in erster Linie auf die NATO gründen und Amerika nicht vor den Kopf stoßen will. Die oft zu vernehmende Behauptung, England wolle die EU nur als moderne Freihandelszone konzipieren, mag für Margaret Thatcher und John Major richtig gewesen sein, sie trifft jedoch seit dem Amtsantritt der Regierung Blair im Jahr 1997 nicht mehr zu.

Es gibt aber noch einen dritten Grund, weshalb das britische Ernstnehmen der Souveränitätsproblematik in der Öffentlichkeit verschiedenster kontinentaleuropäischer Länder heute plausibler erscheint als früher. Nachdem bereits viele wesentliche Zuständigkeiten an die Brüsseler Gremien abgetreten wurden, beginnt es allen Beteiligten zu dämmern, daß es höchste Zeit ist, ernsthaft, leidenschaftlich und naturgemäß kontrovers darüber zu diskutieren, ob noch weitere Zuständigkeiten an die EU-Gremien übertragen werden sollten. Verträgt sich der demokratische Gedanke der Volkssouveränität, so fragt man, mit der Praxis einer Wegwerf-Souveränität?

Lange Zeit war es in Deutschland und in anderen Ländern des europäischen Kontinents üblich, sich im Bewußtsein der eigenen föderalistischen Rechtschaffenheit über die britischen Dauerkontroversen zum Projekt Europa vornehm zu erheben. Befremdet hat man registriert und kommentiert, mit welcher Erregung jeder große Schritt der Europapolitik in der britischen Öffentlichkeit diskutiert wurde. Heute erst beginnt man allmählich zu verspüren, daß diese älteste Demokratie wohl doch den richtigen Instinkt hatte, als sie immer wieder den Grundsatzstreit darüber führte, ob und wieweit die Souveränitätsabgabe an schwer oder gar nicht kontrollierbare europäische Gremien mit dem Wesen der Demokratie vereinbar ist.

Ausgerechnet das vielbewunderte Musterland parlamentarischer Demokratie führte deshalb im Jahr 1975 das dem eigenen Verfassungsdenken eher fremde Institut eines Referendums ein, um den Volkssouverän darüber entscheiden zu lassen, ob das Land, das 1973 der damaligen Europäischen Gemeinschaft beigetreten war, wirklich dort verbleiben sollte. Es waren danach vor allem kleinere Länder, in denen der Referendumsgedanke in bezug auf die Souveränitätsabgaben an Europa gezündet hat: Norwegen (dessen Bürger den Beitritt ablehnten), Dänemark, Irland und Schweden (wo 2003 die Einführung des Euro abgelehnt wurde). Auch Frankreich hat 1992 eine erbitterte Auseinandersetzung über die Verträge von Maastricht geführt, insbesondere über die Europäisierung der eigenen Währung, die von Mitterrand nur mit hauchdünner Mehrheit gewonnen wurde. Heute hat sich der Referendumsgedanke ausgebreitet. Der Verfassungsentwurf für Europa wird in Frankreich, Polen, Irland, Dänemark und natürlich wieder in Großbritannien vom Wähler nach heftigen Kontroversen zu entscheiden sein. Demgegenüber erweist sich Deutschland eher als eine muffige Demokratie. Zwar soll das Projekt Europa in eine Quasi-Föderation führen. Doch mit dem vorgeschobenen Argument, die parlamentarische Demokratie habe sich bewährt, haben die Parteien bisher jede große Debatte verhindert.

Zwar ist es 1975 in Großbritannien nur in einer parteiübergreifenden Kraftanstrengung gelungen, die Euroskeptiker bei der Labour-Linken und auf dem rechten Flügel der Konservativen niederzuringen. Dennoch hat das Referendum dort lange Zeit für klare Verhältnisse gesorgt. Wie die Entwicklung von drei Jahrzehnten beweist, sind die Befürworter einer europäischen Zukunft bis zum heutigen Tag weit vorangekommen. England zeigt also den konfliktscheuen Deutschen, wie Europa demokratisch aufgebaut werden kann. Es lehrt allerdings auch, wo die Akzeptanz des Projekts Europa ihre Grenzen findet, wenn man jene befragt, die im vereinten Europa zusammenleben sollen.

Beim Blick auf die Evolution von dreißig Jahren britischer Europapolitik will es somit nicht mehr ganz einleuchten, weshalb sich sowohl bei der rot-grünen Bundesregierung als auch bei der Opposition die reflexhafte Einstellung immer noch hält, nur die deutsch-französische Achse habe Zukunft, aber nicht der britische Weg. Vieles ist heute im Fluß, und man mag sich nach gründlicher Diskussion schließlich doch gegen verschiedene Aspekte der britischen Europapolitik entscheiden. Auffällig und kritikbedürftig ist aber, daß überhaupt nicht ernsthaft erörtert wird, ob ein Europa in Richtung englischer Vorstellungen vielleicht eher im deutschen Interesse liegt als die Fortsetzung des bisherigen Kurses, der Frankreich gefällt, die EU aber beschädigt.

Wer dafür plädiert, die britische Option wenigstens zu prüfen, wird allerdings zu beleuchten haben, weshalb England seit den fünfziger Jahren einen anderen Weg gegangen ist als die Bundesrepublik. Sind die Bedingungen britischer Außenpolitik nicht doch völlig andere als die der deutschen? Alsdann ist zu fragen, ob die Gegensätze immer noch so unüberwindlich sind wie in der Vergangenheit.

Weshalb England 60 Jahre lang einen Sonderweg gegangen ist

Beginnen wir mit der Geographie. Natürlich herrscht in Großbritannien eine insulare Mentalität, die Kontinentaleuropäern immer wieder befremdlich erscheint. »Die Briten sind ein Inselreich, die Nachbarn bleiben auf Distanz, der Kanal wirkt manchmal breiter als der Atlantik«, hat Richard von Weizsäcker das gelegentlich charakterisiert.[6] In solchen Beobachtungen kommt natürlich die Tatsache zur Sprache, daß in Europa jedes Volk schon aufgrund seiner geographischen Lage mit besonderen Bedingungen konfrontiert ist, und eine Insellage ist gewiß besonders exzeptionell. Was man in bezug auf Deutschland als »deutschen Sonderweg« identifiziert und abqualifiziert, bezeichnen britische Historiker und Sozialwissenschaftler in bezug auf das eigene Land etwas entspannter als *exceptionalism*.[7] Das insulare Sonderbewußtsein der Engländer und der Schotten mag durch den dichten Luft- und Fährverkehr, durch die Untertunnelung des Kanals, durch Urlaubsreisen und viele andere Faktoren angekränkelt sein. Wie stark und wie lange es im Unterbewußtsein noch nachwirkt, ist schwer zu ergründen. Sicher ist aber, daß es in den ersten Jahrzehnten noch eine Rolle spielte, als auf dem Kontinent mit Montanunion, EVG, EWG und EURATOM die ersten Organisationen des Projekts Europa auf die Bühne traten.

Dazu kam die Empire-Tradition. Bekanntlich waren die Briten nicht die ersten bei der Errichtung von Überseeimperien. Portugiesen, Spanier, Holländer und Franzosen sind ihnen vorangegangen und wurden eher von den Briten verdrängt. »Sie beraubten die Spanier, kopierten die Holländer, schlugen die Franzosen und plünderten die Indianer aus«, belehrt uns Niall Ferguson. Am Ende der Napoleonischen Kriege aber waren sie die unangefochtenen Herrscher.[8] Die insulare Mentalität war demnach nicht entscheidend. Entscheidend für die britische Geschichte seit 1945 war aber der Umstand, daß das ins Commonwealth of Nations verwandelte Empire mitsamt den Kolonien größer, somit für die Mentalität in England prägender war als die gleichfalls recht ausgedehnten Kolonialreiche Frankreichs für die französische Mentalität. Dazu kam die Tatsache, daß Großbritannien den Zweiten Weltkrieg unbesiegt überstanden hatte, obschon es sich dabei, wie das folgende Jahrzehnt bewies, fast zu Tode gesiegt hatte. Auch Frankreich focht zwar in Indochina und Nordafrika Rückzugsschlachten, die es erst 1962 verloren gab. Doch aus Sicht der britischen Eliten war das Commonwealth die gesamten fünfziger Jahre hindurch noch eine glaubhafte, wirtschaftlich, militärisch und psychologisch tragfähige Idee. Das hatte eine paradoxe Konsequenz, die bis heute nachwirkt. Weil Großbritannien zwischen 1945 und 1956 die mit Abstand stärkste und angesehenste Macht im Nachkriegseuropa war, verschmähte es die Option, sich an die Spitze der europäischen Einigungsbewegung zu stellen. Frankreich kam England zuvor und übernahm mit der Bundesrepublik als Partner die Führung. Als die Briten erkannten, was sie versäumt hatten, war es vorerst zu spät. Premierminister Macmillan mochte zwar im Tagebuch bitter und völlig zutreffend konstatieren: »De Gaulle spricht von Europa und meint dabei Frankreich.«[9] Aber diese Erkenntnis half gar nichts. Da Frankreich den Zugang zur EG versperrte, konnte England erst 1973 beitreten – 15 Jahre nach Gründung der Sechsergemeinschaft.

Doch ausgerechnet in dem Moment, als sich die Tür zu den Brüsseler Gremien endlich auftat, mußten die britischen Politiker und Diplomaten vorerst wie die Ritter von der traurigen

Gestalt auftreten. Die siebziger Jahre markierten die tiefste Wirtschaftskrise Englands im 20. Jahrhundert, schlimmer und die Moral des Landes stärker in Mitleidenschaft ziehend als die Weltwirtschaftskrise der dreißiger Jahre. Das war die Phase, in der Giscard d'Estaing und Helmut Schmidt das französisch-deutsche Führungsduo in der EG konsolidierten. England gehörte zwar dem europäischen Club an, spielte aber nicht die erste Geige.

Somit war es nicht erstaunlich, daß die Neigung zur Souveränitätsabgabe gering war. Jetzt kam ein weiterer Faktor des britischen Exzeptionalismus voll zum Tragen: die geheiligte Parlamentssouveränität. Zwar wirken die britischen Premierminister zusehends präsidentialer, während das Parlament in Westminster der Exekutive deutlich untergeordnet ist – es sei denn, gestürzte Kabinettsgrößen und panisch auf negative Umfragen starrende *backbencher* schreiten zum Aufstand. Doch der Überzeugung, das Mutterland des Parlamentarismus zu sein, tat das lange Zeit keinen Abbruch, zumal das House of Commons mangels geschriebener Verfassung vor Übernahme der Brüsseler Gesetzgebung politisch fast allmächtig war. Entsprechend weniger ausgeprägt als auf dem Kontinent war somit und ist immer noch die Neigung zur Souveränitätsabgabe nach Brüssel – einer traditionslosen Pseudometropole, auf welche echte Briten ebenso wie echte Franzosen verächtlich herabsehen. »Wir fürchten«, so hat Robert Cooper dies noch Mitte der neunziger Jahre auf den Punkt gebracht, »daß es auf Dauer Probleme schafft, Institutionen zu schwächen, die man begreift und als legitim versteht, und gleichzeitig den Einfluß solcher Institutionen zu stärken, die weder besonders gut durchschaut noch in den Augen der meisten Menschen legitim sind.«[10]

In dieser schwierigen Phase verstärkte sich fast zwangsläufig das britische Bewußtsein, weiterhin mindestens genauso dem atlantischen Raum anzugehören wie dem kontinentalen Europa. Atlantische Orientierung, das hieß konkret: Fixierung auf die Vereinigten Staaten sowie – das darf im Fall Großbritanniens nicht ganz vergessen werden – auf das Dominion Kanada.

Die enge Sicherheitspartnerschaft mit den USA war allerdings keine Naturkonstante. Tatsächlich gab es im britischen Establishment viele, die Amerika vorwarfen, es habe seit dem

Zweiten Weltkrieg mit großer Beharrlichkeit Großbritannien zur Aufgabe seines Empires gedrängt, nur um sich dann selbst in den Positionen breit zu machen, die von den »Cousins« geräumt worden waren. So gab es in der zweiten Hälfte des 20. Jahrhunderts eine ganze Reihe von Premierministern, die Amerika eher kühl, wenn nicht gar kritisch gegenüberstanden, insbesondere Anthony Eden, dessen Karriere im Herbst 1956 beim Suez-Abenteuer im Streit mit Washington ein jähes Ende nahm.

Noch auffälliger aber ist, daß die strahlendsten und am längsten regierenden britischen Premierminister von Winston Churchill über Harold Macmillan und Margaret Thatcher bis Tony Blair in Phasen schwerer internationaler Krisen ganz auf Amerika setzten. Man könnte sogar formulieren: Je unwiederbringlicher das britische Empire Vergangenheit ist, desto stärker die Entschlossenheit, die Rolle eines Juniorpartners der USA zu spielen. Bei genauerem Hinsehen zeigt sich allerdings, daß der demonstrativen, innenpolitisch durchaus auch umstrittenen Amerika-Freundschaft im Einzelfall auch besondere Bedingungen zugrunde liegen. Churchill war der Sohn einer amerikanischen Mutter und gehörte in der politischen Führungsschicht seiner Jahrzehnte zu den nicht allzu zahlreichen englischen Spitzenpolitikern, die den USA besonders vorurteilsfrei – wenngleich doch mit gebotenem Mißtrauen – entgegentraten. Aber in den Anfängen des Kalten Krieges gaben auch die urbritischen Labour-Führer Attlee und Bevin der Amerika-Orientierung höchste Priorität. London sah damals sein wichtigstes Ziel darin, Amerika politisch, wirtschaftlich und militärisch von einem neuen Isolationismus abzuhalten, um das kontinentale Glacis der britischen Inseln nicht unter die Kontrolle der Sowjetunion fallen zu lassen. Auf Eden, der im tiefen Zerwürfnis mit Amerika Downing Street 10 verließ, folgte Harold Macmillan. In den Kriegsjahren hatte er als Churchills Beauftragter für den Mittelmeerraum eng mit dem späteren Präsidenten Eisenhower zusammengearbeitet und war mit seinem Verständnis für die amerikanische Mentalität ein eher atypischer Tory. Seinerzeit in Nordafrika tat er bei einer nächtlichen Unterredung mit dem späteren Labour-Politiker Crossman einen danach oft zitierten Ausspruch: »Lieber Crossman, wir spielen die Rolle der Griechen in diesem amerikanischen Imperium. Sie werden die Amerikaner so vorfinden wie seinerzeit die Griechen, als sie mit den Römern zu tun hatten – große, vulgäre, umtriebige Kerle, die aber kräftiger sind als wir und auch verbummelter. Sie haben sich noch nicht so verausgabt wie wir, sind aber viel korrupter. So müssen wir Briten das Hauptquartier managen, wie seinerzeit die Griechen die Feldzüge des Kaisers Claudius dirigiert haben.«[11]

Als Margaret Thatcher zwischen 1979 und 1991 die britische Außenpolitik dirigierte, war das Empire schon Vergangenheit. Aber sie war im Zweiten Weltkrieg im Zeichen anglo-amerikanischer Waffenbrüderschaft sozialisiert worden, und in den frühen achtziger Jahren wuchs die sowjetische Weltmacht nochmals so drohend auf wie in den letzten Jahren Stalins. Zugleich aber ging sie der »britischen Krankheit« mit ähnlichen Konzepten zu Leibe wie seinerzeit die amerikanischen Republikaner unter Ronald Reagan. Auf verschiedensten Feldern der Wirtschafts- und Sozialpolitik fühlte sie sich dem Amerika der achtziger Jahre sehr viel näher als etwa den Christdemokraten in der Bundesrepublik oder gar den französischen Sozialisten der Ära Mitterrand. So wie Churchill zu Roosevelt eine intensive Arbeitsbeziehung aufgebaut hatte, kommunizierte sie unablässig mit Ronald Reagan.

Auf seine Weise ist auch Tony Blair ein Sonderfall. Einerseits ist er nach dem Tory Ted Heath, der Anfang der siebziger Jahre England in die EG führte, der proeuropäischste Premier, den Großbritannien je hatte. Andererseits weiß aber auch dieser Radikalliberale, der die Labour Party genauso gekapert hat wie zuvor die Radikalliberale Margaret Thatcher die Konservative Partei, daß die Wirtschafts- und Gesellschaftspolitik des modernen England mehr Gemeinsamkeiten mit Amerika aufweist als mit den großen Wohlfahrtsstaaten auf dem Kontinent, denen die tiefgreifenden und schmerzhaften Reformen ihrer veralteten Sozialsysteme noch bevorstehen. Das gute Verhältnis zu George W. Bush beruht offensichtlich auch auf christlichen Glaubensüberzeugungen, die von beiden geteilt werden. Außerdem gehören Bush und Blair derselben Generation an. Erstaunlich ist und bleibt es aber dennoch, daß offenbar beide den Gefahren im Mittleren Osten und – im Falle Blairs – den humanitären Katastrophen in Afrika mit einer Mischung aus christlichem

Sendungsbewußtsein und militärischer Machtpolitik begegnen möchten. Geschichtskenner erinnern sich dabei an die Epoche des Hochimperialismus, als die Wirtschaftsinteressen, aber auch die strategischen Bedrohungsvorstellungen Großbritanniens und der USA, an denen es schon damals nicht mangelte, ebenfalls vielfach von missionarischen Überzeugungen beflügelt und idealistisch veredelt wurden. Bekanntlich löst das jedoch im heutigen England sehr viel heftigere Widerstände aus als in Amerika, wo der christliche Fundamentalismus weiter verbreitet ist und eine starke politische Kraft darstellt.

Bezüglich der stark fortgeschrittenen Säkularisierung weist Großbritannien mit den Ländern des kontinentalen Europa viel stärkere Gemeinsamkeiten auf als mit den USA. Möglicherweise ist somit das, was sich in beiden Irakkriegen – 1991/92 und 2003 – als aktivistischer und durchaus auch bellizistischer Atlantizismus manifestiert hat, doch das Ergebnis sehr individueller Präferenzen der jeweiligen Premierminister, somit eine eher zufällige Erscheinung. Aber die Wirtschafts- und Sozialphilosophie, die sich mit Margaret Thatcher in England durchgesetzt hat und von New Labour verstetigt wurde, gibt dem Land heute ein eher amerikanisches Profil und erklärt den derzeitigen wirtschaftlichen Erfolg.

Außerdem beinhalten die politischen Kulturen der USA und Großbritanniens auch heute noch viele Gemeinsamkeiten. Die englische Sprache, die den Institutionen zugrunde liegende Rechtsphilosophie, das Rechtssystem und ein weltkundiger Pragmatismus sind auch heute noch angelsächsische Gemeinsamkeiten. Bei vielen älteren Angehörigen des außenpolitischen Establishments Englands, doch auch noch in der mittleren Generation, ist zudem ein stolzes Bewußtsein verblieben, ein halbes Jahrhundert hindurch zusammen mit den Amerikanern den gefährlichsten totalitären Großmächten widerstanden und diese besiegt zu haben – erst das nationalsozialistische Deutschland, dann die Sowjetunion. Geblieben ist aus den Zeiten des Kalten Krieges bis heute ein vergleichsweise enges *old boys network* im Verteidigungsbereich und bei den Nachrichtendiensten. Viel nachhaltiger als die Erinnerung an gemeinsam bestandene Gefahren wirkt heute aber eine gewisse Amerikanisierung des Wirtschaftslebens und der Sozialsysteme. Das alles und manches andere erklärt wenigstens teilweise die Nähe Englands zu Amerika.

Stärker als im Hinblick auf andere Länder muß somit beim Blick auf England dessen Andersartigkeit gewichtet werden. Allerdings zeigt die Langzeitperspektive auch, wie stark sich Großbritannien in der zweiten Hälfte des 20. Jahrhunderts verändert hat. Es ist in manchem nicht nur amerikanischer geworden, sondern zugleich kontinentaleuropäischer. Mit einer gewissen Zeitverzögerung hat es sich schließlich doch noch nachdrücklich auf das Projekt Europa eingelassen, Teile seiner Souveränität an Brüssel abgegeben, das Rechtssystem der EG/EU übernommen, sogar die kodifizierte europäische Menschenrechtskonvention. Britische Beamte und Politiker sind genauso in die zahllosen EU-Gremien integriert wie die der anderen Länder. Der Euro wurde zwar bisher verschmäht, und England steht sich ganz gut dabei, auch wenn sich die Londoner City auf mittlere Sicht Sorgen macht. Doch selbst im Bereich der Europäischen Sicherheits- und Verteidigungspolitik hat die Regierung Blair den Nutzen einer Konzertierung im großen EU-Rahmen erkannt.

Neuerdings tritt die Enttäuschung Englands über Amerika hinzu – postkoitaler Blues, könnte man das spitz formulieren. Die Regierung Blair hatte sich dafür stark gemacht, zusammen mit den USA und als Anführer einer europäischen Koalition der Willigen im Irakkrieg eine führende Rolle zu spielen. Vieles ist dabei für Blair danebengegangen. Erstens war der realpolitische Kriegsgrund (Massenvernichtungswaffen in der Hand des Irak, die sofort einsetzbar gewesen wären) unzutreffend definiert, wenn nicht gar eine Lüge, zweitens erwiesen sich die idealen Kriegsziele – Pazifizierung und Demokratisierung des Irak – praktisch als unerreichbar, drittens hatte Washington England zwar eine Mitsprache eingeräumt (Streben nach Mandatierung des Kriegs durch eine zweite UN-Resolution, *road map* für die Überwindung des Palästinakonflikts), doch da sich beides als unerreichbar erwies, wurde es von Amerika über Bord geworfen, und viertens zeigten sich große Teile der britischen Öffentlichkeit genausowenig kriegsbereit und ähnlich amerikakritisch wie die öffentliche Meinung in vielen Ländern des kontinentalen Europa.

Auch der künftige Kurs Großbritanniens ist schwer zu prognostizieren. In seiner neuesten Analyse der nie ganz klaren Beziehungen einerseits zu den USA, andererseits zur EU diagnostiziert Timothy Garton Ash vier rivalisierende Konzepte: 1. Wiedergewinnung britischer Unabhängigkeit, 2. Entscheidung für Amerika, 3. Entscheidung für Europa, 4. den Versuch, das Beste aus den engen Beziehungen sowohl zu Amerika als auch zu Europa zu machen.[12] Letzteres ist die Linie Premierminister Blairs. Seine innenpolitische Basis ist zwar durch den unglücklich verlaufenen Irakkrieg unsicher geworden, aber zugleich hat sich das britische Gewicht in der EU durch den Beitritt der zehn neuen Mitglieder verstärkt.

Die Anti-Bush-Allianz Frankreichs und Deutschlands hat sich aus bereits erörterten Gründen zwar als genauso unklug erwiesen wie die britische Entscheidung zum Krieg. Beide haben damit die EU politisiert und ihre Führungsrolle auf lange Sicht kompromittiert. In Ostmitteleuropa hat man ein scharfes Gedächtnis. Heute lecken alle Beteiligten in der EU ihre Wunden und suchen vergangene Fehler zu korrigieren. Für die britische Regierung dürfte das ein Grund sein, sich auch bei internationalen Krisen künftig stärker als bisher um außen- und sicherheitspolitische Konzertierung im EU-Rahmen zu bemühen. Jedenfalls ist die Außenpolitik Londons auf langen Sonderwegen an einem Punkt angelangt, an dem sie aus EU-Sicht von Nutzen sein wird.

Tony Blair hat von Anfang an eine Brückenfunktion Englands zwischen Europa und Amerika proklamiert. Vielleicht sollte man eher von einem Brückenpfeiler sprechen, so es überhaupt sinnvoll erscheint, eine komplizierte Politik in ein Bild zu bringen.

Was England aus amerikanischer Sicht in Europa so einzigartig erscheinen läßt, ist die Festigkeit dieses Verbündeten. Ob sich Großbritannien unter Blair im Irak an einem sinnvollen Unternehmen beteiligt hat, ist in England mehr als strittig. Aus amerikanischer Sicht aber ist auf England erfahrungsgemäß Verlaß. Dieses Land ist zudem in der Lage, kampferprobte Truppen aufzubieten. Demgegenüber haben sich Frankreich und Deutschland bereits beim Irakkrieg von 1991 eher in einer Wackelpeterrolle präsentiert (finassierend und moralisierend und legalistische Bedenken vorschiebend), vom Jahr 2003 ganz zu schweigen. Da Amerika von Europa auch künftig gebraucht wird, wie immer es sich auch aufführt, und da für den Fortbestand der Allianz ein Minimum an beiderseitiger Verläßlichkeit im Kriegsfall unverzichtbar ist, ist der Brückenpfeiler Großbritannien, der eine gewisse Festigkeit aufweist, für die gesamte EU von Nutzen.

Aus Sicht von Berlin und Paris, die sich im Irakkrieg querlegten, sitzt Großbritannien fest im amerikanischen Boot. Doch die Politik Londons ist viel komplizierter. Die Option für Amerika war und ist durchaus bedingt: Grundsätzlich versucht Blair den geostrategischen Spagat, auch wenn das nicht immer gelingt. Längst weiß man zumindest in der britischen Regierung (wenn auch noch nicht in den Redaktionen der Blätter Conrad Blacks oder Rupert Murdochs), daß Großbritannien weder im Ernst die Option des insularen Nationalstaats hat noch die eines Appendix der USA.

Es ist Teil der EU, wenngleich nach wie vor ein Land mit eigenen Traditionen, eigenen Vorurteilen und spezifischen Interessen. Doch darin unterscheidet es sich gar nicht grundlegend von den 24 anderen EU-Mitgliedern. Jedes Land bringt seine eigene Vergangenheit in die Union mit ein, und nur wenige sind bereit, ihre Identität in dem neuen Verbund aufzugeben, auch nicht Frankreich, das seine Eigenwilligkeit aber stets etwas mundgerechter zu servieren verstand als England.

Die verpaßten Gelegenheiten und die neue Lage

Fragt man, was im Europa der 25 in den deutsch-britischen Beziehungen anders werden könnte, sollte man sich erst einmal klarmachen, was alles in der Vergangenheit gut- oder schiefgegangen ist und warum. In den Sicherheitsfragen hat diese »stille Allianz«[13] im Auf und Ab des Kalten Krieges alles in allem recht erfreulich funktioniert – viel besser als die deutsch-französischen Bündnisbeziehungen. Ohne die kampfstarke britische Rheinarmee und die britischen Geschwader wäre die Verteidigung des nördlichen Deutschland im Kriegsfall von vornherein aussichtslos gewesen. Viel zu oft wird vergessen, daß das angeblich dem Kontinent so kühl gegenüberstehende Großbritannien in den Verteidigungsfragen seit den späten vierziger Jahren ganz bewußt Kontinentalmacht war. Vergleichbares gilt übrigens auch für die Wirtschaftsbeziehungen. Die 1959 von London als Konkurrenz zur EWG ins Leben gerufene Europäische Freihandelsassoziation (EFTA), der ursprünglich neben Irland alle skandinavischen Länder, die Schweiz, Österreich und Portugal angehörten und die sich dann Zug um Zug in der EG auflöste, verankerte Großbritannien gleichfalls auf dem Kontinent. Wenn festgestellt wird, daß heute mehr als die Hälfte der britischen Exporte in die Länder des EU-Raums geht, so ist das keine ganz neue Entwicklung.[14]

Die Frage war also von Anfang an schief formuliert, ob England Europa angehören wolle oder nicht. Strittig war vor allem, wie Europa organisiert sein sollte – nach den Vorstellungen der Sechsergemeinschaft, in der Frankreich und die Bundesrepublik tonangebend waren, oder nach denen der Briten?[15] Dabei kamen jede Menge machtpolitischer, wirtschaftspolitischer und psychologischer Faktoren zum Tragen, nicht zuletzt die große Preisfrage, wie die rasch erstarkende Bundesrepublik am sichersten im Westen verankert werden könnte. Dabei haben sich, wie bereits ausgeführt, die französischen Vorstellungen weitgehend durchgesetzt.

Anders als Großbritannien sah sich die Bundesrepublik von Anfang an in den Club der Sechsergemeinschaft eingebettet – »das karolingische Europa«. Erst waren die Clubregeln England zu beschwerlich, dann legte de Gaulle ein Jahrzehnt lang bei der Ballotage schwarze Kugeln ein. Die unvermeidliche Folge: Das ohnehin kulturell stark mit Amerika verbundene England orientierte sich *faute de mieux* vorrangig an den USA, an dem Auslaufmodell Commonwealth und der europäischen Konkurrenzorganisation EFTA, die sich als ein *non-starter* herausstellte. Als Großbritannien schließlich Mitglied der EG wurde, hatte sich längst ein deutsch-französischer Bilateralismus entwickelt.

Die alte *Entente cordiale* zwischen England und Frankreich war im Debakel vom Mai und Juni 1940 verschüttet worden und konnte nie mehr recht wiederbelebt werden. England fühlte sich damals von Frankreich und Frankreich von England im Stich gelassen. Beim Suez-Debakel von 1956, als die beiden einstigen Waffengefährten nochmals gemeinsame Sache machten, um den ägyptischen Diktator Nasser zu stürzen, gab London unter dem beiderseitigen Druck Washingtons und Moskau früher als Frankreich auf, das sich zu Recht oder zu Unrecht verraten fühlte. Ausgerechnet am kritischsten Tag der Weltkrise um Suez reiste Adenauer nach Paris und bewies dem ratlosen und frustrierten französischen Kabinett, daß Frankreich auch eine kontinentaleuropäische Option besaß: Zusammengehen mit der Bundesrepublik Deutschland, die sich in der zweiten Hälfte der fünfziger Jahre bereits auf dem besten Weg befand, zur *Économie dominante* in Europa zu werden. Damals haben sich die letzten Sentiments der *Entente cordiale* verflüchtigt. Es ist schon oft analysiert worden, wie ausgerechnet diese Erfahrung das damalige Kabinett Guy Mollet veranlaßte, sich endgültig für die Gründung der EWG zu entscheiden. Man könnte fast von einem historischen Gesetz sprechen: Alte Allianzen brechen zumeist im Kanonendonner zusammen, während sich gleichzeitig neue Allianzen herausbilden. Zug um Zug wurde alsdann die gegen Deutschland gerichtete britisch-französische *Entente cordiale* von einer neuen deutsch-französischen *Entente élémentaire* abgelöst, wie Georges Pompidou es später nannte.

Ab und an unternahm England zwar einen Anlauf, eine trianguläre Partnerschaft mit Paris und Bonn zu entwickeln, ganz besonders auf dem Rüstungssektor. Aber für eine ganze Abfolge britischer Kabinette waren weder die Beziehungen zu Frankreich noch die zur Bundesrepublik eine Herzenssache. Den britisch-deutschen Beziehungen fehlte von Anfang an die emotionale Wärme. Was Heinrich Heine gelegentlich über den Volksstamm der Westfalen schrieb, trifft wohl auf die Deutschen generell zu: Sie sind »sentimentale Eichen«.[16]

Anders als die nüchternen Briten begriff man in Paris von Anfang an die Bedeutung symbolischer Politik, demonstrativer Gesten und mythischer Überhöhung realpolitischer Zusammenarbeit. Es war nicht zuletzt die Macht der Bilder und Schlagworte, die dem deutsch-französischen Duo emotionale Tiefe gab, vom Auftritt de Gaulles auf der Treppe des Bonner Rathauses, von wo er der jubelnden Menge zurief: »Das große deutsche Volk, ja, das große deutsche Volk«, bis zum stummen Händedruck Kohls und Mitterrands vor dem Ossuaire von Douaumont. Im deutsch-britischen Verhältnis, so gedämpft freundlich es sich auch im Verlauf der Jahrzehnte entwickelt hat, fehlt es an derartigen Szenen und Aussprüchen.

Nicht unwichtig war in diesem Zusammenhang das jeweilige Verhältnis zwischen den britischen Premierministern und den deutschen Bundeskanzlern. Das begann schon zu Zeiten Adenauers. So wenig es zwar zutrifft, daß dieser von Anfang an exklusiv auf Frankreich gesetzt habe, so richtig ist es, daß der Gründungskanzler, dessen Vorbildwirkung für die folgenden Generationen von CDU-Politikern gar nicht überschätzt werden kann, schließlich als eine Art Oberhäuptling der bundesdeutschen »Gaullisten« endete. Dazu trug sicherlich auch das kühle Verhältnis zwischen ihm und Macmillan bei. Adenauer mißtraute Macmillan zutiefst, und dieser hat seinerseits nie vergessen und wohl auch nicht verziehen, daß das britische Empire in zwei Weltkriegen mit Deutschland finanziell ruiniert worden war; er war zu vielen Kompromissen mit der Sowjetunion auf deutsche Kosten bereit, um einen dritten Weltkrieg wegen Berlin zu verhindern.

Als mit Ludwig Erhard und seinem anglophilen Außenminister Gerhard Schröder das erste und einzige Mal in der bundesdeutschen Geschichte für wenige Jahre eine Bundesregierung amtierte, die uneingeschränkt, doch auch etwas naiv, gleichzeitig proamerikanisch und probritisch war, fehlten in London die kongenialen Partner, die daraus etwas gemacht hätten.

Wohlbekannt im Kreis der EU-Spitzenpolitiker und gewiß von weitreichender Bedeutung für die deutsch-britischen Beziehungen war schließlich das Un-Verhältnis zwischen Margaret Thatcher und Helmut Kohl, wobei manches zusammenkam. Die Vorstellungen der beiden über die Zukunft der Europäischen Gemeinschaft waren schlechterdings unvereinbar. Niemand hat sich später so schrill über die Idee eines bundesstaatlichen Europa geäußert wie die »Eiserne Lady«: »… eine Verrücktheit … ein klassisch utopisches Projekt, ein Monument intellektueller Eitelkeit, ein Programm, das ganz unvermeidlich dazu bestimmt ist, letzten Endes zu scheitern; unsicher ist nur, wie groß der endgültige Schaden sein wird, den dieses Scheitern anrichten wird …«[17] Ebenso stieß sie sich an der Exklusivität des Zweierverhältnisses zwischen Kohl und Mitterrand. Und damit waren die Unvereinbarkeiten noch nicht zu Ende. Thatcher war von der Richtigkeit ihres unverfälschten Neoliberalismus genauso überzeugt wie Kohl von dem viel schonenderen Konzept der Sozialen Marktwirtschaft im Sinn der CDU. Als sich dann noch 1989/90 die Wiedervereinigung anbahnte, mißtraute die Premierministerin zutiefst dem deutschen Dynamismus. Und die Gesamtheit dieser tiefgreifenden Meinungsverschiedenheiten wurde noch zusätzlich durch den Umstand erschwert, daß »die Chemie« zwischen beiden nicht stimmte. Gewiß, es gab auch Gemeinsamkeiten. Kohl und Thatcher waren damals stärker als Mitterrand von der überragenden Bedeutung des Bündnisses mit Amerika überzeugt. Auch die Erweiterung der EU um die neuen Demokratien in Ostmitteleuropa wurde von Helmut Kohl und Margaret Thatcher vergleichbar intensiv betrieben, wenngleich mit ganz unterschiedlichen Hintergedanken. Die französische Diplomatie war viel zögerlicher, ohne aber dem allgemeinen Drängen offen widerstreben zu können.

Alles in allem hielt sich das wiedervereinigte Deutschland aber sowohl unter Bundeskanzler Kohl als auch in den ersten vier Jahren der rot-grünen Regierung an die Grundlinie, Europa primär im Zusammenwirken mit Frankreich zu gestalten, doch bei gleichzeitigem Bemühen, England einzubeziehen. Das gelang auch halbwegs, und als Tony Blair 1997 die euroskeptischen Konservativen vernichtend geschlagen hatte, schien das Konzept aufzugehen. London akzeptierte nun die Europäische Sozialcharta und machte sich sogar an den Aufbau von EU-Verteidigungsstrukturen. Eine Zeitlang bestand zudem Grund zu der Erwartung, Blair könne zu einem geeigneten Zeitpunkt alle Widerstände brechen und Großbritannien in die Eurozone führen. Bei dem britisch-französischen Gipfel in Saint-Malo gab er, wie schon erörtert, im Dezember 1998 den Anstoß für die European Security and Defence Initiative (ESDI) und wußte diese anfangs auch der Bush-Administration zu verkaufen. Bis heute zehren alle einschlägigen Beschlüsse zur Konkretisierung der Europäischen Sicherheits- und Verteidigungspolitik von dieser Initiative. Bald verbreitete sich zwar die Meinung, ESDI sei Blairs Substitut für die Teilnahme am Euro. Aber daß mit Blair der europafreundlichste Premierminister seit Ted Heath nach Downing Street 10 gekommen war, ist jedenfalls nicht zu bezweifeln.[18]

Sprach also nicht viel dafür, das informelle deutsch-französische Führungsduo zu einem genauso informellen deutsch-französisch-britischen Trio fortzuentwickeln – dies stets mit dem Ziel, die gesamte EU zu vertiefen?[19]

Die Gründe für das Scheitern dieses Ansatzes sind schon genannt worden: Zum ersten ließ die Polarisierung der Jahre 2002 und 2003 Europa und auch die deutschen Parteien urplötzlich wieder in die Schützengräben der sechziger Jahre zurückkehren, als sich »Atlantiker« und »Gaullisten« erbittert bekriegten. Diese seinerzeit bei den Journalisten beliebte Etikettierung zur Kennzeichnung der proamerikanischen oder profranzösischen Gruppierungen in der Bundesrepublik (Bundeskanzler Erhard als Clan-Häuptling der ersteren, Adenauer der letzteren) drängt sich heute im großen europäischen Kontext ein zweites Mal auf – »Euro-Atlantiker« versus »Euro-Gaullisten«, so hat Timothy Garton Ash diese Lager unlängst benannt.[20] Die bislang bewährte Grundlinie des Sowohl-Als-auch, auf der sich das Deutschland Gerhard Schröders und das Großbritannien Tony Blairs zum Nutzen des Projekts Europa halbwegs verständigt hatten, wurde zeitweilig durch ein Entweder-Oder überlagert. Wie die Kontroversen während des Irakkriegs zwischen der rot-grünen Regierung und der CDU-Opposition unter Angela Merkel illustriert haben, ziehen sich die entsprechenden Fronten quer durch die einzelnen Länder. Es wäre auch völlig verkehrt, darin noch den klassischen Gegensatz zwischen dem insularen und dem kontinentalen Europa erkennen zu wollen. Inzwischen haben sich Großbritannien, Frankreich und Deutschland zwar wieder darauf verständigt, den Ansatz der ESVP und somit das ursprüngliche Konzept Tony Blairs weiterzuverfolgen. Aber daß England nun noch stärker als zuvor auf die Anbindung an die NATO Wert legt, ist kein Wunder.

Damit verknüpft sich – zweitens – die völlig neue, aber für die Zukunft wohl entscheidende Bedingung, daß die Länder des 25er-Europa bei den kritischen Fragen der Außen- und Verteidigungspolitik nicht mehr geführt werden möchten – weder durch ein französisch-deutsches Duo noch durch ein deutsch-französisch-britisches Trio. Italien, Spanien und Polen drängen ungestüm in die Spitzengruppe. Eine mittlere Macht wie die Niederlande möchte sich gleichfalls nicht mit einem Direktorat der Großen zufriedengeben. Und die Kleinen verhalten sich so wie stets im neuzeitlichen Europa: Sie schließen sich rivalisierenden Lagern an oder suchen sich quasineutral aus den Händeln herauszuhalten. Das Regelwerk der EU verhindert zwar eine formelle Allianzbildung wie in weit zurückliegenden Epochen. Doch diplomatische Koalitionen im Rahmen der EU sind nun wieder möglich, ja wahrscheinlich. Die Barroso und Solana an den Spitzen der EU-Bürokratie sind natürlich viel zu schwach, sich den Regierungen der großen Länder entgegenzustellen. Es ist zwar nicht so, daß das Europa der militärischen Allianzen oder gar der Kriegsgefahr wiederkehrt. Aber diejenigen, die sich von der Vision eines *Europe puissance* oder einer gemeinschaftlichen Außen- und Sicherheitspolitik leiten lassen, haben im 25er-Europa viel schlechtere Karten. Das wird sich noch verstärken, wenn Bulgarien, Rumänien und vielleicht Kroatien beitreten – von der Türkei ganz zu schweigen.

Muß also Deutschland daraus schlußfolgern, daß das britische Kalkül einer modernen Freihandelszone mit ein paar zusätzlichen Institutionen aufgegangen ist? Noch nicht. Wie eben skizziert, ist England bereits weiter und hat den Nutzen enger europäischer Zusammenarbeit auch auf den Feldern der Außen- und Sicherheitspolitik durchaus anerkannt – freilich zu seinen Bedingungen. Doch genauso verhalten sich heute auch Frankreich, Italien oder Polen. Zwei der britischen Bedingungen lauten: kein Europa in offener Rebellion gegen die USA und eine EU-Komponente zur europäischen Verteidigung nur dann, wenn sich diese komplementär in die NATO einfügt und nicht als Parallelorganisation konzipiert ist.

Ungeachtet der Amerikakritik, die europaweit grassiert, leuchten diese Bedingungen einer Mehrzahl der EU-Regierungen viel mehr ein als früher. Mag sein, daß die ostmitteleuropäischen Länder auf längere Sicht weniger auf Amerika hören und ein spezifischeres EU-Wir-Gefühl entwickeln werden, wenn sie eine Reihe von Jahren in der Gemeinschaft verankert sind. Sogar in Polen hat der Verlauf des starken Engagements im Irak an der Seite von Amerika und Großbritannien Nachdenklichkeit hervorgerufen.

Aber die Grundtatsachen der Geographie können nicht aus der Welt geschafft werden. Diese schließen ein machtpolitisches

Comeback des atomar gerüsteten, auch als Energielieferant für die EU-Länder zunehmend unentrinnbaren Rußland nicht aus. Wie fordernd und zugleich erstaunlich verkehrt kalkulierend Rußland schon wieder auftritt, beweisen die Präsidentschaftswahlen von Ende 2004 in der Ukraine. Die baltischen Länder, Polen, Rumänien und Bulgarien werden zwar keine insulare Mentalität entwickeln, aber sie sind, ähnlich wie England, an einer atlantischen Verteidigungsgemeinschaft vital interessiert, die Amerika so zuverlässig und so weit im Osten wie möglich auf dem Kontinent festhält. Solange sich Deutschland als schwach erweist und der Führung Frankreichs willig folgt, werden die neuen Demokratien daher eher dem britischen Konzept europäischer Verteidigungs- und Amerikapolitik folgen. In Berlin täte man gut daran, sich auf die neue Lage einzustellen.

Eigentlich müßte Deutschland vital daran interessiert sein, daß sich die Länder seines östlichen Sicherheitsglacis in der EU gut aufgehoben fühlen. Deshalb spräche auch aus wohlverstandenem deutschem Interesse viel dafür, wenigstens wieder zur bewährten Position des Vermittlers zwischen den Vorstellungen Frankreichs und Englands zurückzukehren. Das ist aber nur möglich, wenn sich die Bundesregierung aus der allzu engen Umarmung mit Frankreich löst und behutsam ein paar Schritte zur Seite tritt. Behutsam ..., denn auch in der Außenpolitik darf man nicht übertreiben. Enttäuschte Freunde neigen dazu, gegen den vorherigen Partner Koalitionen zu schmieden. Selbst wenn sich bei nüchternem Zusehen herausstellt, daß man nach der einen Seite zuviel des Guten getan hat, sind behutsame Korrekturen geboten.

Warum nicht wie England? Die scheinbar unkorrekten Fragen sind manchmal vernünftiger als der unreflektierte Traditionalismus. Bei geboten kühler Analyse spräche aus deutscher Sicht mehr dafür, die EU stärker im Sinn der englischen Vorstellungen zu entwickeln und weniger auf Paris zu hören. Das setzt allerdings voraus, daß wieder überall Vernunft einkehrt: in Washington, in Paris, in London, aber auch in Berlin.

6. Erweiterung und »Fast null«-Vertiefung – nun auch noch die Türkei?

Von Anfang an war die ursprüngliche Sechsergemeinschaft EWG auf Erweiterung programmiert. Sie steht bis heute unter diesem Gesetz. Je größer der Binnenmarkt wurde, desto unwiderstehlicher sein Sog. Es war immer das gleiche: Die meisten Länder, denen die EWG alias EG alias EU in Assoziationsabkommen mehr oder weniger vage Beitrittsaussichten eröffnet hatte, versprachen sich von der Vollmitgliedschaft wirtschaftliche und politische Vorteile – Zugang zum großen Binnenmarkt, Brüsseler Subventionen für die Landwirtschaft, Strukturhilfen für die Regionen, Leistungen aus dem Kohäsionsfonds, in Einzelfällen auch ein Migrationsventil für die strukturelle Arbeitslosigkeit, dies alles verbunden mit dem Recht, in einem politischen Club mitzusprechen, der von Jahrzehnt zu Jahrzehnt wichtiger wurde. Und die jeweiligen Clubmitglieder erwarteten Vergleichbares: Ausdehnung des großen Binnenmarkts und Machtsteigerung der Gemeinschaft durch die wachsende Zahl der Mitglieder. Idealistische Geister berauschten sich auch an dem Gedanken, Europa in einer umfassenden politischen Gemeinschaft zusammenzuschließen.

Man sieht es nicht falsch, wenn man die Erweiterungsgeschichte als Ergebnis von Sach- und Machtlogik begreift. So verhielt es sich bereits beim leidenschaftlich umkämpften Beitritt Großbritanniens. Aus britischer Sicht zeichnete sich seit Beginn der sechziger Jahre ab, daß der wirtschaftliche Nutzen der EWG größer sein würde als die Nachteile. Genauso lebhaft wünschte London aber auch, in dem neuen Club gebührend mitzureden. Der Beitritt Englands, zu dem es erst 1973 kam, zog aber mit innerer Logik den Beitritt eines Teils der britischen Klientel aus dem EFTA-Club nach sich, also Irlands, Dänemarks und Norwegens. (Den Beitritt Norwegens verhinderten allerdings im letzten Moment die norwegischen Wähler.) 1973 wuchs so die gewissermaßen klassische Sechsergemeinschaft zur Neunergemeinschaft. Von da an waren die Erweiterungen mindestens im gleichen Maß die Antwort auf unerwartete neue Situationen wie das Resultat langfristigen Kalküls.

Der nächsten Beitrittsrunde lag wiederum eine Kombination politischer und wirtschaftlicher Motive zugrunde. Anfangs überwogen dabei geostrategische Gesichtspunkte, verbunden mit dem Wunsch, bei den Beitrittsländern die Transition zur Demokratie zu unterstützen. Nachdem sich Griechenland, Portugal und Spanien Mitte der siebziger Jahre ihrer Diktaturen entledigt hatten, strebten sie zum Zweck der Stabilisierung ihrer Demokratien in das Verbundsystem der Demokratien Europas, wünschten aber zugleich, auch aller wirtschaftlichen Vorteile des EG-Systems teilhaftig zu werden. Aus Sicht der EG-Mitglieder stellte sich die Lage genauso dar. Sie hofften die neuen Demokratien Südeuropas dauerhaft zu stabilisieren und versprachen sich ihrerseits Vorteile bei Ausweitung des Binnenmarkts. So wurde 1981 mit dem Beitritt Griechenlands die Zehnergemeinschaft geschaffen und 1986 durch die Beitritte Spaniens und Portugals die Zwölfergemeinschaft.

Dieselbe Kombination wirtschaftlicher Nutzenerwägungen und politischer Motive wiederholte sich nochmals 1995, als die Erweiterung um Schweden, Finnland und Österreich perfekt war. Aus rein ökonomischen Gründen hätten diese Länder schon lange beitreten und vom Nutzen des Binnenmarkt profitieren können. Doch erst das Ende des Kalten Krieges erlaubte diesen ehemals neutralen Staaten den Beitritt zu dem attraktiven Block der EU, der sich inzwischen von einer Wirtschaftsgemeinschaft zu einer Art Staatenbund entwickelt hatte.

Schließlich erfolgte am 1. Mai 2004 die Erweiterung um die neuen Demokratien Mitteleuropas und Ostmitteleuropas einschließlich der Mittelmeerinseln Zypern und Malta. Wie schon im Fall Griechenlands, Spaniens und Portugals stellten die beiderseitigen Motivationen auch diesmal einen Mix aus politischen und wirtschaftlichen Überlegungen dar. Stabilisierung der neuen Demokratien Osteuropas, Schaffung eines Sicherheitsglacis nach Osten hin und Erschließung von Wachstumsmärkten – so sah es die EU, so sahen das ganz besonders die Deutschen. Wiedervereinigung Europas, Sicherheit in der Gemeinschaft westlicher Demokratien, Zugang zum großen Binnenmarkt und Hilfe zur Modernisierung – so sahen es die Osteuropäer. Ähnlich wie zuvor bei Spanien und Portugal stand der Beitritt am Ende eines langen Prozesses der Vorbereitung und der Verhandlungen.

Der große Enthusiasmus hat sich zwar verflüchtigt, denn die Übernahme des *acquis communautaire* ist eine zweischneidige Sache. Doch seitdem aus der EU auch ein eminent politischer Club geworden ist, wirkt sie zusätzlich attraktiv. Nichtmitglieder fühlen sich heute zweitklassig und politisch marginalisiert, wirtschaftlicher Nutzen hin oder her.

Der Drang der Nichtmitglieder in die EU ist das eine, der Drang der EU, sich zu vergrößern, das andere. Auch aus Sicht der hohen Brüsseler Bürokraten konnte die Europäische Union allem Anschein nach überhaupt nie groß genug sein. Aber auch die Mitgliedsregierungen der einzelnen EU-Länder sahen sich ständig in einer Art Erweiterungs-Zugzwang. Dem Argument, die neuen Demokratien zu stabilisieren und zugleich die EU geostrategisch nach Ostmitteleuropa und zum Balkan hin auszudehnen, konnte schlechterdings nichts entgegengesetzt werden. So dürfte es vorerst weitergehen. Aus Sicht der EU ist die Ausdehnung auf den Balkan durch Aufnahme Bulgariens und Rumäniens, wahrscheinlich im Jahr 2007, ein Gebot wirtschaftlicher und geostrategischer Logik, ungeachtet aller Bedenken. Und da die Demokratie in Kroatien konsolidiert scheint, ist in diesem Fall das Beitrittsjahr 2009 wahrscheinlich.

Neben Norwegen und der Schweiz bleiben von den im Vollsinn europäischen Ländern dann nur noch Serbien-Montenegro, Albanien und Mazedonien vor der Tür, dazu die wirtschaftlich kaum lebensfähigen Quasi-Protektorate Bosnien-Herzegowina und Kosovo. Ob, in welcher Form und wann die restlichen Republiken des zerfallenen Jugoslawien zusammen mit Albanien Aufnahme finden, ist unklar. Doch wie bei den Ostmitteleuropäern, die inzwischen in den Club aufgenommen sind, haben die EU-Außenminister und die Brüsseler Beamten auch in diesen Ländern die frohe Botschaft verkündet, selbst die allerletzte

Balkanrepublik dürfe, müsse und könne »eine europäische Zukunft« haben. Nur innerhalb der EU, so glaubt man wenigstens in Brüssel und Berlin, lasse sich der Balkan demokratisieren und stabilisieren. Daß zu guter Letzt auch die Türkei in diesen Sog von Erwartungen, Versprechungen und Selbsttäuschungen hineingeraten ist, kann eigentlich niemanden erstaunen, der sich die unendliche Geschichte der Erweiterungen vor Augen hält.

Zu guter Letzt die Türkei? Wenn das Gesetz, nach dem die EU angetreten ist, fortwirkt, ist die Frage geboten: Wer wird noch alles nachfolgen? Moldawien, die Ukraine? Nach dem Beitritt der Türkei wäre auch eine Landbrücke nach Georgien und Armenien geschaffen, die gleichfalls den Beitritt begehren. Und was spräche dann eigentlich gegen den Beitritt Aserbaidschans oder aber, am Südrand des Mittelmeers, Tunesiens, Algeriens, Marokkos, vielleicht sogar Libyens, falls diese Länder halbwegs glaubhaft den Anschein erwecken, sie hätten sich auf den Weg der Demokratie und der Marktwirtschaft begeben? Die Brüsseler Apparate und phantasievolle Außenminister der EU haben nie gezögert, die Grenzen Europas wie eine Ziehharmonika zu dehnen. Gelegentlich fragt sogar ein Politologe, den es auf die Insel Utopia verschlagen hat: »Warum nicht Israel und Palästina in die EU?«[1]

Erst jetzt und viel zu spät bemächtigt sich jener Staaten, die der ursprünglichen Sechsergemeinschaft angehörten, eine Art Katzenjammer. Bis vor kurzem noch waren alle Befürworter des Zusammenschlusses Europas bereit, die Beitrittsfrage nach Kavaliersart zu lösen. Man behauptete einfach, Erweiterung und Vertiefung seien keine Gegensätze. Es bedurfte der hypertrophen Erweiterung auf 25 Mitglieder, bis auch den bisherigen Optimisten die bittere Wahrheit dämmerte, daß die zwar verständliche, aber doch eher unüberlegte Erweiterung die bisherige Gemeinschaft denaturiert hat. »Man hätte das Zusammenwachsen West- und Mitteleuropas auch behutsamer organisieren können«, stellt Peter Glotz fest und sagt voraus: »Die Angleichung der ökonomischen Zustände wird eine wachsende politische Widerborstigkeit erzeugen.«[2] Herbert Kremp bringt die Problematik mit den Worten auf den Punkt, die europäische Politik habe sich »durch eine gewisse innere Maßlosigkeit in einen Kampf der Institutionen, der Expansion und

Grenzdefinition gestürzt, der die beteiligten Staaten vor unerhörte Herausforderungen kultureller, politischer und finanzieller Natur stellt. Jeder Mensch, jeder Staat, jedes Unternehmen muß seine Fassung wahren. Die Europäer sind drauf und dran, sie zu verlieren.«[3]

Drei Konsequenzen treten nun offen zutage: Die erwünschte Vertiefung ist in Frage gestellt, wenn nicht bereits unmöglich; aus der Gemeinsamen Außen- und Sicherheitspolitik wird gleichfalls nicht mehr viel werden können; und zudem drohen jetzt auch echte Gefahren für die nationale Identität. Deutschland, wo man in europäischen Fragen gerne etwas länger und tiefer zu schlafen pflegt als anderswo, ist diesbezüglich erst aufgewacht, seit der Beitritt der Türkei in Aussicht steht.[4]

Die Krise der Vertiefung wird sich bei den Referenden über die Verfassung für Europa entscheiden. Schon jetzt ist deutlich erkennbar, daß sich selbst in Schlüsselländern der alten Sechsergemeinschaft das Vergnügen an Europa stark abgekühlt hat. Am größten sind die Bedenken gegenwärtig in Frankreich. Nicht ohne Grund verstärkt sich dort die bohrende Erkenntnis, daß es schon in der 25er-EU nicht mehr möglich sein wird, wie gewohnt in Europa die erste Geige zu spielen. Ängste vor einer machtpolitischen Marginalisierung breiten sich aus, und sie sind nicht ganz unbegründet. Dazu kommt noch die Furcht vor dem Beitritt der Türkei, den ausgerechnet Staatspräsident Chirac seinem Land aufzwingen möchte. In der politischen Klasse von Paris und unter den französischen Wählern wachsen jedenfalls die Zweifel, ob es richtig war, sich an eine unsteuerbare EU zu fesseln, bei der Züge eines *Europe à l'anglaise* zunehmend deutlicher hervortreten. Brüssel, wo die französische Sprache jahrzehntelang zur Dominanz über Deutschland und andere dienlich war, wird unwiderruflich anglophon. In der Kommission unter Barroso spielt das französische Kommissionsmitglied nur noch eine nachgeordnete Rolle. Und im Europäischen Rat tut sich die Pariser Regierung gleichfalls immer schwerer, neben den Regierungschefs Deutschlands, Großbritanniens, Italiens und Polens die erstrebte erste Geige zu spielen. Jetzt streitet sich fast ein halbes Dutzend ehrgeiziger politischer Diven großer Länder um die ersten Ränge.

In Frankreich ist das nagende Gefühl, sich selbst in eine

Randlage manövriert zu haben, zudem mit der tiefen Sorge um den Verlust der nationalen Identität verbunden. Ähnlich wie in Deutschland erwächst der Selbstzweifel auch dort aus der Realität der Einwanderung. Man spürt, daß die französische Gesellschaft nicht mehr die Kraft aufbringt, die vor allem aus dem Maghreb stammenden Immigranten zu echten Franzosen zu machen, anders gesagt: Die meist armen Einwanderer fühlen sich kräftig genug, der Assimilation zu widerstehen und Parallelgesellschaften aufzubauen. Im Vertrauen auf die Überlegenheit der eigenen Zivilisation hatte Frankreich jahrzehntelang die Politik verfolgt, seiner arabischen Minderheit volle Bürgerrechte zu gewähren. Nun sieht es sich mit einer kulturell nur noch teilweise assimilierten Minderheit konfrontiert, ohne zu wissen, ob das Experiment der Integration der Muslime in der Pariser *banlieue*, in Marseille und Lyon oder in anderen industriellen Zentren Frankreichs irgendwann glücken wird.[5] Es ist nicht zuletzt diese durchaus begründete Verunsicherung, die dem Vorhaben mit größter Skepsis begegnen läßt, nun auch noch die Türkei, ein riesiges Land mit potentiell riesigem Migrationspotential, in die EU aufzunehmen.

Die Stimmung in Deutschland ist derjenigen Frankreichs recht ähnlich. Auch hier machen sich manche schon Vorwürfe, weil sie nicht rechtzeitig davor warnten, zu viele neue Mitglieder in den Club aufzunehmen, ohne die Clubregeln präzise darauf einzustellen. Von den vielen sorgenvollen Stimmen sei nur eine einzige erwähnt. Helmut Schmidt, immer noch ein überzeugter Europäer, macht in seiner letzten Publikation eine desillusionierende Rechnung auf – die Problematik läßt sich nicht knapper und zutreffender schildern als mit seinen Worten: »Die Institutionen der EU und die Verteilung der Kompetenzen zwischen ihnen, die Verfahrensregeln und die finanzpolitischen Regeln waren auf einen Verbund von sechs Staaten zugeschnitten, für einen Verbund von neun Staaten hatten sie gerade noch ausgereicht; für den Verbund von zwölf und schließlich fünfzehn Staaten – jeder mit Vetorecht in jeder Frage – waren sie insgesamt unzureichend. Die Regierungschefs und die Minister der Mitgliedstaaten haben die Defizite nicht rechtzeitig erkannt. Als sie schließlich ihre Versäumnisse begriffen, erwiesen sie sich als unfähig, Abhilfe zu schaffen ...«[6] Vier große Anläufe zur Reform der Europäischen Verträge – Maastricht 1992, Amsterdam 1997, Nizza 2000 und Brüssel 2004 – hätten das Problem nicht gelöst: »Der Aufwand war groß, der Erfolg jedoch fast gleich null.« Die Institutionen für nunmehr 25 Staaten seien immer noch so unzureichend wie zwölf Jahre zuvor für nur halb so viele Länder.

Selbst wenn man von den für Helmut Schmidt charakteristischen Überpointierungen einiges abstreicht, ist doch unbestreitbar, daß er die kritische Lage richtig darstellt. Aus deutscher Sicht ist das System auch deshalb so problematisch, weil gemäß dem heute gültigen Vertrag von Nizza die bevölkerungsstarken und auch wirtschaftlich führenden Staaten stark benachteiligt sind. Die EU ist ein Paradies der kleinen Länder. Lange Zeit hatten die Großen der Stimmengewichtung kaum Beachtung geschenkt. Frankreich, Italien und England achteten nur darauf, wenigstens dieselbe Stimmenzahl wie das viel größere und seinerzeit auch noch wirtschaftlich viel stärkere Deutschland zu besitzen. Das in Nizza erfundene System der Stimmengewichtung ist geradezu grotesk: Die Stimmen der dreizehn größten Länder, die 88 Prozent der Bevölkerung stellen, reichen beispielsweise nicht aus, um gegen die Kleinen Beschlüsse im Rat durchzusetzen.[7] Werner Weidenfeld hat schon recht: Das »geradezu übermächtige System« der EU, »das drastisch in fast alle politischen Lebensbereiche interveniert, verträgt in Zeiten demokratischer Ideen nicht mehr jene gigantische Verzerrung durch die bisher gegebenen Stimmengewichtungen im Ministerrat«.[8]

Nun richten sich alle Hoffnungen auf den Verfassungsvertrag für Europa. Die leichtsinnig gemachten Fehler sollen durch das System der doppelten Mehrheit wenigstens halbwegs korrigiert werden. Auch Helmut Schmidt zeigt sich diesbezüglich gedämpft optimistisch, und er ist darin typisch für die deutsche politische Klasse. Doch was wird, wenn die Verfassung bei den Referenden scheitert? Und würde sie sich selbst dann, wenn sie 2009 oder 2010 endlich in Kraft treten sollte, wirklich bewähren? Auch bei günstigem Verlauf der Referenden muß man besorgt fragen, wie sich die EU in dem ja nicht unwichtigen Zeitraum von 2005 bis etwa 2010 unter dem Vertrag von Nizza entwickeln wird. Auf kurze Sicht befürchten die meisten Beobachter, die nicht zu offiziellem Optimismus verpflichtet sind, daß bis 2010 eher Stagnation vorherrschen wird als eine Dynamik, kraft deren die Europäische Union die Vereinigten Staaten wirtschaftlich überholen möchte, wie das seinerzeit im Programm von Lissabon beschlossen wurde.

Das sind freilich nur die Sorgen von Experten, die sich allerdings der weitreichenden Konsequenzen von Abstimmungsblockaden oder von negativen Koalitionen im Ministerrat der EU bewußt sind. In einer breiteren Öffentlichkeit sind es eher die wirtschaftlichen Konsequenzen des Beitritts von acht beziehungsweise (mit Bulgarien, Rumänien und Kroatien) elf Niedriglohn- und Niedrigsteuerländern in Ostmitteleuropa und auf dem Balkan, die für eine gewisse Unruhe sorgen. Gegenwärtig tröstet man sich mit dem Gedanken, die Vorteile und Nachteile der Erweiterung würden sich schon irgendwie ausbalancieren. Noch sind die Hinweise selten, daß sich manches von dem, was häufig als bedrohliche Globalisierung diskutiert wird, bei genauerem Hinsehen vielfach als Folge der Europäisierung herausstellt, auf die sich die deutsche Volkswirtschaft selbstbewußt eingelassen hat. Wenn sich aber die Stimmung auch in Deutschland stark einzutrüben beginnt, so in erster Linie aus Sorge vor weiterer uferloser Erweiterung.

Noch ist allerdings der bevorstehende Beitritt weiterer ostmitteleuropäischer Länder – Bulgarien, Rumänien, Kroatien – kein großes Thema. Die einstige preußisch-deutsche Überheblichkeit gegenüber den slawischen Völkern hat in den vergangenen Jahrzehnten doch einer verständnisvollen und erfahrungsgesättigten Sympathie Platz gemacht. Die reisefreudigen Deutschen kennen die Länder der näheren und ferneren östlichen Nachbarn oft aus eigener Anschauung und haben durchaus ihre Freude an der Vielfalt Europas. Wirtschaftsverbindungen, Elitenkontakte, gute Erfahrungen mit den in Deutschland arbeitenden Ostmitteleuropäern wirken sich gleichfalls positiv aus. Doch es ist eine Sache, auf einem Kontinent gutnachbarlich nebeneinander zu leben, eine ganz andere aber, immer neue Millionen von Menschen, die mit Quasi-Bürgerrechten ausgestattet sind, in eine Politische Union hereinströmen zu sehen, bei deren Gesetzgebung und Wirtschaftspolitik man immer weniger zu sagen hat.

Alles in allem haben die Wähler die bisherigen Erweiterungsrunden eher uninteressiert zur Kenntnis genommen. Erst die
Diskussion um die Beitrittsverhandlungen mit der Türkei hat
das schlagartig verändert. Plötzlich ist die uferlose Erweiterung
der EU zu einem brisanten Thema geworden.

An und für sich fällt das Beitrittsbegehren der Türkei nicht
aus dem gewohnten Rahmen. Der Antrag liegt seit 1987 auf
dem Tisch und wurde 1990 vorerst abschlägig beschieden. Das
Freihandelsabkommen trat 1996 in Kraft – aus wirtschaftlicher
Interessenlage der EU eigentlich eine hinlängliche Basis für ein
Nebeneinander, das beiden Seiten Nutzen bringt. Doch natürlich wollte die türkische Regierung mehr, nämlich Zugang zu
den Subventionstöpfen der EU und politische Mitsprache im
europäischen Club. Die EU gibt derzeit 53 Milliarden Euro
für Agrarsubventionen aus. Nach den Berechnungen der EU-
Kommission würde allein die unmoderne Landwirtschaft der
Türkei nach den derzeit geltenden Kriterien jährlich die stolze
Summe von weiteren 11,3 Milliarden Euro erfordern. Dazu kä-
men nochmals rund 10 Milliarden Euro aus den Strukturfonds.[9]
Woher nehmen, da die Nettozahler keinesfalls bereit sind, den
EU-Haushalt über ein Prozent des BSP ansteigen zu lassen?

Die Brüsseler Bürokratie hat sich jedoch von solchen Problemen noch nie schrecken lassen. Sie glaubt oder behauptet
zumindest, daß die Beitrittsverhandlungen andauern würden, bis
der erst noch zu beschließende EU-Haushalt für die Jahre 2007
bis 2013 ausläuft. Kommt Zeit, kommt Rat; erst dann wäre die
Frage definitiv zu entscheiden, wobei man einerseits hofft, die
Türkei entsprechend herunterzuverhandeln, andererseits – doch
wie oft wurde das schon geplant? – die Subventions- und Um-
verteilungspolitik nach 2013 doch einmal zu reformieren. So erscheint die Türkei nur als ein Beitrittsfall wie schon viele andere,
wenngleich ein besonders schwer verdaulicher Brocken.

Auch die Regierungen glaubten, die Frage entspannt ange-
hen zu können. Verfügt die EU in den Kopenhagener Kriterien
aus dem Jahr 2002 nicht über einen verläßlichen Zollstock zur
Überprüfung der demokratischen Fortschritte in Beitrittsländern? Da eine weitere Demokratisierung und Europäisierung

der Türkei ohnehin Zeit braucht, fällt die Behauptung nicht schwer, man werde ergebnisoffen verhandeln. Damit ist das Problem erst einmal in die Endlosschleife von Beitrittsverhandlungen abgeschoben.

Da aber der Beitritt eines bekanntermaßen nichteuropäischen, sehr großen Landes im fernen Kleinasien für die Europäer ein doch etwas befremdlicher Vorgang ist, werden ein paar große strategische Visionen entwickelt, unterfüttert mit moralischen Argumenten. Die muslimisch geprägte, im Kreis der EU aber zugleich verläßlich demokratisch strukturierte Türkei werde, so proklamiert beispielsweise Bundesaußenminister Fischer, dann als eine Art strategischer »Brücke« zu den muslimischen Gesellschaften in den Krisenregionen des Nahen und Mittleren Ostens fungieren.[10] Schon die Aufnahme von Beitrittsverhandlungen müsse beweisen, daß sich Europa nicht abschließt, sondern sich zu den Problemzonen des Mittleren Ostens hin öffnet. Der autoritär verkrustete Orient solle beim Blick auf das EU-Mitglied Türkei erkennen, daß muslimische Traditionen und Demokratie nach europäischem Modell durchaus miteinander kompatibel sind. Die Europäische Union handle so nach den hohen Idealen des »europäischen Traums«: multikulturelle Toleranz nach innen durch Hereinnahme eines riesigen Landes mit siebzig und in absehbarer Zeit neunzig Millionen Muslimen in die sowohl christlich als auch säkular geprägten Gesellschaften des alten Europa; Demonstration zugleich nach außen, daß man in Brüssel und in den anderen Hauptstädten Europas an alles denkt, nur nicht an einen »Krieg der Kulturen«, wie ihn der Amerikaner Samuel Huntington für das 21. Jahrhundert an die Wand gemalt hat.

Derart wolkige Visionen haben den großen Vorzug aller utopischen Entwürfe: Sie sind vorerst unbeweisbar. Das Gewünschte mag eintreten oder auch nicht. Doch wenn der empirische Test auf die Tragfähigkeit der Erwartungen endlich gemacht werden kann und wenn es, wie realistischerweise zu erwarten, schiefgeht, dann verzehren die verantwortlichen Politiker längst ihre Pensionen in der Toskana oder in Antalya und werden argumentieren, daß sich die Umstände leider ganz unerwartet negativ entwickelt hätten. Alle bedenklichen Argumente, der Beitrittskandidat Türkei sei im Innern labil, für mittelalterlichen Klerikalismus anfällig und bei den Nachbarn im Nahen Osten größtenteils verdächtig, sollen mit dem Verweis auf den Prozeßcharakter von Beitrittsverhandlungen relativiert werden. Wenn nicht heute, so doch morgen oder hoffentlich übermorgen, argumentieren die Befürworter mit Engelszungen, werde sich die Türkei aufgrund eines Lernprozesses immer mehr an die Demokratie, an den Relativismus und an die Friedlichkeit der Zivilgesellschaften Europas anpassen. Und alle Zweifler an der Realisierbarkeit solcher Luftschlösser werden von der Kanzel hoher moralischer Entrüstung herab mit den üblichen Vorwürfen der Fremdenfeindlichkeit, nationaler oder eurozentrischer Provinzialität, der Verständnislosigkeit für feingesponnene Strategien und der Dialogunfähigkeit im Verhältnis zu islamischen Gesellschaften überschüttet.

Daß sich die Regierungen der EU, von der EU-Kommission ganz zu schweigen, in der Frage des türkischen Beitritts alles in allem lässig verhalten, mochte jedenfalls auf den ersten Blick nicht überraschen. Europapolitiker und Bürokratien sind so. Vor allem in der Erweiterungsfrage halten sie es mit dem Prinzip Hoffnung. Viel erstaunlicher ist, daß sich auch keine stärkere Nachdenklichkeit einstellte, als die Öffentlichkeit aufgebracht reagierte. Denn spätestens mit dem Beitrittskandidaten Türkei ist das Doppelkonzept gleichzeitiger Vertiefung und Erweiterung in den Zonen der Absurdität angelangt.

Man geniert sich zwar fast, aus dem Pro und Contra nochmals die wesentlichen Gründe herauszugreifen, die im Interesse der EU und ihrer derzeitigen Mitgliedsländer dafür sprechen, es beim gegenwärtigen Nebeneinander von EU und Türkei zu belassen, ohne ein nicht integrierbares großes und neues Land ins Boot zu holen. Das Konzept der »privilegierten Mitgliedschaft« ist in der Tat die diplomatisch höflich formulierte, aber realistischerweise gebotene Zurückweisung eines Landes, das sich in eine Staatengemeinschaft hineindrängt, in der es nichts verloren hat und die nach dem Beitritt nicht mehr im Sinn der bisherigen Zielsetzung funktionsfähig wäre.

Kulturell ist die Türkei, man mag das drehen und wenden wie man will, kein europäisches Land. Das ist der erste Hauptpunkt. Ungeachtet aller nationalen und sonstwie geschichtlich bedingten Unterschiede entstammen die bisherigen Mitgliedsgesellschaften der EU alle demselben Kulturkreis, der aus vielen Wurzeln zusammengewachsen ist: der griechischen Philosophie und dem römischen Recht, dem Christentum, dem schöpferischen Individualismus der Renaissance, der europäischen Aufklärung mit entsprechender Säkularisierung, wobei nach vielen Konflikten das Prinzip der Trennung von Religion und Staat weitgehend durchgesetzt wurde, und den Traditionen einer freiheitlichen, gewaltenteiligen, rechtsstaatlichen Demokratie, die in jahrhundertelanger Evolution gewachsen sind. Es ist deshalb kein Zufall, daß sich derzeit überzeugte Christen mit kämpferischen Laizisten in ihrer Ablehnung des Beitrittsverlangens der sehr fremden türkischen Gesellschaft zusammenfinden. Diese besitzt ihre eigenen Wurzeln und hat ihre eigene Dignität, ist aber weder mit den säkularen noch mit den christlichen Traditionen Europas kompatibel. Unvereinbares nicht ohne Not zusammenzuzwingen ist ein Gebot der politischen Vernunft.

Politisch ist die Türkei – so eine zweite Überlegung, die Gewicht hat – ein sehr großer, innerlich labiler Nationalstaat eigener Prägung, in dem, vereinfacht formuliert, mindestens drei widersprüchliche Traditionen miteinander koexistieren. Da ist erstens die nie ganz vergessene Tradition eines harten osmanischen Imperiums, welche sich bis in die heutigen Tage bemerkbar macht. Das im Ersten Weltkrieg gescheiterte Osmanische Reich, an das sich alle Nachbarn der Türkei höchst ungern erinnern, war nicht nur ein kolonisierender, sondern zugleich ein muslimischer Staat, der ungeachtet äußerlicher Modernisierung Europa fremd blieb. Seit der Revolution Atatürks – dies die zweite, die kemalistische Tradition – ist die Türkei ein Staat, der europäisch sein will, dessen Armee, Bürokratie und Teile der wirtschaftlichen Eliten konsequent laizistisch, vielfach auch antiklerikal sind, verbunden mit einem ausgeprägten Nationalismus und stark autoritärem Denken. Dabei hat die Demokratisierung nach westlichem Vorbild immer wieder ihre Grenzen in der Tatsache gefunden, daß dadurch bald früher, bald später die antilaizistischen, muslimischen Kräfte freigesetzt wurden. Diese dritte Traditionslinie ergibt sich aus der Dialektik zwischen dem Islam und dem Kemalismus. Gegenwärtig wird die von den kemalistischen Eliten geprägte, moderne Türkei von einer muslimischen Partei unter moderater Führung regiert. Noch ist völlig offen, ob die derzeitige Regierung unter dem Deckmantel einer Hinwendung zu Europa im Innern eine gemäßigte Re-Islamisierung der Türkei durchsetzen wird oder ob es der Partei Erdoğans gelingt, die muslimischen Bewegungen mit dem westlichen Kemalismus zu versöhnen. Der Applaus der EU für das Experiment Erdoğan ist ein paradoxes Phänomen. Ausgerechnet einer Partei sollen die Tore nach Europa weit geöffnet werden, die erklärterweise darauf abzielt, aus dem konsequent westlichen, aufklärerischen und antiislamischen Staat Atatürks wieder eine muslimische, sprich: mit Europa wenig kompatible Gesellschaft zu machen. Nicht einmal die aus dem Ostblock kommenden heutigen EU-Mitglieder haben im vergangenen halben Jahrhundert eine so tumultuöse Innenpolitik durchgemacht wie die Türkei, wobei der Ausgang der Machtkämpfe zumeist nicht prognostizierbar war.[11] Niemand kann jedenfalls ernsthaft bestreiten, daß die Türkei von allen Ländern, die bisher den Beitritt zur EU erstrebt haben oder noch erstreben, das labilste, in sich zerrissenste ist.

Das idealistische Argument lautet zwar, es gelte, diese auch heute noch in sich zerklüftete Gesellschaft in der EU mit dem Geist der Duldsamkeit und der Demokratie zu durchtränken. Aber erfahrungsgemäß entwickeln sich große Länder mit starken eigenen Traditionen weitgehend nach eigenen Gesetzen, und die Prägekraft der im Projekt Europa verbundenen Gesellschaften wirkt sich nur langsam aus. Bei Großgesellschaften wie der Türkei verbietet sich jede Prognose, ob überhaupt, wann und wie eindeutig sie sich an Europa anpassen wollen und können.

In dieser Hinsicht dient das Beispiel Großbritannien zur Warnung. Zweifellos gehört England anders als die Türkei seit zweitausend Jahren zum europäischen Kulturkreis. Es ist seit 1973 Mitglied der EU und hat sich ganz zweifellos in dieser Eigenschaft stark verändert. Doch der Eingewöhnungsprozeß dauerte lange, und niemand würde behaupten wollen, daß er bereits abgeschlossen ist. Der englische Beispielfall beweist zugleich, wie stark ein großes Mitgliedsland die Entwicklung des Projekts Europa zu beeinflussen in der Lage ist. Das gilt für alle Aspekte der institutionellen Vertiefung, und es gilt für die EU-Politiken auf den verschiedensten Feldern. Die Türkei ist größer, fremder und labiler als England. Würde sich die EU irgendwann im zweiten Jahrzehnt des 21. Jahrhunderts zur Aufnahme durchringen, wäre dieses Land nicht nur die labilste Gesellschaft innerhalb der EU, sondern auch der demographisch stärkste und politisch eigenwilligste Nationalstaat, den die Gemeinschaft je aufgenommen hat.

Die Fähigkeit der EG beziehungsweise EU, neue Beitrittsländer zu amalgamieren, war zwar immer groß. Aber in diesem Fall spricht viel für skeptisches Zögern. Weshalb eigentlich sollte sich die EU in einer Lage, da die Zukunft der 25er-Gemeinschaft ohnehin ungewisser ist denn je, sich auch noch mit der Integration eines großen, von außen nicht steuerbaren Staates belasten, der aller Wahrscheinlichkeit nach viel weniger kompromißbereit oder pflegeleicht wäre als Großbritannien? Niemand wird es den Türken letztlich vorschreiben können, ob sie mehr westlich oder mehr islamisch, ob sie mehr demokratisch oder mehr autoritär und mehr stabil als labil sein möchten. Wollte sich aber die EU, gestützt auf wolkige Hoffnungen, ein derart großes und labiles Mitglied aufhalsen, würde sie alle Fliehkräfte, die ohnehin an ihr zerren, ganz dramatisch verstärken.

Die innere Kohäsion der EU dürfte schon im Verlauf der Verhandlungen weiter erodieren. Aus vielen Gründen ist es schwer vorstellbar, daß die Türkei in ein Europa der variablen Geometrie oder ein Europa *à la carte* hineinpassen würde. Die Regressionstendenzen zur großen »Freihandelszone plus« würden sich verstärken. Ein Beitritt der Türkei wäre wohl eine Art Sargnagel für alle Hoffnungen, die schon viel zu große und viel zu heterogene Gemeinschaft in längeren Assimilationsprozessen wenigstens partiell zu integrieren. Altruistische Sentiments sind nicht mehr am Platze. Jedes Land ist sich selbst am nächsten. Die heutige EU, die mit nicht wenigen Problemen ringt, genauso.

Die Aussicht, eine von Europa zurückgestoßene Türkei in Kleinasien zum verschnupften Nachbarn zu haben, ist gewiß nicht rosig. Aber das Risiko ist immer noch geringer als die Wahrscheinlichkeit, mit der Türkei als Mitglied die EU endgültig ins Schleudern zu bringen.

Das große Gewicht eines großen Landes würde sich dann vor allem auch auf die Außen- und Sicherheitspolitik der EU-Länder auswirken. Das ist ein dritter, wichtiger Gesichtspunkt. Wie bereits diskutiert, ist gegenwärtig in bezug auf die GASP alles im Fluß. Ein neues EU-Mitglied Türkei würde die EU zwangsläufig mitten in die weltpolitischen Krisenzonen der Kaukasusregion, des Nahen Ostens und des Mittleren Osten hineinführen. Das wird zwar von den Befürwortern eines Beitritts positiv akzentuiert. »Ohne die Türkei kann die EU kaum eine globale Macht werden«, gibt der ehemalige türkische Premier Yilmaz zu bedenken.[12] Im Pariser Élysée-Palast, wo man schon oft von grandioser Orientpolitik geträumt hat, ohne dabei die eigenen Wirtschafts- und Rüstungsexportinteressen zu vergessen, wird das genauso gesehen. Der rot-grünen Bundesregierung, die sich am liebsten für die abstrakten Postulate des Dialogisierens und Friedenschaffens begeistert, ist diese Perspektive gleichfalls willkommen. Für London, das im Irak und anderswo handfeste Erdölinteressen verfolgt und im übrigen eine locker gefügte EU anstrebt, wäre die Türkei ein Wunschpartner. Aus amerikanischer Sicht stellt sich das genauso dar,[13] wenngleich sich das Verhältnis der USA zur Türkei seit dem Irakkrieg abgekühlt hat. Bei allen Befürwortern eines türkischen Beitritts ist es die vorherrschende Meinung, ein EU-Mitglied Türkei werde sich im Sinn der eigenen Interessen instrumentalisieren lassen.

Das Gegenteil würde wahrscheinlich eintreten. Die Türkei, die sich als Ordnungsfaktor und regionale Vormacht im Nahen und Mittleren Osten versteht, wäre stark und auch eigenwillig genug, die Außenpolitik der immer noch locker gefugten EU für die eigenen nationalen Interessen einzuspannen. Selbst den Berliner Idealisten, die nicht gerne hören und noch weniger gern scharf hinschauen, dürfte dann rasch klarwerden, daß man sich eine große Regionalmacht ins Boot holt, der von seiten fast aller näheren und ferneren Nachbarn Mißtrauen entgegenschlägt, manchmal auch offener Haß.

Tatsächlich hätte die versammelte Geisteskraft der EU-Regierungen kein anderes Land finden können, das zu so vielen Nachbarvölkern oder -staaten so problematische Beziehungen unterhält. In der Kaukasus-Region sind nicht nur die Armenier der Türkei in tiefer Abneigung verbunden. Kein Volk will einen an ihm begangenen Genozid leichthin vergessen. Auch zwischen Russen und Türken war nie viel Liebe verloren. Die Türkei mischt zwar genauso wie Amerika in dem ethnisch verwandten Aserbaidschan mit. Doch das *Great Game* um die Erdölfelder am Kaspischen Meer und um die entsprechenden Pipelines wird auch in Zukunft für schwere Konflikte sorgen. Das Kurdenproblem ist bekanntlich nicht nur eine innenpolitische Erblast der Türkei, sondern sorgt immer noch für so gut wie unlösbare Differenzen mit dem Irak, wer immer diesen künftig auch regieren mag, doch auch mit dem Iran und mit Syrien. Zwischen Syrien und der Türkei schwelt zudem die strittige Grenzfrage um die Provinz Hatay. Dazu kommt der Streit um das Wasser. Seit über einem Vierteljahrhundert arbeitet die Türkei daran, in Anatolien ein gigantisches System von Stauseen und Kraftwerken zu errichten. Dieses berühmte Südostanatolien-Projekt (GAP) mit der Aufteilung des Euphrat-Wassers erweckt aber bei den arabischen Regierungen viel mehr Besorgnisse als Hoffnungen. Zu den Staaten, die der Türkei begründetes Mißtrauen entgegenbringen, gehört auch Zypern – neuerdings Mitglied der EU. Es wird zudem abzuwarten sein, ob die gegenwärtige Entspannung zwischen Griechenland und der Türkei wirklich von Dauer ist.

Mit der Türkei würde die EU Georgien, Armenien, den Iran, den Irak und Syrien direkt zu Nachbarn haben. Die Hexenkessel der Kaukasusregion und des Mittleren Ostens lägen dann nicht etwa vor der Haustür Europas. Vielmehr würden ihre Spannungen über die »Brücke« Türkei nach Europa hineingeleitet, gebremst, ungebremst, wer weiß. Ohnehin ist es auch völlig ungewiß, ob nicht die Türkei selbst früher oder später wieder zum Hexenkessel wird wie schon öfters in der zweiten Hälfte des 20. Jahrhunderts.

Wie immer sich die Dinge auch entwickeln: Mit einem EU-Mitglied Türkei würde sich Europa ohne zwingenden Grund in die gefährlichsten Konfliktregionen der kommenden Jahrzehnte verwickeln. Man kann sich keine kritischeren Spannungszonen vorstellen. Adorno hat einstmals den Begriff »Weltenstemmerclub« gebraucht. Er wäre durchaus auch zur Charakterisierung des Vorhabens geeignet, dort mit Hilfe der letztlich unsteuerbaren Türkei gestaltend und friedenstiftend tätig zu werden.

Daß es die zwar vielfach vernetzte, außen- und sicherheitspolitisch aber letztlich unsteuerbare Kollektion von dann rund dreißig EU-Regierungen mit der Vormacht Türkei in diesen konfliktgeladenen Regionen fast zwangsläufig sowohl mit den USA als auch mit Rußland zu tun bekäme, dies wahrscheinlich eher in strittiger Weise, gehört gleichfalls zu den beunruhigenden Aspekten einer Erweiterung um die Türkei.

Auch im Hinblick auf das Schengener Abkommen wäre eine EU-Mitgliedschaft der Türkei ein Alptraum. Wie sollte dieses kulturell und politisch tief zerrissene Land zweitausend oder dreitausend Kilometer Außengrenzen der EU zum Schwarzen Meer hin, zum Mittelmeer und in den Einöden und Bergwelten Kleinasiens verläßlich schützen? Das 21. Jahrhundert wird ein Jahrhundert der Völkerwanderung sein. Die EU ist ein Staatenverbund mit ziemlich neuartigen supranationalen Außengrenzen. Es bleibt erst noch zu testen, ob ihre neuen Mitglieder in Ostmitteleuropa, desgleichen aber auch Italien und Spanien, mit der Verhinderung illegaler Einwanderung wirklich fertig werden. Erst recht müßte man sich schwere Sorgen machen, ob und wie die Türkei ihre langen Küsten am Schwarzen Meer, am Mittelmeer und in Kleinasien absichern will. Wenn eine Prognose hohen Wahrscheinlichkeitsgrad besitzt, dann die, daß in den kommenden Jahrzehnten Hunderttausende, wahrscheinlich Millionen orientalischer Migranten, die einem leid tun können, doch ebenso Drogenkriminelle und politische Extremisten in die EU hereinströmen werden. Ungeachtet aller Bemühungen ihrer Sicherheitsorgane ist die Türkei heute schon eines der großen Schleuserländer. Nähme die EU die Türkei in ihren Bund auf, so würde sie sich nicht nur bei ihrer Migrationspolitik, sondern auch bei der Drogenbekämpfung und Terrorismusabwehr von einem politisch labilen Land abhängig machen, das dann wohl eher die Rolle eines Siebs spielen würde als die eines nahöstlichen Bollwerks des alten Europa. Deshalb ist es auch eine kühne Vorstellung, Franzosen, Niederländer, Deutsche, Spanier oder Schweden könnten ihre Sicherheit in dem Gedanken ruhig aufgehoben glauben, daß die Türkei die porösen Außengrenzen der EU in Kleinasien verläßlich bewacht.

Mit solchen Bedenken verbinden sich – viertens – die gewissermaßen klassischen Sorgen, die neuerdings jeder Erweiterungsvorgang weckt. Mit der Türkei würde Europa erneut ein in weiten Teilen noch armes Mitgliedsland aufnehmen. Das Pro-Kopf-Einkommen in der Türkei erreicht trotz des starken

Wachstums der letzten Jahre nicht einmal die Hälfte des EU-Durchschnitts. Doch den Verhandlern in Brüssel mag manches einfallen. Gewichtiger als die finanziellen Kosten sind indessen die gesellschaftlichen Lasten. Hier kommen auch die spezifisch nationalen Interessen Deutschlands zum Tragen. Deutschland war bisher das beliebteste Zielland türkischer Immigration und wird dies aller Voraussicht nach weiter bleiben, sollten sich die EU-Grenzen öffnen. Jeder kennt und schätzt zwar türkische Arbeitskollegen, fleißige türkische Geschäftsleute oder Akademiker, die in einer fremden Gesellschaft ungeachtet vieler Handicaps mit bewundernswürdiger Energie und manchmal sogar gegen den Widerstand der eigenen Familie ihren Weg gemacht haben. Tatsache ist und bleibt aber leider, daß bisher überwiegend Angehörige aus der türkischen Unterschicht einwanderten (viele Frauen und Kinder bei der Familienzusammenführung direkt in die Sozialsysteme). Sie sind nur partiell assimiliert, teils, weil die Familien nicht um Assimilation bemüht waren (dies oft aus religiösen Gründen), teils, weil die Deutschen selbst zu einfallslos und zu träge gewesen sind, deren Integration zu erleichtern. Türkischstämmige Jugendliche der zweiten und der dritten Generation sind bei der Jugendarbeitslosigkeit weit überrepräsentiert. Der problematische religiöse Fundamentalismus hat sich verstärkt. Die Ghettobildung ist nicht rückläufig. Dabei handelt es sich nur um 2,6 Millionen Türken und Kurden, davon 600 000 eingebürgert, ohne freilich voll integriert zu sein. 2,6 Millionen, das ist eigentlich ein Zuwanderungspotential, dessen Assimilation in einem Achtzig-Millionen-Volk bei beiderseitiger Anstrengung möglich sein müßte. Bisher ist das aber in gut 30 Jahren nicht gelungen.

Würde es sich bei der Türkei um ein Land von zehn oder fünfzehn Millionen Menschen handeln, so ließe sich durchaus über das Argument reden, die EU und in ihr Deutschland zuvörderst müßten versuchen, die modernisierenden Kräfte des Beitrittslandes durch Hereinnahme nach Europa zu stärken, und sei es auch um den Preis kostspieliger und nicht einfacher Einwanderung. Aber heute schon ist die Türkei ein junges Siebzig-Millionen-Land. In dem durch Alterung belasteten Europa dürfte es im Jahr 2020 auf rund 85 Millionen angewachsen sein. Schon die Ost- und Südosterweiterung wird die deutsche

Gesellschaft mittelfristig mit noch größeren Assimilationspro-blemen belasten als bisher. Soll man sehenden Auges das Risiko eingehen, Millionen nicht oder nur sehr schwer oder gar nicht integrierbarer Türken, viele von ihnen Fundamentalisten, mit vollen Bürgerrechten in die EU aufzunehmen? Soll Deutsch-land dieses Risiko eingehen, das zweifellos ein Hauptzielgebiet dieser Einwanderung wäre? Seitens der EU sucht man zwar mit wissenschaftlich aufgezäumten Prognosen die Sorgen zu zer-streuen. Doch wer sich an die optimistischen Wachstumspro-gnosen erinnert, mit denen der Öffentlichkeit seinerzeit Delors-Europa oder die Einführung des Euro oder die Osterweiterung schmackhaft gemacht wurden, und heute feststellt, wie wenig davon eingetreten ist, bleibt ungläubig.

Das alles sind gewiß keine Argumente der Zuversicht, viel eher der Sorge. Die strategischen Visionen der heutigen deut-schen und französischen Staatslenker sind irreal, die bisherigen Erfahrungen mit Erweiterungen, mit Migration, aber auch mit der türkischen Außenpolitik dagegen durchaus real. Wie immer, wenn Leichtsinn und Vorsicht aufeinanderprallen, klingen die Argumente der Vorsichtigen defensiv, sorgenvoll und wenig großzügig. Doch moderne Gesellschaften sind zerbrechlich. Das Europa der 25, aus dem bald ein Europa der 27 oder 28 wird, ist immer noch eine labile Konstruktion. Die deutsche Gesell-schaft befindet sich in den Strudeln eines Reformprozesses, der auf kräftige Einkommensschrumpfung hinausläuft und vielerlei Unsicherheiten zur Folge hat. Schon jetzt ist die Integration der hier lebenden Türken, Rußlanddeutschen und anderer Ein-wanderer nicht geglückt. Angesichts dieses Berges schwierigster Aufgaben, die Deutschland vor sich hat, war es sehr kurzsichtig, das Land auch noch mit einer Beitrittsdiskussion aufzuwühlen, welche die öffentliche Zustimmung zur Europäischen Union generell in Mitleidenschaft zieht.

Daß die deutschen Grünen das partiell gescheiterte Groß-experiment der Integration von lediglich 2,6 Millionen Türken nunmehr in allergrößtem Stil wiederholen möchten, kann nicht erstaunen. Ideologen sind so. Auch das Wahlkalkül ist nachvoll-ziehbar. Schon bevor sich CDU und CSU gegen den Beitritt der Türkei aussprachen, haben rund drei Viertel der türkisch-stämmigen Wähler für Rot-Grün votiert, und ihre Zahl wird zunehmen. Das macht das ansonsten irrationale Drängen von Rot-Grün auf Beitritt der Türkei immerhin rational nachvollziehbar, wenngleich man es deshalb nicht billigen muß. Denn im mühsam zusammenwachsenden Europa wäre es eigentlich vernünftig, alles zu vermeiden, was die Frage der nationalen Identität ins Zentrum politischer Kontroversen rückt. Jahrzehntelang ist die Bundesrepublik damit ganz gut gefahren. Ob die seit den frühen neunziger Jahren dramatisch beschleunigten Verdichtungsprozesse der EU es weiter erlaubt hätten, das Thema Identität aus der Europapolitik gleichsam auszusparen, sei dahingestellt. Jedenfalls hat diese Frage bis vor kurzem in Deutschland einen viel niedrigeren Stellenwert gehabt als in Großbritannien, in den Niederlanden, in Dänemark oder auch in Frankreich. Es bedurfte einer naßforschen rot-grünen Regierung, um durch Forcieren des türkischen Beitritts dem Land eine derzeit völlig unnötige nationale Identitätsdiskussion aufzuzwingen.

Referendum über Erweiterungen der EU als Notbremse?

Nachdem die EU die Aufnahme von Beitrittsverhandlungen beschlossen hat, ist der Stein ins Rollen gekommen. Das Thema wird nicht mehr ruhen. Grüne und SPD haben sich festgelegt, die CDU genauso. Wie das französische Beispiel zeigt, traut auch die dortige Bevölkerung in der Beitrittsfrage ihrer eigenen Regierung nicht mehr über den Weg. Neben dem bereits konzedierten Referendum über die Verfassung für Europa ist dort die Forderung nach einem Referendum über neue Beitritte getreten, in erster Linie über den Beitritt der Türkei: das Referendum als Notbremse, wenn sich die Regierung nicht mehr getrauen kann und will, am Ende ergebnisoffener Verhandlungen nein zu sagen.

Die eben erst vollzogene Erweiterung um zehn neue Mitglieder beweist, wie derartige Verhandlungsprozesse aller Wahrscheinlichkeit nach ablaufen werden. Ursprünglich war geplant, je nach dem erreichten Reifegrad der Kandidaten individuell vorzugehen. Doch von einem bestimmten Punkt an fühlten sich die Regierungen nicht mehr frei, den Beitritt bestimmter ostmitteleuropäischer Länder hinauszuzögern, finanzielle und andere Folgelasten, Standortprobleme und institutionelle Handlungsfähigkeit der EU hin oder her.

Sogar das geteilte Zypern wurde aufgenommen, trotz ungeklärter Spannungen zu Nordzypern und mit der Türkei. Regierungen, die den Zug auf die Verhandlungsschiene gelenkt haben, sind wenig dazu disponiert, diesen anzuhalten, umzulenken oder gar entgleisen zu lassen. Es gibt jeweils eine Vielzahl diplomatischer, strategischer und wirtschaftlicher Überlegungen, die dazu veranlassen, gute Miene zu einem vielleicht nicht ganz guten Spiel zu machen. Viel zu häufig pflegen Regierungschefs und Außenminister mit der frohen Botschaft in die Länder der Beitrittskandidaten zu reisen, den Beitrittswunsch zu einem möglichst frühen Zeitpunkt nach Kräften zu unterstützen. Derartige Wechsel müssen dann quergeschrieben werden. Auch die parlamentarische Ratifikation entfällt dann als Sicherheitsventil, zumindest in Deutschland. Bei wirklich wichtigen Fragen funktionieren die Koalitionsfraktionen als gehorsame Fußtruppen ihrer Generalität in der Exekutive.

Damit rückt die Frage von Volksbegehren und Volksentscheiden ins Zentrum der Diskussion. Mitte 2004 ist die Referendums-Thematik in der Publizistik erstmals aufgeflammt. Heribert Prantl, ansonsten nicht eben ein Feind der rot-grünen Koalition, hat damals einem seiner Leitartikel die Überschrift gegeben: »Das Volk, der große Lümmel«.[14] Er spielte damit auf ein freches Gedicht Heinrich Heines aus den Jahren des Vormärz an über »das Eiapopeia vom Himmel, / womit man einlullt, wenn es greint / das Volk, den großen Lümmel«. So ähnlich, meinte er, argumentiere die Bundesregierung: »Europa sei noch zu jung, um es den Stürmen der Demokratie auszusetzen …« Damals, vor 1848, so der Gedanke, in den bleiernen Jahren des Vormärz, waren es ängstliche Monarchen und deren Beamte, heute sind es die vereinten, im Grunde genauso ängstlichen Oligarchien von 25 Regierungen, Parteiführungen, Brüsseler Bürokratie und Top-Parlamentariern im Europäischen Parlament, die es allein unter sich ausmachen möchten, wie Europa verfaßt sein soll und wer ihm angehören darf. Dabei könnte das Volk nur stören. Konvent und Regierungen haben im Verfassungsvertrag mit 185 höchst komplizierten Artikeln für

450 Millionen Europäer an alles und jedes gedacht, nur nicht an die größte Selbstverständlichkeit – ein Verfassungsreferendum durch die betroffenen Bürger, die sich aufgerufen sehen, künftig mit und unter dieser Verfassung zu leben. Doch nachdem der Konvent, etwas übermütig, seinem von den Regierungen umgemodelten, ratifikationsbedürftigen Werk den anspruchsvollen Namen Verfassungsvertrag gegeben hat, sind die Lümmel überall aufgewacht.

Die deutschen Parteien hören das nicht gerne, vor allem nicht die CDU. Aber unter den Wählern wächst das Verlangen, über die eigene Zukunft in Europa direkt zu entscheiden. Im Juli 2004, nach Unterzeichnung des Verfassungsvertrags, sprachen sich bei einer Repräsentativbefragung in Deutschland immerhin 77 Prozent für ein Verfassungsreferendum aus.[15] Bei den großen Volksparteien waren es mit 83 Prozent vor allem die Anhänger von CDU und CSU, die das für angebracht hielten – obwohl die Unionsführung das Thema Volksabstimmung auf Bundesebene scheut wie der Teufel das Weihwasser.

Ein Hauptgrund für diesen Wunsch ist der Blick über die eigenen Zäune. Warum sollen Franzosen, Dänen, Schweden, Briten oder Polen das Recht erhalten, über sehr wichtige Fragen wie die Verfassung für Europa oder auch die Einführung des Euro abzustimmen und die Deutschen nicht? »Die Franzosen sind direkt betroffen, deshalb werden sie auch gefragt«, hat Staatspräsident Chirac ausgeführt.[16] Da die EU alle Franzosen »direkt« betreffe, auch noch deren Kinder und Kindeskinder, müsse das Volk auch »direkt« darüber abstimmen. Goldene Worte, eigentlich selbstverständlich in einer Demokratie, die diesen Namen verdient.

In Deutschland steht dem bisher das Grundgesetz entgegen. Aber es ist schon aus weniger wichtigen Gründen wieder und wieder geändert worden, und das oft sehr rasch. In der Tat: Warum sollte ausgerechnet das größte Volk mitten in Europa nicht direkt über einen Verfassungsvertrag abstimmen, das, wie die Befürworter dartun, von diesem Projekt am meisten profitiert und dessen Interessen besonders tangiert sind? Das Beispiel anderer Demokratien, die der Urteilsfähigkeit ihrer Wähler mehr zutrauen als bisher die politische Klasse in Deutschland, strahlt jedenfalls aus. Auch auf diesem Feld zwingen die politischen

Harmonisierungseffekte in der EU zum Nachdenken und wahrscheinlich zum Umdenken.

Dieses hat bei Rot-Grün bereits begonnen, allerdings sehr vorsichtig und wohl in erster Linie in taktischer Absicht, um die Union, deren Stimmen für eine Zweidrittelmehrheit gebraucht würden, in Schwierigkeiten zu bringen. CDU und CSU sind heute in bezug auf Europa-Referenden ähnlich ideologisch verbohrt wie die Grünen, wenn sie mit Multikulti-Argumenten für den Beitritt der muslimischen Türkei plädieren. Viel zu lange und viel zu bequem hat sich die Union bei ihrer Europapolitik an die Geduld der deutschen Öffentlichkeit gewöhnt. Diese hat es lange Zeit relativ gelassen hingenommen, daß weitreichende Kompetenzen – für die Wirtschaftspolitik, den Verbraucherschutz, den Umweltschutz, das Kartellrecht, die Werbung, die Währung bis hin zu so heiklen Themenfeldern wie dem Umgang mit Embryonen, der Genbehandlung von Nahrungsmitteln, dem Gesundheitsschutz und der Gleichstellung – der Alleinzuständigkeit der demokratisch verantwortlichen Bundesregierung, des Bundestags, des Bundesrats und der deutschen Gesetzgebung entzogen wurden.

Tatsache ist eben, daß zentrale deutsche Interessen zusammen mit den Interessen der anderen EU-Partner in europäischen Gremien fremdbestimmt sind, somit zum Spielball unkontrollierbarer Kompromisse auf Brüsseler Ebene werden. Man kann das mit guten Gründen für weitschauend, vielleicht für unabänderlich halten, oder man mag meinen, daß der Verfassungsvertrag für Europa die ohnehin schon zu stark aus dem Ruder gelaufene Souveränitätsabgabe weiter übertreibt. An der politisch gewollten Erosion nationaler Souveränität besteht jedenfalls kein Zweifel. Der europäische Verfassungsentwurf soll diesen Prozeß abrunden, vertiefen und beschleunigen. Somit wäre es geboten, den Volkssouverän zu fragen, ob er das billigt oder ob ihm die Souveränitätsabgabe zu weit geht. Weshalb die deutschen Parteien, die Union zuvörderst, dies nicht schon lange als einen völlig legitimen Wunsch erkannt und entsprechende institutionelle Verfahren erdacht haben, erstaunt immer wieder.

Wie sich die Referendumsproblematik in bezug auf die Verfassung für Europa fortentwickeln wird, ist noch nicht absehbar. Man muß diese Entwicklung aber im Blick haben, um die jetzt hereinbrechende Referendumsdiskussion über den Beitritt der Türkei zu begreifen. Wieder schwappt eine Diskussion bei einem EU-Partner, diesmal in Frankreich, auf Deutschland über. Wieder stellt sich die Frage, warum sich ausgerechnet die französische Regierung veranlaßt sieht, über einen eventuellen, angeblich noch in weiter Ferne liegenden Türkeibeitritt ihren Wählern ein Referendum zu versprechen, während dieses Problem Deutschland tatsächlich sehr viel unmittelbarer betrifft. In Frankreich leben 600 000 Türken. Ihre Integration wirft weniger Probleme auf als die der rund fünf Millionen französischer Muslime, die ursprünglich aus dem Maghreb stammen. Demgegenüber leben in Deutschland, wie erwähnt, an die 2,6 Millionen Türken, deren Integration große Probleme schafft, vor allem im Schulwesen, vielleicht künftig auch Sicherheitsprobleme, so daß die Bürger der Bundesrepublik mit an Gewißheit grenzender Wahrscheinlichkeit im Fall eines Beitritts auch viel stärker betroffen wären.

Die Oppositionsparteien CDU/CSU sind sich dessen bewußt und verfechten daher das Konzept einer »privilegierten Partnerschaft«, das die Vollmitgliedschaft praktisch negiert, somit die zu erwartende Belastung in kontrollierbaren Grenzen halten würde. Dementsprechend stößt der Gedanke eines Beitrittsreferendums bei den Unionswählern auf überwältigende Zustimmung, in der CSU spielt sogar die Parteiführung mit diesem Gedanken. Im Prinzip sprechen natürlich ähnliche Argumente, wie sie für ein Referendum über die Verfassung für Europa Gewicht haben, auch für die Möglichkeit eines Referendums bei wichtigen Beitrittsfragen. Die Europäische Union, ein zentraler Bezugskreis deutscher Interessen, würde durch den Beitritt der Türkei denaturiert. Daß diese aus konföderativen und föderativen Elementen kompliziert zusammengesetzte Staatenverbindung nur kulturell einigermaßen homogene Partnerländer umfassen soll, die in Europa liegen, gehörte gewissermaßen zur Geschäftsgrundlage der Integration. Eine EU mit einem allenfalls zu einem Viertel europäischen, muslimisch geprägten türkischen Nationalstaat würde, so meinen viele nicht allein in Deutschland, diese Geschäftsgrundlage verlassen.

Daneben ist auch die Migrationsfrage von erstrangiger Bedeutung. Ungeachtet anderslautender Beteuerungen seitens der EU-Kommission und der Regierung Schröder sprechen alle bisherigen Erfahrungen mit dem Zuzug von Türken und Kurden dafür, daß sich auch weiterhin ein starker Wanderungsdruck ergeben würde. Die ohnehin schon aus vielen Gründen recht labile deutsche Identität könnte dann weitgehend in Frage gestellt werden. Darf man das den Bürgern eines Landes zumuten? Identität empfindet man in einer Gesellschaft, in der man aufgewachsen ist, in der die eigene Sprache gesprochen wird und in der man sich zu Hause fühlt. Regierungsmitglieder, Bundestagsabgeordnete und Manager, die in feinen, teuren Vororten wohnen und ihre Kinder in Schulen schicken, in denen überwiegend deutschsprachige Kinder unterrichtet werden, würden sich zwar auch in Zukunft kaum entfremdet fühlen. Ein Problem hat aber die Arbeiterfamilie in Köln-Nippes, in Nürnberg oder in Berlin-Kreuzberg sowie in anderen türkischen Ballungszentren. Sie sieht sich gezwungen, ihre Kinder in Schulklassen zu schicken, in denen nicht selten vier Fünftel der Schüler aus türkischsprachigen Familien stammen. Ein Problem haben übrigens auch die Lehrkräfte in solchen Schulen. Integration relativ überschaubarer Gruppen von Migranten ist möglich, in gewissem Maß auch wünschenswert und mit den vorgegebenen Identitäten des Aufnahmelandes vereinbar. Wenn die Erziehungssysteme und die Alltagswelt vieler Staatsbürger durch einen Beitritt in vorhersehbarer Weise so stark verändert werden, daß sie sich im eigenen Land nicht mehr zu Hause fühlen, dann sollten die Wähler die Möglichkeit erhalten, erforderlichenfalls durch ein Referendum die Notbremse zu ziehen. Sie mögen es dann so oder anders entscheiden.

Nach aller Erfahrung ist kaum zu erwarten, daß eine Bundesregierung nach langdauernden Beitrittsverhandlungen ein Veto aussprechen würde. In der Geschichte der einstigen EWG hat nur de Gaulle im Fall des britischen Beitrittsantrags ein Veto gewagt und sich damit durchgesetzt, allerdings zugleich die damalige Sechsergemeinschaft in eine Krise gestürzt und Frankreich isoliert. Ein neuer de Gaulle ist aber weder auf dem Berliner noch auf dem Brüsseler Parkett zu erspähen. Somit müßte doch wohl ein obligatorisches Referendum vorgesehen werden – gefordert von einem beträchtlichen Quorum von Bürgern, die ihre Identität durch einen Beitritt in Frage gestellt sehen.

Man kann einem derartigen Volksbegehren und einem entsprechenden Referendum allerdings nur mit Bedenken entgegensehen. Natürlich würden dadurch die Beziehungen zu den türkischstämmigen Deutschen und den in Deutschland lebenden Türken belastet. Zu verantworten hätte dies aber eine Bundesregierung, die eines der sensibelsten Themen der EU und der deutschen Außen- und Innenpolitik beispiellos kurzsichtig behandelt hat – *with clumsy butterfingers*, hätte das der alte Winston Churchill quittiert.

Republik ohne Kompaß – wer nach Indizien dafür sucht, findet sie in dem Konzept einer uferlosen Erweiterung der Europäischen Union und in dem heftigen Drängen auf EU-Mitgliedschaft der Türkei. Wie immer sind die Motive vielschichtig, und man kann vermuten, daß spätere Historiker weitere, vielleicht noch viel fragwürdigere Beweggründe zutage fördern werden. Ein Motiv ist aber schon heute evident: der Wille, die Wirklichkeit so zu sehen, wie man sie sich erträumt, um sie dann so zu gestalten, wie man sie sieht.

Der große Schopenhauer hat seinem einstmals gerühmten, heute fast vergessenen Werk einen packenden Titel gegeben: *Die Welt als Wille und Vorstellung*. Ob diese pessimistische Schrift deutschen Außenpolitikern noch zur Belehrung dient, sei dahingestellt. Ihre Außenpolitik aber ist vielfach danach, und dies nicht nur, wenn sie die EU mit nimmermüdem Eifer zu erweitern suchen. Sie haben es überhaupt mit dem Willen, mit der Vorstellung und mit den Träumen von einer besseren Welt.

7. Modell Europa – der Stoff, aus dem die Träume sind?[1]

Der öffentliche Diskurs in Demokratien bedarf der Komplexitätsreduktion. Unser Bewußtsein hat Tausende von Beobachtungen zu verarbeiten. Gelänge es nicht, den chaotischen Zustrom widersprüchlicher Informationen in vergleichsweise einfache Bildern zu fassen, wäre Orientierung unmöglich. Allerdings hat die Vereinfachung auch ihren Preis: Sie gaukelt uns eine Welt vor, die viel einfacher erscheint, als sie tatsächlich ist. So sieht sich die praktische Außenpolitik stets vor der Aufgabe, beidem gleichzeitig gerecht zu werden – einerseits dem Verlangen der Öffentlichkeit nach vereinfachenden Programmen, andererseits dem Gebot realistischer Differenzierung.

Über vier Jahrzehnte hinweg hatte das Bild der zweigeteilten Welt des Kalten Krieges die außenpolitische Orientierung der Bundesrepublik bestimmt. Es ist im tiefen Brunnen der Vergangenheit versunken. Heute ist das Bild der dichotomischen Welt durch das Bild der Globalisierung ersetzt. Somit sehen sich auch die deutschen Außenpolitiker aufgerufen, ihre Idealbilder für das Zeitalter der Globalisierung ins Bewußtsein der Wähler, aber auch der Partnerregierungen zu projizieren. Hollywood an der Spree – das bedeutet gewissermaßen die Projektion deutscher Ideale, deutscher Ängste, deutscher Unsicherheiten, doch auch von viel gutem Willen auf eine Megaleinwand oder auf die Bildschirme des Fernsehens, über welche die globalen Schreckenswelten, aber auch die Träume von einer besseren Welt in unsere Wohnzimmer eindringen. Reaktiv, wie gewohnt, übernimmt die deutsche Politik dabei jene neuartigen Konzepte, die gegenwärtig in der internationalen Diskussion herumschwirren, und sucht sie mit den traditionellen Ideen zu verbinden, an die sie gewöhnt ist.

Erfahrungsgemäß spielen beim Entwurf einer idealen Weltordnung immer auch die jeweils aktuellen Bedrohungen eine Rolle. Die totalitäre Sowjetunion ist nicht mehr. Deshalb halten alle, die nicht zu den Berufsoptimisten gehören, von den Kommandobrücken der Staatsschiffe oder auch der politischen Parteien nach neuen Gefahrenherden Ausschau. Daß die Kapitäne dabei fündig werden, kann nur wenig erstaunen. Doch auch der Streit darüber, ob die Bedrohungen real sind oder bloß eingebildet und, wenn nicht zu leugnen, wenigstens übertrieben, ist durchaus charakteristisch für den Diskurs in Demokratien. Im Kalten Krieg verhielt es sich genauso.

In den neunziger Jahren war noch die realistische Annahme diffuser Gefährdungen vorherrschend: Ausbreitung anarchischer Zonen als Folge von Staatszerfall, von Somalia über Exjugoslawien bis zum Kaukasus, Genozid in Afrika, Proliferation von ABC-Waffen, die sich zum Massenmord eignen, in Verbindung mit der Ausbreitung von Mittelstreckensystemen, religiös oder schlicht kriminell motivierter internationaler Terrorismus, desaströse Wanderungsbewegungen aus dem armen Süden in die reichen Demokratien des Nordens, ökologische Katastrophen aufgrund von Klimaveränderung, Bedrohung durch »Schurkenstaaten« nach Art Nordkoreas unter psychopathischen Diktatoren, »Kampf der Kulturen« ... die Liste ist lang.[2]

Auf diese Periode der Ungewißheit folgte die Phase der Emotionalisierung. Nach dem Anschlag des 11. September 2001 und der amerikanischen Überreaktion rückten zwei Gefahren ins Blickfeld: der al-Qaida-Terrorismus, genährt aus dem Großraum des muslimischen Mittleren Ostens, und die Supermacht Amerika. Während in den USA die Fixierung auf den Terrorismus handlungsbestimmend wurde, vollzog sich in großen Teilen der Öffentlichkeit Europas innerhalb kürzester Zeit eine verblüffende Veränderung: An die Stelle des durchaus realistischen Feindbilds der Bedrohung durch die militaristische Sowjetunion, der man im Bündnis mit den USA widerstanden hatte, trat das sehr viel weniger realistische, heute aber weitverbreitete Feindbild des militaristischen Amerika. Vor langen

Jahren lief ein Film mit dem knalligen Titel »Der Engel, der ein Teufel war«. Ähnlich dramatisch hat sich das Amerikabild verändert. Die Weltordnungsdiskussion, die seitdem in Europa allgemein und in Deutschland im besonderen stattfindet, ist in starkem Maß eine Folge des Erschreckens über die Vereinigten Staaten. Die Vorstellungen über die ideale Weltordnung werden auch hierzulande stark durch das bestimmt, was man fürchtet: das Amerika George W. Bushs. Entsprechend ausgeprägt ist das Bestreben, dem eine ideale Welt entgegenzusetzen. Daß jenseits der Ozeane noch weitere Gefahren lauern, vermutlich ebenso große wie die durch die USA oder noch viel kritischere, wird kaum zur Kenntnis genommen.

»Europas Imperium des guten Willens«[3]

Mit dieser Kurzformel hat Michael Stürmer neuerdings die edelsten Ziele der Europäischen Union bezeichnet. Das Projekt Europa ist demnach ein kompensatorischer Gegenentwurf zu allem, was gegenwärtig an Amerika mißfällt – postheroische Friedenspolitik statt militaristischer Machtpolitik, kompromißbereiter Multilateralismus anstelle des Unilateralismus der arroganten Weltmacht, multikulturelle Offenheit statt christlich inspiriertem Messianismus der amerikanischen Werte, egalitär inspirierte Solidarität statt Kapitalismus pur, Machtmonopol des Weltsicherheitsrats der Vereinten Nationen statt selektiver Hegemonie der amerikanischen Weltmacht.

Daß dabei starke Impulse von Frankreich ausgingen, wurde schon erwähnt. Mit großem Geschick hat sich die französische Diplomatie seit dem Jahr 2002 Weltordnungsvorstellungen zu eigen gemacht, die bis vor kurzem auch noch in den USA einen guten Klang hatten. Man muß daran erinnern, daß kein Geringerer als Präsident Clinton im letzten Jahr seiner Präsidentschaft mit freundlicher Verneigung vor der Europäischen Union anläßlich der Verleihung des Aachener Karlspreises verkündet hatte, Amerika und Europa verfolgten die gleichen idealen Ziele. Ja noch mehr: Europa, so ließ er sich vernehmen, sei ein weltweites Vorbild, »eindringliches Beispiel für andere Regionen der Welt … ein weitläufiger Kontinent verschiedener

Völker mit einem gemeinsamen Schicksal, gemeinsamen Spielregeln und gemeinsamen Wahrheiten – daß ethnischer und religiöser Haß inakzeptabel, Menschenrechte unantastbar und allgemeingültig, unsere Unterschiede eine Quelle der Stärke und nicht der Schwäche sind und Konflikte durch Argumente, nicht durch Waffen beigelegt werden müssen«.[4] Romano Prodi hätte das nicht schöner formulieren können.

Je schärfer aber die Kritik an den in Washington herrschenden Rechtsrepublikanern wurde, desto ausgeprägter das Bestreben, dem eine spezifisch europäische Konkurrenzideologie entgegenzustellen. Während Paris neben den idealistischen Zielen vor allem auch die Multipolarität der internationalen Ordnung betonte, war man bei Rot-Grün bestrebt, dem Projekt Europa die eigene idealistische Wertetafel zu unterlegen: Multikulturalismus, universelle Menschenrechte und hoher Respekt vor den Vereinten Nationen, Friedenspolitik und Antimilitarismus, Respektierung und Fortentwicklung des Völkerrechts, Absage an jede Machtpolitik (doch gegebenenfalls Bereitschaft zu humanitären Interventionen), Solidarität (sprich: ein gewisses Maß sozialstaatlicher Umverteilung in der gesamten EU), Gleichrangigkeit von Ökonomie und Ökologie, Ausgleich der Gegensätze zwischen Arm und Reich durch globale Entwicklungspolitik. Dabei ergab sich durchaus ein Gleichklang mit dem amerikanischen Linksliberalismus – zumindest in der Rhetorik.

Manche haben damals in empörtem Protest gegen die Bush-Administration eine Art pazifistischen »Euro-Nationalismus« proklamiert und zugleich den Weltsicherheitsrat, in dem Amerika keine Mehrheit mobilisieren konnte, zum Hüter der zivilisierten Weltordnung ausgerufen. Wochenlang haben die deutschen Feuilletons im Frühjahr 2003 aus einer Art Manifest ihren Honig gesogen, das Jürgen Habermas (zusammen mit dem inzwischen verstorbenen Philosophen Jacques Derrida) veröffentlicht hatte. Der Text liest sich wie eine Sammlung ideologischer Versatzstücke der europäischen Ideologie mit linkem Touch: »Präferenzen für die Sicherheitsgarantien des Wohlfahrtsstaates«, »das Bild eines friedlichen, kooperativen, gegenüber anderen Kulturen geöffneten und dialogfähigen Europas«, Sympathie für die Idee eines »Regierens jenseits des Nationalstaates«,

»effektive Weltinnenpolitik«, »kosmopolitische Ordnung auf Grundlage des Völkerrechts«, »weiche Macht von Verhandlungsagenden, Beziehungen und ökonomischen Vorteilen«. Die Pointe dieser Ideologie war nicht eigentlich antiamerikanisch, denn Habermas und viele seiner Gleichgesinnten sind sich über die linksliberalen, auch sozialstaatlichen Komponenten im amerikanischen Denken durchaus im klaren. Aber da sich in den USA die Rechtsrepublikaner durchgesetzt hatten und damals in der Öffentlichkeit noch weithin Unterstützung fanden, beinhaltete dieses Weltordnungskonzept eben doch eine trotzige Antithese zur Supermacht: »Europa muß sein Gewicht auf internationaler Ebene und im Rahmen der UN in die Waagschale werfen, um den hegemonialen Unilateralismus der Vereinigten Staaten auszubalancieren.«[5]

Unnötig, weiter auszuführen, weshalb solche Ideen bei den deutschen Grünen, in der SPD, im traditionell amerikakritischen Milieu, bei den Kirchen, in Teilen der *community* der Völkerrechtler, bei den Freunden der Vereinten Nationen, bei vielen Befürwortern postnationaler Entwicklung Deutschlands und bei jenen Soziologen und Politologen Zustimmung fanden, die sich seit Jahren von ihren Konzepten der *global governance* viel versprechen.

Als diese vorwiegend, wenngleich nicht ausschließlich von der politischen Linken artikulierten Weltordnungsideen in den Jahren 2002 und 2003 sehr einprägsam artikuliert wurden, trafen sie auf eine öffentliche Meinung, die seit Jahrzehnten das Projekt Europa uneingeschränkt positiv akzeptiert hatte. Politisch durchgesetzt worden war die europäische Integration von Adenauer, von Brentano, Hallstein, Kiesinger und Franz Josef Strauß. Nach längerem Zögern hatten sich dem in den sechziger Jahren auch SPD und FDP angeschlossen. Seitdem bestand ein überparteilicher Konsens, daß die Zukunft der Bundesrepublik im europäischen Integrationsverbund am besten aufgehoben sei. Doch die Immunisierung gegen die Kritik der Befürworter nationaler Souveränität nach der Art der Thatcheristen in Großbritannien oder der Gaullisten in Frankreich wurde doch in erster Linie von der CDU, von der CSU und von der FDP als ihre Aufgabe begriffen. Trotz aller Sympathie für das »rheinische Modell« des Kapitalismus wünschten sich diese *grosso modo* doch stärker marktwirtschaftliche Strukturen der europäischen Gemeinschaften als die Sozialdemokraten und später die Grünen. Vor allem aber waren Union und FDP fest davon überzeugt, daß eine gedeihliche Entwicklung des europäischen Zusammenschlusses und der Sicherheit Europas nur in engster Zusammenarbeit mit den USA möglich sein würde. Als Adenauer 1952 im Kabinett die bemerkenswerte Feststellung getroffen hatte, man müßte dem Volk eine neue Ideologie geben, das »könne nur eine europäische sein«,[6] wäre es ihm nicht im Traum eingefallen, Europa ohne oder gar gegen die Vereinigten Staaten zu bauen.

Die Verlegenheit der Unionsparteien, doch auch der FDP, während des Irakkrieges 2002 und 2003 resultierte somit auch aus dem Umstand, daß Rot-Grün die Kritik an den USA nach anfänglicher Unsicherheit nicht nur mit der deutsch-französischen Freundschaft zu verbinden verstand, sondern zudem bestrebt war, dies »als Signal für die Geburt einer europäischen Öffentlichkeit« zu präsentieren – so Jürgen Habermas,[7] der im gleichen Atemzug für die Errichtung eines »Kerneuropa« plädierte.

Inzwischen haben sich die Emotionen zwar abgekühlt. Die Schwächen solcher Vorstellungen sind deutlich erkennbar. Europa wird schon deshalb kein Imperium des guten Willens sein, weil es kein Imperium ist, sondern vorerst eine bunte Truppe von 25 großen, mittleren und kleinen Staaten. In den Kernfragen der Außen- und Sicherheitspolitik agiert es als Staatenbund, nicht aber als imperiale Macht mit einem einzigen Entscheidungszentrum. Im imperialen Amerika ist zwar der Streit zwischen den großen Zentren außenpolitischer Willensbildung gleichfalls meist eher die Regel als die Ausnahme. Das Ringen zwischen dem Weißen Haus und dem Senat, wenn beide von unterschiedlichen Parteien kontrolliert werden, ist ebenso bekannt wie die Auseinandersetzungen innerhalb der Exekutive, bei denen üblicherweise State Department, Pentagon und der Sicherheitsberater des Präsidenten miteinander im Clinch liegen. Dennoch sind diese Konflikte von denen in der EU qualitativ völlig verschieden. Seit Annahme der Bundesverfassung im Jahr 1787 sind die USA ein einziges Völkerrechtssubjekt, das seinen Willen nach außen formuliert. Die EU aber ist nach wie vor eine Organisation von 25 Völkerrechtssubjekten, die sich noch uneiniger und unkoordinierter aufführen als jene 13 amerikanischen Staaten, die nach der Unabhängigkeitserklärung von Großbritannien zur Konföderation zusammengetreten waren.

Sollte sich in der EU eines Tages wirklich ein Konsens über eine gemeinschaftliche Außenpolitik und über den Aufbau schlagkräftiger eigener Verteidigungskapazitäten ergeben, dann wohl nur im Einvernehmen mit europäischen Anhängern eines atlantischen, sprich: mit den USA verbundenen Europa und nicht im Konflikt mit Amerika. Auch dann würde der Aufwuchs effektiver europäischer Potentiale einen langen Zeitraum in Anspruch nehmen und wäre militärtechnisch nur im Rahmen der NATO vorstellbar. Das alles setzt zugleich voraus, daß eine derart integrierte EU nicht im Weltsicherheitsrat und anderswo gegen die USA auftrumpft, wie das die Philosophenkönige anraten.

Das Imperium des guten Willens wird aber auch deshalb noch lange auf sich warten lassen, weil die Regierungen der 25er-EU meistenteils überhaupt nicht willens sind, für ihre Sicherheit oder für zivile Aufgaben der EU viel mehr aufzuwenden als bisher. Für amerikanische Konservative ist das schon seit längerem ein Anlaß zum Spott. Robert Kagans diesbezügliche Feststellungen haben diesseits und jenseits des Atlantik so viel Beachtung gefunden, daß man geradezu von dem Kagan-Theorem sprechen könnte. Sein Gedankengang ist einfach, aber schwer zu widerlegen: »Europas relative Schwäche hat verständlicherweise bei den Europäern das Interesse am Aufbau einer Welt wachsen lassen, in der militärische Stärke und nackte Gewalt eine geringere Rolle spielen als sanfte wirtschaftliche Macht. Und das gleiche gilt für den Aufbau einer internationalen Ordnung, in der das Völkerrecht und internationale Institutionen eine wichtigere Rolle spielen als die Macht einzelner Staaten, in der ein einseitiges Vorgehen mächtiger Staaten verboten ist, in der alle Staaten ungeachtet ihrer Stärke gleiche Rechte besitzen und durch gemeinsam beschlossene Verhaltensregeln einigermaßen geschützt sind ... Eine solche Welt haben sich schwächere Staaten schon immer gewünscht.«[8]

Mit so bösen Feststellungen konfrontiert, bleiben den europäischen Befürwortern eines Imperiums des guten Willens nur zwei Antworten. Man verweist erstens auf die moralische Überlegenheit des eigenen Weltordnungskonzepts, hat allerdings keine richtige Antwort auf den Einwand bereit, was denn eigentlich aus Europa werden sollte, falls sich die Predigt an die Haifische als nutzlos erweisen sollte. Daß aber auch im 21. Jahrhundert wohl genauso gefährliche Raubtiere auftreten werden wie im 20. Jahrhundert, ist leider zu erwarten. Es hat bereits ziemlich übel begonnen.

Die zweite Antwort ist etwas weniger problematisch, aber dennoch nicht befriedigend. Dabei wird der große Nutzen nichtmilitärischer Instrumente hervorgehoben – also eine pure Selbstverständlichkeit. Natürlich muß eine große Palette von präventiver Diplomatie, von wirtschaftlichen Strukturverbesserungen, von ziviler Entwicklungshilfe und von Wiederaufbaumaßnahmen zum Einsatz kommen, um vorhandene Krisenherde zu sanieren oder Krisen am Ausbruch zu hindern. Nur zeigen eben die wohlbekannten Beispielfälle Bosnien-Herzegowina, Mazedonien oder Kosovo, daß zivile Maßnahmen mit militärischer Machtentfaltung Hand in Hand gehen müssen. Der Test darauf, ob in den genannten Regionen tatsächlich eine nachhaltige Befriedung erzielt wurde, ist noch nicht bestanden, und viele Beobachtungen geben eher zur Skepsis Anlaß. Auch bei prinzipieller Erkenntnis, daß sich der Einsatz von *soft power* vielfach als sehr nützlich erweist, ist die Frage immer noch nicht beantwortet, was das Imperium des guten Willens tun sollte, wenn die Haifische auftauchen.

Die schwierigsten, für das Überleben der Zivilgesellschaften Europas dringendsten Fragen sind damit auch nicht ansatzweise beantwortet. Wie sollen sich die verletzlichen westlichen Gesellschaften des 21. Jahrhunderts verhalten, wenn Hochrisikostaaten des Typs Nordkorea oder Iran im Begriff sind, Kernwaffen zu produzieren? Was soll und kann geschehen, wenn sie künftig im Schutz eigener Kernwaffen weiter wie bisher Terroristen finanzieren oder ausbilden, aber auch eine weitere Proliferation von Massenvernichtungswaffen befürchten lassen? Und wie sollen sich die Demokratien angesichts der fundamentalistischen Gewaltorganisationen und -regime verhalten, die nicht allein die moderaten, aber durchweg autoritären arabischen Herrschaftssysteme bedrohen, sondern ebenso auf die muslimischen

Parallelgesellschaften in Europa einwirken? Wie wären im Rahmen der Vereinten Nationen Vereinbarungen erzielbar, die notfalls ein präventives Vorgehen gegen Risikostaaten vorsehen, das einerseits nicht arbiträr wäre, andererseits aber rechtzeitiges Vorgehen gegen potentielle Massenmörder ermöglicht? Und wer trägt die Last des vorbeugenden Schutzes oder UN-mandatierter Interventionen, solange die EU als solche weder echt handlungsfähig ist noch über geeignete Streitkräfte verfügt?

Das Modell Europa ist in der Theorie schön, bei schweren Krisen und bei der Konfrontation mit Übeltätern stößt es aber rasch an seine Grenzen. So spricht eben alles dafür, auf absehbare Zeit um eine gewisse Arbeitsteilung im transatlantischen Zusammenwirken bemüht zu sein. Auch das ist nicht einfach. Es setzt voraus, daß Amerika bereit ist, sich darauf einzulassen. Nachdem die USA im Irak in Schwierigkeiten geraten sind, besteht einiger Grund zur Hoffnung. Sicher ist aber nichts. Und wie die Beispielfälle Bosnien-Herzegowina, Kosovo, Afghanistan und der Irak beweisen, ist die traurige Wahrheit leider nicht zu entkräften, daß die überlegen gerüsteten Streitkräfte der Amerikaner und Briten die Tunichtgute zwar besiegen können, dann aber zur Erledigung des schmutzigen Abwaschs, wie man das so nennt, europäische Verbündete ins Lokal gebeten werden. Natürlich finden diese das nicht besonders vornehm, zudem auch noch gefährlich.

Im Moment kann man deshalb zwei Formen europäischen Einsatzes bei der Befriedung beobachten. Die eine Form sind Einsätze, an denen auch die Bundeswehr teilnimmt – in Afghanistan und im Kosovo. Hier war es im wesentlichen Amerika, das unter Einsatz von High-Tech-Strategie die grobe Arbeit leistete. Die Bundeswehr wird für die Überwachung des friedlichen Aufbaus und zur psychologischen Abschreckung von Unruhestiftern gebraucht, allerdings mit der Maßgabe, alles zu vermeiden, was bei der eigenen Truppe oder bei Unruhestiftern zu Blutvergießen führen könnte. Der Abwasch wird gewissermaßen gemacht, aber bitte ohne Schmutzwasser und möglichst mit Gummihandschuhen. Die andere Form europäischer Beiträge ist im Irak zu studieren. Dort sind bereits Polen, Italiener, Niederländer und andere unter amerikanischem Kommando am »schmutzigen Abwasch« beteiligt. Spanien hat sich nach der

Abwahl seiner konservativen Regierung zurückgezogen. Das Echo in den Heimatländern war bisher ganz allgemein nicht günstig, um es milde zu formulieren, und man darf bezweifeln, ob derartige Beteiligungen Schule machen werden. Transatlantische Arbeitsteilung in der einen oder der anderen Form gehört somit zu den theoretisch befriedigenden Antworten auf die Frage, wie sich das arbeitsteilige Zusammenwirken Amerikas mit Europäern in Krisenregionen gestalten soll. Die Praxis will aber nicht besonders erfreuen.

Blick über den Horizont

Bisher war nur von den Krisenregionen des Balkan und am Golf die Rede. Doch jenseits der Ozeane liegen noch weitere Krisenzonen. Wer regelmäßig die Fernsehnachrichten verfolgt oder die Tageszeitungen studiert, weiß jedoch, daß die Vorgänge im Pazifischen Raum oder in Südostasien nur wenig interessieren, es sei denn eine Seuche wie SARS ängstigt die Touristen oder ein verheerender Tsunami weckt die in Deutschland jederzeit abrufbare, sympathische Hilfsbereitschaft. Kurzfristiges Interesse flammt auch auf, wenn eine Demokratiebewegung ein autoritäres Regime hinwegfegt – Marcos auf den Philippinen oder Suharto in Indonesien. Ferntourismus, humanitäre Katastrophen, Demokratisierungswellen, die kommen und gehen – das läßt für einige Wochen die Fernsehteams ausschwärmen, beschäftigt auch Ministerrunden in Berlin und in Brüssel, um dann aber rasch wieder einer primär euro/amerikazentrischen und auf die Krisenregionen im Nahen und Mittleren Osten bezogenen Betrachtungsweise Platz zu machen, mit gelegentlichen Seitenblicken auf die Misere in Schwarzafrika. Sentimentalität, humanitäre Betroffenheit, die erfreulich ist, und eine reflexartige Hinwendung zu fernen Schauplätzen, sobald sogenannte Demokratisierungsprozesse in Gang kommen – das alles sind sichere Indizien für ein idealistisches Verhältnis zur Außenpolitik, worauf Deutschland stolz ist und was es gern mit dem »Modell Europa« verbindet.

Daß sich hinter diesen fernen Horizonten gegenwärtig machtpolitische und weltwirtschaftliche Verschiebungen von denkbar weitreichender Auswirkung vollziehen, wird zwar beim Blick auf China und die anderen aufblühenden Länder im Fernen Osten dumpf empfunden und läßt die Bundeskanzler zusammen mit führenden Managern im Gefolge in immer kürzeren Abständen ausschwärmen. Aber bis zum Ernstnehmen der schon erwähnten Wahrscheinlichkeit, daß »die Weltgeschichte der nächsten 1000 Jahre im Pazifik geschrieben wird«,[9] ist es noch ein weiter Weg. »Daher sind die in unserem Kontinent zu oft noch gegebenen europazentrischen Sichtweisen des historischen und gegenwärtigen Weltgeschehens heute mehr denn je bedenklich weltfremd geworden«, schreibt Gottfried-Karl Kindermann, hierzulande der beste Kenner der neueren machtpolitischen Vorgänge im Fernen Osten in seinem umfassenden Werk *Der Aufstieg Ostasiens in der Weltpolitik 1840 bis 2000.*[10] Das ist richtig. Doch größere Wachsamkeit wäre geboten.

Im Fernen Osten und in Südostasien geht es nicht nur um humanitäre Herausforderungen, Wirtschaftsinteressen und Demokratieexport. Wahrscheinlich noch wichtiger – langfristig, auf mittlere Sicht, vielleicht sogar kurzfristig – ist der strategische Umbruch, der sich dort vollzieht. Zweimal in neuester Zeit ist die deutsche Öffentlichkeit von Ereignissen an der Peripherie Europas völlig überrascht worden und hat Jahre gebraucht, sich darauf einzustellen – zuerst auf dem Balkan, dann am Golf. Was sich aber gegenwärtig im Fernen Osten zusammenbraut, ist vielleicht noch explosiver.

Es ist ein Raum, in dem fast ein halbes Dutzend Kernwaffenmächte auf dem Plan sind: China, die USA, Rußland, Indien, Pakistan. Der gefährliche Kleinstaat Nordkorea ist unter diesen Großmächten eine Art Joker. Daß Nordkorea mit dem Gedanken spielt, sich eventuell rasch atomar zu bewaffnen, ist sicher. Ob es vielleicht schon rudimentäre Atomwaffen besitzt, ist unsicher.

Die meisten der genannten Mächte haben offene Rechnungen zu begleichen, sind von historischen Sicherheitsbesorgnissen bewegt, könnten sich zu Risikostrategien versucht sehen und haben auf die Ängste ihrer Verbündeten zu achten.

Offene Rechnungen? Dazu zählen die Taiwanfrage, in die sich die Volksrepublik China seit ihrer Gründung verbissen hat,[11] genauso wie das zwischen Indien und Pakistan schwelen-

de Kaschmir-Problem, doch auch die Teilung Koreas – lauter
schwärende Wunden, die eigenartigerweise allesamt auf die
vierziger Jahre des 20. Jahrhunderts zurückgehen.

Historische Sicherheitsbesorgnisse? Beim Blick auf die USA,
Japan, Rußland und Indien kann China seine traditionellen Ein-
kreisungsängste nicht loswerden,[12] hält von fern den Kaschmir-
Konflikt mit am Kochen[13] und sieht sich zudem versucht, im Interesse seiner Energiesicherung im weltpolitischen Hexenkessel
am Persischen Golf mitzumischen.[14] Historische Sicherheitsbesorgnisse existieren aber auch bei anderen Mächten der Region:
in Indien gegenüber Pakistan und China, in Pakistan *vice versa*
gegenüber Indien. Nordkorea fürchtet sich vor den USA, vor
Südkorea und vor Japan, Südkorea vor Nordkorea, doch auch
vor Japan, Japan vor China und vor Nordkorea und Amerika
vor China. Auch Rußland wird von ambivalenten Sicherheitsbesorgnissen umgetrieben, nicht allein gegenüber Amerika und
dem islamischen Fundamentalismus, sondern auch gegenüber
China. Letzteres ist zwar ein Markt für russisches Rüstungsgut
und mit Rußland in einer »strategischen Partnerschaft« verbunden, was immer dies im Krisenfall auch bedeuten mag. Doch
wer auch nur eine Spur historischen Erinnerungsvermögens
besitzt, kann beim Blick auf das Verhältnis zwischen Rußland
und China nicht vergessen, daß schon einmal eine sich rasch
modernisierende Großmacht die russischen Positionen am Pazifik bedroht hat – das aggressive Japan in der ersten Hälfte des
20. Jahrhunderts. Heute lassen die chinesischen Bevölkerungs-
massen in Verbindung mit überlegener Wirtschaftskraft Rußland recht alt aussehen.

Risikostrategien? Wird sich China versucht sehen, eine strategische Kriegsflotte aufzubauen, um damit Amerika ähnlich
herauszufordern, wie seinerzeit das kaiserliche Deutschland mit
seinem Schlachtflottenbau Großbritannien provoziert und ins
Lager seiner Feinde geführt hat?[15] Kann Amerika das zulassen?[16]
Doch wie es verhindern? Die Erinnerung an das Schicksal des
britischen Empire im 20. Jahrhundert müßte auch in Washington nachdenklich stimmen. Zweimal ist England zum Krieg mit
dem gefährlich aufstrebenden Deutschland geschritten und hat
mit viel Glück obsiegt, dabei aber zugleich seine Weltmacht-
position eingebüßt. Tatsache ist jedenfalls, daß China seit fünf-

zehn Jahren seine Verteidigungsausgaben stets zweistellig erhöht hat.[17]

Doch auch Japan könnte sich mittelfristig zur Risikostrategie verführt sehen. Wie zuverlässig und weitschauend ist Amerika, fragt man sich dort, das aufgrund von Fehlinformation den Irak angriff, während es zur gleichen Zeit den Aufstieg Nordkoreas zur Kernwaffenmacht recht kavaliersmäßig behandelt hat?[18] Wäre es also nicht jetzt an der Zeit, eigene Kernwaffen und Raketensysteme aufzubauen, solange sich das Schadenspotential Nordkoreas in Grenzen hält und China noch nicht über das volle Potential der wirtschaftlich führenden Weltmacht gebietet? Aber würde eine derartige Risikostrategie im ostasiatischen Raum, wo Japans Rolle in der ersten Hälfte des 20. Jahrhunderts noch nicht vergessen ist, nicht ebenjene Sicherheitsgefahren heraufbeschwören, die sie bannen sollte? Warum auch das Spiel Nordkoreas mit dem Aufbau eigener Kernwaffen eine Risikostrategie ist, die denkbar weitreichende Folgen haben könnte, braucht nicht eigens herausgearbeitet zu werden.

Ängste der Klientel-Staaten? Während der gesamten Dauer des Kalten Krieges haben die USA über Japan den Atomschirm gehalten und es auch maritim abgesichert, dies zugleich mit dem Hintergedanken, so lange wie möglich zu verhindern, daß diese wirtschaftlich potente Großmacht im Fernen Osten wieder eine autonome, schwer kalkulierbare Sicherheitspolitik betreibt. Doch wie glaubwürdig ist dieser Schutz heute noch? Wie glaubwürdig wird er in fünf oder zehn Jahren sein? Hier kommt die Taiwanfrage ins Spiel. Würden die USA im ganzen asiatischen Großraum, vor allem aber in Japan, nicht viel Gesicht verlieren, sollten sie Taiwan völlig schutzlos lassen, falls sich die Volksrepublik China zur Gewaltanwendung entschließt? Doch auch die Volksrepublik China hat einen heimlichen Klienten – das Nordkorea Kim Jong Ils. Möglicherweise ist dieses Regime ähnlich unsteuerbar, wie seinerzeit im Jahr 1914 die Regierung Serbiens durch Rußland unsteuerbar war. Immer wieder einmal haben sich Großmächte durch kleine rabiate Klienten in übelste Kriege hineinziehen lassen. Deshalb läßt sich für die Dauerhaftigkeit des Friedens im Fernen Osten gleichfalls keine günstige Prognose stellen. Auch China hat ein Gesicht zu verlieren.

Selbst ein derart rascher Blick auf die machtpolitischen Spannungen der Großräume an den Gestaden des Pazifik und des Indischen Ozeans läßt somit verstehen, weshalb sich manche Beobachter bei Betrachtung dieses multipolaren Systems in die Jahrzehnte des Hochimperialismus vor dem Ersten Weltkrieg zurückversetzt sehen. Wie damals vermögen die beteiligten Regierungen nicht abzuschätzen, von welchem Akteur die größten Sicherheitsgefahren ausgehen und welche Allianzen sich im Krisenfall herauskristallisieren werden. Daß Mächte wie China, Indien oder Pakistan zudem unter schwer kalkulierbarem innerem Druck stehen, dient nicht zur Aufhellung des Bildes.

Wie sich die Lage in diesen Regionen entwickeln wird, ist kaum prognostizierbar. Angesichts der großen Labilität und der großen Risiken, die sich dort auftun, wäre Deutschland jedenfalls gut beraten, sich mit allem, was provozieren könnte, vorsichtig zurückzuhalten. Wenn der Ostasienexperte Eberhard Sandschneider schreibt, »eine gute Strategie für unseren Umgang mit den Ambivalenzen Asiens und seinen vielfältigen Herausforderungen gibt es nicht«,[19] so kann man dem nur zustimmen. In weltpolitisch vergleichbar aufgewühlter Lage hat Bismarck einstmals davor gewarnt: »Wenn man nicht sicher ist über das, was geschehen muß, und das ist hier niemand, so tut man am besten nichts. *Dans le doute, abstiens-toi.*«[20]

In einem Jahrhundert, in dem es unnatürlich wäre, würde sich ein Außenminister nicht jeden Monat mindestens drei-, viermal an irgendeinen Brennpunkt der Weltpolitik begeben, um dort vor den Kameras mehrmals täglich zu jedem denkbaren Konflikt Stellung zu nehmen, darf so viel Enthaltsamkeit jedoch nicht erwartet werden. Frisch-fröhlicher Aktivismus der großen EU-Länder oder der jeweiligen EU-Präsidentschaft ist augenscheinlich unabdingbar. Nur vermag leider die vereinte Macht der EU-Länder in diesen fernen Spannungszonen der Weltpolitik wenig zu bewirken, obschon die Rückwirkungen dortiger Krisen alsbald voll auf Europa zurückschlagen würden. Im Fernen Osten wirkt Europas »Imperium des guten Willens« eher noch ironischer als in den Spannungszonen des Mittleren Ostens.

Von Brüssel und von Berlin aus predigt man den dortigen Mächten mit Engelszungen die »Diplomatie des konstruktiven Dialogs«. Das kann gewiß nichts schaden und mag noch etwas wirkungsvoller sein als die periodischen Aufrufe des Heiligen Vaters bei Gelegenheit der Weihnachtsansprachen, alle Differenzen durch Verständigung und nicht durch Gewaltanwendung zu lösen. Aber der Einfluß auf die Rüstungswettläufe, die Allianzpolitik und das Krisenverhalten in diesen Großräumen ist natürlich nur marginal.

Auch die unablässigen Appelle, das Entstehen neuer Großmächte im Pazifischen Raum sollte die EU dazu veranlassen, selbst zu einer Art Großmacht zu werden, wirken beim Blick auf die USA, China, Japan, Indien oder auch Rußland, die dort wie echte Großmächte auftreten und dies auch sind, noch weniger überzeugend als beim Blick auf die Szenerie im Nahen und Mittleren Osten. Nicht einmal im Fall gewaltiger Naturkatastrophen wie jüngst rund um den Indischen Ozean vermag die EU ihre vielgerühmte *soft power* effektiv zu transportieren. Einmal mehr zeigte sich nach der Tsunami-Katastrophe, daß Amerika auch in jenen fernen Räumen sowohl über *hard power* wie *soft power* verfügt, beides innerhalb kürzester Zeit einzusetzen vermag, und nicht nur zu humanitären Zwecken wie Europa, sondern zugleich mit geostrategischer Zielsetzung.

Die Länder Europas spielen in einer anderen Liga. Das Potential und der gute Wille zur humanitären und technischen Hilfe sind vorhanden, in Brüssel genauso wie in Berlin. Doch die Friedenssicherung in diesen Räumen übersteigt die Kräfte der Europäer. Intensive Dialogpolitik mit China und Japan oder anderen Ländern der Region mag von begrenztem Nutzen sein, aber auch nicht mehr. Doch da die USA auf absehbare Zeit dort als Spielführer agieren werden (ob klug oder unklug, bleibt abzuwarten), wären die Mächte Europas gut beraten, ihre diplomatische Energie in erster Linie darauf zu richten, daß Amerika eine vernünftige Fernostpolitik betreibt. Dies setzt allerdings den guten Willen voraus, mit den USA eng zusammenzuwirken.

Doch was geschieht? Bundeskanzler Schröder plädiert jetzt offen dafür, die EU solle das Embargo auf Rüstungsgüter und strategisch nutzbare Hochtechnologie aufheben. Frankreich wünscht dasselbe. Daß dem gewichtige Außenhandelsinteressen zugrunde liegen, versteht sich. Die Bundesrepublik hätte vor allem U-Boote anzubieten, die China zum Aufbau strategischer Seestreitkräfte braucht. Aber wäre das mit dem Prinzip zu vereinbaren, keine Waffen in Spannungsgebiete zu liefern, auf dem die rot-grüne Bundesregierung ansonsten beharrt? Läßt sich so der Scherbenhaufen zwischen Berlin und Washington wegräumen? Und wie wäre dies mit den Zielen postheroischer Friedenspolitik des »Modells Europa« vereinbar? Es ist schon paradox: Globalstrategisch gesehen, verfügen die Mächte Europas im Fernen Osten in erster Linie über ein gewisses Schadenspotential. Sie können den Rüstungswettlauf beschleunigen und zugleich Amerika und Japan beunruhigen. Dabei ist schwer auszumachen, ob dem allein die Absicht zugrunde liegt, gute Geschäfte zu machen, oder eine globale Strategie der »Gegenmachtbildung«. Ersteres ist unvorsichtig, das letztere wäre eine groteske Überschätzung dessen, was sich Deutschland Amerika gegenüber leisten kann. Ist es wirklich der Gipfel von Staatskunst, das eigene Schadenspotential auch auszunutzen?

Wohin man sich also wendet, das »Modell Europa« will nicht recht überzeugen, weder in der Wetterecke am Persischen Golf noch darüber hinaus rund um den Indischen Ozean oder im Pazifischen Raum. Aber hellt sich das Bild nicht wenigstens auf, wenn man den Weltsicherheitsrat der Vereinten Nationen in den Blick nimmt? Ist nicht die UNO die Hoffnung all derer, die im »Modell Europa« den Gegenentwurf zur selektiven Weltherrschaft Amerikas konstruieren möchten? Und kann das, was ansonsten unlösbar erscheint, nicht dort friedlich-schiedlich geregelt werden – die Zukunft der nicht lebensfähigen Protektorate auf dem Balkan, das Palästinenserproblem, die Irakfrage, das Drängen des Iran in den Atomclub, das nukleare Risiko auf dem Indischen Subkontinent und die Spannungen im Fernen Osten?

8. Die UN – zentral oder bloß funktional?

Die Bedeutung der Vereinten Nationen für die deutsche Außenpolitik ist erst seit den frühen neunziger Jahren voll ins Bewußtsein einer breiteren Öffentlichkeit getreten. Die Bundesrepublik Deutschland hatte zwar schon seit den frühen fünfziger Jahren Beobachterstatus und wurde 1973 zusammen mit der DDR reguläres Mitglied. Als die DDR im Jahr 1990 der Bundesrepublik beitrat, verstärkte sich naturgemäß das deutsche Gewicht. Zugleich wuchsen seitens der UN die auf Deutschland gerichteten Erwartungen. Dabei hatte es in der Bundesrepublik nie an Sympathie für die UN und für die vielseitigen humanitären Aktivitäten der UN-Unterorganisationen gefehlt. Natürlich war die damalige Bonner Diplomatie von Anfang an bemüht gewesen, diese multilateralen Plattformen optimal zu nutzen – als Beobachtungsposten, zur Beeinflussung der dort mitwirkenden Akteure, doch auch in der Absicht, den globalen Herausforderungen und Gefahren durch global organisierte Hilfsprogramme zu begegnen. Die UNO entsprach in idealer Weise der Grundanlage bundesdeutscher Außenpolitik: Harmonisierung der internationalen Beziehungen, tätige Mithilfe zum Ausgleich zwischen den armen und den wohlhabenden Ländern, Eintreten für Menschenrechte und Menschenwürde, Friedenstiften, Erprobung von Ansätzen der *global governance*. Sieht man einmal von einer kurzen Phase in den frühen siebziger Jahren ab, als bei den Kontroversen um die »neue Ostpolitik« das Ob und Wann des Beitritts zur UNO zwischen der sozialliberalen Bundesregierung und der CDU/CSU-Opposition umstritten war (übrigens auch im Innern der Union selbst), so herrschte doch in der Öffentlichkeit über lange Jahrzehnte eine uneingeschränkt positive Einschätzung vor.

Dennoch wurden die Vorgänge am East River in New York, im Völkerbundspalais in Genf oder später auch am Standort Wien in einer breiteren Öffentlichkeit eher als Seitenbühnen im großen Welttheater verstanden. Im politischen Bewußtsein der Bundesrepublik waren die Seitenbühnen aber viel weniger präsent als die Europäische Gemeinschaft oder die NATO. Selbst so wenig gefestigte Verhandlungsplattformen wie die KSZE und MBFR schienen eines vordringlicheren Interesses würdig. Dafür war selbstverständlich in starkem Maß die Tatsache maßgeblich, daß der Ost-West-Konflikt im Zusammenhang mit dem Vetorecht der beiden Weltmächte USA und Sowjetunion für das Friedenserhalten und Friedensschaffen durch die UN alles in allem nur recht eingeschränkte Bedingungen eröffnete.

Das änderte sich in den frühen neunziger Jahren. Viel stärker als zuvor, so glaubten der damalige Generalsekretär Boutros Boutros-Ghali und mit ihm viele Freunde der UN auch in Deutschland, schien nunmehr der Weltsicherheitsrat dazu fähig, in wichtigen Fragen der internationalen Ordnung zentrale Gestaltungsaufgaben und friedenschaffende Maßnahmen wahrzunehmen – durch Stationierung von UN-Friedenstruppen in den Bürgerkriegen zerfallener Staaten wie in Somalia und in Bosnien-Herzegowina oder durch Mithilfe bei der Demokratisierung, vor allem durch Ermöglichung und Überwachung von einigermaßen fairen Wahlen. Das Paradebeispiel dafür war Kambodscha. Es war jene Phase in der UN-Geschichte, in der kein geringerer als Bundesaußenminister Klaus Kinkel postulierte, allein der UNO gebühre ein legitimes Gewaltmonopol, wobei er für diese völkerrechtlich angreifbare Behauptung[1] keinen sehr lauten öffentlichen Widerspruch fand.

Damals hat sich im Deutschen Bundestag eine parteiübergreifende Gruppierung von Außenpolitikern für den Gedanken humanitär motivierter UN-Interventionen erwärmt, notfalls auch für militärisches Vorgehen gegen Bürgerkriegsparteien oder Staaten, die sich schwerer Menschenrechtsverletzungen schuldig gemacht hatten. Abgeordnete der Koalitionsparteien, der Grünen, auch SPD-Außenpolitiker wie Freimut Duve, Karsten Voigt oder Norbert Gansel gehörten dazu. Wie tief die Erregung über die Greuel im zerfallenen Jugoslawien bis weit in die Reihen von CDU/CSU reichte, bewies der Rücktritt des Ministers Christian Schwarz-Schilling aus Entrüstung über die zögerliche Haltung der Regierung Kohl. Daß Staaten selbst dann, wenn Zehntausende Unschuldiger irgendwo massakriert werden, kalte Monster sind, sobald sie sich aufgefordert sehen, ihre Söhne in ferne, gefährliche Regionen zu entsenden, zeigte sich aber schon damals. Bis zum Karlsruher Urteil vom 12. Juli 1994 scheute die Bundesregierung mit verfassungsrechtlich fragwürdiger Begründung vor einem militärischen Eingreifen in den Jugoslawien-Konflikt zurück.

Jetzt war es das katastrophale Scheitern des UN-Aktivismus, der in großen Teilen der deutschen Öffentlichkeit starke Zweifel an der Zweckmäßigkeit groß aufgezogener Aktivitäten der UN-Friedenssicherung weckte, selbst an deren prinzipieller Moralität. Stärker als vieles andere hat damals die Macht der Bilder die ursprünglich positive Erwartung bezüglich des UN-*peacekeeping* spürbar verändert. Die Desillusionierung war stark, als die Deutschen Abend für Abend im Fernsehen studieren konnten, wie vergleichsweise untätig und unfähig sich die Blauhelmtruppen erwiesen, den Bürgerkriegsgreueln auf dem Balkan effektiv zu begegnen. Auf den Skandal von Srebrenica folgte das Entsetzen darüber, daß UN-Einheiten in Ruanda und die UN-Spitzenfunktionäre in New York dem Genozid an den Tutsis untätig zugesehen hatten. Ausgerechnet in jenen Jahren, als die UNO erstmals theoretisch voll handlungsfähig erschien, erwiesen sich die engen Grenzen ihrer Möglichkeiten.

Desillusionierung stellte sich auch bei den Experten ein. Jeder Einsatz, so ließ sich im Detail studieren, wirft Dutzende schwierigster Probleme auf: Rechtsfragen, Mandatierung, Finanzierung, das Aufbringen von Truppen und Transportmitteln zum *peacekeeping*, die Verknüpfung des *peacekeeping* mit den Aktivitäten der UN-Unterorganisationen, die Führung der Pazifizierungs-Einsätze und das Zusammenwirken mit den Regierungen vor Ort, aber ebenso mit anderen Großorganisationen, etwa EU, WEU, NATO oder OSZE. Es wurde zudem deutlich, daß sich die Vetomacht der Ständigen Mitglieder des Weltsicherheitsrats der UN selbst nach dem Ende des Ost-West-Konflikts vielfach lähmend auswirkte. So wuchs die UN-Skepsis nicht nur in der Bevölkerung, der die Ohmacht der UNO visuell vorgeführt wurde, sondern gedämpfter, professioneller, aber eben doch vergleichbar bei den maßgeblichen Außenpolitikern und Diplomaten. Anders wäre es nicht zu verstehen gewesen, weshalb 1999 der von der UN nicht mandatierte NATO-Einsatz im Kosovo und der monatelang andauernde Luftkrieg gegen Jugoslawien, immerhin ein Mitglied der Vereinten Nationen, selbst von der rot-grünen Bundesregierung unterstützt wurde und auch seitens der deutschen Öffentlichkeit nur vergleichsweise wenig Kritik fand. Wie die prinzipielle Zustimmung aller NATO-Länder zu diesem beispiellosen Vorgehen bewies, war die UN-Skepsis in Europa und in den USA damals eine weitverbreitete Grundstimmung. Da es seinerzeit in erster Linie Rußland war, das mehr hinter als vor den Kulissen mit seinen Vetomöglichkeiten spielte, hatten die NATO-Regierungen schließlich keinerlei Bedenken mehr, Moskau kalt und ohne Rücksichtnahme auf die Vorschriften der UN-Charta auszuhebeln.

Doch als die Fanfaren zum Angriff auf den Irak ertönten, änderte sich dies schlagartig. In Deutschland waren es vielfach dieselben Parteien, Politiker und Meinungsführer, die seinerzeit für die nicht UN-mandatierten Militäreinsätze gegen das UN-Mitglied Jugoslawien getrommelt hatten, von denen nun ein Sturm der Entrüstung entfacht wurde, weil die USA und Großbritannien zusammen mit anderen EU-Partnern einen formell nicht UN-mandatierten Feldzug zum Sturz des Diktators Saddam Hussein unternehmen wollten und diesen tatsächlich auch durchführten. Jetzt wurde die UNO auch in einer breiten Öffentlichkeit als globale Organisation entdeckt, um die amerikanische Weltmacht sowie deren Verbündete durch den Weltsicherheitsrat und notfalls durch das Vetorecht der Ständigen Mitglieder in Schranken zu halten.

Ein Jahr später rückte die UNO erneut ins Zentrum des außenpolitischen Interesses. Derselbe Bundesaußenminister, der noch kurz zuvor auf vielen Bühnen seine Arien vom heißen Verlangen nach einer gemeinschaftlichen Außenpolitik der Europäischen Union gesungen hatte, proklamierte nunmehr die

Forderung nach einem Ständigen Sitz Deutschlands im Welt-sicherheitsrat als außenpolitische Priorität der Bundesregie-rung. Ob die Opposition und deren publizistische Anhänger gut beraten sind, wenn sie das ablehnen, wird gleich zu diskutieren sein.

Der rasche Rückblick auf die Jahre seit dem weltpolitischen Umbruch zeigt jedenfalls dreierlei ganz deutlich: erstens, daß die UNO für die deutsche Außenpolitik heute tatsächlich von zentraler Bedeutung ist, während sie früher eher nachgeordnet erschien, zweitens, daß diesbezüglich kein harmonischer Kon-sens mehr herrscht wie vor 1990, und drittens, daß die Einstel-lung zur UNO hierzulande ziemlich labil ist. Bald setzt man größte Hoffnungen auf die Vereinten Nationen, bald wendet man sich ab, weil sie enttäuscht haben; bald begreift man sie als hervorragendes Instrument der Demokratien (die USA mit inbegriffen), um westliche Ideale der Menschenwürde notfalls sogar mit Hilfe militärischer Interventionen unter Flagge der UN durchzusetzen; bald sieht man ihren Charme in erster Linie darin, das hegemoniale Amerika im Weltsicherheitsrat auflaufen zu lassen und moralisch vorzuführen; bald bringt die Bundes-regierung, demütig und gut europäisch gestimmt, den Wunsch nach einem Ständigen Ratssitz im Sicherheitsrat nur *sotto voce* zum Ausdruck, und bald läßt sie alle diplomatischen Künste spielen, um dieses plötzlich als sehr wichtig erkannte Ziel zu erreichen.

Wer nach Illustrationen für die These sucht, daß die Repu-blik ihren außenpolitischen Kompaß verloren hat, wird auch beim Blick auf den Zickzackkurs unserer UN-Politik fündig. Wie in den anderen bereits diskutierten Zusammenhängen geht der Verlust des Kompasses nicht allein auf Unachtsamkeit der Bundesregierung zurück. Objektive Gegebenheiten wirken sich gleichfalls aus: die praktischen Erfahrungen mit den UN-Akti-vitäten, das Versanden aller Bemühungen um Vergemeinschaf-tung der EU-Außenpolitik, die neuartigen Gefahren – insbe-sondere die Möglichkeit fataler ABC-Proliferation – und das problematische Auftreten der engsten Alliierten im Weltsicher-heitsrat (von vorschneller Arroganz die Amerikaner, verkehrt kalkulierend die Engländer, aufgeplustert die Franzosen). Kein Land kann sich eben die UN und die dortigen Akteure nach eigenem Gusto backen. Man muß sie nehmen, wie sie sind, was aber das Kurshalten nicht erleichtert.

Doch die diesbezüglichen UN-Probleme, mit denen sich Deutschland herumzuschlagen hat, werden auch künftig bleiben und wahrscheinlich noch dringlicher werden. Muß man sich aber hierzulande wirklich auch darüber erbittert streiten? Einer der klügsten Analytiker britischer Außenpolitik, Max Beloff, hat vor einer Reihe von Jahren einmal die Maxime formuliert: »Jede Politik, die eine Nation zutiefst polarisiert, sollte nach Möglichkeit vermieden werden.«[2] Das ist auch heute noch richtig. Zu Beginn war an den Konsens über die UN-Politik zu erinnern, der in der Bundesrepublik lange vorherrschend war. Wenn möglich, sollte Deutschland an diese Tradition wieder anknüpfen, auch wenn es die Opposition nie ganz lassen kann, der Regierung wegen allem und jedem am Zeug zu flicken.

Die UN: von zentraler Bedeutung, aber nicht alleinseligmachend

»Wir werden von der Überzeugung geleitet, daß kein Land allein eine sicherere und bessere Welt bauen kann.« Hat dies Bundesaußenminister Fischer anläßlich seiner neuerlichen Bewerbung um einen Ständigen Sitz im Weltsicherheitsrat geäußert oder ein anderer in der langen Reihe von Bundesaußenministern, die jeweils im Herbst nach New York fliegen, um der UN-Vollversammlung ihre Reverenz zu erweisen? Tatsächlich stammt dieses Zitat aus der berüchtigten Nationalen Sicherheitsstrategie der Regierung Bush vom 17. September 2002.[3]

Nicht einmal die konservativste, am stärksten unilaterale Administration, die Amerika seit vielen Jahrzehnten besitzt, leugnet prinzipiell die Notwendigkeit dieser globalen Organisation und nennt sie an erster Stelle, selbst wenn sie leicht provozierend, aber zugleich realistisch darauf hinweist, daß für den Bau einer sichereren und besseren Welt auch noch andere Organisationen von Bedeutung sind: die Welthandelsorganisation (WTO), die Organisation Amerikanischer Staaten (OAS) und die NATO. Würden Bundesregierungen in kommenden Jahren ein solches Sicherheitsdokument erarbeiten, könnte man sich bei Rot-Grün eine Nennung der EU an erster Stelle, vielleicht der UNO an zweiter und der NATO an dritter vorstellen. Man mag darüber spekulieren, ob die heutige Opposition vielleicht gleichwertig die NATO und die EU nennen würde, gefolgt von der UNO. Am wahrscheinlichsten ist, daß sich in Deutschland die Neigung durchsetzen würde, überhaupt keine Reihung entsprechend der Bedeutung vorzunehmen, sondern die drei Organisationen als gleich wichtig zu bezeichnen. Ganz unvernünftig wäre das nicht.

Festzuhalten bleibt aber: Nicht einmal die Administration Bush glaubt an die Möglichkeit langfristiger Alleingänge, nach den Erfahrungen der Jahre 2002 bis 2004 sicher noch weniger als 2001, als Amerika der Kamm stark geschwollen war. Weshalb die Vereinten Nationen von hervorragender Wichtigkeit sind, bedarf keiner weiteren Erörterung. Viele Probleme sind global, und die Staatengesellschaft ist global so vernetzt, daß es ein Gebot der Vernunft ist, die Vertreter aller Regierungen kontinuierlich zusammenzuführen, um allgemein und im Einzelfall zu beraten, wie eine geordnete Welt aussehen sollte. Völkerrechtliche Normen und Statuten, Prinzipien und differenzierte Verhaltensregeln sind dafür unerläßlich.

Doch die UNO ist nicht die alleinseligmachende Organisation zur Konfliktregulierung oder Friedenssicherung. Sie hat sich auch nach Ende des Kalten Krieges des öfteren außerstande gezeigt, spezifische Krisen effektiv zu lösen. Kambodscha und Somalia mußten ihrem Schicksal überlassen bleiben, und bei der Pazifizierung des Balkans wurde am East River längst erkannt, daß arbeitsteilige Zusammenarbeit mit anderen Großorganisationen ganz zwingend ist, also mit der EU, der NATO oder der OSZE. Desgleichen zeigt die Erfahrung, daß die UNO ihre ehrgeizigen oder bescheidener formulierten Ziele beim *peacekeeping* oder gar beim *peace enforcement* nur dann erfüllen kann, wenn sich die vetobewehrten Mächte im Weltsicherheitsrat nicht querlegen und, dies noch wichtiger, wenn die einzelnen Mitgliedstaaten Truppen und Geld zur Verfügung stellen.

Der Irakkrieg hat die Aufmerksamkeit wieder einmal auf das Vetorecht gelenkt. Wie man weiß, war dies die letzte Trumpfkarte Frankreichs, die dann doch nicht ausgespielt werden konnte. Seitens der mit Vetorecht ausgestatteten Ständigen Mitglieder des Weltsicherheitsrats ist natürlich die Neigung groß, nur solche Maßnahmen der Friedenssicherung für legitim zu halten, denen sie selbst zugestimmt haben. Doch einmal mehr hat sich bei der *cause célèbre* des Sicherheitsrats im Frühjahr 2003 gezeigt, daß sich Großmächte nicht aufhalten lassen, wenn sie zur Gewaltanwendung entschlossen sind. Dann geben vorerst andere Faktoren den Ausschlag: Allianzen, Militärmacht, die öffentliche Meinung, auch der Widerstand, den die Angegriffenen leisten.

Empirisch betrachtet, ist das UN-System in internationalen Krisen, bei denen auch die Ständigen Mitglieder des Weltsicherheitsrats zerstritten sind, eben nur ein Faktor unter anderen. Daß sich der Friede auch außerhalb der UN halbwegs erträglich organisieren läßt, wenn Blockaden bestimmter Mächte den Weltsicherheitsrat lahmlegen, beweisen die mehr als vierzig Jahre, in denen der Ost-West-Konflikt alles überlagerte. Gewiß, selbst im Kalten Krieg hat das UN-System in vielen Fällen mit dazu beigetragen, lokale oder regionale Konflikte daran zu hindern, eine Kollision der Supermächte auszulösen. Aber seine Bedeutung für die Verhinderung des dritten Weltkrieges war eben doch nur nachgeordnet. Es bedarf keiner großen Phantasie, sich vorzustellen, daß solche Situationen auch in dem langen 21. Jahrhundert, das erst begonnen hat, wieder eintreten können. In einem System, das von großen Mächten – den USA, China – durch Veto lahmgelegt werden kann, wäre es töricht, die eigene Sicherheit mittel- und langfristig allein auf das vernünftige Funktionieren des Weltsicherheitsrates abzustellen. Selbst Demokratien wie Großbritannien und Frankreich, die heute sicherlich nicht mehr zu den Großmächten gehören, können durch Inanspruchnahme ihres nur noch historisch begründeten Privilegs stören. Und sollten neue Ständige Mitglieder – Japan, Indien, Deutschland, Brasilien, Südafrika – tatsächlich mit dem Vetorecht ausgestattet werden, so würde die zahlenmäßige Erweiterung auch die Gefahr des Vetomißbrauchs nur vergrößern. Das neuerdings zu vernehmende Argument, der Status als Atommacht legitimiere auch den vetobewehrten Ständigen Sitz im Weltsicherheitsrat, ist so absurd wie nur denkbar. Sollten Israel, Indien, Pakistan, die schon Atommächte sind, und morgen Nordkorea oder der Iran allein aufgrund ihrer Fähigkeit, Waffen zum Massenmord herzustellen, deshalb einen privilegierten Sitz im Weltsicherheitsrat erhalten?

Besonders der Blick auf die Massenvernichtungswaffen zeigt, woher künftig die großen Gefahren drohen. Einsatz von ABC-Waffen oder auch nur die Androhung ihres Einsatzes zum Zweck der Erpressung gehört zu den unschwer voraussehbaren Alpträumen des 21. Jahrhunderts. Der Hinweis auf die entsprechenden Risikostaaten verdeutlicht auch, wie wenig heute die Verfahrensregeln der UNO-Charta zum präventiven Vorgehen geeignet sind. Es wäre ein Wunder, wenn die meisten Regierungen in Europa selbst im Fall gefährlicher Proliferation nicht zum Abwarten und zu weiterem Verhandeln raten würden. Appeasementpolitik ist ja durchaus nicht immer irrational. Das hat sich im Fall des Kalten Krieges sowohl in bezug auf die Sowjetunion als auch im Hinblick auf die unter Mao Tse-tung recht aggressive Volksrepublik China herausgestellt. Wenn Amerika in den kommenden Jahrzehnten auf präventives Vorgehen drängt, wird ihm künftig die Tatsache entgegengehalten werden, daß im besetzten Irak trotz monatelangen Suchens keine Massenvernichtungswaffen gefunden wurden. Andererseits sind Kernwaffen in der Hand von Hochrisikostaaten wie Nordkorea eine Zeitbombe. In einer ohnehin spannungsgeladenen, für die Weltwirtschaft der kommenden Jahrzehnte entscheidenden Region kann ein psychisch unstabiler Diktator wie Kim Jong Il Schreckliches anrichten. Auch Kernwaffen im Besitz der fundamentalistischen Mullahs im Iran, die in den vergangenen Jahrzehnten im Nahen Osten eine ganze Reihe von Terrorgruppen unterstützt haben, sind ein Alptraum. Würde dieses Regime auf Dauer davor zurückschrecken, Terrorgruppen heimlich auch mit Massenmordwaffen auszurüsten? Nichts ist diesbezüglich vorhersehbar, alles ist möglich. Darf man also im Ernst erwarten, daß Länder, die sich tatsächlich – begründet oder grundlos – bedroht fühlen und die über Handlungsoptionen verfügen, in solchen Fällen Alleingänge außerhalb der UN völlig ausschließen wollen? Bisher scheut die UNO aber davor zurück, diese heißesten Themen der kommenden Jahrzehnte anzufassen, geschweige denn Lösungen zu entwickeln, die sowohl praktisch wie akzeptabel sein müßten.

Andererseits läßt sich aus dem Irakkrieg genauso deutlich die

Lehre von der Unentbehrlichkeit der UN ableiten. Zumindest in den westlichen Demokratien, deren Öffentlichkeit vom großen Nutzen verbindlicher Rechtsregeln überzeugt ist, besteht ein starkes Verlangen nach »Legitimation durch Verfahren«. Das gilt für Europa, es gilt aber genauso für die Vereinigten Staaten selbst, wo die UN und die Theorien vom hohen Rang des Völkerrechts von vielen für maßgeblich gehalten werden, wenngleich diese Tradition durch die konservative Publizistik und durch die Erschütterung des 11. September 2001 zeitweilig überlagert worden ist. Tatsächlich sah sich aber selbst die Administration Bush genötigt, wohl oder übel den UN-Sicherheitsrat ins Spiel zu bringen: zuerst, um die Unterstützung Großbritanniens durch eine den Angriff legitimierende Irak-Resolution zu erhalten (das ist bekanntlich gescheitert), zum anderen, um die Bürde der Besetzung zu mildern und den in Europa aufgetürmten Scherbenhaufen rasch beiseite zu räumen.

Da es sich Deutschland noch sehr viel weniger leisten könnte als die USA, die Willensbildung in den Vereinten Nationen zu ignorieren, gehört somit korrekte Beachtung der Verfahrensregeln der UN zu den vorrangigen deutschen Interessen. Die Vereinten Nationen sind für die deutsche Außenpolitik zentral und dürften das auf lange Zeit bleiben. Daß sich Deutschland auch künftig dafür aussprechen wird, zur Prävention von Erpressung oder gar von Anschlägen mit ABC-Waffen ein »gemischtes Instrumentarium« einzusetzen, versteht sich von selbst. »Zur Bekämpfung des Terrorismus kann ein Mix aus Aufklärungsarbeit sowie politischen, militärischen und sonstigen Mitteln erforderlich sein«, statuiert die »Europäische Sicherheitsstrategie«, die am 20. Juni 2003 vom Rat der Europäischen Union in Thessaloniki angenommen wurde.[4] Was in diesem Dokument zum Thema *failed states* beschlossen wurde – auch dies in Zukunft wohl ein Dauerthema der Staatengesellschaft –, kann auch als Richtlinie für entsprechendes Konfliktmanagement durch den Weltsicherheitsrat verstanden werden: »In gescheiterten Staaten können militärische Mittel zur Wiederherstellung der Ordnung und humanitäre Mittel zur Bewältigung der unmittelbaren Krise erforderlich sein. Wirtschaftliche Instrumente dienen dem Wiederaufbau, und ziviles Krisenmanagement trägt zum Wiederaufbau einer zivilen Regierung bei.«

In dem erwähnten Dokument findet sich aber auch der Hinweis, die Europäische Union sei »besonders gut ausgerüstet, um auf solche komplexen Situationen zu reagieren«. Dies ist ein zutreffender Hinweis darauf, daß der UN-Sicherheitsrat doch nur ein wichtiger Faktor unter anderen ist, so zwingend auch im Normalfall internationaler Krisen die Mandatierung durch ihn sein wird. Somit gehört die EU – und mit Blick auf Exjugoslawien muß man hinzufügen: auch die NATO – aus deutscher Sicht gleichfalls zu den unumgänglich notwendigen multilateralen Institutionen.

Künftig wird aber weiterhin nicht nur auf die zentralen multilateralen Bezugskreise zu achten sein, sondern genauso auf die Beziehungen zu den großen Ländern Europas oder in Übersee, im Einzelfall auch zu Kleinstaaten – man denke nur an Israel. Die Optimierung von Sicherheit oder des Einflusses auf die Staatengesellschaft führt nicht allein über eine Einbahnstraße zu den Vereinten Nationen. An gefährlichsten Krisen wird in den kommenden Jahrzehnten kein Mangel sein. Dabei könnte es sich durchaus herausstellen, daß der Weltsicherheitsrat nicht handlungsfähig ist, während sich die Weltmacht USA als handlungswillig erweist. Falls es dann im deutschen Interesse wäre, daß Amerika rasch, hart und zuverlässig eingreift, wäre es eine Dummheit, dies nur aus lauter UN-Legalismus zu verwerfen. Der Krieg der NATO zur Verhinderung eines barbarischen Vorgehens Miloševićs im Kosovo, an dem sich übrigens auch Frankreich beteiligt hat, war ein solcher Fall.

Braucht Deutschland einen Ständigen Sitz im Weltsicherheitsrat?

Es erstaunt immer wieder, weshalb ausgerechnet in Deutschland ein ganzer Schwarm von Kritikern die Stimme erhebt, sobald die Bundesregierung Positionen anstrebt, die ganz offenkundig im deutschen Interesse sind. »Die Illusion von der Weltmacht«, kann man dann lesen,[5] als verschaffe die Mitwirkung an Entscheidungen des Weltsicherheitsrats schon einen Weltmachtstatus, den heute vernünftigerweise nur die USA beanspruchen dürften und wahrscheinlich in absehbarer Zeit auch China. Die einen werfen Rot-Grün vor, es mache durch die Bewerbung für sich selbst Reklame – als ob einem derartige Positionen mühelos zufallen würden. Die anderen sehen darin eine Abkehr von der selbstgewählten Rolle von Rot-Grün, Deutschland als Zivil- und Friedensmacht darzustellen – als sei der Weltsicherheitsrat nicht ausdrücklich zur Friedenssicherung verpflichtet. Manche verweisen darauf, mit einem Ständigen Sitz im Weltsicherheitsrat sei natürlich auch die Erwartung verknüpft, für alle denkbaren oder heute noch undenkbaren Aufgaben Truppen zum *peacekeeping* zu stellen – ganz so, als sei das nicht schon längst der Fall, von Bosnien bis Afghanistan. Außerdem: Leistet das Ständige Ratsmitglied China solche Beiträge? Ist die Staatengesellschaft brennend an russischen *peacekeeping*-Truppen im »nahen Ausland« interessiert? Es versteht sich schließlich, daß es auch Ständigen Mitgliedern freisteht, zu entscheiden, ob und in welcher Form sie an UN-Aktivitäten mitwirken.

Seitens der Union schallt Rot-Grün der Vorwurf entgegen, sich damit von dem Ziel einer gemeinschaftlichen Außenpolitik der EU verabschiedet zu haben – als sei irgendwann zu erwarten, daß Großbritannien und Frankreich auf ihre Sitze zugunsten eines Ständigen Ratssitzes für die EU verzichten. Alle, die an demonstrativ postnationaler Politik ihre Freude haben, sehen nun die gute alte Bonner Außenpolitik der Bescheidenheit über Bord gehen – so als hätte nicht bereits Bundeskanzler Helmut Schmidt mangels eines Ständigen Ratssitzes darauf hingewirkt, die G 7 der stärksten Wirtschaftnationen fest zu institutionalisieren, wobei auf diesen exklusiven Gipfeln nicht allein Wirtschaftsfragen, sondern auch andere hochpolitische Themen zur Erörterung standen und stehen.

Initiativen, bei denen Zweidrittelmehrheiten in der UN-Vollversammlung erzielt werden müssen, können natürlich danebengehen. Frankreich, Großbritannien und Rußland unterstützen die Bewerbung. Wie sich die amerikanische Regierung zum deutschen Wunsch verhalten wird, ist nach den verpatzten Auftritten in den Jahren 2002 und 2003 ungewiß. Und daß die Ratifikation einer Novellierung der UN-Charta durch die beteiligten Länder Zeit braucht, ist gleichfalls bekannt. Sollte die Frucht überhaupt reifen, dann wird es dauern, bis sie gepflückt werden kann. Dennoch ist es richtig, daß die Berliner Regierung jetzt mit großem Nachdruck bemüht ist, auf die grundlegende Reform des Weltsicherheitsrats hinzuwirken und dann auch zu Recht einen Ständigen Ratssitz für Deutschland erwartet.

Alle Erfahrungen mit der Friedenssicherung durch die UNO sprechen für eine Erweiterung des Weltsicherheitsrats. Japan, Indien und Deutschland sind aufgrund ihrer Größe und ihres wirtschaftlichen Gewichts natürliche Kandidaten. Ein großes lateinamerikanisches Land sollte dann gleichfalls dabei sein, und da das am Tropf des Weltwährungsfonds hängende Argentinien sich kaum dafür eignet, kommt nur Brasilien in Frage. Welcher afrikanische Staat sich in der OAU durchsetzen wird, ist unklar.

Von den Optionen, die gegenwärtig in der Diskussion sind, wäre aus deutscher Sicht eine »Mezzanine-Lösung«, wie das der Publizist Michael Stürmer unlängst genannt hat, die günstigste: Zwischen die vetobewehrten Ständigen Mitglieder und die nichtständigen Mitglieder würde eine Zwischenetage Ständiger Ratsmitglieder eingezogen, die über kein Veto verfügen. Diese Neuorganisation würde wahrscheinlich auch zur Folge haben, das atavistische Vetorecht zu relativieren, dafür aber den Mehrheitsabstimmungen im Sicherheitsrat größeres Gewicht verleihen.[6]

Das Vetorecht der Altmitglieder ist eine Erblast aus dem Gründungsjahr 1945, die man aber auf alle Zeiten nicht los wird. Es hat in den Bürgerkriegen auf dem Boden des zerfallenen Jugoslawien viele Unschuldige Gut und Leben gekostet. Ohne die Rücksichtnahme auf das vetobewehrte Rußland hätten die westlichen Demokratien dem Morden wohl kaum so lange fast tatenlos zugesehen – »Triumph of the Lack of Will«, wie das der britische Publizist James Gow voller Empörung genannt hat.[7] Es sind derart trübe praktische Erfahrungen, die eine permanente Mitwirkung Deutschlands im Weltsicherheitsrat wünschenswert erscheinen lassen. Die Balkankrisen der neunziger Jahre haben hinlänglich verdeutlicht, daß entscheidende Weichenstellungen im Weltsicherheitsrat durch die Ständigen Ratsmitglieder USA, Großbritannien, Frankreich und Rußland erfolgt sind.[8] Nach unangebracht langem Zögern, aber schließlich mit großem Nachdruck hat sich die Bundesrepublik seither mit beträchtlichen Militärkontingenten und ebenso mit einem breiten Fächer ziviler Maßnahmen in Bosnien-Herzegowina, in Mazedonien und im Kosovo engagiert. Alle Indizien sprechen dafür, daß eine dauerhafte Befriedung noch nicht gelungen ist. Schon beim Blick auf die ungelösten Konflikte dieser Region, an deren Bewältigung Deutschland größtes Interesse hat und wozu es einen maßgeblichen Beitrag leistet, wäre es wünschenswert, auf die Definition der UN-Mandate direkt Einfluß nehmen zu können.

Darüber hinaus wäre es verkehrt, die potentiellen Unruheherde in Ost- und Ostmitteleuropa vom Baltikum bis zum Schwarzen Meer und von dort nach Albanien zu vergessen. In der Europäischen Sicherheitsstrategie findet sich die zutreffende Feststellung, bei den neuen Bedrohungen werde »die erste Verteidigungslinie oftmals im Ausland liegen«.[9]

So, wie Frankreich stark auf die Sicherheitsprobleme des Maghreb an seiner mittelmeerischen Gegenküste fixiert ist und Großbritannien traditionellerweise auf die Golfregion, wird Deutschland von kritischen Entwicklungen in Osteuropa, auf dem Balkan, doch auch in der Türkei und in deren Umfeld am stärksten betroffen, nicht zuletzt durch Flüchtlingsbewegungen und Asylsuchende. Krisenstabilisierung in diesen Bereichen kann durch eine Vielzahl präventiver oder ziviler Maßnahmen erfolgen. Man braucht dabei nicht einmal in erster Linie an Sicherheitsgefahren für die Bundesrepublik selbst zu denken. Daß aber die UNO bei allen künftigen Konflikten weiterhin eine Schlüsselrolle spielen wird, ist evident, auch wenn, wie heute schon auf dem Balkan, Patchworkmuster die Regel sein werden – also ein mühsames Zusammenwirken unterschiedlichster Organisationen.

Viel gefährlicher ist die Lage im Nahen und Mittleren Osten, wo die UNO in den kommenden Jahrzehnten in der einen oder anderen Form mit oder ohne Erfolg intensiv tätig werden muß – beginnend mit der türkischen Besetzung Nordzyperns über den Palästinakonflikt bis zum Irak und bis Afghanistan. Die dortigen Krisen werden für die deutsche Industriegesellschaft, für die gesamte EU und für die ganze atlantische Welt mehr oder weniger gefährliche Sicherheitsprobleme aufwerfen. Daß Deutschland als größtes Land in der EU und als besonders krisenempfindliche Industriegesellschaft direkt an den diesbezüglichen Beratungen und Entscheidungen des Weltsicherheitsrats beteiligt sein sollte, versteht sich eigentlich von selbst.

Es gibt noch einen weiteren Grund, der für eine ständige Mitwirkung Deutschlands spricht.

Allzu häufig versteckt sich die Bundesrepublik hinter anderen, ohne klar Stellung zu beziehen. Das würde dann nicht mehr möglich sein. Eine derart sichtbare Position könte den sehr wünschbaren weltpolitischen Reifeprozeß der jeweiligen Bundesregierung und der deutschen Öffentlichkeit fördern. Wer hervorgehobene Verantwortung wahrzunehmen hat, ist auch gezwungen, verantwortlich zu handeln. In diesem Zusammenhang stellt sich jedoch unausweichlich die Frage, ob, wann, wo und unter welchen Bedingungen Deutschland Streitkräfte der Bundeswehr zur Friedenssicherung bereitstellen sollte.

9. Wird Deutschland wirklich am Hindukusch verteidigt?[1]

»Die Deutschen besitzen als einzige in Europa die Neigung, sich für abstrakte Wahrheiten zu begeistern, ohne sich um deren praktische Folgen zu kümmern.« Diese Beobachtung hat der kluge Franzose Alexis de Tocqueville vor etwa 150 Jahren formuliert. Heute liest man das, als würde sich ein skeptischer Beobachter des frühen 21. Jahrhunderts über die Art und Weise Gedanken machen, wie die Bundesregierung die Auslandseinsätze ihrer Soldaten begründet. Diese sind ein weiteres Indiz für den betrüblichen Sachverhalt, daß ein großes Land, das es eigentlich besser machen könnte, weder willens noch fähig ist, eine langfristige Strategie zu entwickeln. Republik ohne Kompaß auch hier.

Wenn sich eine Regierung bereit findet, ihre ursprünglich allein für die Landesverteidigung bestimmten Truppen in ferne Länder zu entsenden, müßte dem eigentlich ein durchdachtes Konzept zugrunde liegen, das alle in diesem Zusammenhang wesentlichen Fragen kohärent beantwortet, etwa: Wie zwingend ist es eigentlich, da oder dort auf dem Globus einzugreifen? Und wenn es schon so sein sollte, daß an weltweiten Einsätzen kein Weg vorbeiführt, an welchen Kriterien orientiert sich das Eingreifen im Einzelfall? Was ist der Nutzen solcher Einsätze für die betreffende Krisenregion – auf kurze Sicht, aber auch in Langzeitperspektive? Und weiter: Stehen eigentlich für die neuen Aufgaben die erforderlichen Mittel zur Verfügung? Auch: Wie riskant ist der Einsatz?

Aus solchen und anderen Überlegungen könnten sich dann allgemeinere Kriterien ergeben, an denen sich das Ob und Wie des Eingreifens orientieren könnte, wobei die Frage nicht ausgeklammert werden darf: Wie gewichtig ist dabei das Kriterium des nationalen Interesses? Bisher hat es die deutsche Politik vermieden, solche und andere allgemeine Fragen umfassend zur Diskussion zu stellen. Da in der Weltpolitik alles im Fluß ist, wäre es tatsächlich absurd, spezifische Überlegungen anzustellen, wann, wo und mit welcher Intensität sich Deutschland an friedenserhaltenden oder friedenschaffenden Missionen beteiligen sollte. Doch sollte man sich wenigstens auf einige Leitsätze verständigen.

Die grundsätzlichen Überlegungen, mit denen die Auslandseinsätze der Bundeswehr legitimiert werden, lassen sich auf einfache Formeln bringen. Erstens, so ist von den Grünen bis zu den humanitär bewegten Politikern in den Unionsparteien zu hören, sei das Eingreifen in näheren oder ferneren Krisenregionen ein Gebot der Menschlichkeit. Ersatzweise verbindet sich damit eine zweite, scheinbar realpolitische Begründung: Das große, weltweit respektierte Deutschland dürfe sich seiner globalen Verantwortung nicht entziehen. Hierbei sind es vor allem Gesichtspunkte der Bündnisfähigkeit und des Prestiges bei den für die Bundesrepublik wichtigen internationalen Institutionen (UNO, EU, NATO), die geltend gemacht werden. Einerseits verlangt also der humanitär vagabundierende Humanitarismus nach deutschen Soldaten, andererseits wird die Staatsräson eines großen Landes geltend gemacht, das in der Tat viele gute Gründe hat, sich wichtigen Verbündeten und multilateralen Institutionen wohlgefällig zu erweisen.

Aber reichen derart vage Begründungen aus? Und führen sie nicht mangels sorgfältiger Überlegungen zu improvisierten Einsätzen, die entweder blamabel enden können oder aber zu Daueraufgaben mit fraglicher Erfolgsperspektive führen?

Zu den eher blamablen Einsätzen hier nur zwei Beispiele: Im Frühjahr 1993 will Deutschland der UN seinen guten Willen und seine Leistungsfähigkeit beweisen und ringt sich deshalb dazu durch, Pioniere, Sanitätseinheiten und Fernmelder als Teile der UN-Friedenstruppe UNOSOM II nach Somalia zu entsenden, als das Scheitern des Eingreifens in den Bürgerkrieg dieses zerfallenden Staats schon erkennbar ist. Die Truppe verschanzt sich vernünftigerweise in einem stark befestigten Feldlager, leistet einige Aufbauarbeit und wartet ab, bis das Einsatzkonzept in den UN-Korridoren am East River still beerdigt worden ist, um alsdann unverrichteterdinge, aber auch unversehrt, wieder nach Hause zu fliegen.

Zweites Beispiel: Die Bundesregierung möchte im Frühjahr

2004 der Pariser Regierung beweisen, wie ernst es ihr mit einem UN-mandatierten, von der EU verantworteten, tatsächlich aber von Frankreich befehligten und von ihm weitgehend mit eigenen Kräften betriebenen Einsatz irgendwo im Kongo ist. Dort geht, man weiß das, seit mehr als vier Jahrzehnten alles drunter und drüber, wobei Frankreich und Amerika gleichzeitig in den mörderischen Bürgerkriegswirren herumrühren. Der Beweis fällt eher grotesk aus. Wie schon in anderem Zusammenhang erwähnt, beteiligt sich Deutschland mit genau 35 Soldaten (dazu zwei ins Hauptquartier nach Paris entsandte Verbindungsoffiziere) an Rettungs- und Evakuierungsmaßnahmen in Bunia, wo angeblich ein Völkermord droht. Die Soldaten der Bundeswehr (insgesamt waren bis zu 350 Mann vorgesehen) dürfen aber kongolesisches Gebiet nicht betreten, und Berlin läßt sich wegen des »bescheidenen« Beitrags an dem ziemlich sinnlosen Unternehmen dann auch noch in Paris verspotten.

Und was improvisierte Einsätze betrifft, die zu Daueraufgaben mit fraglicher Erfolgsperspektive führen, auch dazu ein Beispiel: Amerika sollte nach dem Anschlag vom 11. September nicht allein gelassen werden. So entsandte man ohne viel Getöse eine kleine Spezialeinheit, die sich an der Jagd auf die al-Qaida-Terroristen beteiligen sollte, dann aber, nachdem die Kampfhandlungen weitgehend beendet waren, mit viel Getöse 2200 Mann zur ISAF nach Kabul und verband damit einen breiten Fächer ziviler und politischer Hilfe für die prowestliche Regierung Hamid Karzai. Allerdings wurde großer Wert darauf gelegt, daß dies eine Friedenstruppe sei, weshalb sie nicht amerikanischem Oberkommando unterstellt werden dürfe. Die Afghanen sollten Vertrauen fassen ...

Bei den Differenzen mit den USA im Jahr 2003 wurde dann mit Nachdruck auf den höchst gewichtigen Beitrag Deutschlands zum demokratischen *nation building* in Afghanistan hingewiesen. Auch um in Washington wieder gut Wetter zu machen, ließ man sich darauf ein, die deutsche ISAF-Präsenz über Kabul hinaus auszudehnen auf Städte und Regionen, die hierzulande keiner kennt und in denen ein paar Dutzend deutscher Soldaten Präsenz zeigen sollten. In diesem Fall wurde das deutsche ISAF-Kontinent in der Tat in bündnispolitischem Kontext tätig. Das ließe sich noch vertreten. Doch die PR der Bundesregierung hob nicht auf diesen Aspekt ab, sondern suchte das als Beitrag zur Demokratisierung eines Landes, gar zum Aufbau einer »Zivilgesellschaft« zu verkaufen, obschon niemand sich recht vorstellen kann, daß die Präsenz deutscher Soldaten in diesem Land eine nachhaltige Wirkung wird erbringen können.

Weitere Beispiele ließen sich unschwer anfügen.[2] Seit dem Karlsruher Urteil von 1994 haben die Herren der deutschen Außenpolitik die Bundeswehr jedenfalls auch als bündnispolitisches Spielmaterial erkannt. In der Tat lassen sich für Auslandseinsätze aufgrund bündnispolitischer Sachzwänge oft genauso gute Argumente finden wie für humanitär motivierte. Jedenfalls hat sich in bezug auf Auslandseinsätze bei Regierung und Opposition die Stimmung gewissermaßen um 180 Grad gedreht. Vor 1994 wurden alle denkbaren Argumente aufgeboten, weshalb die Bundeswehr nicht über den Verteidigungsperimeter der NATO hinaus aktiv werden dürfe. Heute sucht man lieber nach Gründen, mit denen sich weltweite Einsätze legitimieren lassen.

Verkehrt wäre es allerdings, darin die Manifestation einer reifen weltpolitischen Rolle Deutschlands zu erkennen. Dafür sind die Engagements viel zu improvisiert. Berlin reagiert bald auf den, bald auf jenen Reiz und beugt sich bald dem Druck Washingtons oder dem von Paris oder der UN. Erst recht ist allerdings der Vorwurf militaristischer Weltpolitik töricht. Dieser kann schon deshalb nicht zutreffen, weil die Einsätze zwar ziemlich kostspielig sind und die Bundeswehr stark belasten, tatsächlich aber nur vergleichsweise kleine Verbände vor Ort sind, die zudem mit gebotener Behutsamkeit operieren.

Regierung und Opposition sind sorgsam bemüht, ernsthafte oder gar verlustreiche Kampfeinsätze so weit wie möglich auszuschließen. Deutschland bellt zwar in der multilateralen Hundemeute mit, aber nicht allzu laut, und beißen tut es schon gar nicht. Es sieht sein nationales Interesse allein darin gewahrt, irgendwie mit von der Partie zu sein, ohne aber Leib und Leben der eigenen Soldaten zu riskieren. Da es sich bisher in der Regel um humanitäre oder bündnispolitische Einsätze handelt, die man je nach Lage intensiver oder restriktiver konzipieren kann, ist das auch durchaus vernünftig. Vitale Sicherheitsinteressen Deutschlands stehen nämlich weder in Exjugoslawien noch in

Afghanistan auf dem Spiel, vom Kongo ganz zu schweigen. Der Ausspruch, die Bundesrepublik werde am Hindukusch verteidigt, ist bloß ein Redensart, um zum Ausdruck zu bringen, daß man den amerikanischen Verbündeten nicht allein lassen möchte. Im übrigen beweist aber das Insistieren auf der lediglich friedenserhaltenden Rolle von ISAF in Afghanistan, daß niemand auch nur im Traum an Verteidigung im Wortsinn denkt.

Tatsache ist jedenfalls, daß die größeren Auslandseinsätze der Bundeswehr, auf die sich die Bundesregierung und die Opposition bisher eingelassen haben, ziemlich beliebig erfolgten. Ein jeder von ihnen hat seine zwar komplizierte, aber nachvollziehbare Logik. Dabei ist jedoch über die Jahre hinweg ein Gesamttableau von planloser Zufälligkeit entstanden. Da wir erst am Anfang eines bewegten Jahrhunderts stehen, wäre es allmählich Zeit zu fragen, ob es so weitergehen kann und soll wie bisher.

Dabei kann auch die Frage nach dem Nutzen friedenserhaltender oder friedenschaffender Einsätze nicht ausgespart bleiben. Weshalb Deutschland zur raschen Katastrophenhilfe auch künftig jederzeit bereit sein sollte, bedarf keiner längeren Begründung. Daß die Transportflugzeuge der Bundeswehr, Sanitäter oder auch Pioniere im Fall humanitärer Katastrophen zum Transport von Hilfsgütern oder für Erste Hilfe auch weltweit eingesetzt werden müssen, versteht sich von selbst. Und wenn ein Schwarm humanitärer Organisationen die häufig aus Bürgerkriegen resultierenden Hungersnöte oder Epidemien lindern soll, muß eben gelegentlich bewaffneter Schutz zur Verfügung gestellt werden – ermächtigt durch die jeweilige Regierung oder auch durch ein UN-Mandat.

Desgleichen braucht man über humanitäre Einsätze im Fall akuter Massenmorde nicht lange zu streiten. Es gibt Greuel vor der Haustür der EU oder fern in Afrika, die so fürchterlich sind, daß sie eigentlich zu sofortigem Eingreifen zwingen. Hätte sich Deutschland etwa weigern sollen, ein paar hundert Fallschirmjäger zum robusten *peace enforcement* (also erforderlichenfalls auch mit Schießbefehl) nach Ruanda zu entsenden, wenn es im Jahr 1994 vom Weltsicherheitsrat um Beteiligung an einer Eingreiftruppe gebeten worden wäre? Hätten sich Gerhard Schröder, Joschka Fischer und Rudolf Scharping 1999 weigern sollen, einige Staffeln der Luftwaffe in einen Kampfeinsatz zu entsenden, als sich die Anfänge eines Völkermords im Kosovo abzeichneten? Die Frage stellen heißt, sie auch schon zu beantworten.

Aber soll sich Deutschland von UNO, NATO, EU oder von wichtigen Verbündeten regelmäßig zu unterschiedlichsten Operationen überreden lassen, bei denen es sich eben nicht um schwerste, schlagartig einsetzende humanitäre Verbrechen handelt, die sofortiges Eingreifen gebieten? Müßte Deutschland, so es einigermaßen zielklar und nicht bloß reaktiv handelt, nicht die Verbündeten bitten, sich jener Regionen selbst anzunehmen, in denen sie seit Jahrzehnten politisch herumrühren? Die Weigerung, sich in unübersichtliche Übersee-Händel hineinziehen zu lassen, wird natürlich diplomatisch zu formulieren sein. Denken darf man es aber schon: Mögen die Neogaullisten in Paris ihre obsolete Afrikapolitik selbst besorgen, bei der sich trübe Wirtschaftsinteressen mit Prestigebedürfnis verbinden, ohne daß dies für das übrige Europa von Nutzen wäre. Und wenn Premierminister Blair es für richtig hält, wie ein Gladstone des frühen 21. Jahrhunderts das Chaos in Westafrika durch britische Fallschirmjäger einzudämmen, so möge man ihm viel Glück dabei wünschen, ohne selbst mitzumachen (klugerweise wurde Deutschland auch gar nicht darum gebeten).

Ein ähnlicher Fall war und ist der Irak. So sich ein rechtsrepublikanischer Präsident Amerikas gedrängt sieht, im Mittleren Osten, wo üblicherweise autoritär, tribalistisch und ohne allzuviel Achtung vor den Menschenrechten regiert wird, durch Militärintervention die Segnungen der Demokratie zu verbreiten, hätte man auch ihm viel Glück wünschen können, ohne sich zu beteiligen. Wohlgemerkt allerdings: auch dies in höflichster Diplomatensprache und ohne den Anlaß zu nutzen, durch Aufkitzeln des deutschen Pazifismus eine schon halb verlorene Bundestagswahl aus dem Feuer zu reißen und in der UNO die Rolle des Friedensapostels zu spielen.

Seit 1994 hat Deutschland hinlänglich unter Beweis gestellt, daß es sich nicht prinzipiell drücken will, wenn Not am Mann ist. Es kann deshalb auch mal nein sagen (besser häufiger als selten) – aber, bitte, mit Anstand! Das wäre jedoch nicht jene vielberufene »Kultur der Zurückhaltung«, die in den Jahrzehnten des Kalten Krieges, als die Sowjetunion mitten in Deutschland stand und auch die Bundesrepublik im Schwitzkasten hatte, durchaus berechtigt war, die nun aber am verlassenen Regierungssitz Bonn sanft entschlummern mag. Es wäre dies vielmehr eine »Kultur der Vernunft«, die sich nicht in ferne Händel einmischt, bei denen nichts zu bessern ist, wohl aber manches zu verschlimmern.

Vielleicht sollte also eine erste Maxime für humanitäre Auslandseinsätze der Bundeswehr lauten: Teilnahme nur in Fällen schwerster und akut drohender Verbrechen gegen Wehrlose, im Zweifelsfall aber lieber weniger Einsätze als zu viele, lieber kurz und nicht jahrelang sich hinziehend und am liebsten im Rahmen der NATO und der EU, nach Möglichkeit mandatiert von den Vereinten Nationen.

Am kritischsten sind jene Einsätze zu betrachten, bei denen sich der Westen in zerfallenen Staaten oder in besetzten Ländern wie in Bosnien-Herzegowina, in Afghanistan oder im Irak am demokratischen *nation building* versuchen soll. Dabei geht es nicht nur um zeitlich begrenzte Nothilfe. Vielmehr möchte die Staatengemeinschaft dort lebensfähige Gesellschaften entwikkeln, die gemäß dem westlichen Wertekanon leben.

Naturgemäß liegt jeder Einzelfall anders und verdient eine gründliche Prüfung. Die Zivilisation höre an den Südostgrenzen Österreichs auf, hatte Metternich einstmals sarkastisch festgestellt, jenseits davon zählten »drei- bis vierhunderttausend Gehängte, Erwürgte, Gepfählte nicht viel«. Das schien sich in den neunziger Jahren zu wiederholen. Wenn sich Deutschlands Linke und viele Ängstliche in der CDU bald von der Forderung verabschiedeten, Deutschland solle in Europa die Rolle einer »Zivilmacht« spielen, so aus Entsetzen darüber. Das Abkommen von Dayton und die Besetzung des Kosovo brachten somit auch Deutschland auf den Weg, in diesen Quasi-Protektoraten von UN und EU unter dem Schutz starker Militärmacht den langfristigen Aufbau multinationaler »Zivilgesellschaften« zu betreiben. Da diese Regionen unbestreitbar zu Europa gehören und weil es sich um vergleichsweise kleine Gebiete handelt, scheint das sinnvoll. Ob eine nachhaltige Befriedung erfolgt ist, ob diese politischen Gebilde wirtschaftlich lebensfähig sein werden, ist zwar immer noch offen. Immerhin hat sich die EU, unterstützt von den USA, dort unter stärkstem Mitteleinsatz engagiert. Wenn das Konzept des demokratischen *nation building* unter der Oberherrschaft westlicher Demokratien erfolgversprechend ist und auch Erfolg haben muß, dann auf den Territorien Exjugoslawiens. Aus deutscher Sicht sprechen nicht nur humanitäre Überlegungen dafür. Wesentlich ist sicher auch die begründete Sorge, im Fall des Wiederaufflammens von Gewaltsamkeiten wie schon einmal für riesige Flüchtlingsscharen aufkommen zu müssen.

Sollte also eine weitere Maxime für die Entsendung der Bundeswehr mit dem Ziel des *nation building* dahingehend lauten, diese Einsätze im Prinzip eng zu begrenzen und mittelfristig den Schwerpunkt auf die Stabilisierung des Balkans zu legen?

Vor dem 11. September 2001 schien sich ein derartiges Konzept in der Tat herauszuschälen. Auch aus heutiger Sicht spricht viel dafür. Gerade wer für eine konsequent atlantische Orientierung deutscher Sicherheitspolitik eintritt, wird Amerika schwer davon überzeugen können, immer dann, wenn im zerfallenen Jugoslawien die Luft eisenhaltig wird, müßten U.S. Air Force, Navy und Army zum Einsatz kommen. Die EU sollte in der Tat die Fähigkeiten und den Willen haben, beim Aufflammen von Kriegen und Bürgerkriegen auf dem Balkan für Ordnung zu sorgen. Deutschland, das von allen EU-Ländern immer noch die meisten Soldaten unter Waffen hat,[3] hätte dafür auch den größten Beitrag zu leisten.

Daneben hat die Ungunst der Umstände und ein nicht besonders schlaues Taktieren den Deutschen seit 2001 den Mittleren Osten als zweiten Schwerpunkt für ein demokratisches *nation building* beschert. Im Krieg gegen den Terror hatten die USA aus gutem Grund und mit ziemlich uneingeschränkter internationaler Unterstützung Afghanistan ins Visier genommen. Da al-Qaida dort seinen Nistplatz hatte, sprach alles gegen eine *Hit-and-run*-Operation. Wenn die Rückkehr der Taliban und mit ihnen al-Qaidas verhindert werden sollte, mußten tatsächlich alle Anstrengungen unternommen werden, eine einigermaßen stabile, prowestliche Regierung zu installieren. Das braucht Zeit.

Man mag die dortigen Perspektiven beurteilen, wie man will, sicher ist, wie schon verschiedentlich betont: Das zur eigenen Selbstbehauptung unfähige, leider ziemlich dekadente Europa braucht in den voraussehbaren weltpolitischen Stürmen dringend die Vereinigten Staaten – dies ganz besonders in der Nähe der Erdölquellen der Golfregion. Irgendwie mußte und muß also Deutschland dabeisein, wo sich die Führungsmacht des Westens engagiert. Da Amerika eines Tages aller Voraussicht nach wieder einmal zur Hilfe gerufen werden muß, durfte es bei dem mit so hochgradiger Emotionalität unternommenen Afghanistan-Feldzug nicht allein gelassen werden. Darin besteht der tiefere sicherheitspolitische Sinn des deutschen Engagements am Hindukusch. Es galt und gilt, die amerikanische Weltmacht an der Seite der Demokratien Europas zu halten.

Die Beschwörung einer Demokratisierung liefert allenfalls das schöne Dekorum. Daß die kriegerischen, vielfach von autoritären Warlords geführten Stämme dieses wilden, ziemlich unregierbaren Landes ein demokratisches Gemeinwesen aufbauen könnten, ist allerdings genauso unwahrscheinlich wie die Erwartung, ein Bordell in ein Nonnenkloster zu verwandeln. Jedenfalls steht zu befürchten, daß die Bundeswehr vorerst aus Afghanistan nicht mehr herauskommt. Heute zwingt das undiplomatische Verhalten Berlins in der Irak-Frage dazu, wenigstens dort weiterhin Bündnistreue zu demonstrieren, wenngleich weitgehend symbolisch. Denn die Bundeswehr hat in Kabul und anderswo nicht etwa ein Armeekorps stationiert, sondern bloß Truppen von gerade mal 2200 Mann. Das sind keine dramatischen Zahlen, selbst bei Berücksichtigung der erforderlichen Rotation. Viel schwieriger ist der Schutz dieser teilweise abenteuerlich exponierten Einheiten.

Wie allerdings in Amerika angesichts der Vorgeschichte der Jahre 2002 und 2003 jemand auf die Idee verfallen konnte, Deutschland könnte bereit sein, einen irgendwie gewichtigen Beitrag zum *peacekeeping* im Irak zu leisten, ist schlechterdings unerfindlich. Die dortigen Vorgänge beweisen einmal mehr, daß eine prowestliche, wenngleich nicht besonders demokratische Regierung das äußerste wäre, was dort vielleicht erreicht werden könnte. Vielleicht ... Somit ist die Regierung Schröder durchaus im Recht: Finger weg vom Irak! Doch auch ein solches Nein ist nur dann akzeptabel, wenn es unter Wahrung diplomatischer Usancen formuliert wird.

Der wenig ermutigende Beispielfall Afghanistan und der katastrophale Beispielfall Irak könnten also Anlaß für eine dritte

Leitlinie für den Militäreinsatz zum Zweck des demokratischen *nation building* abgeben: Deutschland sollte sich von der Illusion verabschieden, in fremden Ländern mit noch fremderen Kulturen im Schutz von Militäreinsätzen Zivilgesellschaften aufbauen zu können. Mag sein, daß bündnispolitische Sachzwänge uns wie in Afghanistan veranlassen, auch Unvernünftiges zu betreiben und dabei den Anschein zu erwecken, man erwarte sich viel von dem Einsatz. Doch eine Regierung sollte sich hüten, die eigenen Lügen zu glauben. Für Afrika, wohin uns Frankreich locken möchte, gilt dasselbe wie für den Mittleren Osten.

Die Sache hat allerdings einen Haken. Im Irak geht es nicht nur um die Liquidation einer gegen deutschen Widerstand durchgezogenen, verunglückten amerikanischen Intervention, sondern auch um die Zukunft des Bündnisses mit Amerika. Die Golfregion, das wurde bereits erwähnt, ist zugleich eine Art Achillesferse der westlichen Industriestaaten. Wie selbst kleinere Krisen und Unsicherheiten auf dem Erdölmarkt die Konjunkturentwicklung stark belasten, ließ sich im Jahr 2004 zur Genüge studieren. Damals ist der Erdölpreis innerhalb weniger Monate von 38 Dollar pro Barrel auf 57 Dollar geklettert. Ob Amerika beim Abservieren Saddam Husseins weitschauend gehandelt oder eine große Dummheit begangen hat, wird noch lange umstritten bleiben. Tatsache ist jedenfalls, daß die USA im Falle schwerer Störungen im eigenen Interesse eingreifen müßten, um Ölboykotte und anderes mehr zu verhindern.

Man mag es in Deutschland gerne hören oder auch nicht: Die Wahrscheinlichkeit ist groß, daß Amerika in solchen Krisen gebraucht wird. Wieweit es sich bei einer künftigen Krise richtig verhalten würde (wenn etwa die korrupte Oligarchie Saudi-Arabiens ins Wanken kommt oder gar in die Hände unsteuerbarer Fundamentalisten gerät), weiß niemand. Doch wer Washington in einem solchen Fall beeinflussen möchte und die eigenen Interessen an ungestörter Ölversorgung Europas im Auge hat, muß dann irgendwie mit von der Partie sein – ganz unabhängig davon, für welche Form der Einwirkung man sich auch entscheidet. Schüler, Pfarrer und andere kindlich gebliebene Erwachsene mögen es zwar für gescheit halten, hinter Transparenten herzurennen, auf denen der Slogan steht: »Kein Blut für Öl!« Das gehört zu der eingangs erwähnten Neigung der

Deutschen, »sich für abstrakte Wahrheiten zu begeistern, ohne sich um die Folgen zu kümmern«. Wenn es aber überhaupt ein Interesse gibt, das es rechtfertigen würde, das Blut einer größeren Zahl europäischer, also auch deutscher, oder amerikanischer Soldaten zu riskieren, dann ist das die Sicherung ununterbrochener Erdölversorgung zu noch erschwinglichen Preisen. Anders als bei humanitären Interventionen, anders auch als bei den lästigen, wenngleich nicht vital bedrohlichen Bürgerkriegen auf dem Balkan ginge es hier tatsächlich um vitale Sicherheitsinteressen.

Sollte also eine vierte Leitlinie für Bundeswehreinsätze in Übersee dahingehend formuliert werden, daß es neben dem Balkan eigentlich nur noch die Golfregion ist, in der die Bundeswehr im Verbund der NATO und dann hoffentlich mandatiert von der UNO zum Eingreifen und notfalls auch zu Kampfeinsätzen in der Lage sein müßte?

Niemand wird sich allerdings Illusionen machen. So wie das kontinentale Europa gegenwärtig gestimmt ist, würde die Öffentlichkeit selbst bei kritischsten Entwicklungen am Golf erst einmal für eine Appeasement-Politik plädieren und Amerika, das vielleicht eingreifen möchte, erschreckt in den Arm fallen. Kein Gedanke auch daran, irgendeine der deutschen Parteien könnte sich bereit finden, derartige Krisenszenarios in ein Sicherheitsweißbuch zu schreiben.

Wie bisher wird man zur Vorbereitung von einsatzbereiten Interventionstruppen alle denkbaren humanitären Katastrophen vorschieben, auf welche die Bundeswehr vorbereitet sein müsse. Warum auch nicht? Hauptsache, die Fähigkeit zum Eingreifen wird geschaffen. Eine allzeit besorgte öffentliche Meinung wird ohnehin dafür sorgen, daß keine Bundesregierung von Interventionspotentialen ohne Not Gebrauch macht.

Es wäre unrealistisch, sich darüber aufzuhalten, daß im heutigen Deutschland von Sicherheitsfragen so wenig die Rede ist. Tatsächlich existieren keine akuten Gefährdungen. Gewiß, am Golf könnte urplötzlich ein politisches Erdbeben erfolgen, das die Stimmung in Europa genauso verändert, wie der 11. September 2001 Amerika verändert hat. Auf lange Sicht ist auch nie auszuschließen, daß das atomar gerüstete, an seinem weltpolitischen Abstieg leidende Rußland die EU- und NATO-Verbündeten im Baltikum oder Polen beunruhigt. Niemand vermag auch vorherzusehen, wozu die Atombewaffnung des fundamentalistischen Iran führen würde. Desgleichen könnten sich an der Gegenküste Europas, im Maghreb oder in Ägypten, beunruhigende Entwicklungen vollziehen. Doch das sind allesamt diffuse und fürs erste sehr unspezifische Gefahren. Eine präventive Diplomatie, gute Wirtschaftsbeziehungen, eine nimmermüde Dialogpolitik und andere Künste zivilisierten Umgangs erscheinen in der Tat ausreichend, mit solchen Eventualitäten fertig zu werden.

Daher kann es eigentlich niemanden erstaunen, daß Deutschland mit seinen Streitkräften so umgeht, wie sich Demokratien in Friedenszeiten im allgemeinen verhalten: Man schafft sie zwar nicht ab, denn genauso wie die Feuerwehr oder das Technische Hilfswerk könnten sie im Katastrophenfall gebraucht werden. Aber man läßt sie schrumpfen oder gewährt ihnen ungeachtet anderslautender Rhetorik keine zusätzlichen Mittel zur Modernisierung.

Im Grundsatz besteht dabei zwischen der rot-grünen Bundesregierung und der Opposition kein großer Unterschied. Modernisierung der Bundeswehr mit ernsthafter Sicherheitsbegründung ist wenig populär. Paradoxerweise läßt sich die Umstellung auf Verteidigung »jenseits der Grenzen« der EU noch am ehesten mit der Notwendigkeit humanitären Eingreifens legitimieren. Das gilt vor allem für die Regierung Schröder, aber nicht nur für diese. Abstrakte Überlegungen, die UNO könne und müsse mit einer Kombination ziviler und notfalls militärischer Maßnahmen überall dort, wo es brennt, löschen und heilen, überzeugen mehr als der Verweis auf Sicherheitsgefahren.

Die Auswirkungen auf den Zustand der Bundeswehr sind somit recht ambivalent. Einerseits verschafft ihr der Verweis auf die Notwendigkeit weltweiter humanitärer Einsätze tatsächlich eine Legitimation zur Modernisierung, wenngleich nur nach Maßgabe der vorhandenen Finanzmittel. Doch eine Truppe, die im Katastrophenfall eingreifen soll, braucht moderne Transportflugzeuge und darf sich nicht von den Kommunikationssystemen der Verbündeten abkoppeln. Andererseits aber ist die Bundeswehr durch eine Vielzahl von Auslandseinsätzen seit längerem schon überbeansprucht, wird aber nach wie vor im Zustand der Unterfinanzierung gehalten. Zwar sollen humanitäre Betroffenheit und der zutreffende Verweis auf die gewachsene Verantwortung des größer gewordenen Deutschland die nervöse Praxis begründen, Soldaten in alle Weltwinkel zu entsenden – das Drängen auf einen Ständigen Sitz im Weltsicherheitsrat wirkt dabei als zusätzlicher Treibsatz –, doch in der Begeisterung für die »abstrakten Wahrheiten« humanitärer Einsätze kümmert man sich auch hier nicht »um deren praktische Folgen«. Wollen und Können kommen nicht mehr zur Deckung.

So hat sich das Land auf den Weg begeben, seine Streitkräfte zögerlich auf die Bedürfnisse einer Armee umzustellen, die wenigstens partiell zur Intervention in der Lage ist. Oft und zu Recht wird gesagt, Berlin müsse endlich lernen, deutschen Auslandseinsätzen auch Kriterien des nationalen Interesses zugrunde zu legen. Ein entscheidender Aspekt dabei ist sicher die Leistungsfähigkeit der Bundeswehr. Seit Jahren ist diese im Umbau begriffen. Die dafür zusätzlich erforderliche Finanzierung steht aber immer noch auf dem Papier – Empfehlungen der Wehrstrukturkommission hin oder her. Und trotz der absurden Ungerechtigkeit unseres Wehrpflichtsystems drücken sich die großen Parteien und die Bundeswehrführung immer noch um die Entscheidung herum, den Schritt zur Berufsarmee zu tun, die natürlich teurer wäre als das bisherige System und außerdem den gleichfalls billigen zivilen Ersatzdienst wegfallen ließe. Angesichts der dramatisch defizitären Lage des Bundeshaushalts ist für eine absehbare Zeit an eine Aufstockung des Verteidigungsbudgets nicht zu denken – humanitär Wünschbares und Selbstverpflichtungen gegenüber NATO und EU hin oder her.

Müßte man also nicht auch aus diesem Grund als letzte und vielleicht wichtigste Maxime für ein Moratorium bei Auslandseinsätzen plädieren? Mit improvisierter Weltpolitik, die viel kostet, wenig Nachhaltiges bewirkt und stets in Gefahr ist, blamabel zu enden, ist niemandem gedient. Viel spräche dafür, die Auslandseinsätze der Bundeswehr vorerst auf Sparflamme zu setzen. Auch dann wird noch genug anbrennen.

III. Deutsche Staatsräson

Rücken wir die bisherigen Beobachtungen in eine umfassendere Perspektive. Im Jahr 1924, aus heutiger Sicht in grauer Vorzeit, hatte Friedrich Meinecke den Begriff der Staatsräson wie folgt definiert: »Die ›Vernunft‹ des Staates besteht also darin, sich selbst und seine Umwelt zu erkennen und aus dieser Erkenntnis die Maximen des Handelns zu schöpfen.« Dabei gehe es darum, »den Staat in Gesundheit und Kraft zu erhalten«.[1] Damals hatte der »Griff nach der Weltmacht« des deutschen Kaiserreichs bereits im Desaster geendet, und der Zerfall des Deutschen Reichs im Krisenjahr 1923 war nur mit knapper Not nochmals abgewendet worden. Die Weimarer Republik mit dem Außenminister Gustav Stresemann befand sich in den Anfängen einer kurzen Periode der Stabilisierung und vernünftiger Außenpolitik, die mit viel Glück zu einer länger andauernden Friedensordnung in Europa hätte führen können. Entsprechend deutlich grenzte somit Meinecke sein Konzept der Staatsräson von der »Idealisierung der Machtpolitik« im Sinne Treitschkes ab. »Europäisches Gemeingefühl« müsse wiedergewonnen werden. Aus wohlverstandener Staatsräson gelte es, »die Schranken der Staatsräson und des Staatsegoismus bewußter anzuerkennen«.[2]

Den Staat als solchen stellte Meinecke aber nicht in Frage, wies allerdings auf dessen doppelte Bedingtheit hin – Bedingtheit durch die Geschichte und Bedingtheit durch das in stetem Wandel befindliche Staatensystem: »Zeitlos und generell ist der staatliche Egoismus, Macht- und Selbsterhaltungstrieb, das Staatsinteresse – wandelbar, einmalig und individuell sind die konkreten Staatsinteressen, die dem Staate aus seiner besonderen Struktur und Lagerung inmitten anderer Staaten erwachsen.«[3]

Zu den Bedingtheiten damaliger deutscher Staatlichkeit gehörte die stark geschwächte Stellung aufgrund des verlorenen Weltkriegs. Drei Optionen schwebten Meinecke vor, um das geschwächte, teilweise noch verfemte Deutschland aus der Katastrophe herauszuführen: maßvolle Opfer an Souveränität zugunsten eines »echten Völkerbunds«, die Akzeptanz einer *pax anglo-saxonica* (also die Dominanz Großbritanniens und der USA) und die Abwehr der französischen Kontinentalhegemonie. Noch gab er sich hoffnungsvoll, formulierte aber zugleich und in richtiger Vorahnung des Kommenden: »Die geschichtliche Welt liegt dunkler und in dem Charakter ihres ferneren Verlaufes ungewisser und gefährlicher vor uns, als ... die Generationen, die an den Sieg der Vernunft in der Geschichte glaubten, sie sahen.«[4] Denn seit dem späten 19. Jahrhundert scheine die Machtpolitik der großen Staaten von drei neuen Kräften getrieben: »Militarismus, Nationalismus und Kapitalismus heißen diese drei Gewaltigen.«[5] (Hätte er sein Buch aus Sicht des frühen 21. Jahrhunderts geschrieben, würde er noch zwei weitere »Gewaltige« diagnostiziert haben: die totalitären Säkularreligionen der Mussolini, Lenin, Hitler oder Mao Tse-tung und, vorerst noch im Untergrund, einen geistesgeschichtlich bösen alten Bekannten: die totalitäre religiöse Intoleranz, derzeit in Gestalt des antiwestlichen Islamismus.)

Die Staatsräson der »alten« Bundesrepublik

Künftige Historiker werden die »alte« Bundesrepublik, den deutschen Kernstaat im Westen, der 1990 für kurze Zeit triumphierte, vielleicht als Spätblüte des einstmals trotz aller Ambivalenz historisch denkwürdigen und stolzen, seit 1914 deroutierten, 1933 in die Hände von Desperados gefallenen und 1945 untergegangenen Deutschen Reiches betrachten: silbernes Zeitalter. Mitleidlose Beobachter erkannten zwar genau, daß sich die Deutschen im Westen von der moralischen Katastrophe und von der Niederlage im Krieg nie mehr ganz erholt haben.

Ihr Selbstwertgefühl und ihr Selbstbewußtsein waren gebrochen.[6] »Wer aber kein Selbstbewußtsein hat, kann keine Politik formulieren und keine Politik betreiben«, schrieb seinerzeit Johannes Gross, vielleicht der klügste Beobachter der Bundesrepublik, die ihre Stabilität aus der Anpassung an die Ideale, die Institutionen und die Wirtschaftsordnung der westlichen Welt bezog.[7] Immerhin waren aber genügend Vitalität und politische Substanz vorhanden, um noch einmal einen selbständigen Staat aufzubauen – den demokratischen Staat des Grundgesetzes.

Diese – um nochmals mit Gross zu sprechen – »glückliche und ausgeglichene Schöpfung«[8] entfaltete, mehr von praktischen Überlegungen bestimmt als von umfassenden Theorien geleitet, auch ihre spezifische Außenpolitik. »Die neue Tradition der Westbindung« hat man das bald genannt, nachdem die ersten labilen und unsicheren Jahrzehnte überstanden waren. So fanden sich denn auch Wissenschaftler und Publizisten (nicht allzu viele), die darüber nachdachten, ob dieser stets gefährdete, innerlich unsichere, außengeleitete und trotz aller Hypotheken bemerkenswert erfolgreiche neue Staat doch wieder so etwas wie eine Staatsräson besaß.

Im Jahr 1970, ein knappes halbes Jahrhundert nach Meinekke, hat der gleichfalls unvergessene Historiker und Politologe Waldemar Besson das Thema »Staatsräson« erneut aufgegriffen.[9] Das Deutsche Reich war zerbrochen, das Jahr Null 1945 lag zwar schon 25 Jahre zurück, die Bundesrepublik Deutschland hatte längst ihr Comeback vollzogen, doch Europa war im System des Kalten Krieges geteilt, und die Wiedervereinigung Deutschlands schien aussichtslos. Bonn befand sich damals in den Anfängen der neuen Ostpolitik. Auch nach Meinung Bessons bestand die vernünftigste Außenpolitik darin, als Teil des Westens die Entspannungspolitik mit dem sowjetischen Lager zu organisieren, dabei aber auch die DDR als Staat anzuerkennen. Noch vordringlicher aber erschien es ihm, vor allem die westliche Bundesrepublik selbst »als Definitivum« anzuerkennen, »soweit es dies im Strom der Geschichte überhaupt geben kann«.[10] Wie seinerzeit Meinecke plädierte auch er gegen die Preisgabe der Staatlichkeit, sondern vielmehr dafür, die reduzierte Machtposition eines »mittleren Staates« zu akzeptieren. Zugleich rief er dazu auf, einen »westdeutschen Patriotismus«

zu entwickeln, »denn kein Staat kann auf die Dauer gedeihen ohne die erzwungene oder freiwillige Loyalität seiner Bürger. Gerade ein vielfach international verflochtenes Gemeinwesen braucht die Identität von Staat und Staatsvolk.« Und so gab er dem Schlußkapitel seines teils analytischen, teils programmatischen Buches die Überschrift: »Die Staatsräson der Bundesrepublik«.

Auch aus heutiger Sicht ist es von Interesse, wie dieser unkonventionelle, aber stark beachtete Analytiker fünf maßgebliche »Linien« bundesdeutscher Staatsräson skizzierte:

1. die amerikanische Linie, verbunden mit der NATO (da Amerika schon damals ein schwieriger, aber völlig unverzichtbarer Hegemon war, gelte es, »das Gewicht der westdeutschen Abhängigkeit von Washington zu mindern«[11]);
2. Westeuropa (»Westeuropa zieht uns an, weil wir hier Gleiche unter Gleichen sind, weil hier nicht jener schockierende Größenunterschied an Macht existiert, den wir aus unserem Verhältnis zu den USA kennen ...«); Bessons Formel lautete: pragmatischer, »funktionsfähiger westeuropäischer Regionalismus« mit Begrenzung nationaler Souveränitäten, eventuell mit dem Fernziel einer gemeinsamen »politischen Autorität«;[12]
3. »Ausgleich« mit den osteuropäischen Nachbarn nach einem differenzierten Konzept: einerseits ein wachsames, aber entkrampftes Verhältnis zur Sowjetunion, andererseits behutsame »Ermutigung zu größerer Selbständigkeit« der Staaten »Mitteleuropas«, um »den sowjetischen Einfluß zu verdünnen«;[13]
4. die »deutsche Linie«: »geregeltes Nebeneinander« mit der DDR;
5. »Teilhabe an dem, was in der dritten Welt geschieht«.[14]

Diesen positiv zu gestaltenden Linien stellte Besson drei »Versuchungen« gegenüber, die ebenfalls vergleichsweise aktuell sind:

1. Verzicht auf den eigenen Willen und die eigenen Mittel zur »Selbstbehauptung«: die Versuchung, den »mittleren Staat«

zur »kleinstaatlichen Oase« auszugestalten; »Verschweizerung« lautete damals der von ihm verwandte Unwert-Begriff;[15]

2. Revisionistische Wiedervereinigungspolitik (»Ein solcher Revisionismus folgt dem Bild vergangener Größe ... In Mentalität und Emotion ähnelt dieser Revisionismus dem der zwanziger Jahre, nur ist er noch um viele Grade wirklichkeitsfremder«);

3. »Vision der Weltmacht Europa« – Europa als Gigant unter den Giganten, denn ohne den Willen dazu könne eine Weltmacht weder wirtschaftlich noch militärisch existieren. Die Maßstäbe der Größe würden von den Befürwortern der Weltmacht Europa nicht, wie bei der zweiten Versuchung, in der Vergangenheit gesucht, sondern in der Zukunft. Ein Motiv dafür schon damals: »die amerikanische Herausforderung«. »Die Vertreter solchen Denkens sind sogar bereit, den deutschen Nationalstaat zum alten Eisen zu werfen ... Ein europäischer Anspruch soll deshalb an die Stelle des deutschen treten.« Bessons Kritik: »Wer diese Flucht nach vorn antritt, glaubt ebenfalls nicht an den mittleren Staat, der seine Identität bewahrt, indem er mit anderen kooperiert, der sich behauptet, ohne es doch aus eigener Kraft allein zu können.«[16]

Nicht ohne Schärfe rückte Besson diese drei Versuchungen in die »Kontinuität des Irrtums« seit dem Abgang von Bismarck. Ihnen sei eines gemeinsam: »Sie drängen weg von dem, was ist, weil sie einen prinzipiell anderen Status als den gegenwärtigen für das eigene Land erstreben.«

Belassen wir es bei dieser Skizze der gescheiten Überlegungen Bessons. Genauer als viele andere hatte er erkannt, welche Maximen von den späten sechziger Jahren bis zum Umbruch 1989/90 auf die bundesdeutsche Außenpolitik eingewirkt haben. »Selbstbehauptung« und »Anpassung«, Bewahrung der eigenen Identität und kluge Akzeptanz der »internationalen Verflechtung« – das war keine harte, keine sehr selbstbewußte Version deutscher Staatsräson mehr, aber eine passable, den domestizierten Deutschen gemäße.

Dann kam der Umbruch des europäischen Staatensystems 1989–1991. Ungeplant, wenngleich nicht ohne ihr Zutun, war die Bundesrepublik nach dem Beitritt der DDR urplötzlich zur Zentralmacht im Europa nach dem Kalten Krieg geworden.[17] Doch noch ein gutes Jahrzehnt und länger hielt das größer gewordene Deutschland an der Staatsräson der »alten Bundesrepublik« fest. Die von Besson gut herausgearbeitete Differenzierung zwischen den neuen Demokratien in Ostmitteleuropa (den sogenannten MOE-Ländern) und Rußland hat sich in anderen Formen fortgesetzt. Auch die »amerikanische Linie« wurde vorerst weitergeführt, doch mit weiter verstärktem Willen »zu größerer Unabhängigkeit«. Von der rückwärtsgewandten Vision deutscher Großmacht ging keine Faszination mehr aus. In Konzepten wie dem Selbstverständnis als »Zivilmacht« hatten sich anfangs auch noch Nachwirkungen der von Besson diagnostizierten »Verschweizerung« weit in die neunziger Jahre hinein fortgepflanzt, vor allem bei den Grünen. Dann allerdings hat Joschka Fischer entdeckt, wie die in der grünen Bewegung moussierenden antinationalen, antistaatlichen und universalistischen Impulse am elegantesten kanalisierbar sein würden: Man substituiere einfach die Staatsräson der Bundesrepublik durch eine teils erst virtuelle, teils schon im Brüsseler EU-System konkretisierte Staatsräson Europas! Damit machte er nicht nur die Grünen zur Europapartei. Zugleich verstärkte er seit 1998 in seiner Funktion als Bundesaußenminister die bereits lange zuvor stark ausgeprägte Neigung der deutschen Öffentlichkeit, den Staat des Grundgesetzes, um nochmals mit Besson zu sprechen, »zum alten Eisen zu werfen«.

In diesem Punkt ist der stärkste Bruch zu dem eingangs geschilderten Konzept der Staatsräson erfolgt, wie es einstmals von Meinecke skizziert und später von Besson konkretisiert worden war. Auch in der alten Bundesrepublik war der »funktionsfähige westeuropäische Regionalismus«, wie ausgeführt, bereits eine wichtige Leitlinie bundesdeutscher Außenpolitik gewesen, doch noch nicht die allein dominierende. Das markant utopische Programm der Europabewegung in den frühen fünfziger Jahren, dem sich anfangs nicht einmal der realistische Adenauer verschlossen hatte, hatte zwar die europäische Grundorientierung der Bonner Demokratie auf Dauer ausgerichtet, war allerdings doch bald von größerer Nüchternheit abgelöst worden, auch bei Adenauer selbst. Die Bereitschaft, den Staat des Grundgesetzes in die Vereinigten Staaten von Europa zu überführen, wurde zwar eine unter mehreren Tendenzen in der »alten« Bundesrepublik, aber nicht die einzige. Doch die vielen Vorteile der europäischen Integrationspolitik waren offensichtlich, zudem erinnerte man sich noch sehr gut an den unbekömmlichen Größenwahn der Jahre vor 1945, und so gewöhnte sich die politische Klasse der damaligen Bundesrepublik bald daran, die eigenen Wünsche nur mit Zurückhaltung in die europäischen Entscheidungsprozesse einzubringen.

Manchen ging das zu weit. Schon Mitte der sechziger Jahre diagnostizierten kritische Analytiker eine ausgeprägte Neigung der deutschen Öffentlichkeit zu der Ansicht, daß »selbst die normale Vertretung deutscher Interessen, jedenfalls für die Deutschen, bedenklich sei«. Johannes Gross, der dies 1967 konstatierte, fügte hinzu: »Es bedurfte eines alten Mannes wie Adenauer, der weder an der deutschen Ideologie noch an ihrem Zusammenbruch beteiligt gewesen war, um einige Staatlichkeit und Vertretung außenpolitischer Interessen wieder zu organisieren.«[18] Ebendiese nüchterne Staatsräson einer demokratischen Industriegesellschaft gewöhnte die anfangs desorientierten Deutschen an die Demokratie des Grundgesetzes, doch auch an die völlig neuen Bedingungen des internationalen Systems. Unbeschadet der weltoffenen atlantischen und westeuropäischen Integration, unbeschadet auch der vernünftigen Öffnung nach Osten hin und zur Dritten Welt, prosperierte die »alte« Bundesrepublik als »der in seiner Modernität stabilste Staat Europas«,[19] weil sie den ruinösen Nationalismus hinter sich gelassen hatte, ohne die eigene staatliche Identität prinzipiell in Frage zu stellen.

Indem sich die Bundesrepublik seit den achtziger Jahren und in noch rasanterem Tempo in den neunziger Jahren vorwiegend europäisch definierte, hat sich – anfangs unmerklich, doch bald zusehends deutlicher erkennbar – ein doppelter Vorgang mit weitreichenden Folgen vollzogen. Zum einen verloren große Teile der deutschen Öffentlichkeit, die polit-ökonomischen Eliten zuvorderst, gewissermaßen den Kompaß der eigenen Staatsräson. Seit 1949 hatte sich die Bundesrepublik zwar als »offene Republik«[20] verstanden und von der im Grundgesetz vorgesehenen Möglichkeit der Souveränitätsabgabe kräftigen Gebrauch gemacht, ohne aber deshalb das Prinzip der Selbstbestimmung im eigenen Staat aufgeben zu wollen. Diese Dialektik wurde nun mehr und mehr zugunsten europäischer Offenheit aufgelöst. Damit entfernte sich das Land von den Anfängen, in denen der deutsche Kernstaat im Westen nochmals eine wirtschaftliche und politische Spätblüte erreicht, dabei zugleich aber die westlichen Gemeinschaften integrativ und kooperativ vorangebracht hatte. Guten Willens zwar, aber ohne genau nach rechts und links zu schauen, geriet das wiedervereinigte Deutschland damit zugleich auf einen neuen deutschen Sonderweg in der EU, deren Partner größtenteils nicht bereit sind, ihre jeweilige Staatsräson an der Garderobe zum Europäischen Rat und zur EU-Kommission abzugeben. Vor allem in den neunziger Jahren hat sich das wiedervereinigte Deutschland leidenschaftlich der Vision eines Quasi-Bundesstaates Europa verschrieben. Die rot-grüne Bundesregierung hat dem »Projekt Europa« schließlich ganz ungeniert das Fernziel unterlegt, daraus eine Weltmacht zu machen. Was von Besson Ende der sechziger Jahre noch mit gebotener Vorsicht skizziert worden war, daß »vielleicht in Jahrzehnten auch einmal eine gemeinsame politische Autorität möglich sein würde«[21] – dieser Moment schien nun gekommen.

Die Sache hatte natürlich ihren Preis, der darin bestand, immer weitreichendere Souveränitätsrechte des eigenen Staates teils wohlmeinend, teils unachtsam zur Disposition zu stellen und von den europäischen Partnern zu erwarten, sie möchten sich genauso verhalten. In diesem Punkt ist der stärkste Bruch zu dem eingangs geschilderten Konzept der Staatsräson erfolgt. Staatsräson setzt voraus, daß die Eliten eines Staatsvolkes entschlossen sind, unbeschadet aller Kooperation und Integration den eigenen Staat, um mit Meinecke zu sprechen, »in Gesundheit und Kraft zu erhalten«. Hätte man die Entwicklung der deutschen Außenpolitik im Schwellenjahr 2000 zu beschreiben gehabt, so wäre man zu der Schlußfolgerung gelangt, die Bundesrepublik sei in der Tat auf dem besten Wege, den Souveränitätstransfer vom Staat des Grundgesetzes nach Europa unumkehrbar zu machen. Fröhlich wurde das neuartige, ambitionierte EU-System von einer großen Mehrheit deutscher Akteure, die etwas zu sagen hatten, als eine Art Rutschbahn begriffen, auf der mehr und mehr Kernbereiche nationaler Souveränität nach Brüssel expediert und den teils quasiföderativen, teils kooperativen Gremien Europas übertragen würden. Joschka Fischer hat das schon vor seinem Aufstieg an die Spitze des Auswärtigen Amts mit großer Klarheit formuliert: »Nationale Interessenpolitik als Maßstab deutschen Verhaltens gegenüber den Mühen, den Lasten und den Aufgaben der europäischen Integration, dies scheint mir die falsche Konsequenz zu sein.«[22]

Muß man schon konstatieren: »Deutschland ist kein Staat mehr«? Mit diesen Worten hatte Hegel im Jahr 1802 in der Umbruchphase der Revolutionskriege das verfassungsrechtliche Trümmerfeld des »alten Reiches« beschrieben.[23] Damals wurde sichtbar, daß die monströse Konstruktion des Heiligen Römischen Reichs Deutscher Nation, die fast so kompliziert war wie die heutige EU, wenngleich natürlich ganz anders, den außerdeutschen Großmächten – Frankreich, England, Rußland – und dem Sog des Wandels nicht mehr gewachsen war. So weit ist es noch nicht. Kann man aber noch sinnvoll von »Staatsräson« sprechen, wenn der klassische Staat der Neuzeit in ein völlig neues Aggregatsystem überführt wird?

Doch die Illusionen des Jahres 2000 sind bereits verweht. Schon wieder hat sich die internationale Szenerie stark verändert. Die Lage Deutschlands und Europas ist gewissermaßen in ein neues Licht getaucht – das fahle Licht des frühen 21. Jahrhunderts. Die Hoffnung hat getrogen, den veralteten Kompaß »Staatsräson« durch ein ganz neuartiges, noch ungetestetes, hochkompliziertes supranationales Navigationssystem zu ersetzen. Der Kompaß ging, um im Bilde zu bleiben, nicht verloren, wurde vielmehr ins historische Museum gegeben. Jetzt aber zeigt sich, daß das vielleicht doch voreilig war.

Wie zumeist, wenn der Strom der Geschichte mit ungeahnter Eigenwilligkeit eine neue Richtung einschlägt, sind es unvorhergesehene Ereignisse, die zu neuem Nachdenken zwingen. »*Events, dear boy, events*«, hat Premierminister Macmillan einstmals geseufzt, als er nach seinen schwierigsten Prüfungen gefragt wurde, mit denen er in Downing Street No. 10 fertig zu werden hatte. Die »events« sind immer noch in aller Munde: der 11. September 2001, Amerikas hochgradig erregte Reaktion, seine Feldzüge an der Spitze einer »coalition of the willing« nach Afghanistan, dann in den Irak, das große transatlantische Zerwürfnis im fatalen Jahr 2003, das Auseinanderfallen der 25 EU-Regierungen in eine eher proamerikanische Mehrheit und eine eher amerikakritische Minderheit, die quer durch Europa verlaufende Entfremdung breiter Wählermehrheiten von Amerika und die entsprechend miese Stimmung in den USA gegenüber Frankreich und Deutschland, die Condoleezza Rice nach den Krächen im Weltsicherheitsrat den vielzitierten Ausspruch machen ließ: »Frankreich bestrafen, Deutschland ignorieren und Rußland verzeihen.«

Zu den eher unerwarteten »events« gehört auch das Auftreten von Persönlichkeiten, mit denen in den frühen neunziger Jahren eigentlich niemand gerechnet hatte: Ablösung des lockeren, vergnügten Saxophonspielers und Internationalisten Bill Clinton durch den frommen, unilateralistischen und im altvertrauten texanischen Stil zulangenden Rechtsrepublikaner George W. Bush, Auftauchen des terroristischen Islamisten Bin Laden, Etablierung des charismatischen Tony Blair in Downing Street No. 10, der zugleich proeuropäisch und proamerikanisch ist, verbunden mit einer globalen Interventionsbereitschaft, die in manchem an den einstigen Premier Gladstone erinnert, der England reformiert und, am hohen Wertehimmel orientiert, in Übersee interveniert hat. Auch in Deutschland haben ganz neue Leute das Sagen. Nachdem Gerhard Schröder 1993 gegen Scharping gescheitert und dann von Lafontaine beiseite gedrückt worden war, schien es kaum mehr zu erwarten, daß er ab 1998 gemeinsam mit Joschka Fischer mit der Bundesrepublik Achterbahn fahren würde. Dies alles »events« der besonderen Art.

Es gab aber noch weitere »events«, die sich zwar schon länger abzeichneten, aber erst in den vergangenen zwei bis drei Jahren ins Bewußtsein einer breiten Öffentlichkeit eingesickert sind. die Malaise aufgrund der Entdeckung, daß Deutschland tatsächlich ein Sanierungsfall ist, von dem nur die Regierung und deren Claqueure sagen, man dürfe das Land »nicht schlecht reden«; die zunehmende Skepsis gegenüber der Behauptung, die Verknüpfung uferloser Erweiterung der EU mit gebotener Vertiefung könne gelingen und sei im deutschen Interesse; der emotionale Abwehrreflex gegen Amerika; der Schock deutscher Landratten, die sich, dunkler Vorahnungen voll, in die ferne weltpolitische Krisenregion des Mittleren Ostens hineingestoßen sehen und zu alledem ihr Heil auch noch in einer Aufnahme der Türkei in die EU finden sollen, wo niemand einmal so recht weiß, wie die schon hierzulande lebende, noch überschaubare Minderheit junger Türken vernünftig integriert werden könnte.

Dies alles und manches andere mehr ist in dem vorliegenden Buch diskutiert worden. Insgesamt erklärt es die Orientierungslosigkeit heutiger deutscher Außenpolitik und läßt für die Zukunft wenig Gutes erwarten.

Unter diesen Bedingungen beginnt es manchen ganz langsam zu dämmern, daß es vielleicht doch nicht ganz so verkehrt wäre, die deutsche Staatsräson wiederzuentdecken. Doch ist eine Neubesinnung auf gewisse Grundsätze und Maximen der vergessenen Staatsräson noch möglich? Und wie wären diese zu bestimmen?

Wiederentdeckung der Staatsräson?

Der Begriff Staatsräson und die Sache selbst sind zu Unrecht vergessen worden. Drei Beobachtungen lassen das erkennen. Erste Beobachtung: Die meisten Regierungen außerhalb der EU lassen sich, wie bereits erörtert, von Beweggründen des nationalen Interesses leiten. Diese werden zwar jeweils subjektiv definiert und sind häufig inkonsistent. Maßgeblich aber ist das Bestreben, wie eingangs in den Worten Meineckes formuliert, »den Staat in Gesundheit und Kraft zu erhalten«. Anstelle von »Staat« mag man setzen: die im Staat konstituierte Gesellschaft, die Interessen der Staatsbürger, deren Identität und deren Prosperität. Jedenfalls wird in diesem Verständnis die Partikularität des jeweils eigenen Staates über die Interessen anderer Partikularitäten gesetzt. Man denkt dabei in erster Linie an die großen Mächte: Amerika, China, Japan, Indien, Rußland. Doch von den Mittelmächten und Kleinstaaten wird das recht ähnlich gesehen.

Die zweite Beobachtung läßt sich beim Blick auf die EU-

Partner machen. Würden wir sie so mitleidlos und scharf beobachten, wie wir uns das den USA gegenüber angewöhnt haben, wäre unschwer zu erkennen, daß sie primär auf den eigenen Staat bezogene Interessenpolitik betreiben. Zwar erfolgt, wie schon erörtert, im System der Europäischen Union eine Bündelung der einzelstaatlichen Interessen, die schon sehr weit geht. Die EU besitzt einen qualitativ anderen Aggregatzustand als alle internationalen Organisationen. Dennoch halten die Großen wie die Kleinen an Kernbeständen ihrer Souveränität fest – die Kleineren, weil sie nicht im großen Brei eines von ihnen aus völlig unsteuerbaren Superstaates untergehen möchten, die Großen, weil ihre Eliten wissen, daß die Größe viele Vorteile bringt. Außen- und Verteidigungspolitik, Sozial- und Steuerpolitik, aber auch die Grundentscheidungen zum mehrjährigen Finanzrahmen der EU bleiben zunächst dem einzelstaatlichen Veto unterworfen.[24] Natürlich liegt den Staaten Europas besonders daran, die Selbstbestimmung in den Fragen von Krieg und Frieden zu behalten – oder wenigstens die Illusion der Selbstbestimmung. Auch von Illusionen läßt sich psychologisch gut leben, sofern sie nicht in Krisen getestet werden.

Sollte der Verfassungsvertrag tatsächlich die Hürden der Referenden nicht reißen, wird die EU weiterhin als unverzichtbares, im Wortsinn zwingendes Korsett integrierter und kooperativer Zusammenarbeit fungieren, aber nicht mehr – wie man das in Deutschland gerne gesehen hätte – als »unvollendeter Bundesstaat«, den zu vollenden jedermann aufgerufen ist. Anders formuliert: Die meisten unserer Partner in der EU (Luxemburg und Belgien mögen eine Ausnahme von dieser Regel sein) betrachten immer noch die Interessen ihres eigenen Staates als erstrangig, die der EU mitsamt den Problemen ihres Ausbaus als zweitrangig. Für sie alle ist der eigene Staat, pointiert formuliert, gleichzeitig eine Herzens- und eine Verstandessache, die EU vorwiegend eine Verstandessache.

Es bleibe hier unerörtert, weshalb die Deutschen anders sind und, genau besehen, auf den Bau Europas viel mehr politische Energie, Goodwill und kreative Phantasie verwenden als auf die Frage, wie man den eigenen Staat und dessen Bürger in der EU möglichst vorteilhaft plazieren könnte. Jedenfalls wird die deutsche politische Klasse von dem Problem nicht besonders stark umgetrieben, wie Deutschland, unbeschadet guten Europäertums, doch die eigene Identität bewahren könnte, wozu auch ein Optimum an politisch-verfassungsrechtlichem Bewegungsspielraum im enggeschnürten EU-System gehört. Formulieren wir es pointiert: Europa bauen, die deutsche Staatsräson eher vergessen, das ist schon seit einigen Jahrzehnten der neue deutsche Sonderweg. Eigensinniges Voranschreiten auf Sonderwegen ist Deutschland in der jüngeren Geschichte aber noch nie gut bekommen. Republik ohne Kompaß? Unsere Analyse verschiedenster Felder zeitgenössischer deutscher Außenpolitik hat immer wieder auf diesen Kernpunkt zurückgeführt.

Die dritte Beobachtung ist genauso wichtig, vielleicht sogar die wichtigste. Alle Mitglieder der EU sind Demokratien. Empirische moderne Demokratien sind aber bisher nur in Staaten entstanden, nicht in internationalen Organisationen oder supranationalen Gemeinschaften. Seitens des Europäischen Parlaments wird zwar mit nimmermüder Beharrlichkeit die These verkündet, es gelte ja nur, dem Parlament die Rechte eines nationalstaatlichen Parlaments zu verleihen, dann sei das Demokratiedefizit behoben. Das Europäische Parlament hat zwar im Verfassungsvertrag mehr Zuständigkeiten erhalten. Tatsächlich aber ist darin der Europäische Rat als oberstes Entscheidungsgremium fester denn je etabliert. So hat die von Ralf Dahrendorf mit großer Klarheit (manche sagen: mit konstanter Bosheit) immer wieder entwickelte These weiterhin viel Plausibilität für sich, »daß alles, was in Europa entschieden wird, demokratischer Kontrolle entzogen ist. Mehr Europa heißt immer auch weniger Demokratie.«[25]

Es gäbe also auch für das völkerrechtlich nach wie vor souveräne Deutschland gute Gründe, eine »wohlverstandene Staatsräson«[26] wiederzuentdecken.

In gewisser Hinsicht stellt sich heute das Problem ähnlich dar wie im Jahr 1970, als Besson dazu aufforderte, die um die verlorenen Ostgebiete und um die DDR amputierte Bundesrepublik Deutschland als »Definitivum« zu akzeptieren. Inzwischen sind zwar die einstmals getrennten deutschen Staaten wiedervereinigt. Doch nunmehr hat sich der deutschen Öffentlichkeit die Meinung bemächtigt, dieses Deutschland müsse als »Provisorium« auf dem Weg zu einem Quasi-Bundesstaat Europa begriffen werden. Was 1970 richtig war, gilt aber auch heute und in Zukunft: Es ist nötig, »daß die Bundesrepublik im Bewußtsein ihrer Bürger als Definitivum anerkannt wird«. Vernünftige, selbstsichere Akzeptanz des eigenen Staates – das wäre auch die Voraussetzung für die Wiederentdeckung des verlorenen Kompasses einer wohlverstandenen deutschen Staatsräson.

Wie bei den meisten EU-Partnern müßte diese eher im Hintergrund wirksam sein, unprovozierend, europäisch orientiert, und wäre überhaupt gegenüber den Normen der Staatengesellschaft sehr verbindlich zu formulieren. Schließlich ist das Grundgesetz »eine sehr völkerrechtsfreundliche Verfassung«.[27] Doch die deutschen Repräsentanten müßten es schon wieder lernen, klarer und nachdrücklicher davon zu sprechen, als sie dies seit langem gewohnt sind. In der vergeßlichen Öffentlichkeit pluralistischer Demokratien pflegen sich erfahrungsgemäß nur Grundsätze zu halten, auf welche die Regierung, die Parteien, die Wissenschaft und die Medien beharrlich aufmerksam machen. Das gilt auch für die Staatsräson.

In welchem Geist das zu praktizieren und zu artikulieren wäre, wird im Artikel 56 des Grundgesetzes in Erinnerung gerufen. Dort ist der Amtseid formuliert, auf den der Bundespräsident, der Bundeskanzler und die Bundesminister – eventuell auch ohne religiöse Beteuerung – feierlich verpflichtet werden: »Ich schwöre, daß ich meine Kraft dem Wohle des deutschen Volkes widmen, seinen Nutzen mehren, Schaden von ihm wenden, das Grundgesetz und die Gesetze des Bundes wahren und verteidigen, meine Pflichten gewissenhaft erfüllen und Gerechtigkeit gegen jedermann üben werde. So wahr mir Gott helfe.«

Demnach hätten die höchsten deutschen Außenpolitiker vor allem anderen dem Wohl des deutschen Volkes zu dienen, also einer partikulären Größe, sie sollten – durchaus eigennützig, zuerst einmal unaltruistisch – in erster Linie darauf bedacht sein, dessen Nutzen zu mehren, sie hätten dessen innere und äußere Sicherheit zu gewährleisten (beides schon lange nicht mehr voneinander zu trennen), auch dessen Identität. Dies alles aber auf dem rechtstaatlichen Boden des Grundgesetzes. Anders als die Staatsräson vordemokratischer und undemokratischer Staaten darf also die Staatsräson der Demokratie des Grundgesetzes nicht ohne peinliche Beachtung der Grundrechte, der demokratischen Verfahrensregeln, auch des Völkerrechts international wirksam werden. Wie die Worte »wahren und verteidigen« andeuten, muß die Staatsräson einer Demokratie wachsam und vorsichtig bleiben, notfalls auch Härte aufweisen. Aber sie ist ans Recht gebunden. Und die religiöse Beteuerung der Eidesformel verweist auf das, was man gerne die vorkonstitutionellen Werte und Fundamente der Verfassung nennt.

Politisches Handeln, auch die Außen- und Europapolitik, vollzieht sich in einer durchaus bedingten Welt. Angesichts der Zielkonflikte und des täglich spürbaren Drucks aus dem Binnenbereich des eigenen Landes oder von außen sind Politiker der Dauerversuchung ausgesetzt, sich dezisionistisch zu verhalten und zu vergessen, wem sie letztlich verantwortlich sind. Das gilt ganz besonders in den verwirrenden Dimensionen der Außenpolitik. Könnte, sollte nicht die im eben skizzierten Sinne »wohlverstandene Staatsräson« den Kompaß abgeben, dessen Fehlen hierzulande und auch unter den internationalen Partnern Deutschlands viele irritiert?

Das Thema liegt in der Luft. Durch die gegenwärtig Orientierungskrise bedingt, sind derzeit wieder tastende Annäherungen an dieses Selbstverständnis zu registrieren. Vorsichtig beginnt man in der CDU vom Patriotismus zu sprechen, allerdings bisher eher gefühlig, somit ziemlich unverbindlich. Wäre es der CDU wirklich Ernst mit der Wiederentdeckung deutscher Interessen und der deutschen Nation, dann wäre schon deutlicher herauszuarbeiten, daß der Patriotismus oberste Bezugsgrößen hat: Deutschland als Staat unter dem Grundgesetz und als Leistungsgemeinschaft im internationalen Wettbewerb, desgleichen das deutsche Volk (das Staatsvolk, die Schicksals-, die Sprach- und Kultur-, die Solidaritätsgemeinschaft). Die CDU käme dann auch nicht umhin zu artikulieren, was das in bezug auf die EU bedeuten sollte: Europa als weiterhin hervorragend wichtiges, aber doch der wohlverstandenen deutschen Staatsräson logischerweise nachgeordnetes Interesse. Funktionales Verständnis der EU, aber nicht mehr die Fata Morgana des »unvollendeten Bundesstaats« Europa.

Genauso im Unverbindlichen bleibt Bundeskanzler Schröder, wenn er den »deutschen Weg« proklamiert. Ist das eine Fortentwicklung des »Modells Deutschland« – »dritter Weg«

eines Sozialdemokraten vom rechten Parteiflügel, der den eigenen Standort einstmals als »neue Mitte« bezeichnete? Ist es ein *catchword*, um den im emotionalen Aufruhr gegen Amerika befindlichen Nationalpazifismus aufzufangen? Sucht dieser mit feinem Gespür für die Massenpsychologie ausgestattete Kanzler damit das vage Empfinden seiner Wähler anzusprechen, die einerseits vom Sog der Globalisierung in Furcht und Schrecken versetzt sind, sich aber andererseits in dem undurchsichtigen System der 25er-EU gleichfalls nicht mehr mental zurechtfinden? Jedenfalls ist das Thema Staatsräson dabei, sich Akteure zu suchen, die es glaubhaft, präzise, doch auch international akzeptabel artikulieren.

Maximen deutscher Staatsräson?

Eingangs wurde an Meinecke erinnert: »Die ›Vernunft‹ des Staates besteht also darin, sich selbst und seine Umwelt zu erkennen und aus dieser Erkenntnis die Maximen des Handelns zu schöpfen.« Inwiefern sich die internationale Umwelt dramatisch verändert hat und immer noch verändert, ist bereits ausführlich diskutiert worden. Welche außenpolitischen Maximen lassen sich daraus ableiten?

Fassen wir nochmals die eben erörterten Leitlinien ins Auge, die Waldemar Besson im Jahr 1970 formuliert hatte. Geschichte wiederholt sich zwar nie perfekt, dennoch lassen sich häufig verblüffende Kontinuitäten erkennen. Die Außenpolitik der Bundesrepublik war damals in voller Bewegung, die Zukunft selbst auf mittlere Sicht genauso unvorhersehbar wie gegenwärtig, Amerika ein schwieriger Kunde, Europa im Werden und zugleich im Dauerstreit um seine Institutionen und über das Verhältnis zu den USA, die NATO im Umbruch, das Verhältnis zum Ostblock im Zuge der Neugestaltung und die Bundesrepublik über ihre eigene Identität nicht mehr im klaren: Sollte sie sich weiterhin als westdeutscher Kernstaat mit Wiedervereinigungsperspektive begreifen oder als ein ganz neuer, gewissermaßen saturierter Staat ohne revisionistische Fernziele, aber auch ohne das Bestreben, in Europa aufzugehen? Sollte die Bundesrepublik einseitig für Amerika optieren, oder für Frankreich, oder für die Selbstaufgabe in der seinerzeit sichtlich zusammenwachsenden Europäischen Gemeinschaft, oder für einen dritten Weg jenseits der Machtpolitik? Niemand wußte genau zu sagen, wohin die Reise gehen würde.

Versuchen wir also ähnlich wie einstmals Besson unter den Bedingungen seiner Zeit, aus den zahlreichen Komplexitäten deutscher Außenpolitik vier Leitlinien herauszupräparieren – eine »ideale Linie des Handelns«,[28] aus der sich alsdann in der Praxis die Politik zu entwickeln hätte. Empirische Politik kann nie das als vernünftig Erkannte unverändert umsetzen. Kompromisse sind unvermeidlich. Doch dem sollte die Überlegung vorangehen, wie wohlverstandene deutsche Staatsräson unter den heutigen Bedingungen idealiter formuliert werden sollte. Unterbliebe das, dann müßte man auch weiterhin sagen: Republik ohne Kompaß.

Erste Leitline: Atlantische Gemeinschaft

Als erste Leitlinie hatte Besson seinerzeit die Fortführung deutsch-amerikanischer Sicherheitspartnerschaft im Rahmen der NATO genannt. Diese These wurde auch in unserer Studie herausgearbeitet. Wie die folgenden drei Jahrzehnte bewiesen, war es für die Bundesrepublik von Vorteil, daß sie sich um die Wende von den sechziger zu den siebziger Jahren durch den damaligen Antiamerikanismus nicht vom Bündnis mit Amerika abbringen ließ. Bis ins Jahr 2000, als Amerika unter Clinton die aus deutscher Sicht so wünschenswerte Osterweiterung der NATO erreicht und auch mit der zusammenwachsenden EU ihren Frieden gemacht hatte, hat sich das wieder und wieder bewährt.

Dennoch war diese Priorität seinerzeit sehr umstritten, wenngleich noch nicht ganz so kritisch wie heute. Der amerikanische Riese hatte sich in Vietnam verrannt. Die 68er-Generation, der die Zukunft zu gehören schien, stellte die Moralität dieser kapitalistischen und militaristischen Weltmacht grundsätzlich in Frage. Selbst diejenigen, die Amerika als Schutzmacht für unverzichtbar hielten, hatten ihre Zweifel, wohin die stets schwer berechenbare Weltmacht im Verhältnis zur Sowjetunion unter

Breschnew und zum maoistischen China steuern würde. Das mittelfristige Verbleiben starker amerikanischer Streitkräfte in Westeuropa schien alles andere als sicher. Und in der damaligen EWG drängte das gaullistische und postgaullistische Frankreich genauso wie gegenwärtig darauf, aus der kontinentaleuropäischen EWG einen eigenen Machtblock mit eng koordinierter Außenpolitik, mit eigener Sicherheits- und eigener Wirtschaftspolitik zu machen – natürlich unter französischer Führung. »Europäische Identität« im Aufbegehren gegen die amerikanische Hegemonie war schon in jenen Tagen ein gängiges Schlagwort.

Zweifellos ist die Lage heute noch viel komplizierter als in den Jahren, als Nixon mit Kissinger in Washington, Willy Brandt zusammen mit dem schon damals amerikakritischen Egon Bahr in Bonn, der Gaullist Pompidou in Paris und Ted Heath in London, der vor Tony Blair proeuropäischste aller britischen Premierminister, große Politik machten.

Weshalb Amerika heute ein ambivalenter Partner ist, weiß jeder. Europäische Regierungen, die gegenwärtig auf den kritischen Feldern mit Amerika zusammenspielen, müssen massiven Protesten aus der eigenen Öffentlichkeit standhalten. Beispielhaft seien nur Aznar in Spanien, Tony Blair in Großbritannien oder Berlusconi in Italien genannt. Nachdem Amerika nicht mehr zum Schutz gegen die Sowjetunion gebraucht wird, scheint sich in den Medien, bei den Kulturschaffenden, bei Teilen der politischen Eliten und in den Kirchen Europas eine ähnlich mißtrauische, moralisierende, amerikakritische Grundeinstellung zu verfestigen, wie das traditionellerweise in Lateinamerika zu beobachten ist. Übermacht führt zu Ressentiments, und der Schwächere möchte sich wenigstens moralisch als überlegen erweisen. Daß sich Politiker, die im eigenen Land mit den Problemen nicht fertig werden, durch scharfes Auftreten gegen äußere Gegner und Sündenböcke Entlastung verschaffen, kann keinen Kenner der jüngsten oder ferneren Geschichte erstaunen. Jedenfalls ist das psychologische Großwetterklima im heutigen Europa einer Wiederentdeckung des Nutzens der transatlantischen Schicksalsgemeinschaft nicht günstig. Und da sich in der EU inzwischen ein dicht vernetztes System herausgebildet hat, dem Amerika nicht angehört, scheint es aus Sicht kurzsichtiger

Regierungen und einer gleichfalls nicht allzu weitschauenden Öffentlichkeit ein reizvoller Gedanke, die Europäische Union zu einer Art Gegenmacht gegen die USA aufzubauen.

Weshalb die amerikanische Option trotz aller evidenten Ambivalenzen in den kommenden Jahrzehnten des 21. Jahrhunderts, die stürmisch zu werden versprechen, eine höchste Priorität haben sollte, ist von uns bereits ausführlich diskutiert worden. Wer dafür plädiert, daß dies eine erste Leitlinie deutscher Außenpolitik sein sollte, befindet sich allerdings im Deutschland von heute in einer Minderheitsposition. Aber Staatsräson hat es primär mit Vernunft zu tun, und die richtigen Maximen ergeben sich beim realistischen Blick auf die internationale Umwelt. Mag sein, daß sich die öffentliche Meinung wieder drehen wird, wenn dramatische Dinge passieren, bei denen sich die Schutzbedürftigkeit Deutschlands herausstellt, oder wenn eine weitblickendere Bundesregierung mit großem Nachdruck darauf hinweist, daß das transatlantische Verhältnis um fast jeden Preis wieder in Ordnung gebracht werden sollte. Was Walter Lippmann vor langen Jahren die Atlantische Gemeinschaft genannt hat, ist immer noch eine realisierbare Idee, wenngleich künftig viel schwerer organisierbar und steuerbar als im 20. Jahrhundert.

Vier maßgebliche Überlegungen sprechen dafür, die Wiederherstellung und Pflege guter Beziehungen zu den USA als vordringlichste Priorität zu verstehen. Erstens sind die Vereinigten Staaten ein integraler Teil der westlichen Zivilisation; die politische, wirtschaftliche und kulturelle Einheit des Westens steht und fällt mit Amerika. Zweitens wird Amerika auf mittlere Sicht und selbst langfristig die stärkste Weltmacht sein – unentbehrlicher Helfer in Krisen, vielleicht auch Verursacher von Krisen, jedenfalls eine Macht, auf die man so gut wie irgend möglich partnerschaftlich einwirken sollte. Drittens lehren alle bisherigen Erfahrungen, daß das wünschenswerte Zusammenwachsen Europas am besten gelingt, wenn es die Europäer gleichzeitig verstehen, Amerika an der Einigung des alten Kontinents zu interessieren. Und viertens sollte es sich ein großes Land dreimal überlegen, ein Bündnis leichthin verrotten zu lassen, das ein halbes Jahrhundert hindurch in guten und bösen Tagen der Dreh- und Angelpunkt seiner Außenpolitik gewesen ist.

Amerika als integraler Teil der westlichen Zivilisation? Daß eine beiderseitige transatlantische Entfremdung erfolgt ist, wird niemand im Ernst bestreiten können. Dennoch sind die Amerikaner und die Europäer, somit auch die Deutschen, nach wie vor Teile der eng vernetzten atlantischen Welt. Die religiösen Überzeugungen und die sozio-politischen Ideen, die Amerika und Europa geistig geformt haben, die Institutionen und die gelebte Praxis zeitgenössischer Demokratie, die wirtschaftlichen Interessen und das Ensemble der transatlantischen Kultur – dies alles ist der Westen, in dem Deutschland seit langem seinen festen Platz gefunden hat.[29] Im Vergleich damit sind die muslimische Welt, die hinduistische Gesellschaft, China, Japan oder auch Rußland doch eindeutig fremder.

Mit dem Bewußtsein, daß die atlantische Welt so etwas wie Deutschlands weitere Heimat ist, verbindet sich als zweite Überlegung die nüchterne Einschätzung der globalen Machtlage. Es wäre redundant, die Gründe dafür nochmals zu benennen, weshalb es im deutschen Interesse zwingend geboten ist, den globalen Giganten Amerika zum Partner und nicht zum Gegner zu haben. Man muß davon ausgehen, daß Amerika in den kommenden Jahren, vielleicht noch auf längere Zeit, eine problematische, schwer kalkulierbare, fordernde und gefährliche Weltmacht sein wird – nicht pflegeleicht, sondern eine unhandliche Größe. Doch wir können uns, wie Christian Hacke unlängst anschaulich formuliert hat, Amerika nicht so backen, wie wir es haben möchten. Die Staatsräson geböte es, selbst zu solchen Regierungen positive, möglichst erschütterungsfreie Beziehungen aufzubauen oder wiederaufzubauen, an denen uns vieles nicht gefällt.

Wer aber schon nicht an den Nutzen der Partnerschaft mit dem vorerst recht konservativ gewordenen Amerika glaubt, der sollte wenigstens das Schadenspotential dieser selbstbewußten, rasch zu zornigen Reaktionen fähigen Weltmacht nicht vergessen. Die Deutschen gedenken in nimmermüder Betroffenheit der Verbrechen Adolf Hitlers. Sie täten gut daran, sich auch gelegentlich seiner Narreteien zu erinnern, wozu die Kriegserklärung an Amerika im Dezember 1941 gehörte – der Anfang vom Ende des Dritten Reiches. Im Verhältnis zu den USA geht es zwar nicht mehr wie damals um Sein oder Nichtsein. Aber auch unterhalb der Kriegsschwelle ist Amerika ein gefährlicher Gegner. Nur Narren legen sich ohne Not provozierend mit einer Weltmacht an.

In den besonders kritischen Jahrzehnten ihrer Geschichte hatten die Deutschen häufig ein fatales Geschick, gestützt auf schwächere Verbündete, mit veritablen Großmächten zusammenzustoßen. 1914 wandten sie sich im Zweibund mit Österreich-Ungarn gegen Rußland und Frankreich, machten durch die Invasion in Belgien auch das Eingreifen der damals globalen Weltmacht Großbritannien unvermeidlich und stießen zu guter Letzt sogar das noch unentschlossene Amerika in den Krieg hinein. Im Zweiten Weltkrieg wurden dieselben Exerzitien fehlenden Augenmaßes wiederholt, als die Deutschen im Bündnis mit Italien und dem fernen Japan erneut gegen England, Frankreich, das sowjetische Rußland und schließlich nochmals gegen Amerika zu Felde zogen.

Die Geschichte der Bundesrepublik verlief auch deshalb ohne Karambolage, weil der deutsche Kernstaat im Westen diesmal mit der stärksten Weltmacht verbündet war, so daß die Abschreckung zu funktionieren vermochte. Die diplomatische Allianz, in der die drei abgestiegenen Großmächte Deutschland, Frankreich und Rußland (mit der kommenden Weltmacht China in den Kulissen) im Jahr 2003 im Weltsicherheitsrat gegen die USA antraten, war zwar keine Kriegserklärung, vielleicht war sie sogar, wie sich bald erweisen sollte, in der Sache begründet. Doch der Verdacht ist nicht abzuweisen, daß sich Deutschland wieder einmal mit den Leichgewichten zusammentat, um mit dem stärksten Matrosen im Lokal Krach anzufangen. Die Weitsicht, die dabei zu erwartenden Prügel zu vermeiden, nennt man im Alltagsleben gesunden Menschenverstand. In der hohen Politik heißt das Staatskunst.

Desgleichen werden gute Beziehungen zu den USA – dies die dritte Überlegung – auch die Zukunft der Europäischen Union entscheidend beeinflussen, an die Deutschland sein Schicksal gebunden hat. Dabei wäre doch gelegentlich ein Blick auf die inzwischen fast sechzig Jahre umspannende Entwicklungsgeschichte der europäischen Idee von Nutzen. In diesem langen Zeitraum ist die Befriedung des zuvor periodisch von Kriegen verwüsteten Europa und sein Zusammenwachsen in erster Linie

dank amerikanischer Unterstützung oder jedenfalls unter still-
schweigender Duldung Washingtons zustande gekommen. Der
historische Nachweis fällt nicht schwer, daß alle Versuche, die
EWG alias EG alias EU provozierend gegen Amerika zu posi-
tionieren, die Einigung Europas zurückgeworfen haben.

Gewiß ist es richtig, daß in dem Programm des Zusammenschlusses Europas von Anfang an eine ambivalente Einstellung
gegenüber den Vereinigten Staaten versteckt war. Das berühmte Manifest Graf Coudenhove-Kalergis aus dem Jahr 1923,
mit dem die moderne Europabewegung begann, brachte diese
Ambivalenz auf eine knappe Formel: »Pan-Amerika bildet für
Europa die größte Gefahr – oder die größte Hoffnung.«[30] Die
Integrationspolitik der Gründergeneration Europas nach dem
Zweien Weltkrieg läßt dieselbe Ambivalenz erkennen. Unter
den gewichtigen Gründen, die beispielsweise Adenauer zur europäischen Integrationspolitik veranlaßten, ist auch die Absicht
zu erkennen, eine Alternative zur Hegemonie der USA vorzu-
bereiten – Alternative für den Fall der Rückkehr Amerikas zum
traditionellen Isolationismus, Alternative für den Fall amerikanischer Untreue im Verhältnis zur Sowjetunion, Alternative für
den Fall überstarker Hinwendung Amerikas in den Pazifischen
Raum wie seit 1965 im Vietnamkrieg, regionale Alternative zur
weltwirtschaftlichen Dominanz der USA, überhaupt Europa als
ein machtpolitisches Gegengewicht zur Einhegung Amerikas,
wenn es den europäischen Verbündeten gegenüber allzu arro-
gant auftreten sollte. Adenauer war allerdings vernünftig genug,
diese eher verschwiegene Zielsetzung seiner Integrationspolitik
nicht laut herauszuposaunen, und erstrebte, wenn irgend möglich, den Gleichklang zwischen Europa- und Amerikapolitik.

Seit dieser Frühphase ist Europa viel enger zusammengewachsen. Statt der ursprünglichen Sechsergemeinschaft besteht
heute eine EU von 25 Mitgliedern. Die Ambivalenz ist geblieben. Doch immer wenn sich Tendenzen verstärkten, die USA
über Gebühr zu brüskieren, fanden diese Mittel und Wege, den
Zusammenschluß zu behindern. Die Krise des Jahres 2003 und
die folgende Entwicklung haben bewiesen, daß in den Mauern
der EU nicht bloß ein einziges trojanisches Pferd der USA –
Großbritannien – Eingang gefunden hat, sondern deren viele:
Italien, Portugal, die Niederlande, Dänemark, Polen, die balti-

schen Staaten. Das macht sich jetzt bemerkbar, da Deutschland und Frankreich voller Selbstgefühl behaupten, »im Namen Europas« gegen Amerika aufzutreten. Wem somit an einer evolutionären Entwicklung gemeinsamer Außen- und Verteidigungspolitik der EU gelegen ist, der sollte den Fehler vermeiden, die EU als »Gegengewicht« gegen Amerika in Stellung zu bringen. Amerikanisches Wohlwollen, zumindest aber amerikanische Duldung, sind unverzichtbar, wenn das Projekt Europa vorankommen oder gar vor der Auflösung bewahrt werden soll.

Die vierte und letzte Überlegung schließlich: Es wäre sehr leichtsinnig, eine außenpolitische Tradition über Bord gehen zu lassen, die in langen Jahrzehnten seit Gründung der Bundesrepublik, auch noch neuerdings in den schwierigen Jahren des Umbruchs 1989 bis zum Abzug der sowjetischen Truppen 1994, ein konstitutives Zentralelement bundesdeutscher Staatsräson gewesen ist. Die Theoretiker und Praktiker der Staatsräson haben zwar immer wieder zu Recht davor gewarnt, traditionelle Bündnisse oder große Mächte für unwandelbar zu halten. In einem früheren Kapitel unseres Buches wurde Palmerston zitiert: »Wir haben keine ewigen Verbündeten, und wir haben keine ewigen Feinde.« Das trifft gewiß zu. Aber eine bewährte außenpolitische Tradition, ein halbes Jahrhundert denkbar engster, wenngleich nie spannungsfreier Zusammenarbeit, auch die zahllosen Freundschaften und Arbeitsbeziehungen, die sich damit verbinden – daran sollte man doch erst einmal beharrlich festhalten, selbst wenn einem eine US-Administration nicht gefällt und wenn viele Anzeichen darauf hindeuten, daß sich die Gesellschaften in der Tat fremder geworden sind.

Die Entdeckung des faszinierenden Amerika mit allen seinen Facetten war eine der prägenden Erfahrungen der Eliten in der »alten« Bundesrepublik. Wer Verstand hat, wird auch früher oder später entdecken, daß die Befriedung der zuvor tödlich rivalisierenden Länder Westeuropas und die Sicherung der europäischen Demokratien gegen die Sowjetunion (ohne Krieg und mit gutem Ausgang) einer der größten Erfolge moderner Staatskunst gewesen ist. In der Geschichte der Nationen ist allerdings Vergeßlichkeit gegenüber wichtigen Leistungen, die noch gar nicht weit zurückliegen, ein wohlbekannter Vorgang. Mag sein, daß sich das künftig im deutsch-amerikanischen Verhältnis wieder einmal bestätigt. Aber das muß nicht so sein, und Regierungen, Parteien und alle Verantwortlichen können durchaus etwas gegen das Vergessen tun. Genauso wie die deutsche Öffentlichkeit mittels einer Überfülle symbolischen, musealen, filmischen und literarischen Gedenkens nimmermüde an das schon relativ weit zurückliegende nachtschwarze Dritte Reich erinnert, verdienen auch die alles in allem sehr positiven Erfahrungen mit Amerika, daß man sich ihrer demonstrativer erinnert, als dies heute der Fall ist. Ohne die maßgebliche Rolle Amerikas stünde die Bundesrepublik nicht dort, wo sie sich heute befindet. Dabei war das deutsch-amerikanische Verhältnis seit 1949 sehr viel mehr als nur eine bilaterale Beziehung. Angeregt durch Amerika, hat man auch in der Bundesrepublik bald gelernt, die ganze atlantische Welt als umfassende Einheit zu begreifen. Das ließ sich in allen wichtigen Dimensionen erfahren: Politik, Kultur, Wirtschaft und nicht zuletzt im Bereich der Verteidigung.

Wenn es künftig viel schwerer sein wird als früher, die Beziehungen zwischen Deutschland und Amerika zu harmonisieren, so auch deshalb, weil die Verteidigungsgemeinschaft der einstigen NATO-Allianz in der alten Form nicht mehr besteht, ohne daß schon klar erkennbar wäre, wie sie sich künftig entwickeln wird. Entwicklung von einer exklusiven Allianz, die auf eine äußere Bedrohung fokussiert war, zu einer inklusiven (auch Rußland und andere Risikostaaten einbeziehenden) »Organisation zum Sicherheitsmanagement« gegenüber Risiken – so lautete 1999, noch vor der Beziehungskrise zu Amerika, eine der zahlreichen Funktionsbeschreibungen,[31] die von scharfsinnigen Analytikern angeboten wurden. Seit den Umbruchjahren in den frühen Neunzigern bis heute wird die Evolution der Allianz unablässig von denselben Grundfragen bestimmt: Wieweit kann und darf sich das Bündnis nach Osten und zum Balkan hin ausdehnen? Wie soll Rußland eingebunden werden? Kann man überhaupt noch von einem Bündnis sprechen, oder ist die NATO inzwischen in eine multifunktionale Sicherheitsagentur transformiert worden, die ein Sicherheitsmanagement über den bisherigen NATO-Bereich hinaus wahrzunehmen hat – im zerfallenen Jugoslawien, im Mittleren Osten, bei der Terrorismusbekämpfung? Welcher Art soll die Zusammenarbeit zwischen der NATO und der Europäischen Sicherheits- und Verteidigungspolitik der EU sein?[32]

Niemand wird bestreiten können, daß die NATO heute zu einem organisatorischen Proteus geworden ist. Offensichtlich ist in unserem Zusammenhang nur eines: Hatte sie bis in die neunziger Jahre hinein als zwar elastischer, aber doch vergleichsweise zuverlässiger Sicherheitsrahmen das deutsch-amerikanische Verhältnis stabilisiert, so ist das heute nicht mehr der Fall. Aus amerikanischer Sicht ist die Bundesrepublik militärstrategisch unwichtiger geworden, die NATO-Alliierten in Ostmitteleuropa haben dagegen an militärstrategischer Bedeutung gewonnen. Das Instrument der Bundeswehr hat an militärischem Wert eingebüßt. Bei Interventionen und Kampfeinsätzen ist die Interoperabilität nur noch teilweise gegeben. Und da sich Berlin bei den Bemühungen Washingtons und Londons, die NATO für neue Aufgaben im Mittleren Osten einzusetzen, neuerdings ähnlich schwierig verhält wie Paris, neigt Amerika dazu, sich aus Mitgliedern der NATO-Allianz, doch auch von außerhalb, »Koalitionen der Willigen« zusammenzustellen. Umgekehrt sind die EU-Regierungen, darunter insbesondere die großen Drei – Großbritannien, Frankreich und Deutschland –, in Sicherheitsfragen durch regelmäßige Zusammenarbeit der politischen Spitzen und der Steuerungs- und Planungsgremien so eng miteinander vernetzt, daß die NATO als Willensbildungs- und Entscheidungszentrum in eine gewisse Randlage gerät.

Unsicherheit über die weitere Funktion der Allianz ist also vorherrschend. Das wird sich nur dann ändern, wenn eine auch aus deutscher Sicht sehr ernst zu nehmende Bedrohung den Führungsanspruch der USA erneut legitimieren würde. Früher oder später dürfte das eintreten, und schon diese Vermutung spricht dafür, dieses multilaterale Bündnis sorgfältig zu pflegen. Aber Allianzen mit überstarken Führungsmächten haben ihren Preis, den die Bundesrepublik gegenwärtig nicht zu zahlen bereit ist. Selbst wenn man Wiederherstellung und Konsolidierung sehr enger, partnerschaftlicher Beziehungen zu den USA als eine erste Leitlinie künftiger deutscher Außenpolitik begreift, wirft die operative Umsetzung schwierigste Fragen auf. Ob die Administration Bush in Washington und die Bundesregierung Gerhard Schröders in Berlin bereit sein werden, in die Reparatur des deutsch-amerikanischen Verhältnisses ein Übermaß an Energie zu investieren, ist eher zu bezweifeln. Vielleicht muß man tatsächlich die Ablösung von Rot-Grün abwarten, um herauszufinden, ob ein neuer Anfang möglich ist, der mehr wäre als das diplomatische Überkleistern von Problemen (auch das ist erforderlich, kann nach Lage der Dinge aber nicht ausreichen). Vielleicht wird sich das sowohl auf Regierungsebene wie in der Breite der Bevölkerung verkrampfte Verhältnis auch erst dann wieder entspannen, wenn die Administration Bush ihre zweite Amtszeit absolviert hat. Wer dessen sicher ist, daß die Wiederherstellung positiver deutsch-amerikanischer Beziehungen das vordringlichste Erfordernis deutscher Staatsräson ist, muß möglicherweise noch ein paar Jahre warten.

Zweite Leitlinie: Europa

Genauso kompliziert ist die zweite Leitlinie deutscher Staatsräson: die Konsolidierung der Europäischen Union. Niemand wird die banale Feststellung bezweifeln wollen, daß die Zukunft Deutschlands in Europa liegt. Wo denn sonst? Daß Deutschland sein Bestes tun muß, das in Gestalt der EU organisierte Europa zusammenzuhalten, liegt zweifellos in der deutschen Staatsräson und muß hohe Priorität behalten.

Aber die Zukunftsperspektiven der EU sind ungewisser als jemals zuvor. Wie im Vorhergehenden erörtert, haben sich die eigentlich untrennbar zusammengehörenden Prozesse von Erweiterung und Vertiefung auseinanderentwickelt. Die Verfassung für Europa sollte dem abhelfen. Doch ihre Ratifikation ist unsicher. Und selbst wenn sie die Referenden überlebt, bleibt es eine offene Frage, ob die dort festgelegten Zuständigkeitsregelungen und Verfahren wirklich geeignet sind, die Zentrifugalkräfte der 25er-EU einerseits und die Entscheidungsblockaden andererseits zu überwinden.

Die ohnehin schon großen Schwierigkeiten, die EU im nunmehr erreichten institutionellen Rahmen funktionsfähig zu erhalten, werden durch die zusehends abenteuerliche Erweiterungsbesessenheit der Europäischen Kommission und des Europäischen Rats noch verschärft. Der integrative und kooperative Zusammenschluß von Staaten, Wirtschaftsgesellschaften und sozio-politischen Kulturen mit völlig verschiedenen Sprachen, die vielfach über die Jahrhunderte hinweg gewachsen sind, ist ein beispielloses Großexperiment. Dieses wird früher oder später scheitern, wenn die »Verfassung« Europas und der Teilnehmerkreis nicht über einen längeren Zeitraum hinweg stabil gehalten werden. Permanente Umstrukturierung der Kompetenzen und Verfahren bei gleichzeitig in kurzen Abständen vorgenommenen Erweiterungen kann nur zum Stillstand führen, gefolgt von der Auflösung des hybrid gewordenen Systems. Moderne Demokratien gedeihen nur bei einem Minimum an institutioneller Stabilität. Auch die politische Identität eines supranationalen Zusammenschlusses kann sich nur entwickeln, wenn nicht dauernd neue Mitglieder in eine ohnehin schon labile Staatengesellschaft hineingeschaufelt werden. Erschwerend kommt hinzu, daß die uferlose Erweiterung auch bei der Bevölkerung der einzelnen Mitgliedstaaten zu begründeten Sorgen um die eigene Identität Anlaß gibt, dadurch aber die Akzeptanz des Projekts Europa beträchtlich verringert.

Weshalb es geboten war, die neuen Demokratien Ostmitteleuropas als Vollmitglieder in die EU aufzunehmen, bedarf keiner Diskussion mehr. Daß sich diese Entscheidung für alle Beteiligten als nützlich erweisen möge, ist zu hoffen. Unbegreiflich aber ist, weshalb nun die EU nicht den Mut zu einem Erweiterungsmoratorium aufbringt. Natürlich müßte dabei die bislang wenig substantiierte Formel »privilegierte Partnerschaft« substantiiert werden. Selbstverständlich würde das vorerst auch zu Belastungen im Verhältnis zu Bulgarien, Rumänien, Kroatien, der Türkei, Mazedonien, Bosnien-Herzegowina, der Ukraine, Albanien, Serbien führen und wer sonst noch immer die Vollmitgliedschaft in der EU anstrebt – auch Marokko hat schon Interesse bekundet. Doch so, wie die einzelnen EU-Mitglieder ihre Staatsräson nicht an der Garderobe zum Europäischen Rat abgegeben haben, existiert auch für die EU als Ganzes so etwas wie eine EU-Räson. Unbeschadet der dauerhaft strukturierten Zusammenarbeit in der EU ist sich jeder Staat erst einmal der Nächste. Aber auch die EU als solche kann nur gedeihen, wenn sie eine Art institutionellen Egoismus entwickelt. Ein Erweiterungsmoratorium in Verbindung mit der Ausarbeitung von Formen »privilegierter Partnerschaft« wäre jedenfalls ein Gebot wohlverstandener deutscher Staatsräson.

Und welche Form sollte Europa erhalten? Bei den Erörterungen über die künftige Gestalt des organisierten Europa werden seit Jahrzehnten mit jeweils leicht modifizierter Begrifflichkeit heterogene Fernziele und Verfahren für den Einigungsprozeß diskutiert:

- europäischer Bundesstaat, Vereinigte Staaten von Europa;
- organisiertes Nebeneinander einer Avantgarde von »Kerneuropa«, gruppiert um Deutschland und Frankreich, und einer viel lockerer gefügten Gruppierung von Mitgliedern, die sich eines Tages Kerneuropa anschließen könnten. Von einer »Zwiebelidee« ist dabei die Rede, wobei die Integrationsdichte vom Gravitationszentrum Kerneuropa nach außen hin abnimmt[33] (es sind besonders Frankreich und Deutschland, in denen das Konzept »verstärkter Zusammenarbeit« Anklang findet; dabei ist nicht selten strittig, auf welche Felder sich diese erstrecken soll);
- Regression der EU zu einer modernen »Freihandelszone plus«, also unter Beibehaltung institutioneller und materieller Residuen, die sich nicht mehr abschaffen lassen (dieses Ziel wird seit längerem der britischen Regierung unterstellt).

Auch für den Evolutionsprozeß im Rahmen der EG beziehungsweise EU wurden und werden verschiedene Modelle benannt:

- Europa der variablen Geometrie, wobei verschiedene, teilweise eine andere Mitgliedschaft aufweisende Gruppen strukturiert und vertieft zusammenarbeiten (Schengen-Europa, Euroland, vielleicht früher oder später ein Verteidigungs-Europa, an dem aber bestimmte einstmals neutrale Länder nicht teilnehmen wollen);
- Europa à la carte beziehungsweise das Europa der Rosinenpicker, bei dem die einzelnen EU-Länder sich aus einer großen Menukarte der vorfindlichen Integrations- und Kooperationsoptionen diejenigen herauspicken, die ihnen am nützlichsten erscheinen, während sie eine vertiefte Zusammenarbeit in anderen Bereichen ablehnen.

Von den genannten Fernzielen hat sich die langfristige Option des Bundesstaats bereits verflüchtigt. In einem 25er-Europa, das auf weiteren Zuzug wartet, ist dies nur noch eine Utopie. Der Rekurs auf Kerneuropa (innerhalb oder außerhalb des EU-Systems) ist aus vielen praktischen Gründen gleichfalls kaum vorstellbar. Aber auch die Regression zu einer »Freihandelszone plus« ist beim bereits weit fortgeschrittenen Entwicklungsstand der EU wohl nicht mehr in den Karten. Viele Anzeichen deuten darauf hin, daß das jetzige institutionelle System der EU keine Weiterentwicklung mehr verträgt. Dabei ist wohl damit zu rechnen, daß die meisten der heute beteiligten Länder die Option eines »Europa der variablen Geometrie« oder »Europa à la carte« vorziehen. Wenn der Kraftakt der Ratifikation der Verfassung für Europa überhaupt gelingt, dürfte der Einigungszug für längere Zeit auf diesem Bahnhof anhalten. Dies wäre dann kein »unvollendeter Bundesstaat«, eher eine *imperfect union*. Aber: *il n'y a que le provisoire, qui dure*.

Deutschland, das als einziges großes Land in der EU das Ziel eines Quasi-Bundesstaats lange Zeit angestrebt hat, vielleicht selbst heute noch erträumt, wird also früher oder später wenig anderes übrigbleiben, als zum europapolitischen Realismus zurückzufinden. Die strategische Überdehnung der EU durch uferlose Erweiterung läßt keine andere Wahl. Der *point of no return* wäre nicht erst bei einem Beitritt der Türkei oder der Ukraine da, wie gegenwärtig oft behauptet wird. Viel spricht dafür, daß er schon heute erreicht ist. Auch die Deutschen müssen sich also leider auf die Tatsache einstellen, daß in der EU auch weiterhin nur eine Form des Zusammenschlusses konsensual ist, in dem alle Beteiligten zuallererst ihre jeweiligen nationalen Interessen gemäß den Geboten wohlverstandener Staatsräson verfolgen werden. Das lange Zeit in der Wolle euro-föderalistisch gefärbte Deutschland kann die EU-Partner nicht zum Heil seiner Vorstellungen zwingen, die auf eine quasi-bundesstaatliche Verfaßtheit Europas hinauslaufen. Es läuft umgekehrt: Unsere Partner erzwingen, daß Deutschland die eigenen Interessen innerhalb der EU wieder nachdrücklicher artikulieren muß als früher. Europapolitischer Realismus hinsichtlich der Finalität – auch das ist ein Erfordernis deutscher Staatsräson im frühen 21. Jahrhundert. Den Euro-Föderalisten hierzulande wird das weh tun. Aber wie hat August Ludwig von Rochau, dem ansonsten nicht in allem zu folgen ist, die Gebote der Staatsvernunft in dem unserem Buch vorangestellten Motto formuliert? »Endlich ist die Realpolitik eine abgesagte Feindin aller Selbsttäuschung. Es ist ihr eine Gewissenssache, die Menschen und Dinge so zu sehen, wie sie sind, und demgemäß nur das zu wollen, was sie kann.«[34]

Daß in dem heute erreichten EU-System auch wenig Hoffnung mehr besteht, so etwas wie eine Weltmacht Europa (*Europe puissance*) mit gemeinsamer Außenpolitik und gemeinsamer Verteidigungspolitik zu schaffen, gehört gleichfalls zu den deutschen Enttäuschungen. Immerhin kann mit viel Geduld manches koordinativ in Gang gesetzt und geplant werden, wie ja auch heute schon. Der Aufbau rudimentärer Kapazitäten einer aus nationalen Elementen zusammengesetzten EU-Streitmacht, die wenigstens stark genug wäre, auf dem Balkan Frieden zu erzwingen oder bei humanitären Katastrophen in Schwarzafrika einzugreifen, ist möglich. Doch, wie schon ausgeführt, neben dem amerikanischen Pfeiler westlicher Sicherheitspolitik läßt sich mehr als ein europäisches Pfeilerchen mittelfristig nicht konstruieren – es sei denn, Europa sieht sich ohne verläßliche amerikanische Hilfe mit schwersten Gefahren konfrontiert. Wegen fehlender Bereitschaft, eine mit Mehrheit zu vereinbarende gemeinschaftliche Außenpolitik und eine Verteidigungsgemeinschaft zu wollen oder gar zu finanzieren (was teuer kommen würde), wird es noch auf lange Sicht nicht einmal zur Mini-Weltmacht reichen.

Eine neue, mit Augenmaß konzipierte Komponente variabler Geometrie auf dem Feld der Verteidigung ist somit am wahrscheinlichsten und durchaus erstrebenswert. Nach Lage der Dinge müßten die großen EU-Staaten – Großbritannien, Frankreich, Deutschland – dabei vorangehen.[35] Die mittleren und die kleinen Länder schrecken zwar vor der Idee eines Verteidigungsdirektorats zurück, und bei der EU-Kommission und im Europäischen Parlament wird das gleichfalls nicht gern gesehen. Aber ein Leitungsgremium der handlungsfähigen und handlungswilligen Großen, wie auch immer zusammengesetzt und wie stark auch immer verwässert, bleibt aus deutscher Sicht eine denkbare Option.

Zu den besonders diffizilen Problemen künftiger Europapolitik wird wie bisher schon die Frage gehören, ob Deutschland mit bestimmten Ländern vorzugsweise zusammenarbeiten
sollte. An und für sich sind die Interessenlagen entsprechend
den Sachfragen, um die es geht, so unterschiedlich, daß bei der
europäischen Gesetzgebung, aber auch bei den nicht integrierten Säulen, wechselnde Koalitionen von der Natur der Sache
erzwungen werden. Daran wird sich im Grundlegenden nichts
ändern, Ratifikation der Verfassung für Europa hin oder her.
Bei den großen Gestaltungsfragen der EU hat sich allerdings
lange Zeit das deutsch-französische Duo bewährt. Doch vorerst
ist nicht mehr viel zu gestalten. Zudem haben die Zwistigkeiten
des Jahres 2003 deutlich gezeigt, daß die EU-Regierungen auf
barsch vorgetragene Kommandos aus Paris und Berlin empfindlich reagieren. Wohlverstandene deutsche Staatsräson würde es
somit nahelegen, zu Frankreich ganz sachte auf mehr Distanz zu
gehen, da fast alle Länder in der EU die kaum verhüllten Füh-
rungsansprüche der französischen Regierung satt haben. Das
mag sich eines Tages ändern. Doch da es Deutschland aus guten Gründen bisher vermieden hat, in Europa den Juniorpartner Amerikas zu spielen, ist ihm die Rolle eines Juniorpartners
Frankreichs erst recht unbekömmlich.

Man braucht kein Prophet zu sein, um zu erkennen, daß
das Verhältnis zu Amerika auch künftig in der EU immer wieder einmal zu Zerreißproben führen wird – im Verhältnis zur
NATO, überhaupt in Sicherheitsfragen, bei der Politik im Nahen und Mittleren Osten, in der für die USA höchst kritischen
Frage einer Aufhebung des Waffenembargos gegenüber China,
bei der UN-Politik, in der Handelspolitik oder in Währungsfra-
gen. Häufig vertritt Frankreich dabei innerhalb der EU genauso
eine Extremposition wie auf der Gegenseite England. Die jeweilige Bundesregierung oder die Wählermehrheiten im Lande
mögen künftig dabei mehr mit Frankreich sympathisieren wie
Rot-Grün seit Anfang 2003 oder mehr mit England, sollte sich
in Zukunft herausstellen, daß Amerika wie einstmals in der Epoche des Kalten Krieges händeringend gebraucht wird. Deutsche
Staatsräson würde auch in solchen Kontroversen dafür sprechen,
zwischen den Extrempositionen zu vermitteln, sollten sich die
EU-Regierungen über das Verhältnis zu Amerika erneut so zer-

streiten wie beim Krach über den Irakkrieg. Eine entsprechende Polarisierung innerhalb der EU ist zuallerletzt im deutschen Interesse. Die Vernunft gebietet vielmehr eine Grundlinie des Ausgleichs – Ausgleich innerhalb der EU, Ausgleich auch im transatlantischen Verhältnis. Ein tiefgreifender Ausbau der EU wird kaum mehr möglich sein. Dem immer noch relativ starken, wirtschaftsgeographisch und geostrategisch zentral plazierten Deutschland müßte es aber im ureigenen nationalen Interesse, doch zugleich im Interesse Europas, wenigstens gelingen, die EU auf dem jetzigen Entwicklungsstand zusammenzuhalten. Dann wäre schon viel erreicht.

3. Leitlinie: Weltpolitik mit Maß und Ziel

Kann, soll, darf eine dritte Leitlinie lauten: Weltpolitik mit Maß und Ziel? Schon das Wort »Weltpolitik« hat einen Hautgout. »Weltpolitik indes muß getrieben werden«, die deutsche Politik »kann nicht für eine reine Kontinentalpolitik optieren«. So hatte Kurt Riezler 1913 postuliert,[36] als »das ruhelose Reich«[37] kurz vor dem »Sprung ins Dunkle« stand, wie dieser Berater des Reichskanzlers Theobald von Bethmann Hollweg wenig später, am 14. Juli 1914, ratlos in seinem Tagebuch notierte.[38] Ungeachtet aller Differenzen im einzelnen glaubte die damalige Führungsschicht des Kaiserreichs, Weltpolitik sei ein Gebot deutscher Staatsräson. Im nachhinein waren die fatalen Risiken deutscher Weltpolitik deutlich erkennbar. Vor der Katastrophe glaubten aber die Verantwortlichen über ein umfassendes strategisches Konzept zu verfügen, in dem Außenhandelspolitik, Militärstrategie, Flottenpolitik, Allianzpolitik, Orientpolitik, Kolonialpolitik ihren festen Platz hatten. Das weltpolitische Ausgreifen endete bekanntlich in der Katastrophe, und der zweite »Griff nach der Weltmacht«[39] unter Adolf Hitler erst recht.

Von nun an regierte die Vorsicht. Aber es wäre falsch zu meinen, die druckempfindlichen, klüger gewordenen Leiter der Bonner Außenpolitik hätten nicht auf ihre Weise doch wieder eine Art Weltpolitik betrieben. Sicher, der Handelsstaat Bundesrepublik verfolgte nun in erster Linie eine Welthandelsstrategie. Als der amerikanische Politologe Richard Rosecrance im Jahr

1986 seine vielbeachtete Studie *Der neue Handelsstaat* veröffentlichte,[40] war die Bundesrepublik eines seiner Paradebeispiele. Er verglich sie mit der einstigen Hanse sowie mit dem zeitgenössischen Japan und schrieb gedankenvoll: »Handelsstaaten tauchen in der Weltpolitik allmählich wieder auf, und die ehedem niedere Politik des Handels und des Wachstums wird wieder hohe Politik.«[41]

Tatsächlich aber beschränkte sich die Bundesrepublik nie ausschließlich auf eine globale Handelsstrategie, mischte vielmehr schon recht früh auch etwas in der hohen Weltpolitik mit, wenngleich nur mit bilateraler oder multilateraler Entwicklungs- sowie mit Rüstungshilfe. Auch in diesem Punkt sind Bessons Überlegungen zur »Staatsräson der Bundesrepublik« aufschlußreich. Als fünfte und letzte Leitlinie westdeutscher Außenpolitik markierte er damals, im Jahr 1970, »ihre Teilhabe an dem, was in der dritten Welt geschieht«.[42] In den »national- und zugleich sozialrevolutionären Gärungen auf der Südhälfte des Globus« sah er die größten Gefährdungen des Weltfriedens. Entwicklungshilfe sei deshalb mehr als eine humanitäre Forderung, nämlich »eine Aufgabe von wahrhaft universalem Zuschnitt«.

Derartige Vorstellungen waren für die offizielle Außenpolitik in der Tat maßgeblich, wobei bald die humanitären Ziele, bald mehr die Ziele westlicher Stabilisierungsstrategie in der Dritten Welt betont wurden.[43] Es ist nicht schwer, von hier aus die Linien bis zur Gegenwart zu ziehen, wobei sich heute die Aufmerksamkeit vor allem auf die Probleme zerfallener Staaten und auf humanitäre Katastrophen richtet. Und während seinerzeit die Sorge vor der Destabilisierung der Dritten Welt durch sozialrevolutionäre, vom Ostblock und von China unterstützte Bewegungen im Vordergrund stand, gilt gegenwärtig die Hauptaufmerksamkeit dem revolutionären, antiwestlichen Islamismus mit seinem terroristischen Potential.

Die entsprechende Weltpolitik der »alten« Bundesrepublik folgte dabei der Staatsräson eines Landes, das sich als Juniorpartner der USA im Kalten Krieg verstand.[44] Bezeichnenderweise sprach Besson vom arbeitsteiligen Charakter westdeutscher Entwicklungshilfe. Das schaffe »geradezu eine Interdependenz zwischen industriellen Primär- und Sekundärmächten«.[45] Auch in dieser Hinsicht sind gewisse Kontinuitäten zur heutigen Unterstützung der USA mit Händen zu greifen, besonders bei dem Versuch, Amerika beim *nation building* in Afghanistan durch einen Mix ziviler Aufbau- und Demokratisierungshilfe und Präsenz der Bundeswehr zu unterstützen. Wie eben erwähnt, versteht sich Deutschland auch dabei als »Sekundärmacht«, die primär das Ziel der Stabilisierung verfolgt, den ISAF-Einsatz aber zugleich als Element der Bündnisstrategie begreift, wenngleich die idealen Zwecke deutlich überbetont werden.

Durch das Sonderverhältnis zu Israel wurde die Bundesrepublik auch schon früh ins Spannungsfeld des Nahen Ostens verwickelt. Das führte periodisch zu Spannungen mit den arabischen Staaten, am spektakulärsten, als 1965 die geheimen Panzerlieferungen an Israel aufflogen, was die deutsche Nahostpolitik für eine Reihe von Jahren ziemlich ruinierte. Parallel zur Israelpolitik verfolgte aber Bonn gleichzeitig eine sehr aktive Politik im nahöstlichen Raum von der Türkei über den Iran und Syrien bis Ägypten und Libyen, wobei sich außenwirtschaftliche Motive und geostrategische Überlegungen miteinander verwoben.[46] Neben westdeutschem Eigeninteresse war es auch hier in starkem Maß Amerika, das Bonn zum Engagement ermutigte. Seit den frühen siebziger Jahren beteiligten sich dann auch die Außenminister der Bundesrepublik mit nimmermüder Vielfliegerei in die nahöstlichen Hauptstädte an den bislang weitgehend erfolglosen, aber kostspieligen Bemühungen der EG beziehungsweise EU, für den arabisch-israelischen Nahostkonflikt Lösungen zu finden.

Die »alte« Bundesrepublik hatte es somit durchaus schon als Teil ihrer Staatsräson begriffen, eine mit Amerika, in der NATO und in der EG beziehungsweise EU konzertierte Weltpolitik zu betreiben. Nur die Militärstrategie war fast ausschließlich auf die Bedrohung des Ostblocks ausgerichtet. Schließlich standen sowjetische Panzerarmeen, Flugzeuggeschwader und Raketenbataillone in Mecklenburg, Brandenburg, Thüringen und Sachsen. Zwar übersah das offizielle Bonn durchaus nicht die geostrategischen Bedrohungen im westlichen und östlichen Mittelmeer. Doch die Staatsräson der in Berlin jederzeit erpreßbaren, strategisch stark exponierten Bundesrepublik gebot es, keinerlei militärische Machtprojektion außerhalb des Verteidigungsbereichs der NATO zu riskieren, um die Sowjetunion nicht zu reizen. In diesem Punkt konnten sich die beiden anderen Vormächte in Westeuropa – Großbritannien und Frankreich – viel ungenierter verhalten. Ihrer Weltpolitik lag nicht nur eine viel näher an die Gegenwart heranreichende koloniale Tradition zugrunde. Ihnen saß auch die Sowjetunion nicht so bedrohlich im Nacken.

Wer sich Gedanken darüber macht, ob und in welcher Form Deutschland künftig den *global player* spielen sollte, darf also nicht vergessen, daß die »alte« Bundesrepublik immer irgendwie Weltpolitik betrieben hat, wenngleich zurückhaltend, dabei stets an Amerika orientiert, zugleich aber zusehends in die Entscheidungsprozesse des vereinten Europa eingebunden. Die Lage ist also gar nicht so fundamental neuartig, wie häufig behauptet wird. Weltpolitik nach Großväter- und Urgroßväterart wird auch künftig weder wünschenswert noch möglich sein. Und deutsche Staatsräson gebietet es weiterhin, nach Art der guten alten Bonner Republik die Weltpolitik einerseits in Partnerschaft mit Amerika zu betreiben, andererseits die integrativ-kooperative Verflechtung in die EU zu beachten.

Letztere ist allerdings nicht absolut. Die großen Partner in der EU haben den Weg zu einer echt partnerschaftlichen Außen- und Sicherheitspolitik nicht freigegeben, halten vielmehr an ihren außen- und sicherheitspolitischen Reservatrechten fest. Ein Grund dafür, aber nicht der einzige, sind die tiefgreifenden Meinungsverschiedenheiten darüber, ob es – sehr vereinfacht formuliert – wichtiger ist, weltpolitisch irgendwie weiter mit Amerika zusammenzugehen, oder ob es richtiger wäre, gegen Amerika zusammenzustehen. Das sieht natürlich von Feld zu Feld anders aus, doch diese Alternativen lassen sich schon erkennen. Die außenpolitische Vernetzung im EU-Rahmen ist zwar da, sie führt vielfach auch zu gemeinsamen oder angenäherten Positionen. Aber die grundlegenden außenpolitischen Gegensätze in der EU brechen immer wieder dann auf, wenn bestimmte Mitglieder – aus vernünftigen oder aus unvernünftigen Überlegungen – einen sichtlich anderen Kurs verfolgen als Amerika. Tatsache ist jedenfalls, daß alle größeren Länder in der EU, und manchmal auch die kleineren, weiterhin einen erheblichen Spielraum besitzen, eigene Weltpolitik zu betreiben, und diesen auch nutzen. Deutschland kann sich dem gar nicht entziehen, selbst wenn es das wollte. Es muß wohl oder übel entscheiden, wie es seine eigenen weltpolitischen Prioritäten definiert – in der Diskussion innerhalb der EU, in der Diskussion mit den USA. Solche Diskurse sind naturgemäß in beiden Fällen oft strittig, mit der Folge, daß gegebenenfalls in der einen oder der anderen Richtung optiert werden muß.

Die Kontroversfragen sind allbekannt, und ihrer sind viele, etwa: Hat der UN-Weltsicherheitsrat ein »Gewaltmonopol«, wie viele in Deutschland das unscharf formulieren? Wie sollen die westlichen Demokratien mit den Hochrisikostaaten in der Golfregion umgehen? Wie mit der unendlichen Geschichte des Palästinaproblems? Wie mit dem islamistischen Terrorismus? Soll die Europäische Sicherheits- und Verteidigungspolitik eng mit der NATO verknüpft oder vorsichtig auf das Ziel einer Verteidigungsautonomie der EU eingestellt werden? Wie ungeniert darf sich die EU bei der Lieferung militärisch verwertbarer Hochtechnologie an China verhalten, das vielleicht früher oder später auf Konfliktkurs zu den USA und zu Japan gehen wird? Wird sich auf Dauer eine einigermaßen gleichlaufende Politik der EU und der USA gegenüber Rußland beibehalten lassen?

Alles ist bekanntlich viel schwieriger geworden: das Verhältnis zu den USA, die Koordination der Außen- und Sicherheitspolitik in der EU, die Bedrohungen und Konflikte im Nahen Osten und durch den militanten Islamismus. Bestimmte Aspekte der heutigen Weltpolitik erinnern an die Jahrzehnte vor dem Ersten Weltkrieg, als das globale System gleichfalls in heftige Bewegung geraten war, teilweise auch schon kollidierte – als »eine neue Lawine von unbekannten Kräften hereinbrach, deren Herr zu werden neue Kräfte erforderte«, wie Henry Adams damals registrierte.[47] Tiefgreifender Wandel mit vielleicht weitreichenden Fernwirkungen in vielen Dimensionen vollzieht sich: geostrategisch, allianzpolitisch, militärtechnologisch, technisch-naturwissenschaftlich, demographisch, religiös. In derart ungewisser Lage sind die bisherigen Verhaltensweisen bundesdeutscher Staatsräson auch künftig geboten: allseitige Vorsicht, keine brüsken Kurswechsel (weder in der EU noch gegenüber den Vereinigten Staaten), Verzicht auf frisch-fröhliche Improvisation, Ausgleich. In ihrer Rolle als Exportweltmeister und als Zentralmacht Europas (trotz derzeitiger wirtschaftlicher Schwäche) kann Deutschland eine Politik niedrigen Profils jedoch nicht mehr durchhalten. Allerdings sollte man die »alte« Bundesrepublik auch nicht nachträglich »verzwergen«. Sie hat durchaus nicht in jeder Phase eine Außenpolitik des niedrigen Profils betrieben. Heute ist ihr das jedenfalls verwehrt. Die Bundesregierung wird nicht gefragt, was »Europa« will, sondern was sie selbst will und für richtig hält. Das dürfte sich weiter verstärken. Aber selbstbewußtes Auftreten ist nicht dasselbe wie Krawallmacherei. Nein zu sagen wird wahrscheinlich häufiger erforderlich sein als früher, aber man muß sich deshalb nicht gleich zu diplomatischen Koalitionen hinreißen lassen. Gereifte Staatsräson eines großen Landes äußert sich auch in der Kunst, nicht brüsk zu verletzen, wie im Jahr 2000 bei den Österreich-Sanktionen oder 2002 und 2003 im Umgang mit Amerika.

Zu den vielen neuen Aspekten gehört auch der Umstand, daß die heutige Weltpolitik Deutschlands zusätzlich durch Einbeziehung des militärischen Instruments angereichert worden ist. Doch hat sich dadurch am Stil deutscher Weltpolitik wirklich Grundlegendes geändert? Das zeitlich präzise mit dem Abzug der letzten russischen Truppen zusammenfallende Urteil des Bundesverfassungsgerichts vom 12. Juli 1994 hatte für die Teilnahme der Bundeswehr an Friedensmissionen, aber auch an Kampfeinsätzen außerhalb des NATO-Bereichs die Tür geöffnet. Die Koinzidenz beider Vorgänge war bemerkenswert. Während die potentielle östliche Bedrohung vorerst hinter der Narwa und dem Dnjepr verschwand, so daß die bisherige Land-ratten-Strategie obsolet wurde, rückten nun zunehmend die diffusen Bedrohungen ins Blickfeld, die für das frühe 21. Jahrhundert charakteristisch sind: ethnische Konflikte, Staatszerfall und humanitäre Katastrophen.

In Deutschland neigt man bis heute dazu, das faktische Gewicht der Bundeswehreinsätze weit jenseits der deutschen Grenzen zu überschätzen. Diese erfolgen grundsätzlich nur im multilateralen Rahmen und beschränken sich bisher auf eine vergleichsweise begrenzte Truppenzahl. Am Irakkrieg 2003 haben 45000 britische Soldaten teilgenommen, davon 26000 Mann Bodentruppen.[48] Das deutsche ISAF-Kontingent in Afghanistan, das ausdrücklich keinen Kampfauftrag hat, umfaßt hingegen nur 2200 Soldaten.[49] Nur an die 100 Mann des Kommandos Spezialkräfte (KSK) nahmen im Afghanistan-Feldzug an der Jagd auf al-Qaida und die Taliban teil. Im Vergleich mit England sind das qualitative Unterschiede. Dennoch ist die inzwischen eingetretene Veränderung im Konzept der Bundeswehr tiefgreifend. Sie macht aus einer Armee mit dem Auftrag der Landesverteidigung in den schlagkräftigsten Teilen eine Interventionsarmee.

Aber bei genauem Hinsehen ist immer noch ein Stil maßgeblich, der sich bereits in der »alten« Bundesrepublik ausgebildet hatte: peinlichste legalistische Beachtung des Völkerrechts und der Zuständigkeiten des Weltsicherheitsrats (nur der Kosovo-Einsatz bildete davon die große Ausnahme); peinlichste, bei Festlegung der Einsatzaufgaben, bei der Terminierung und bei der Einsatzüberwachung wesentlich verstärkte Parlamentskontrolle; größte Zurückhaltung bei der Anwendung von Waffengewalt; ausschließlich multilaterale Einsätze, wenn möglich Verbindung von militärischem Schutz und ziviler Aufbauarbeit; Friedens- und Humanitätsrhetorik, selbst wenn den Einsätzen überwiegend bündnispolitische Motive zugrunde liegen wie in Afghanistan. Und für den deutschen Verhaltensstil ist die Weigerung, deutsche Soldaten in den Irak zu entsenden, mindestens genauso typisch wie die Auslandseinsätze der Bundeswehr, deren Hauptmerkmal eine sehr große Behutsamkeit ist und eben nicht die militaristische Schneidigkeit längst vergangener Zeiten. Es ist immer noch die Weltpolitik einer domestizierten Großmacht, die sich zwar der globalen Aktivitäten weder enthalten kann noch enthalten will, die aber zugleich nicht vergessen hat, daß sie sich in zwei grausamen Weltkriegen die Pfoten verbrannt hat. Feinsinnig nennt man diese Traumatisierung »Kultur der Zurückhaltung«.

Zur aktivistischen Weltpolitik fehlt es an beidem: an den Machtmitteln, vor allem aber am Willen. Nichts deutet darauf hin, daß sich daran in absehbarer Zeit viel ändern wird. 1913 schrieb Riezler in der oben erwähnten Programmschrift: »Die wirtschaftliche Expansion und der Lebenswille des Volkes drängen hinaus.«[50] Ersteres trifft für die ganze Geschichte der Bundesrepublik zu, das zweite überhaupt nicht. Die außenpolitische Grundeinstellung der deutschen Öffentlichkeit ist eher müde, nach innen gerichtet und allenfalls von emotionalen Aufwallungen durchzuckt, deren realpolitische Konsequenzen wenig bedacht sind.

Sofern es nicht um die immer präsenten weltwirtschaftlichen Interessen geht, deren Wichtigkeit generell einleuchtet, ist nach wie vor ein im allgemeinen konfliktscheuer, beflissen ums Friedenstiften bemühter Pragmatismus die Regel, was nach Lage der Dinge eher lobenswert ist. Geostrategische Schwerpunktsetzung ist selten. Bei seinen Auslandseinsätzen gleicht Deutschland nach wie vor einem Hund, den man zum Jagen tragen muß. Auch heute verfolgt das Land im Nahen und Mittleren Osten oder auf dem Balkan keine spezifischen strategischen Interessen, es sei denn das Verlangen, eine gewaltsame Eruption der dortigen Krisen mit friedlichen Mitteln zu verhindern. Und natürlich möchte man auch nicht als unerheblich abgehängt werden. So läßt sich die Berliner Diplomatie von den USA oder von Frankreich die Schwerpunkte vorgeben, hat es aber langsam doch gelernt, nein zu sagen, bisweilen undiplomatisch (und daher mit entsprechendem Flurschaden wie beim Irakkrieg), manchmal diplomatisch wie bei den afrikanischen Einsätzen, an denen Frankreich gelegen wäre. Generell gilt: Man will mit von der Partie sein, und man hängt sich an, wenn dem keine innenpolitischen Kalküle oder das Fehlen von Finanzmitteln oder von Gerät und von einsatzfähigen Truppen entgegenstehen. In vielen Punkten läßt sich also auch die heutige deutsche Weltpolitik durchaus noch von jener Vorsicht leiten, die geboten ist, wenn man sich aus den vertrauten Gefilden Europas hinauswagt.

Allerdings ist die Art, wie die jeweiligen Engagements zustande kamen oder verweigert wurden, weitgehend das Ergebnis rascher Improvisation. Keine Spur von langfristiger strategischer Planung. Nach Lage der Dinge war das zwar bisher fast unvermeidlich. Wenn sich eine raumfremde Macht wie Deutschland in einen Hexenkessel gestoßen sieht, in dem ein halbes Dutzend Großmächte sowie ein weiteres Dutzend Mittelmächte und Kleinstaaten herumrühren, tut sie sich naturgemäß schwer. Dennoch hinterläßt die Fröhlichkeit, mit der sich die Bundesregierung heute zu den unterschiedlichsten Militäreinsätzen überreden läßt, ein ungutes Gefühl. Mußte man in den frühen neunziger Jahren kritisieren, daß sich die Bundesregierung trotz der damaligen Greuel in Jugoslawien untätig verhielt und der Öffentlichkeit das Märchen vom verfassungsrechtlichen Verbot aller *Out of area*-Einsätze erzählte, so erweckt jetzt die große Zahl solcher Einsätze Bedenken. Mit Maß und Ziel zu agieren gehört offenbar nicht zu den in Deutschland besonders stark ausgeprägten Tugenden – Quasi-Isolationismus vor 1994, leichtfüßiger, wenngleich durchweg international eingebetteter Interventionismus seither.

Der Leser der vorliegenden Studie weiß, daß wir nicht nur ein Moratorium bei der EU-Erweiterung für angezeigt halten würden, sondern auch eine Art Moratorium bei der Entsendung größerer deutscher Kontingente nach Übersee. Freilich lassen sich keine klaren Kriterien aufstellen, unter welchen Bedingungen, in welcher Intensität und wie lange solche Einsätze einer wohlverstandenen deutschen Staatsräson entsprechen und wann opportunistische Sprunghaftigkeit beginnt, die zumeist der Unfähigkeit entstammt, höflich-entschieden nein zu sagen. Wenn häufig davor gewarnt wird, deutsche Soldaten als Spielmaterial der Diplomatie über den halben Globus zu verstreuen, ist das nicht ganz unbegründet. Und die in der deutschen Innenpolitik unablässig kritisierte Unart, die Ausgaben zu den Einnahmen nicht ins rechte Verhältnis zu setzen, gilt auch für die Militäreinsätze. Mit einer unterfinanzierten Bundeswehr läßt sich weder überzeugende Bündnispolitik betreiben noch Frieden schaffen im Rahmen unserer UN-Politik.

Im großen und ganzen aber gilt doch, daß Deutschland bei seinem weltpolitischen Engagement in bezug auf die Fragen des Rechts, der Moralität und der Humanität weiterhin jene verantwortliche Staatsräson praktiziert, die schon für die Weltpolitik der »alten« Bundesrepublik kennzeichnend war. Defizite zeigen sich viel eher dort, wo es um die Frage geht, den langfristigen politischen Flurschaden brüsker Auftritte zu kalkulieren oder strategische Gefahren rechtzeitig zu erkennen, die sich aus einseitiger Forcierung der Außenhandelspolitik ergeben. Da selbst bei eher grundsätzlicher Betrachtung ab und zu doch Beispiele am Platz sind, seien hier zwei genannt: die Beziehungen zu Rußland und zu China.

Vielfach wird dabei in erster Linie das mangelnde Engagement der Bundesregierung für Menschenrechte und demokratische Bürgerrechte beklagt. Doch auch hier wiederholt sich bloß ein Verhaltensstil, der schon für die alte Bundesrepublik charakteristisch gewesen ist. Großmächten gegenüber begnügen sich die Bundesregierungen damit, die Menschen- und Bürgerrechte hinter verschlossenen Türen nur mit einiger Diskretion anzusprechen. Das ist aber, wie die Welt nun einmal beschaffen ist, unvermeidlich, und es gab und gibt kein besseres Beispiel dafür, daß die Gebote der Staatsräson, von der ansonsten wenig die Rede ist, sehr starken Partnern gegenüber in Deutschland durchaus noch nicht vergessen sind, vor allem dann, wenn man mit diesen gute Geschäfte machen möchte.

Die fehlende Nachdenklichkeit für die langfristigen strategischen Fragen gibt jedoch mindestens genausoviel zu denken wie die lässige Beachtung der humanitären Fragen. Alle Anzeichen deuten darauf hin, daß gegenwärtig zwischen den großen Mächten das Spiel neu gemischt wird. In dieser Lage ist Vorsicht geboten. Der heute weitgehend vergessene Adenauer hat gelegentlich gewarnt, die Bundesrepublik dürfe nicht riskieren, »zwischen die Mühlsteine zu geraten«. Zweifellos ist es richtig, zu Rußland ein Vertrauensverhältnis aufzubauen und sich dabei auch an das schöne Wort Rockefellers zu erinnern: »Eine Freundschaft, die auf dem Geschäft gründet, ist besser als ein Geschäft, das auf Freundschaft gründet.« Die beiderseitigen geschäftlichen Hauptinteressen sind evident: Rußland braucht Devisen und liefert dafür Erdgas und Erdöl, das wiederum von Europa gebraucht wird, um seine Energieimporte zu diversifizieren. Doch inzwischen droht aus der Diversifizierung Abhängigkeit zu werden. Die EU-Länder (ohne die ostmitteleuropäischen Mitglieder) beziehen heute rund 40 Prozent ihres Erdgases aus dem GUS-Bereich, das meiste von Gasprom.[51] Eine Reihe ostmitteleuropäischer EU-Länder sind fast vollständig von russischen Energielieferungen abhängig. Der deutsche Erdgasanteil liegt bei 32 Prozent, der Anteil an den Erdölimporten aus Rußland bei 31,5 Prozent[52] bei steigender Tendenz. Die Bundesregierung spricht von strategischer Partnerschaft mit Putins Rußland. Aber wann ist der Punkt erreicht, wo diese in strategische Abhängigkeit umschlägt?

Ein anderes Beispiel der fröhlichen Unbekümmertheit gegenüber langfristigen strategischen Auswirkungen zeigt sich im Verhältnis zu China. Wie im Falle Rußlands sind die beiderseitigen Wirtschaftsinteressen groß. Zugleich aber ist bekannt, daß Amerika mit gutem Grund das rasche Aufstreben der chinesischen Militärmacht voller Mißtrauen betrachtet. Wenn in den ersten Jahrzehnten des 21. Jahrhunderts ein kritischer Großmachtkonflikt drohen könnte, dann zwischen den USA (zusammen mit Japan) und China. In dieser Situation erhielt China vom Bundeskanzler die Zusage, er werde sich für eine Aufhebung des EU-Embargos auf sensitive, hochmoderne, militärisch nutzbare Technologie einsetzen. Bloße Zuvorkommenheit gegenüber dem Geschäftsfreund, der inzwischen nach den USA zum zweitwichtigsten deutschen Handelspartner in Übersee avanciert ist? Signal einer beginnenden strategischen Allianz zwischen Deutschland, verbunden mit Frankreich, gegen Amerika, getragen von dem verwegenen Bestreben, so etwas wie eine »Gegenmacht« aufzubauen?

Mit beiden Beobachtungen verbindet sich zudem die Feststellung, daß Gerhard Schröder – ganz ungewöhnlich für einen Bundeskanzler – innerhalb kürzester Zeit dreimal Peking besucht hat. Mit Präsident Putin hat er sich im Verlauf von vier Jahren bereits 28mal getroffen, für das Jahr 2004 wurden sieben persönliche Treffen registriert. Vielleicht wird der Eindruck, den symbolische Begegnungen erwecken, nicht bedacht. Oder doch?

Beim Rückblick auf die Geschichte der Bundesrepublik kommt auch dabei der Umbruch in den frühen siebziger Jahren in Erinnerung, als sich Bonn aus Sicht besorgter Beobachter aus den zu eng gewordenen westlichen Bindungen freigeschwommen hat. Spektakuläre persönliche Begegnungen in Verbindung mit intensiver Nutzung des Handels auch damals, und bei den zeitgenössischen Analytikern die Hochstimmung, die Staatsräson der Bundesrepublik erfordere es, sich gegenüber den bisherigen Verbündeten nicht stets durch ein Übermaß an Bedenken fesseln zu lassen. »Fahrt in den freieren Gewässern der Weltpolitik«, hat Besson das damals genannt, allerdings im gleichen Atemzug hinzugefügt, die Bundesrepublik dürfe die »eigene Tradition« nicht aufgeben.[53] Zur deutschen Staatsräson gehört offenbar beides: das Festhalten an den bewährten Allianzen und

das periodisch auftretende Bedürfnis, sich weltpolitisch freizu-
schwimmen.

So paßt auch das intensive Werben um einen Ständigen Sitz
im Weltsicherheitsrat ganz gut ins Bild. Nachdem Deutschland,
ohnehin ein Staat von beträchtlicher Größe und weltweiten
Wirtschaftsinteressen, eine wichtige Rolle auf dem Balkan zu
spielen hat und sich nun zu alledem noch in die unsicheren Regionen des Nahen und Mittleren Ostens gestoßen sieht, wäre
es schlecht beraten, wollte es die eigene Position in der UNO
nicht entsprechend verstärken. Zuviel an Ängstlichkeit ist ein
schlechter Ratgeber. Aber muß der erstrebenswerte Ständige
Ratssitz denn auch gleich mit dem überständigen Vetorecht
ausgestattet sein? Bisweilen lieben es offenbar unsere Spitzenpolitiker, nach dem Eintauchen in die »freieren Gewässer der
Weltpolitik« so vollmundig wie der letzte deutsche Kaiser auf
dem Thron der Hohenzollern zu reden, besonders bei Fernrei-
sen. Deutsche Staatsräson verlangt nicht zwingend, daß man die
Kleineleutetugenden einer »Kultur der Bescheidenheit« preist.
Doch mit dem Gespür für das Mögliche sollte sie sich schon
verbinden.

4. Leitlinie: »It's the economy, stupid«

Eigenartigerweise hatte unser zum Zweck des historischen Ver-
gleichs herangezogener Referenz-Politologe Waldemar Besson
bei seinem Aufriß der Leitlinien westdeutscher Staatsräson einen Hauptpunkt außer acht gelassen, der nicht vergessen werden darf: die Sicherung überlegener Leistungsfähigkeit der bundesdeutschen Volkswirtschaft. Damals, im Jahr 1970, als sich die
Bundesrepublik noch sehr hoher Wachstumsraten erfreute, die
allerdings schon langsam abflachten, schien das genauso selbstverständlich wie die biologische Reproduktion des deutschen
Volkes. Heute ist das nicht mehr so. Deshalb wird eine vierte
Maxime lauten müssen: Gute Außenpolitik ist nicht möglich
ohne bessere Wirtschaftspolitik. Solange der deutsche Patient
an seinen inneren Krankheiten laboriert, wird es wie bisher an
allen Ecken und Enden knirschen. Die EU kann das hochge-
steckte Ziel Lissabon 2010 nicht erreichen, wenn die deutsche

Wachstumslokomotive nicht wieder in Gang kommt. Auf längere Sicht wird der Euro zum Problemfall, solange ausgerechnet die Bundesregierung bei der öffentlichen Verschuldung ein Negativbeispiel gibt. Zugleich wird das deutsch-französische Duo, das gemeinsam kaltschnäuzig gegen den Stabilitäts- und Wachstumspakt verstößt, in den Augen vieler EU-Partner diskreditiert. Viele andere Aufgaben, die eigentlich vordringlich wären, hängen gleichfalls vom deutschen Steueraufkommen ab: etwa höhere Leistungen für die Regionalpolitik und für die Konversionsprogramme der ostmitteleuropäischen EU-Länder, Stabilisierung der EU-Quasi-Protektorate auf dem Balkan, nennenswerte Beiträge zum Aufbau rudimentärer Streitkräfte der EU und nicht zuletzt die Umgestaltung der Bundeswehr für Auslandseinsätze im NATO-Bündnis oder auch im EU-Rahmen. So könnte man fortfahren: Entwicklungspolitik, Katastrophenhilfe, internationale Umweltpolitik, Leistungen für die UN, zivile und militärische Einsätze zur humanitären Hilfe oder zum politischen Wiederaufbau in zerfallenen Staaten, Programme, um begabte ausländische Studierende an deutsche Universitäten zu bringen, Wissenschaftsaustausch, Mitwirkung an internationalen technischen Großprojekten ...

Die »alte« Bundesrepublik und noch das vereinigte Deutschland in den neunziger Jahren sind seinerzeit als erste außenpolitische Adressen verstanden worden, weil sie in viel stärkerem Maß als heute zu finanziellen Leistungen in der Lage waren. Eine provinzielle Betrachtungsweise lenkt nur immer den Blick darauf, was beim Wiedergesunden der deutschen Wirtschaft auf den Feldern des Sozialkonsums, der Verkehrsinfrastruktur oder des Bildungswesens alles besser getan werden könnte. Viel zuwenig wird erkannt, daß Deutschland nur dann wieder global und europäisch zur ersten Adresse wird, wenn es an die einstige wirtschaftliche Erfolgsgeschichte erneut anknüpfen kann. Beginnend in den frühen fünfziger Jahren bis in die neunziger Jahre hinein hat die viel verspottete »Scheckbuchdiplomatie« Sicherheit erkauft, die Bündnisfähigkeit unterstrichen, die vergangenheitsbelastete moralische Position durch Wiedergutmachung etwas aufgebessert, den Entwicklungsländern geholfen und damit für die Bundesrepublik zugleich Wohlwollen erzeugt, das Ansehen in der UNO gesteigert, Respektabilität verschafft (gewiß manchmal auch Neid), die Integration Europas vorangebracht und im eigenen Land jenes Selbstvertrauen erzeugt, dessen eine erfolgreiche Außenpolitik bedarf.

Beenden wir deshalb diese abschließenden Ausführungen zum zeitgemäßen Thema »deutsche Staatsräson« mit einer Feststellung Friedrichs des Großen, der wußte, wovon er redete: »Noch nie hat eine arme Regierung sich Ansehen verschafft.« Holland, so schrieb er, das das Joch seiner Tyrannen abschüttelte und von da an bis zum Spanischen Erbfolgekrieg eine so große Rolle spielte, »zählt heute kaum mehr zu den Großmächten, weil die Regierung tief in Schulden steckt«. Fährt Frankreich, meinte er alsdann, »mit seiner jetzigen Mißwirtschaft fort, so kann es trotz seiner Machtfülle in Verfall geraten und seinen Nebenbuhlern verächtlich werden. Diese Beispiele zeigen, daß sich keine Macht ohne geregelte Finanzwirtschaft Ansehen zu verschaffen vermag.«[54] Goldene Worte, die auch bei der Suche nach dem verlorenen Kompaß deutscher Außenpolitik dienlich sein könnten!

Anmerkungen

Vorwort

1 »Seit die Politik auf innere Gährungen der Völker gegründet ist, hat alle Sicherheit ein Ende«, so hat Jacob Burckhardt schon bald nach Gründung des Bismarck-Reichs die Lage beschrieben. Jacob Burckhardt an Friedrich von Preen, 21.2.1878, in: *Jacob Burckhardt. Briefe*, Bd. VI, Basel 1966, S. 230.
2 *Die Erziehung des Henry Adams. Von ihm selbst erzählt*, Zürich 1953 (1907), S. 624.
3 Max Bense, »Über den Essay und seine Rede«, in: *Merkur*, Jg. 1 (1947), S. 414–424, zit. nach *Literaturlexikon. Begriffe, Realien, Methoden*, Bd. 13, hg. von Volker Meid, München 1992, S. 272.

I. Unsicherheiten
1. Die Hoffnungen der neunziger Jahre

1 Golo Mann, *Deutsche Geschichte des 19. und 20. Jahrhunderts*, Frankfurt/M. 1992 (1958), S. 83.
2 Hätte es Lothar Rühl, Jahrzehnte hindurch einer der scharfsinnigsten Analytiker der für die Bundesrepublik zusehends bedrohlicher werdenden ost-westlichen Kräfteverhältnisse, je für möglich gehalten, daß er im Jahr 1992 eine faszinierende Monographie des Titels *Aufstieg und Niedergang des Russischen Reiches* veröffentlichen würde?
3 Wolf Jobst Siedler, in: Arnulf Baring, *Deutschland, was nun? Ein Gespräch mit Dirk Rumberg und Wolf Jobst Siedler*, Berlin 1991, S. 85.
4 So Ralf Dahrendorf bei der Orwell-Vorlesung am 15. November 1990, jetzt abgedruckt in: ders., *Der Wiederbeginn der Geschichte. Vom Fall der Mauer zum Krieg im Irak*, München 2004, S. 26.

5 Die nüchternste Analyse der Konstellation und der offiziellen Linie Mitte der neunziger Jahre findet sich bei Lothar Rühl, *Deutschland als europäische Macht. Nationale Interessen und internationale Verantwortung*, Bonn 1996 (dort auch reichhaltige Hinweise auf die Quellen und die zeitgenössische Forschungsliteratur). Zur Entwicklung der neunziger Jahre in den Kontinuitätsperspektiven bundesdeutscher Außenpolitik siehe vor allem: Christian Hacke, *Die Außenpolitik der Bundesrepublik Deutschland. Von Konrad Adenauer bis Gerhard Schröder*, Frankfurt/M. 2003, und Helga Haftendorn, *Deutsche Außenpolitik zwischen Selbstbeschränkung und Selbstbehauptung. 1945–2000*, Stuttgart 2001 (beide mit ausgiebigen Literaturangaben).

6 Karl Kaiser / Hanns W. Maull (Hg.), *Deutschlands neue Außenpolitik*, Bd. 1: *Grundlagen*, Bd. 2: *Herausforderungen*, Bd. 3: *Interessen und Strategien*, Bd. 4: *Institutionen und Ressourcen*, München 1994–1998.

7 Ein Begriff, an dem Hanns W. Maull bis heute seinen Narren gefressen hat. »Zivilisierung« der internationalen Politik, so eine erste Fassung des Theorems aus dem Jahr 1992, sei eine Hauptaufgabe der Außenpolitik in den kommenden Jahrzehnten. Einschränkung des klassischen Souveränitätsprinzips zum Zweck der Friedenssicherung, Verrechtlichung der internationalen Beziehungen, Optimierung der Menschenrechtslage in der Staatengesellschaft, Abbau von »Ungleichheiten«, Gewährleistung »fairer« Bedingungen – darauf komme es an … Konstruktiver Einsatz militärischer Gewalt sei zwar gelegentlich geboten, müsse allerdings durch kollektive Entscheidungen legitimiert sein. Damit sei die klassische, primär an nationalen Interessen orientierte Großmachtpolitik nicht mehr vereinbar. Mit solchen altvertrauten Forderungen des außenpolitischen Idealismus verband Maull nun die These, es gebe zwei große Mächte – Japan und Deutschland –, deren Außenpolitik aufgrund ihrer jüngeren geschichtlichen Erfahrungen in hohem Maße sowohl solche Zielsetzungen als auch die damit verbundenen Instrumente befürworteten. Nur fehle es leider noch am Gestaltungswillen und an den Mitteln. Deutschland müsse also weiter daran arbeiten und den Versuchungen egoistischer Großmachtpolitik widerstehen. Die Entwicklung effektiver Strukturen kollektiver Sicherheit stelle »das Herzstück« beim Bemühen um eine »Zivilisierung« der internationalen Politik dar. Hanns W. Maull, »Zivilmacht Bundesrepublik Deutschland«, in: *Europa-Archiv*, Jg. 47, 10/1992, S. 269–278. – Daß die hier skizzierten Zielvorstellungen prinzipiell wünschbar sind, sei unbestritten. Doch die Komplexität der Staatengesellschaft ist leider so beschaffen, daß ein Mix von Zielen und Instrumenten ganz unvermeidlich ist. Wer Deutschland allein auf die Rolle einer Zivil-

macht verpflichten will, gleicht einem Dirigenten, der ein Konzert von Händel allein mit der Harfe aufführen möchte.

8 Da die Heuchelei in den modernen Integrationsgemeinschaften und Bündnissystemen notwendigerweise zugenommen hat, bei gleichzeitigem Machtverlust der einstigen Großmächte Europas, wirkt der Begriff recht altmodisch und ist weitgehend aus dem Verkehr gezogen geworden. Vor allem russische Theoretiker haben noch heute daran ihre Freude.

9 Aus der gut recherchierten Darstellung dieses Vorgangs von Kenneth Dyson / Kevin Featherstone geht das zweifelsfrei hervor. *The Road to Maastricht. Negotiating Economic and Monetary Union*, Oxford 1999.

10 Konrad Adenauer, *Erinnerungen 1945–1953*, Stuttgart 1965, S. 512.

11 Ich habe damals – im Jahr 1994 –, als Kohl das europäische Konzert ziemlich unangefochten dirigierte (Mitterrand lag nicht nur politisch in den letzten Zügen, John Major war ein blasser und umstrittener Nachfolger der formidablen Margaret Thatcher), die Rolle Deutschlands mit dem Begriff »Zentralmacht Europas« umschrieben: *Die Zentralmacht Europas. Deutschlands Rückkehr auf die Weltbühne*, Berlin 1994. Der Begriff erfaßte vieles: die günstige geographische Mittellage, die eine Politik des Ausgleichs zwingend erforderte; die immer noch vorhandene Überlegenheit des deutschen Wirtschaftsgiganten, der allerdings schon deutliche Ermüdungssymptome erkennen ließ; das noch nicht verwelkte Prestige des »Modells Deutschland«, wofür damals der Begriff des »rheinischen Kapitalismus« herhalten mußte; eine gewisse kulturelle Ausstrahlung in die Regionen des Ostens und Südosteuropas; doch nicht zuletzt auch das europaweite Ansehen eines im Innern bereits geschwächten Bundeskanzlers, der zu Recht als guter Europäer bewundert wurde, weil er die anscheinend überstarke Bundesrepublik in die Europäische Union einband, den neuen Demokratien des Ostens den Weg in die EU zu ebnen suchte und selbst zu Rußland freundschaftliche Beziehungen aufgebaut hatte. – Daß sich der vorsichtige Bundeskanzler Helmut Kohl peinlichst hüten würde, die Rolle Deutschlands und seine eigene Politik mit dem vielleicht anstößigen Begriff »Zentralmacht« provozierend zu umschreiben, verstand sich von selbst. Doch Politologen brauchen bei ihrer Analyse der Wirklichkeit keine diplomatischen Rücksichten zu nehmen. Auch im nachhinein bin ich aber der Meinung, daß der Begriff die damalige Rolle Deutschlands zutreffend erfaßte. Skepsis war allerdings schon damals geboten, und so hatte ich geschrie-

ben: »Schwächlichkeit eines zentral plazierten Staates hat genauso gravierende Rückwirkungen wie dessen ruhige Gestaltungskraft oder gar irritierender Übermut ...« (ebd., S. 11). War dies eine falsche Prognose: ein Deutschland, das geschwächt und übermütig zugleich ist?

12 Helga Haftendorn, »Gulliver in der Mitte Europas. Internationale Verflechtung und nationale Handlungsmöglichkeiten«, in: Karl Kaiser / Hanns W. Maull, *Deutschlands neue Außenpolitik*, Bd. 1, a.a.O., S. 152.

13 Helga Haftendorn, »Der gütige Hegemon und die unsichere Mittelmacht: deutsch-amerikanische Beziehungen im Wandel«, in: *Aus Politik und Zeitgeschichte*, 29-30/1999, 16.7.1999, S. 3–11.

14 Die beste Darstellung dieser undurchsichtigen Politik des Westens und Rußlands in den Bürgerkriegslandschaften des zerfallenen Jugoslawien, bei denen es letztlich auch um das Gewicht der großen Mächte im neuen Europa ging, wobei Frankreich und England das anfangs etwas allzu ungeschützt operierende Deutschland zurechtstießen, während Amerika letzten Endes auch Rußland ausmanövrierte, dies alles um den Preis zahlloser Opfer, findet sich bei Daniel Eisermann, *Der lange Weg nach Dayton. Die westliche Politik und der Krieg im ehemaligen Jugoslawien*, Baden-Baden 2000.

15 Clinton folgte ursprünglich dem Primat der Innenpolitik. Diese wohl zutreffende These entfaltet Richard N. Haas, *The Reluctant Sheriff: The United States after the Cold War*, New York 1997. Die bisher beste Darstellung amerikanischer Ostpolitik unter Clinton stammt von dem Insider und Clinton-Intimus Strobe Talbott, *The Russia Hand. A Memoir of Presidential Diplomacy*, New York 2002.

16 Verwiesen sei hier auf meine eigene Skizze der großen Entwicklungslinien der deutsch-amerikanischen Beziehungen während der Präsidentschaft Clintons unter dem Titel: »Amerika, Deutschland und die atlantische Gemeinschaft«, in: Detlef Junker (Hg.), *Die USA und Deutschland im Zeitalter des Kalten Krieges. Ein Handbuch*, Bd. II: *1968–1990*, Stuttgart 2001, S. 799–826. Dort auch die entsprechenden Literaturangaben.

17 Arnulf Baring, »Einsame Mittelmacht«, in: *Internationale Politik*, 12/2003, S. 53.

18 Gabor Steingart, *Deutschland. Der Abstieg eines Superstars*, München 2004. – Ähnlich eindringlich warnt der Präsident des Münchner Ifo-Instituts Hans-Werner Sinn: *Ist Deutschland noch zu retten?*, München 2003.

2. Rot-Grün auf der Weltbühne: Verpatzte Auftritte

1 Darin stimmen so unterschiedliche Autoren wie Christian Hacke, *Die Außenpolitik der Bundesrepublik Deutschland*, a.a.O., und Hanns W. Maull, »Deutschland auf Abwegen?«, in: Hanns W. Maull u. a. (Hg.), *Deutschland im Abseits? Rot-grüne Außenpolitik 1998–2003*, Baden-Baden 2004, S. 7–13, weitgehend überein. Auch ich selbst habe anfänglich Kontinuität festgestellt: »Die Zentralmacht Europas auf Kontinuitätskurs. Deutschland stabilisiert den Kontinent«, in: *Internationale Politik*, 11/1999, S. 1–10. Doch Wilfried von Bredow hat wohl recht: Wir haben uns zu sehr »aus nicht mehr tragfähigen Gründen« an die Kontinuitätsterminologie gewöhnt. »Neue Erfahrungen, neue Maßstäbe«, in: *Internationale Politik*, 9/2003, S. 1.

2 Dazu Reinhard Merkel (Hg.), *Der Kosovo-Krieg und das Völkerrecht*, Frankfurt/M. 2000.

3 Zum Sachstand vor der Irak-Krise siehe Elfriede Regelsberger, »Deutschland und die GASP. Ein Mix aus Vision und Pragmatismus«, in: Gisela Müller-Brandeck-Boquet (Hg.), *Europäische Außenpolitik. GASP und ESVP-Konzeptionen ausgewählter EU-Mitgliedstaaten*, Baden-Baden 2002, S. 28–40.

4 Wer sich die sattsam diskutierte Krise um den Irakkrieg 2003 in Erinnerung rufen möchte, sei verwiesen auf Elizabeth Pond, *Friendly Fire. The Near-Death of the Transatlantic Alliance*, Pittsburgh 2004.

5 Text der Gemeinsamen Erklärung Deutschlands, Frankreichs, Luxemburgs und Belgiens zur Europäischen Sicherheits- und Verteidigungspolitik vom 29. April 2003 in Brüssel, in: *Internationale Politik*, 9/2003, S. 85–88.

6 Jürgen Habermas, »Was bedeutet der Denkmalsturz? Verschließen wir nicht die Augen vor der Revolution der Weltordnung: Die normative Autorität Amerikas liegt in Trümmern«, in: *Frankfurter Allgemeine Zeitung*, 17.4.2003, S. 33, und Jacques Derrida / Jürgen Habermas: »Unsere Erneuerung. Nach dem Krieg: Die Wiedergeburt Europas«, ebd., 31.5.2003, S. 33.

7 Joseph Fischer, »Die Rekonstruktion des Westens«, Interview in: *Frankfurter Allgemeine Zeitung*, 6.3.2004, S. 9.

8 Das signalisierte der Gemeinsame Brief von Bundeskanzler Schröder, Präsident Chirac und Premierminister Blair an die Präsidenten des Europäischen Rats und der Europäischen Kommission vom 18.2.2004.

9 Zbigniew Brzezinski, *Game Plan. How to Conduct the U.S.-Soviet Contest*, Boston 1986.

10 Henry Kissinger, »Amerika fokussiert längst Asien«, in: *Welt am Sonntag*, 11.7.2004, S. 9.

11 So der Titel einer immer noch lesenswerten Studie von Alfred Grosser, *In wessen Namen? Grundlagen politischen Entscheidens*, Tübingen 1969. Der französische Titel verdeutlicht noch besser, worum es dabei geht: *Au nom de quoi? À la recherche d'une éthique politique* (Paris 1969).

3. Deutsche Interessen? Europäische Interessen?

1 Zur Begriffsgeschichte siehe Ernst Wolfgang Orth, »Interesse«, in: *Geschichtliche Grundbegriffe. Historisches Lexikon zur politisch-sozialen Sprache in Deutschland*, hg. von Otto Brunner / Werner Conze / Reinhart Koselleck, Bd. 3, Stuttgart 1982, S. 305–365.

2 »Wiesel«, in: *Meyer's Großes Konversations-Lexikon*, Leipzig 1908, Bd. 20, S. 618 f.

3 Zitiert nach Joseph Frankel, *Nationales Interesse*, München 1971 (1970), S. 14.

4 Dazu Klaus Hildebrand, *No Intervention. Die Pax Britannica und Preußen 1865/66–1869/70*, München 1997.

5 Der gescheite und dementsprechend etwas skeptische Joseph Frankel hat in der eben erwähnten Untersuchung die bei der Interessendefinition auftretenden Unsicherheitsfaktoren wie folgt präzisiert: »1. verschwommene Intentionen und Mangel an eindeutigen Prioritäten; 2. lückenhaftes Wissen um die internationalen Zusammenhänge; 3. Unsicherheit gegenüber dem Verhalten anderer Staaten und gegenüber der internationalen Entwicklung« (a.a.O., S. 15). Das war 1970. Seither ist die Lage noch viel komplizierter geworden.

6 »Es wäre schön«, so schrieb Jean-Baptiste Duroselle, einer der klügsten französischen Theoretiker der internationalen Beziehungen, »wenn man ein objektives nationales Interesse definieren könnte. Die internationalen Beziehungen ließen sich dann einfach studieren, indem man das sogenannte nationale Interesse, wie es von den politischen Führern postuliert wird, mit dem objektiven nationalen Interesse vergleicht. Unglücklicherweise aber ist jedes Nachdenken über ein objektives nationales Interesse subjektiv ...« J.-B. Duroselle, *Tout empire périra. Une vision théorique des relations internationales*, Paris 1981, S. 88.

7 So hat Hedley Bull, einer der renommiertesten Theoretiker der internationalen Beziehungen, noch Ende der siebziger Jahre des 20. Jahrhunderts das hobbesianische Konzept beschrieben. *The Anarchical Society. A Study of Order in World Politics*, London 1977, S. 24 f.

8 *Die anachronistische Souveränität. Zum Verhältnis von Innen- und Außenpolitik*, im Auftrag der Sektion Internationale Politik der Deutschen Vereinigung für Politische Wissenschaft hg. von Ernst-Otto Czempiel, Köln 1969.

9 Wen es nach einem klaren Überblick über die entsprechenden Ansätze verlangt, der greife zu einem aktuellen Aufriß von Christian Hacke, »Außen- und Sicherheitspolitik«, in: Herfried Münkler (Hg.), *Politikwissenschaft. Ein Grundkurs*, Hamburg 2003, S. 324–373. Siehe auch die Einführung von Gert Krell, *Weltbilder und Weltordnung. Eine Einführung in die Theorie der internationalen Beziehungen*, Baden-Baden 2004, S. 145–180. Beide erörtern die relevante Literatur.

10 Die These vom Ende des Staats der Neuzeit wird neuerdings unabhängig voneinander von zwei Gelehrten vertreten, deren Monographien im selben Jahr 1999 erschienen sind und deren Cover – wen wundert's? – beide das berühmte Frontispiz zur Ausgabe des Leviathan von 1651 ziert: Martin van Creveld, *Aufstieg und Untergang des Staates*, Berlin 1999, und Wolfgang Reinhard, *Geschichte der Staatsgewalt. Eine vergleichende Verfassungsgeschichte Europas von den Anfängen bis zur Gegenwart*, München 1999.

11 In den Jahren deutscher Teilung hatte Bracher den Begriff ursprünglich nur auf die Bundesrepublik Deutschland bezogen; sie sei »eine postnationale Demokratie unter Nationalstaaten«.

12 Heinrich August Winkler, *Der lange Weg nach Westen*, Bd. 2: *Deutsche Geschichte vom »Dritten Reich« bis zur Wiedervereinigung*, München 2000, S. 638.

13 Rolf Grawert, »Staatsvolk und Staatsangehörigkeit«, in: *Handbuch des Staatsrechts der Bundesrepublik Deutschland*, Bd. 1, Heidelberg 1987.

14 Rainer Arnold, »Neue Formen der Staatlichkeit?«, in: Heinrich Oberreuter u. a. (Hg.), *Global denken: Die Rolle des Staates in der internationalen Politik zwischen Kontinuität und Wandel*, München 2001, S. 119 f.

15 Die fortdauernde Bedeutung des Staats als wichtigster Akteur wird periodisch wiederentdeckt, siehe Henning Behrens / Paul Noack, *Theorien der internationalen Politik*, München 1984, S. 49–51.

16 Henry Kissinger, »Amerika fokussiert längst auf Asien«, *Welt am Sonntag*, 11.7.2004, S. 9.

17 So der Buchtitel von Michael Zürn, *Regieren jenseits des Nationalstaats*, Frankfurt/M. 1998.

18 Joachim Schild, »Europäisierung nationaler politischer Identitäten in Deutschland und Frankreich. Politische Parteien, Eliten und Bürger«, in: *Aus Politik und Zeitgeschichte*, B 3–4/2003, S. 32.

19 Hermann Lübbe, *Abschied vom Superstaat. Vereinigte Staaten von Europa wird es nicht geben*, Berlin 1994.

20 Helmut Schmidt, »The Global Situation: A European Point of View«. Fourth Bucerius Lecture, 17.9.2003, in: *Bulletin of the German Historical Institute*, Nr. 34 (Spring 2004), S. 22 f.

21 Edmund Burke, *Betrachtungen über die Französische Revolution*, Zürich 1986 (1790), S. 136.

22 Ich habe mir vor einigen Jahren das Vergnügen gemacht, die entsprechenden Irrtümer einer ganzen Generation westdeutscher Historiker zu beleuchten, mit denen die Wehler, Mommsen, Winkler und wie sie alle heißen, ihrem historiographischen Urteilsvermögen während der Epoche von Mitte der sechziger Jahre bis ins Wendejahr 1990 hinein ungewollt, aber leider ganz offensichtlich, kein sonderlich brillantes Zeugnis ausgestellt haben. »Mit gestopften Trompeten. Die Wiedervereinigung Deutschlands aus der Sicht deutscher Historiker«, in: *Geschichte in Wissenschaft und Unterricht*, 11/193, S. 683–704. Doch die Fehleinschätzungen unter den Historikern, Politologen, maßgeblichen Journalisten und in den Spitzenetagen der politischen Parteien bildeten nur ein Segment von weithin in der politischen Klasse geteilten Irrtümern, die naturgemäß auf die Gesamtheit der Wählerschaft ausstrahlten.

23 So der suggestive Buchtitel Horst Teltschiks, der den Ablauf schildert. *329 Tage. Innenansichten der Einigung*, Berlin 1991.

24 Ralf Dahrendorf, »Die Zukunft der repräsentativen Demokratie«, in: ders., *Der Wiederbeginn der Geschichte*, a.a.O., S. 279.

25 John Gillingham, *European Integration, 1945–2003. Superstate or New Market Economy?*, Cambridge 2003, S. 484.

26 So formuliert von Franz Josef Strauß, einem der entschiedensten »Europäer« der sechziger Jahre, in verändertem historischem Kontext. F. J. Strauß, *Entwurf für Europa*, Stuttgart 1965, S. 162.

27 Zit. nach Hans-Peter Schwarz, *Anmerkungen zu Adenauer*, München 2004, S. 101. Dort findet sich für den eiligen Leser eine geraffte Analyse von Adenauers Europapolitik (S. 73–116). Wer es genauer wissen möchte, sei auf meine Adenauer-Biographie verwiesen: *Adenauer. Der Aufstieg: 1876–1952*, und *Adenauer. Der Staatsmann: 1952–1967*, Stuttgart 1986 und 1991, sowie den noch

nicht ganz überholten Aufsatz »Adenauer und Europa«, in: *Viertel-jahrshefte für Zeitgeschichte*, 4/1979, S. 471–523.

28 Die Wahl des Begriffs läßt vermuten, daß die Vereinigten Staaten von Amerika dabei auch Adenauer als eine Art Modell vorschweb-ten.

29 Dieter Senghaas, »Welches Paradigma für die internationalen Be-ziehungen?«, in: Hans Küng / Dieter Senghaas (Hg.), *Friedenspoli-tik. Ethische Grundlagen internationaler Beziehungen*, München 2003, S. 74.

30 Rede im Ateneo in Madrid, 16.2.1967, in: *Konrad Adenauer. Reden 1917–1967. Eine Auswahl*, hg. von Hans-Peter Schwarz, Stuttgart 1975, S. 488.

31 Walter Hallstein, *Der unvollendete Bundesstaat*, Düsseldorf 1969.

32 Informationsgespräch Adenauers mit Sulzberger, 22.7.1963, in: *Adenauer. Teegespräche 1961–1963*, Berlin 1992, S. 403.

4. Der deutsche Patient

1 Das beginnt sich neuerdings zu ändern, siehe das Themenheft »Pa-tient Deutschland«, *Internationale Politik*, 5/2004, sowie Gunther Hellmann und Reinhard Wolf in ähnlichem Sinn: »Neuer Spiel-plan auf der Weltbühne. Deutschlands Auftritt muß abgesagt wer-den«, in: *Internationale Politik*, 8/2004, S. 71–78. Der Begriff »der deutsche Patient« taucht erstmals in einem Buchtitel aus dem Jahr 2002 auf: Stefan Bollmann (Hg.), *Patient Deutschland. Eine Thera-pie*, Stuttgart 2002. Die Krankheitssymptome und die Therapie-vorschläge werden bekanntlich schon über ein Vierteljahrhundert lang diskutiert.

2 Niccolo Machiavelli, *Discorsi*, Vorwort zum 2. Buch, Stuttgart 1966 (1532), S. 161.

3 Hans-Werner Sinn, *Ist Deutschland noch zu retten?*, München 2003, S. 69–74.

4 Paul Kennedy, *The Rise and Fall of the Great Powers. Economic Change and Military Conflict from 1500 to 2000*, New York 1987.

5 Zur Bedeutung dieses Slogans siehe Martin Walker, *Clinton. The President they derserve*, New York 1997 (1996), S. 22.

6 Gabriele Brenke, »Die Außenpolitik der Bundesrepublik Deutsch-land«, in: *Internationale Politik 1991/1992*, München 1994, S. 125 f.

7 Ebd., S. 127 ff.

8 Jeffrey T. Bergner, *The New Superpowers: Germany, Japan, the U.S.*

and the New World Order, New York 1991. Selbst zu Beginn des 21. Jahrhunderts, als eigentlich längst bekannt war, wohin die Reise Deutschlands vorerst geht, schrieb der konservative Theoretiker John J. Mersheimer in einer ansonsten scharfsinnigen Monographie doch allen Ernstes, Deutschland habe das Potential einer Hegemonialmacht in Europa: *The Tragedy of Great Power Politics*, New York 2001, S. 392 f.

9 Klaus Becher, »Deutschlands wirtschaftliches und politisches Gewicht«, in: *Die Internationale Politik 1993/94*, München 1996, S. 155.

10 Hans-Werner Sinn, *Ist Deutschland noch zu retten?*, a.a.O., S. 25.

11 *Strategic Survey 2003/2004. An Evaluation and Forecast of World Affairs*, Oxford 2004, S. 113 f.

12 The International Institute for Strategic Studies, *The Military Balance 1991–1992*, Oxford 1991, S. 58 f., und *The Military Balance 2004/2005*, Oxford 2004, S. 353, sowie *Der Fischer Weltalmanach 2004*, Frankfurt/M. 2003, S. 283.

13 Margaret Thatcher, *Downing Street No. 10. Die Erinnerungen*, Düsseldorf 1993, S. 1095.

14 Ebd., S. 1103 und 1095.

15 Ebd., S. 1105.

16 Lippmann hat diesen Grundgedanken in einer Vielzahl von Publikationen variiert. Siehe dazu neuerdings: Susanne Schlaack, *Walter Lippmann und Deutschland*, Frankfurt/M. 2004, S. 222 f. und passim.

II. Lauter unkorrekte Fragen
1. WIE GEFÄHRLICH IST AMERIKA? WIE UNENTBEHRLICH?

1 Walter Lippmann, *Public Opinion*, New York 1960 (1922), S. 79.

2 In einem Interview mit der *New York Herald Tribune*, 13.12.1949, zit. nach Frederic Spotts, *Kirche und Politik in Deutschland*, Stuttgart 1976, S. 207.

3 Die bisher beste Darstellung der neueren deutsch-amerikanischen Beziehungen in Form eines Handbuchs ist: Detlef Junker (Hg.), *Die USA und Deutschland im Zeitalter des Kalten Krieges. Ein Handbuch*, Bd. 1: *1945–1968*, Bd. 2: *1968–1990*, Stuttgart 2001. Ebenso aufschlußreich für die lange Periode des Kalten Krieges ist Wolfram Hanrieder, *Deutschland, Europa und Amerika. Die Außenpolitik der Bundesrepublik Deutschland, 1949-1989*, Paderborn 1991.

4 Wie nur wenige Vorgänge in den letzten Jahrzehnten sind die

deutsch-amerikanischen Differenzen über den Irak-Krieg der Jahre 2002/03 in einer Flut von Leitartikeln und Aufsätzen behandelt worden. Es wäre sinnlos, im Rahmen unseres Essays auch nur eine Auswahl zu geben. Eine zeitgeschichtlich fundierte Studie, die sich primär auf Deutschland konzentrieren würde, steht noch aus. Auf die umfassender angelegte, nach allen Seiten hin geboten kritische Gesamtdarstellung von Elizabeth Pond, *Friendly Fire. The Near-Death of the Transatlantic Alliance*, wurde schon verwiesen. Zur vorhergehenden Phase außen- und sicherheitspolitischer Umorientierung der USA siehe Georg Schild, *Die bedrohte Supermacht. Die Außen- und Sicherheitspolitik der USA nach dem Ende des Kalten Krieges*, Opladen 2002.

5 Zahlen nach Thomas Petersen, »Gefährdete Freundschaft«, in: *Frankfurter Allgemeine Zeitung*, 19.3.2003, S. 5.

6 In: *Interesse. Informationen, Daten, Hintergründe*, hg. vom Bundesverband deutscher Banken, 11/2003, S. 2. – Aufschlußreich ist der Vergleich mit den Nennungen Frankreichs auf dieselbe Frage: 23 % im August 1996, 56 % im September 2003. Man übertreibt nicht mit der Feststellung, daß eine bemerkenswert große Zahl deutscher Wähler ihre Sicherheitspräferenz von den USA auf Frankreich übertragen hat.

7 49 % fürchteten gemäß einer Umfrage des Politbarometers ein Übergreifen der Terroranschläge auf die Bundesrepublik, 62 % kritisierten den Angriff auf den Irak als Verstoß gegen das Völkerrecht, und 84 % nahmen völlig zutreffend an, auch ein Sieg der USA werde nicht zur dauerhaften Befriedung der Region führen. Polit-Barometer des ZDF, März II, ermittelt von der Forschungsgruppe Wahlen.

8 So das Polit-Barometer des ZDF vom 21.2.1991, zit. in: Karl Kaiser / Klaus Becher, *Deutschland und der Irak-Konflikt* (= Arbeitspapiere zur Internationalen Politik, Nr. 68), Bonn 1992, S. 28.

9 Das im Auftrag des Bundesverbands der Deutschen Banken tätige Mannheimer Institut für praxisorientierte Sozialforschung (ipos) ermittelte auf die Frage, welches Land als Partner für Deutschland wichtiger sei, die USA oder Frankreich, für die USA: 52 % (Nov. 2000), 58 % (Okt. 2001), 46 % (Sept. 2003), für Frankreich: 41 % (Nov. 2000), 36 % (Okt. 2001), 49 % (Sept. 2003), a.a.O., S. 1. Die Sympathie-Frage (»Mögen Sie eigentlich die Franzosen, Engländer, Amerikaner, Polen?) hatte gleichfalls ein interessantes Ergebnis: Amerikaner (ja: 62 %, nein: 29 %), Franzosen (ja: 80 %, nein: 11 %), Engländer (ja: 64 %, nein: 25 %), Polen (ja: 59 %, nein: 27 %).

10 Hans-Eckehard Bahr, *Erbarmen mit Amerika. Deutsche Alternativen*, Berlin 2004, S. 13.

11 »The contradictory conservative«, in: *The Economist*, 28. August bis 3. September 2004, S. 20.

12 Von den zahlreichen Reportagen, die dazu auf den Markt kamen, sind diejenigen des Watergate-Investigators Bob Woodward allem Anschein nach am besten recherchiert: *Bush at War – Amerika im Krieg*, Stuttgart und München 2003, und *Der Angriff*, München 2004. Sie lassen nicht an der Führungsrolle George W. Bushs zweifeln, obgleich auch er den Einfluß des Vizepräsidenten nicht unterschätzt.

13 Harald Müller, *Amerika schlägt zurück. Die Weltordnung nach dem 11. September*, Frankfurt/M. 2003, S. 133.

14 Wie neu die Bereitschaft ist, im Gefahrenfall notfalls präventiv zu handeln, ist im Schrifttum stark umstritten. Vgl. einerseits Joachim Krause u. a., »Wohin gehen die USA? Die neue Nationale Sicherheitsstrategie der Bush-Administration«, in: *Aus Politik und Zeitgeschichte*, B 48/2002 (2.12.2002), S. 40–46, und andererseits G. John Ikenberry, »America's Imperial Ambition«, in: *Foreign Affairs*, vol. 81/5 (Sept./Okt. 2002), S. 44–60.

15 Ernst-Otto Czempiel, *Weltpolitik im Umbruch. Die Pax Americana, der Terrorismus und die Zukunft der internationalen Beziehungen*, München 2002, S. 124 und 138.

16 Siehe den Bericht des NATO-Oberbefehlshabers Wesley Clark, *Waging Modern War*, Oxford 2002.

17 Dazu aus Sicht des Frühjahrs 2003 Klaus Larres, »Mutual Incomprehension: U.S.-German Value Gaps beyond Iraq«, in: *The Washington Quarterly*, vol. 26/2 (Spring 2003), S. 23–42.

18 Thomas Petersen, »Gefährdete Freundschaft«, a.a.O.

19 Die Daten vom August 2004 ermittelte *Der Spiegel*, 36/2004, 30.8.2004, S. 115.

20 Zum Begriff aus Sicht der frühen neunziger Jahre siehe James Davison Hunter, *Culture Wars. The Struggle to Define America*, New York 1991.

21 Nennen wir nur zwei charakteristische Titel: Clyde Prestowitz, *Schurkenstaat. Wohin steuert Amerika?*, Düsseldorf 2004, und Michael Mann, *Die ohnmächtige Supermacht. Warum die USA die Welt nicht regieren können*, Frankfurt 2003. Schweigen wir von den Verschwörungstheorien.

22 Buchtitel eines Sammelbandes, hervorgegangen aus einer Vorlesungsreihe der Universität Erfurt: *Fremder Freund*, hg. von Wolfgang Bergsdorf u. a., Weimar 2003.

23 Emmanuel Todd, *Weltmacht USA. Ein Nachruf*, München 2003, S. 169.

24 Harald Müller, *Amerika schlägt zurück*, a.a.O., S. 122.

25 Czempiel, *Weltpolitik im Umbruch*, a.a.O., S. 108–173.

26 Egon Bahr, *Der deutsche Weg. Selbstverständlich und normal*, München 2003, S. 52.

27 Zum Thema der transatlantischen Entfremdung seien aus dem hohen Bücherberg nur vier Titel von Autoren herausgegriffen, die wie ich selbst nicht zu den Aufgeregten gehören, wohl aber zu den Besorgten, zwei sind Journalisten, zwei *elder statesmen*: Laurent Cohen-Tanugi, *An Alliance at Risk. The United States and Europe since September 11*, Baltimore 2003; Klaus Emmerich, *Atlantische Scheidung. Driften Amerika und Europa auseinander?*, Wien 2003; Helmut Schmidt, *Die Mächte der Zukunft. Gewinner und Verlierer in der Welt von morgen*, München 2004, Teil II: »Imperium Americanum?«, S. 55–131, und »Europäische Selbstbehauptung«, S. 200–221; sowie Henry Kissinger, *Die Herausforderung Amerikas. Weltpolitik im 21. Jahrhundert*, Berlin 2002 (2001), S. 14–18 und 46–110.

28 Die tiefe Verwurzelung der Bush-Koalition in der heutigen amerikanischen Gesellschaft, insbesondere im Mittleren Westen und im Süden sowie bei der religiösen Rechten, analysieren zwei britische Journalisten bei *The Economist*, John Micklethwait / Adrian Wooldridge, *The Right Nation. Conservative Power in America*, New York 2004. Wer diese Untersuchung kannte, konnte von dem Wahlergebnis im November 2004 nicht besonders überrascht sein. Wer erfahren möchte, wie sich die entsprechenden Verhältnisse in Kansas aus Sicht eines bekennenden Linken darstellen, lese die ebenso einseitige wie aufschlußreiche Studie von Thomas Frank, *What's the Matter with Kansas? How Conservatives Won the Heart of America*, New York 2004.

29 Michel Albert, *Capitalisme contre capitalisme*, Paris 1991.

30 Robert Kagan, *Macht und Ohnmacht. Amerika und Europa in der neuen Weltordnung*, Berlin 2003.

31 Jeremy Rifkin, *Der europäische Traum. Die Vision einer leisen Supermacht*, Frankfurt/M. 2004.

32 Egon Bahr, *Der deutsche Weg*, a.a.O., S. 64.

33 Ebd., S. 66.

34 Ähnlich hatte Paul Valéry die britische und die französische Öffentlichkeit einstmals vor dem kaiserlichen Deutschland gewarnt, als er 1897 auf den verschiedensten Sektoren – Handel, Wirtschaftsorganisation, Militär, Verwaltung, Wissenschaft, Technik – den methodischen Willen zur Ausdehnung und Eroberung dia-

gnostizierte:»Une conquête méthodique«, in: Paul Valéry, Œuvres (= Bibliothèque de la Pléiade), Bd. 1, Paris 1957, S. 971–987:»Der ganze nationale Organismus ist eine Einheit. Die konkurrierenden Energien arrangieren sich miteinander und wenden sich nach außen.« Oswald Spenglers Morphologie der Weltgeschichte, in der er beispielsweise den Organismus Rußlands von ähnlichen Bewegungskräften bestimmt sah, kommt gleichfalls in Erinnerung.

35 Egon Bahr, *Der deutsche Weg*, a.a.O., S. 63.

36 Ebd., S. 68, 129.

37 Ebd., S. 96.

38 Ebd., S. 107.

39 Daß Bahr ein Meister in der Kunst ist, outrierte, aber suggestiv entfaltete Thesen durch da und dort eingestreute Sätze gegen Kritik zu immunisieren, zeigt sich auch hier. Nachdem über Seiten hinweg (ebd., S. 111–115) die Negativität des amerikanischen Modells exemplifiziert wurde, lesen wir unerwartet und nicht weiter begründet:»Dennoch bleibt der Sockel der gemeinsamen Wertvorstellungen stark genug« (ebd., S. 115).

40 Ebd., S. 154; zur Konkretisierung siehe S. 108 f.

41 Ebd., S. 154.

42 Das geistvollste Buch zu diesem Thema hat Peter Bender geschrieben: *Weltmacht Amerika. Das Neue Rom*, Stuttgart 2003.»Der Status der einzigen Weltmacht ist historisch beispiellos ...« Doch:»Zu welchen Versuchungen führte seine Beinahe-Allmacht, welche Verantwortung legt sie ihm auf? Worauf muß er sich stützen ...? Auf Soldaten oder Finanzen, auf Drohung oder klugen Umgang mit Unterworfenen und Abhängigen ...?« Und:»Verhalten sich Amerikaner und Europäer ähnlich zueinander wie seinerzeit Römer und Griechen?« (ebd., S. 22). Das nach allen Seiten kritischste Buch stammt von Niall Ferguson, *Das verleugnete Imperium. Chancen und Risiken der amerikanischen Macht*, Berlin 2004. Amerika sei – entgegen allem Geschrei – ein träger Koloß,»ein strategischer Sesselhocker«, und die Grenzen der amerikanischen Macht würden wohl bald zutage treten. Viel bedenklicher aber stehe es mit den Ländern der Europäischen Union und Japan:»Einst Wirtschaftsriesen, sind sie heute alternde Gesellschaften und strategische Zwerge ...« (ebd., S. 362 f.).

43 Czempiel, *Weltpolitik im Umbruch*, a.a.O., S. 108–162.

44 Arthur M. Schlesinger, *War and the American Presidency*, New York 2004, S. XII.

45 Niall Ferguson, *Das verleugnete Imperium*, a.a.O., S. 360.

46 Siehe Robert L. Beisner, *Twelve against Empire. The Anti-Imperia-

list 1890–1900, New York 1968. Immer dann, wenn Amerika zu fernen Kriegen aufbricht oder sich dort festgefahren hat, erinnern sich die zeitgenössischen Historiker der Imperialismen vorangegangener Jahrzehnte. Während des Vietnamkriegs erschien eine Flut von Literatur zum Imperialismus der USA seit der Mitte des 19. Jahrhunderts. Kultbücher der Protestgeneration der sechziger Jahre waren die Monographien von William Appleman Williams, etwa *The Tragedy of American Diplomacy*, New York 1972 (1959); selbst der amerikafreundliche französische Konservative Raymond Aron hat damals, dem Zeitgeist folgend, eine entsprechend kritische Analyse publiziert: *Die imperiale Republik. Die Vereinigten Staaten von Amerika und die übrige Welt seit 1945*, Stuttgart 1975 (1973). Antiimperialistische Historiker und Soziologen der Gegenwart sind Chalmers A. Johnson, *Ein Imperium verfällt. Wann endet das Amerikanische Jahrhundert?*, München 2000, und *Der Selbstmord der amerikanischen Demokratie*, München 2003, sowie Michael Mann, *Die ohnmächtige Supermacht*, a.a.O. Es versteht sich von selbst, daß die Gegner Amerikas in beiden Weltkriegen sowie im Kalten Krieg mit großem Vergnügen die heftige inneramerikanische Kritik am jeweiligen Interventionismus zur Rechtfertigung ihrer eigenen Positionen benutzten. Deshalb kann es überhaupt nicht erstaunen, daß das heute in Deutschland ausliegende sehr amerikakritische Schrifttum zum größten Teil aus den Schreibcomputern amerikanischer Autoren stammt.

47 Siehe den Rückblick von Stefan Halper / Jonathan Clarke, *America Alone. The Neo-conservatives and the Global Order*, Cambridge 2004. Ihrer Bewertung ist nichts hinzuzufügen: »The neo-conservatives have had their moment. Sadly, their doctrine of unipolarity has done great damage …« (S. 338).

48 Titel eines Aufsatzes von David Calleo, »Der isolierte Hegemon«, in: *Internationale Politik*, 8/2004.

49 Eliot Cohen, »History and the Hyperpower«, in: *Foreign Affairs*, vol. 83/4 (Juli/August 2004), S. III. Ein paar Monate zuvor hatte sich Robert Kagan, der vor kurzem noch auf dem hohen Roß gesessen hatte, gleichfalls in *Foreign Affairs* in einer Haltung der Demut zum Thema »America's Crisis of Legitimacy« geäußert (vol. 83/2 [März/April 2004], S. 65–87), während kurz zuvor Außenminister Colin Powell, der stets skeptisch geblieben war, dort erneut für das vernünftige Credo »A Strategy of Partnership« plädiert hatte (vol. 83/1 [Januar/Februar2004], S. 2–34).

50 Joseph S. Nye, »Amerikas Macht«, in: *Empire Amerika. Perspektiven einer neuen Weltordnung*, Stuttgart 2003, S. 162.

51 Zahlen nach *Der Spiegel*, 44/2004, S. 110.

52 Niall Ferguson, *Das verleugnete Imperium*, a.a.O., S. 356.

53 »Die ungelösten Probleme der USA«, in: *Die Welt*, 3.11.2004, S. 17.

54 David Calleo, »Der isolierte Hegemon«, a.a.O., S. 85.

55 Emmanuel Todd, *Weltmacht USA. Ein Nachruf*, München 2003, S. 157.

56 Siehe *Die Zukunft der westlichen Allianz. Die Nato nach dem Zeitalter der amerikanischen Hegemonie*, Stuttgart 1989, S. 169–196, und neuerdings *Rethinking Europe's Future*, New York 2001, S. 162–165.

57 Es gibt auch deutsche Autoren, die die kulturellen Unterschiede insgesamt für nicht so gravierend halten, etwa Gert Krell, »Arroganz der Macht, Arroganz der Ohnmacht«, in: *Aus Politik und Zeitgeschichte*, B 31-32/2003 (28.7.2003), S. 23–30.

58 Dazu findet in der Disziplin Internationale Beziehungen eine intensive Diskussion statt. Werner Link plädiert seit langem, gestützt auf Gleichgewichtstheorien der realistischen Schule, für eine Stärkung der EU, um die internationale Ordnung multipolar auszubalancieren: *Neuordnung der Weltpolitik. Grundprobleme globaler Politik an der Schwelle zum 21. Jahrhundert*, München 1998; »Alternativen deutscher Außenpolitik«, in: *Zeitschrift für Politik*, Jg. 46/2 (Neue Folge) (1999), S. 125–143; »Imperialer oder pluralistischer Frieden? Plädoyer für eine Politik der kooperativen Balance«, in: *Internationale Politik*, 5/58 (Mai 2003), S. 48–64. Zur Hegemonie-Diskussion siehe auch Joachim Krause, »Multilaterale Ordnung oder Hegemonie?«, in: *Aus Politik und Zeitgeschichte*, B 31-32/2003 (28.7.2003), S. 6–22.

59 Zahlen nach: United Nations Statistics Division (http://unstats. un.org), August 2004.

60 Aus der uferlosen Literatur über den internationalen Terrorismus überzeugen am meisten die global angelegten, aber auch durch historische Langzeitperspektive gekennzeichneten Analysen von Walter Laqueur, *Krieg dem Westen. Terrorismus im 21. Jahrhundert*, Berlin 2003. Als Charakteristik des »neuen Terrorismus« begreift er die Tendenz, »größtmögliche Zerstörung« durch unterschiedslosen Massenterror anzurichten, wobei der Einsatz von Terror auch – mangels Stärke – »als Ersatzkriegsführung« verstanden werde (ebd., S. 312). Er sieht die Gefahr, daß terroristische Provokationen zu einem regulären Krieg eskalieren könnten. Wie lange die gegenwärtige Bedrohung durch Anhänger des Dschihad andauern werde, sei nicht vorhersehbar – Jahre, Jahrzehnte? (ebd., S. 313). Graham Allison hält ein nukleares »9/11« für unvermeidlich, falls

nicht eine Doktrin mit drei »no's« streng durchgesetzt wird: »no loose nukes, no new nascent nukes, no new nuclear states«. *The Ultimate Preventable Catastrophe*, New York 2004.

61 Walter Laqueur, *Krieg dem Westen*, S. 345.

62 Erwin Häckel, »Proliferation von Massenvernichtungswaffen«, in: Karl Kaiser / Hans-Peter Schwarz (Hg.), *Weltpolitik im neuen Jahrhundert*, Baden-Baden 2000, S. 209.

63 Zur unklaren Lage in Nordkorea siehe Victor D. Cha / David C. Kang, *Nuclear North Korea: A Debate on Engagement*, New York 2003, und, von denselben Autoren, »Can North Korea be Engaged«, in: *Survival*, vol. 46/2 (Summer 2004), S. 89–108, und Ray Takeyh, »Iran Builds the Bomb«, in: *Survival*, vol. 46/4 (Winter 2004/05), S. 65–79.

64 Dazu u. a. Shahram Chubin / Robert S. Litvak, »Debating Iran's Nuclear Aspirations«, in: *The Washington Quarterly*, 26/4 (Autumn 2003), S. 99–114.

65 Dazu Peter Lavoy u.a. (Hg.), *Planning the Unthinkable. How New Powers will Use Nuclear, Biological, and Chemical Weapons*, Ithaca, N.Y., 2000. Wenn Historiker am Ende des 21. Jahrhunderts, in dem sich so manches abspielen wird, zurückschauen werden, dürften sie sich wohl an diesen Sammelband erinnern, in dem viel von den apokalyptischen Erwartungen in bezug auf ABC-Massenvernichtungswaffen skizziert war. Im ruhebedürftigen Deutschland werden solche Prognosen gerne als alarmistische Störung beiseite geschoben.

66 Zur Problematik der Nuklearproliferation und deren Bekämpfung existieren schon kleine Bibliotheken. Noch schwerer zu bekämpfen ist aber die Ausbreitung oder Anwendung von Bio-Waffen. Siehe Christopher F. Chyba / Alex L. Greningen, »Biotechnology and Bioterrorism: An Unprecedented World«, in: *Survival*, vol. 46/2 (Summer 2004), S. 143–162.

67 Zum heutigen Stand der Diskussion siehe Jonathan Stevenson, *Counter-Terrorism: Containment and Beyond* (= Adelphi Paper 367), Oxford 2004. Vernünftigerweise schlägt er ein nuanciertes Vorgehen vor, in dem, wie bei der Strategie im Kalten Krieg, *containment*, Abschreckung, Überflügelung und Dialogpolitik verbunden werden müssen, wobei die Militärmacht eher eine sekundäre Rolle zu spielen habe. Ähnlich in historischer Perspektive William Walker, *Weapons of Mass Destruction and International Order*, Oxford 2004 (= Adelphi Paper 370).

68 Die Zusammenhänge zwischen militärischen Interventionen und deren rechtlich-politischer Legitimation sind ein Uralt-Thema

der internationalen Politik. Siehe Martha Finnemore, *The Purpose of Intervention: Changing Beliefs About the Use of Force*, Ithaca, N.Y., 2003. Zur generellen zeitgenössischen Problematik siehe S. Neil MacFarlane, *Intervention in Contemporary Politics*, Oxford 2002 (= Adelphi Paper 350). Aus der Fülle von Titeln zu dem Thema zeitgenössischer Intervention durch die USA sei nur genannt der Sammelband von Michael Byers / George Nolte (Hg.), *United States Hegemony and the Foundations of International Law*, New York 2003. Zum hegemonialen Selbstverständnis amerikanischer Interventionspolitik unter Bezugnahme auf den Irakkrieg kritisch Christian Tomuschat, »Der selbstverliebte Hegemon. Die USA und der Traum von einer unipolaren Welt«, in: *Internationale Politik*, 58/5 (Mai 2003), S. 39–47. Zum Thema humanitärer Intervention generell Ernst-Otto Czempiel, »Intervention«, in: Kaiser / Schwarz (Hg.), *Weltpolitik im neuen Jahrhundert*, a.a.O., S. 509–518.

69 Dazu ist lehrreich unter Bezugnahme auf die Balkanpolitik der USA und der EU: David Halberstam, *War in a Time of Peace. Bush, Clinton, and the Generals*, New York 2001. Ähnlich desillusionierend: Wesley K. Clark, *Waging Modern War. Bosnia, Kosovo, and the Future of Conflict*, Oxford 2001. Siehe aber auch Ivo Daalder / Michael O'Hanlon, *Winning Ugly. NATO's War to Save Kosovo*, Washington, D.C., 2000.

70 Siehe dazu die beispielhafte Monographie von Helmut Hubel, *Das Ende des Kalten Kriegs im Orient. Die USA, die Sowjetunion und die Konflikte in Afghanistan, am Golf und im Nahen Osten, 1979–1991*, München 1995. Von Hubel stammt auch eine generelle Studie über die Zonen von Instabilität überhaupt, als deren kritischste sich derzeit der sogenannte Große Mittlere Osten herausstellt: »Regionale Krisenherde der Weltpolitik«, in: Kaiser / Schwarz (Hg.), *Weltpolitik im neuen Jahrhundert*, a.a.O., S. 414–426. Seiner Schlußfolgerung ist nichts hinzuzufügen: »Die Hoffnung der europäischen Aufklärung, das Phänomen der bewaffneten Gewalt werde durch eine zunehmende ›Zivilisierung‹ vermindert, dürfte im angehenden 21. Jahrhundert in zweierlei Hinsicht auf die Probe gestellt werden: durch die Gewaltanwendung von Individuen und einzelnen Gruppen, die auch im Innern von Demokratien weiter anzutreffen sind, und durch regionale Krisenherde, die das friedliche Zusammenleben auf der Erde weiter bedrohen« (ebd., S. 426).

71 Algerien 3,4 %, Libyen 8,4 %, Syrien 5,9 % (*Der Fischer Weltalmanach 2005. Zahlen, Daten, Fakten*, Frankfurt/M. 2004, S. 650). Zum Gesamtproblem der Energiesicherheit siehe Frank Umbach, *Glo-*

bale Energiesicherheit. Strategische Herausforderungen für die europä-ische und deutsche Außenpolitik, München 2003.
72 Frank Umbach, *Globale Energiesicherheit*, a.a.O., S. 128.
73 Ebd., S. 48.
74 Zahlen nach Frank Umbach, »Sichere Energieversorgung auch in Zukunft«, in: *Internationale Politik*, 8/2004, S. 17–28.
75 *Der Fischer Weltalmanach 2005*, a.a.O., S. 648.
76 James F. Hoge, »A Global Power Shift«, in: *Foreign Affairs*, Juli/August 2004, S. 3.
77 An historischen Darstellungen des Vorgangs ist kein Mangel, bei-spielsweise Peter Duignan / L. H. Gann, *The United States and the New Europe, 1945–1993*, Oxford 1994, und Geir Lundestadt, *»Empire by Integration«. The United States and European Integration, 1945–1997*, Oxford 1998. Stephan Bierling spricht diesbezüglich von einem »Empire by Invitation«: *Geschichte der amerikanischen Außenpolitik*, München 2003, S. 7.
78 David Calleo, »Der isolierte Hegemon«, a.a.O., S. 88.
79 Daß der Furor Messianicus zu den chronisch wiederkehrenden Erkrankungen Amerikas gehört, ist wenigstens unter Fachleuten hinlänglich bekannt, dazu Detlef Junker, *Power and Mission*, Frei-burg i. Br. 2003. Er verbindet sich auf stets komplizierte Weise mit stark wirksamen geostrategischen Denkmustern, die gleichfalls ins 19. Jahrhundert zurückreichen. Siehe dazu Stefan Fröhlich, *Ame-rikanische Geopolitik. Von den Anfängen bis zu Ende des Zweiten Welt-krieges*, Landsberg am Lech 1998.

2. Europäische Verteidigungsautonomie – eine Chimäre?

1 Die verschlungenen Vorgänge sind häufig untersucht worden, am umfassendsten in der Reihe *Anfänge westdeutscher Sicherheitspolitik* des Militärgeschichtlichen Forschungsamts (Bd. 1: *Von der Kapi-tulation zum Pleven-Plan*; Bd. 2: *Die EVG-Phase*; Bd. 3: *Die NATO-Option*; Bd. 4: *Wirtschaft und Rüstung, Souveränität und Sicherheit*, München 1982–1997).
2 A. J. P. Taylor, *The Struggle for Mastery in Europe, 1848–1918*, Ox-ford 1954.
3 Zahlen aus dem *Jahrbuch der öffentlichen Meinung 1947–1955, 1957, 1958–1964, 1968–1973, 1976, 1977, 1978–1982* und nach den IfD-Umfragen 3075, 3087 und 4030, zusammengestellt bei Hans-Peter Schwarz, »The West Germans, Western democracy, and Western

ties in the light of public opinion research«, in: James A. Cooney et al. (Hg.), *The Federal Republic of Germany and the United States. Changing Political, Social, and Economic Relations*, Boulder, Col., 1984, S. 66.

4 Zahlen nach Thomas Petersen, »Gefährdete Freundschaft«, in: *Frankfurter Allgemeine Zeitung*, 19.3.2003, S. 5.

5 Günter Buchstab (Bearb.), *Adenauer: »Wir haben wirklich etwas geschaffen«. Die Protokolle des CDU-Bundesvorstands, 1953–1957*, Düsseldorf 1996, 20.9.1956, S. 1030. Adenauer war damals durch Pläne des amerikanischen Generalstabschefs Radford alarmiert, die Landstreitkräfte zugunsten atomarer Abschreckungsstreitkräfte und der U. S. Navy zu reduzieren, gegebenenfalls auch mit Konsequenzen für die Truppenstationierung in Westeuropa.

6 Charles Kupchan, *Die Europäische Herausforderung. Vom Ende der Vorherrschaft Amerikas*, Berlin 2003 (2002), S. 181 f. Kupchan ist Professor für internationale Politik an der Georgetown University, Washington, und war im National Security Council der ersten Clinton-Administration zuständig für Europa-Fragen. Kupchan und andere proeuropäische Amerikaner stehen in einer langen Tradition positiver Europapolitik der USA, die in der Forschung schon viel Aufmerksamkeit gefunden hat, so neuerdings bei Beate Neuss, *Geburtshelfer Europas? Die Rolle der Vereinigten Staaten im europäischen Integrationsprozeß*, 1945–1958, Baden-Baden 2000.

7 Ansprache auf der ersten Tagung der Europäischen Kulturstiftung in Amsterdam am 23.11.1957, in: *Bulletin der Bundesregierung*, Nr. 219/57, S. 2022.

8 So am 16.2.1967, wenige Wochen vor seinem Tod, in der Rede im Ateneo in Madrid, die als eine Art europapolitisches Testament Adenauers verstanden werden muß, in: *Konrad Adenauer, Reden 1917–1967. Eine Auswahl*, hg. von Hans-Peter Schwarz, Stuttgart 1975, S. 484–491.

9 Dean Acheson, Rede in Westpoint, 5.12.1962.

10 David Calleo, »Der isolierte Hegemon«, in: *Internationale Politik*, 8/2004, S. 88.

11 Die meisten der quellengestützten Studien zur Außenpolitik de Gaulles arbeiten das mehr oder weniger deutlich heraus. Aus der einschlägigen Sekundärliteratur seien nur genannt: Maurice Vaisse, *La grandeur. Politique étrangère du général de Gaulle 1958–1969*, Paris 1998, und Georges-Henri Soutou, *L'alliance incertaine. Les rapports politico-stratégiques franco-allemands, 1954–1956*, Paris 1996, S. 123–309.

12 Georges-Henri Soutou, *L'alliance incertaine*, a.a.O., S. 410.

13 Jeremy Rifkin, *Der europäische Traum. Die Vision einer leisen Supermacht*, Frankfurt/M. 2004, S. 447.

14 *Strategic Survey 1999/2000*, Oxford 2000, S. 15 f.

15 Martin Walker, »Europe: Superstate or Superpower?«, in: *World Policy Journal*, XVII/4 (Winter 2000/2001), S. 9.

16 Zahlen nach Jeremy Rifkin, *Der europäische Traum*, a.a.O., S. 330.

17 Zum gegenwärtigen Stand der Planungen und zu dem ausgedehnten Schrifttum siehe Marco Overhaus, »Deutschland und die europäische Sicherheits- und Verteidigungspolitik 1998–2003. Gewollte Ambivalenz oder fehlende Strategie?«, in: Sebastian Harnisch u. a. (Hg.), *Deutsche Sicherheitspolitik. Eine Bilanz der Regierung Schröder*, Baden-Baden 2004, S. 37–57.

18 Zur deutschen Beteiligung an den Balkan-Einsätzen und speziell an der Operation »Concordia« der EU in Mazedonien und an der Operation »Aremis« im Kongo siehe Martin Wagener, »Die Entsendung deutscher Streitkräfte in der Ära Schröder«, ebd., S. 93–98.

19 Martin Agüera, »Deutsche Verteidigungs- und Rüstungsplanung im Kontext von NATO und EU. Ein (Reparatur-)Werkstattbericht«, ebd., S. 135.

20 Udo Diedrichs u.a., »Möglichkeiten und Grenzen militärischer Integration im Rahmen der ESVP«, in: *integration*, 27. Jg./Sept. 2004, S. 233.

21 Mette Eilstrup Sangiovanni, »Why a Common Security and Defence Policy is Bad for Europe«, in: *Survival*, vol. 45/4 (Winter 2003/2004), S. 194. Siehe auch Erich Reiter, »Europas Sicherheitspolitik nimmt nur langsam Gestalt an«, in: Reinhard C. Meier-Walser u.a. (Hg.), *Gemeinsam sicher?*, Neuried 2004, S. 145, und Matthias Joop / Sammi Sandawi, »Europäische Sicherheits- und Verteidigungspolitik«, in: Werner Weidenfeld / Wolfgang Wessel (Hg.), *Jahrbuch der Europäischen Integration 2003/2004*, Baden-Baden 2004, S. 229–238.

22 Gemäß Eurobarometer in Deutschland 81 %, in Frankreich 77 %, in Italien 86 % und im Durchschnitt der damals 15 EU-Mitglieder 74 %. Nur in Großbritannien haben sich lediglich 47 % dafür ausgesprochen. Zahlen nach Sabine Collmer, »›All politics is local‹. Deutsche Sicherheits- und Verteidigungspolitik im Spiegel der öffentlichen Meinung«, in: Sebastian Harnisch u. a. (Hg.), *Deutsche Sicherheitspolitik*, a.a.O., S. 214.

23 Zahlen bei Jeremy Rifkin, *Der europäische Traum*, a.a.O., S. 330.

24 Udo Diederichs u.a., »Möglichkeiten und Grenzen militärischer Integration«, a.a.O., S. 223.

25 Man rechnet mit 35 000 Soldaten, die direkt zum Einsatz kommen könnten, und zusätzlich 60 000 für die Rotation vorgesehenen Stabilisierungskräften, siehe Martin Agüera,»Deutsche Verteidigungs- und Rüstungsplanung«, a.a.O., S. 132.

26 Die neueste Studie (European Defence Paper des EU-Instituts für Internationale Sicherheitsstudien, Paris) skizziert für die kommenden 10–20 Jahre fünf denkbare Krisenszenarien: 1. Friedensschaffende Maßnahmen vom Typ Ifor/Sfor in Bosnien oder Kfor im Kosovo; 2. Interventionen in Dritte-Welt-Ländern, wo humanitäre Katastrophen drohen wie 1993 in Ruanda oder 1999 in Ost-Timor; 3. Interventionen und Regionalkriege, bei denen Überlebensinteressen der europäischen Industriestaaten auf dem Spiel stehen, wobei vor allem an die Erdölversorgung vom Golf zu denken ist; 4. Sondereinsätze von Spezialtruppen zur Ausschaltung von Massenvernichtungswaffen in den Händen von Terrororganisationen; 5. Mitwirkung bei der Heimatverteidigung im Fall katastrophaler Anschläge. Lothar Rühl,»Lücke zwischen Mittel und Zweck«, in: *Frankfurter Allgemeine Zeitung*, 1.10.2004, S. 6.

27 Zahlen des Haushaltsjahrs 2002, in: *The Military Balance 2004/2005*, S. 353.

28 Egon Bahr, *Der deutsche Weg. Selbstverständlich und normal*, München 2003, S. 96.

29 Zahlen nach *European Defence Paper*, zit. bei Lothar Rühl,»Lücke zwischen Mittel und Zweck«, a.a.O.

30 Martin Wagener,»Auf dem Weg zu einer ›normalen‹ Macht. Die Entsendung deutscher Streitkräfte in der Ära Schröder«, in: *Deutsche Sicherheitspolitik*, a.a.O., S. 89.

31 Walter Hallstein, *Der unvollendete Bundesstaat*, a.a.O., S. 43 und 234.

3. WARUM IMMER MIT FRANKREICH?

1 So die Metaphern der Studien, in denen das im ganzen produktive Auf und Ab in den deutsch-französischen Beziehungen geschildert wird, z. B. Julius W. Friend, *The Linchpin: French-German Relations 1950–1990*, New York 1991, David P. Calleo / Eric Staal (Hg.), *Europe's Franco-German Engine*, Washington, D.C., 1997, Hans-Peter Schwarz, *Eine Entente Élémentaire. Das deutsch-französische Verhältnis im 25. Jahr des Élysée-Vertrags*, Bonn 1990. Zur Entwicklung in den Jahren der rot-grünen Bundesregierung siehe (mit Literatur- und Quellenangaben) Christoph Neßhöver,»Deutsch-franzö-

sische Beziehungen. Vier lange Jahre Lernen«, in: Hanns Maull u. a. (Hg.), *Deutschland im Abseits? Rot-grüne Außenpolitik 1998–2003*, Baden-Baden 2004, S. 91–106, und Stephan Martens, *Allemagne. La nouvelle puissance européenne*, Paris 2002. Martens bringt das beiderseitige Verhältnis auf die Formel:»couple imaginaire, entente obligatoire«. Den Stand im Jahr 2004 analysiert Norbert Wagner, »Zum Stand der deutsch-französischen Beziehungen – vom europäischen Motor zum Bremsklotz«, in: *KAS/Auslandsinformationen*, 11/04, S. 10–21.

2 Zit. nach Nicolas Baverez, *La France qui tombe*, Paris 2003, S. 131.

3 In Deutschland ist die Zahl derer, die sich bei Befragungen dafür aussprechen,»möglichst eng mit Frankreich zusammenzuarbeiten«, über die Jahrzehnte hinweg kontinuierlich angestiegen und hatte 2001 diejenigen überschritten, die an erster Stelle die USA nannten. *Allensbacher Jahrbuch für Demoskopie 1998–2002*, hg. von Elisabeth Noelle-Neumann und Renate Kröcher, Bd. 11, München 2002, S. 969. Bei einer IFOP-Umfrage im Juni 2004 bezeichneten 82 % der befragten Franzosen Deutschland als den sichersten Verbündeten Frankreichs, 63 % nannten Großbritannien und immerhin noch 55 % die USA. Norbert Wagner,»Zum Stand der deutschfranzösischen Beziehungen«, a. a. O., S. 11.

4 Zahlen nach Christoph Neßhöver,»Deutsch-französische Beziehungen«, a. a. O., S. 99. Aus Anlaß des 40. Jahrestages der Unterzeichnung des Élysée-Vertrags sind eine Reihe von Aufsätzen (mit reichhaltigen Literaturangaben) erschienen, in denen die Entwicklungsgeschichte der deutsch-französischen Beziehungen und die Erwartungen um die Jahreswende 2002/2003 dargestellt wurden, so Corinne Defrance / Ulrich Pfeil (Hg), *Der Élysée-Vertrag und die deutsch-französischen Beziehungen 1945–1963–2003*, München 2005; Ulrike Guérot,»Die Bedeutung der deutsch-französischen Kooperation für den europäischen Integrationsprozeß«, ebd., S. 14–20; Michael Meimeth,»Deutsche und französische Perspektiven einer Gemeinsamen Europäischen Sicherheits- und Verteidigungspolitik«, ebd., S. 21–30; Joachim Schild,»Europäisierung nationaler und politischer Identitäten in Deutschland und Frankreich«, ebd., S. 31–39; und Hartmut Kaelble,»Die sozialen und kulturellen Beziehungen Frankreichs und Deutschlands seit 1945«, ebd., S. 40–46.

5 So der langjährige Schweizer Korrespondent in Paris Stefan Brändle, *Mythos Frankreich. Das »alte Europa« verliert seine Illusionen*, Zürich 2004, S. 108.

6 Nicolas Baverez, *La France qui tombe*, a. a. O., S. 69–71. Ähnlich kri-

tisch wie Baverez argumentieren Romain Gubert und Emmanuel Saint-Martin, *L'Arrogance Française*, Paris 2003.

7 Klaus Emmerich, *Europas letzte Chance. Der Überlebenskampf der EU*, Wien 2004, S. 93.

8 Die Denkschrift vom 5.7.1937 ist abgedruckt in: Hans Speidel, *Aus unserer Zeit. Erinnerungen*, Berlin 1977, S. 431–448. Aufmerksam gemacht auf diese glänzende Analyse wurde ich durch Wolf Jobst Siedler, *Wir waren noch einmal davongekommen. Erinnerungen*, Berlin 2004, S. 30.

9 Ebd., S. 436 f.

10 Memorandum von Pierre de Leusse, Leiter der Unterabteilung Mitteleuropa im französischen Außenministerium, 24.11.1948, zit. bei Raymond Poidevin, »Der Faktor Europa in der Deutschlandpolitik Robert Schumans«, in: *Vierteljahrshefte für Zeitgeschichte*, 3/1985, S. 409. Zur Gesamtanlage der damaligen Deutschlandpolitik Frankreichs siehe Eckart Lohse, *Östliche Lockungen und westliche Zwänge. Paris und die deutsche Teilung 1949 bis 1955*, München 1995.

11 Ebd.

12 Denkschrift vom 5.7.1937, in: Hans Speidel, *Aus unserer Zeit*, a.a.O., S. 431 f.

13 Margaret Thatcher, *Downing Street No. 10. Die Erinnerungen*, Düsseldorf 1993, S. 1105.

14 Helmut Schmidt, *Die Mächte der Zukunft. Gewinner und Verlierer in der Welt von morgen*, München 2004, S. 206.

15 Ebd., S. 1052. – Die scharfsinnigste wissenschaftliche Darstellung der unterschiedlichen polit-ökonomischen Konzepte, in deren Widerstreit sich die EWG/EG/EU entwickelte, hat neuerdings John Gillingham publiziert: *European Integration, 1950–2003. Superstate or New Market Economy?*, Cambridge 2003.

16 »Ungeliebter Kronprinz«, in: *Der Spiegel*, 27/2004, S. 103, und Gerald Braunberger, »Der Champion«, in: *Frankfurter Allgemeine Sonntagszeitung*, 27.6.2004, S. 38. Ähnlich, wenngleich vorsichtiger hat sich wenig später auch der neue französische Außenminister Barnier für eine »Öffnung« der deutsch-französischen Zweierbeziehung ausgesprochen: »Barnier: Andere Partner einbeziehen«, in: *Frankfurter Allgemeine Zeitung*, 9.7.2004, S. 4.

17 Stefan Brändle, *Mythos Frankreich*, a.a.O., S. 17.

18 Nicolas Baverez, *La France qui tombe*, a.a.O., S. 18.

4. Kerneuropa – eine »Idiotendiskussion«?

1 »EU/Altkanzler Kohl: Debatte über ›Kerneuropa‹ ist eine ›Idiotendiskussion‹«, DPA-Meldung, 13.3.2004, in: *Frankfurter Allgemeine Zeitung*, 15.3.2004.

2 Dies die These von Timothy Garton Ash, *Im Namen Europas. Deutschland und der geteilte Kontinent*, München 1993. – Von den vielen Analysen zur deutschen Diskussion über die Finalität des Einigungsprozesses sei nur genannt Wolfgang Wessels, »The German debate on European finality. Visions and missions«, in: Simon Serfaty (Hg.), *The European Finality Debate and its national dimensions*, Washington, D.C., 2003, S. 155–160.

3 Zur Reaktion siehe Helmut Hubel / Bernhard May, *Ein »normales« Deutschland. Die souveräne Bundesrepublik in der ausländischen Wahrnehmung*, Bonn 1995 (= Arbeitspapiere zur Internationalen Politik Nr. 92), S. 107–111.

4 Joseph Fischer, »Vom Staatenverbund zur Föderation. Gedanken über die Finalität der europäischen Integration«, Berlin, 12. Mai 2000, in: *Internationale Politik*, 8/2000, S. 107.

5 Schreiben Védrines an Fischer, 8.6.2000, ebd., S. 111.

6 Peter Scholl-Latour, *Schlaglichter der Weltpolitik. Die dramatischen neunziger Jahre*, München 2001 (1996), darin Nachdruck eines Artikels in der *Schweizer Illustrierten* vom 28. 2. 1994, S. 283.

7 Gemeinsame Erklärung Deutschlands, Frankreichs, Luxemburgs und Belgiens, 29.4.2003, in: *Internationale Politik*, 9/2003, S. 88.

8 »Die Rekonstruktion des Westens. Außenminister Fischer über Europa, Amerika und die gemeinsamen strategischen Aufgaben«, in: *Frankfurter Allgemeine Zeitung*, 6.3.2004, S. 9.

9 »Ich bedarf gar nicht des Trostes. Wolfgang Schäuble über das Amt des Bundespräsidenten, Angela Merkel und die Zukunft Europas«, in: *Frankfurter Allgemeine Sonntagszeitung*, 7.3.2004, S. 10.

10 Schreiben Védrines an Fischer, 8.6.2000, a.a.O.

11 Dazu nach wie vor lesenswert die Darstellung aus Sicht des damaligen deutschen Kommissionsmitglieds Hans von der Groeben, *Aufbaujahre der Europäischen Gemeinschaft. Das Ringen um den Gemeinsamen Markt und die Politische Union (1959–1966)*, Baden-Baden 1982.

12 Ulrike Guérot, »Frankreich und Deutschland. Lokomotive ohne Anhänger«, in: Johannes Varwick u. a., *Neues Europa – alte EU? Fragen an den europäischen Integrationsprozeß*, Opladen 2004, S. 285–298.

13 Einen aktuellen Aufriß der entsprechenden Bemühungen um eu-

ropäische Zusammenarbeit auf dem Feld der Sicherheits- und Verteidigungspolitik (mit reichhaltigen Literaturangaben) gibt Ralph Dietl,»Kontinuität und Wandel. Zur Geschichte der europäischen Zusammenarbeit auf dem Gebiet der Sicherheits- und Verteidigungspolitik 1948–2003«, in: Reinhard C. Meier-Walser (Hg.), *Gemeinsam sicher? Vision und Realität europäischer Sicherheitspolitik*, Neuried 2004, S. 19–86. Wichtig auch Peter Schmid,»Kerneuropa der Sicherheitspolitik. Integration oder Spaltung der EU«, in: Erich Reiter (Hg.), *Jahrbuch für internationale Sicherheitspolitik 2003*, Hamburg 2003, S. 241–256. Die bisher aktuellste Analyse des Kerneuropakonzepts im Licht des Verfassungsvertrags für Europa hat Heinrich Schneider verfaßt:»Die Zukunft der differenzierten Integration in der Perspektive des Verfassungsvertrags und der Erweiterung«, in: *integration*, Jg. 27, 4/04 (Dez. 2004), S. 259–273. Bei behutsamer Abwägung des Für und Wider äußert auch er Zweifel an der»Ratsamkeit der Kerneuropapolitik«.

14 Herbert Lüthy, *Frankreichs Uhren gehen anders*, Zürich 1954.

5. WARUM NICHT WIE ENGLAND?

1 Helmut Schmidt, *Die Mächte der Zukunft. Gewinner und Verlierer der Welt von morgen*, München 2004, S. 220 und 211.

2 *The Economist*, 31.7.2004, S. 29, und 17.7.2004, S. 11.

3 Ebd., 10.7.2004, S. 32.

4 Will Hutton, *The World We're In*, London 2002, passim.

5 Jolyon Howorth,»France, Britain and the Euro-Atlantic Crisis«, in: *Survival*, vol. 45/4, Winter 2003/2004, S. 175.

6 Richard von Weizsäcker,»Eine harte Lehrstunde. Interview«, in: *Der Spiegel*, 33/2003 (11.8.2003), S. 28.

7 Die geistvollste Erörterung dieses Topos findet sich in einem Aufsatz von Timothy Garton Ash,»Is Britain European«, in: *International Affairs*, 77/1 (2001), S. 1–13.

8 Niall Ferguson, *Empire. How Britain Made the Modern World*, London 2003, S. 56.

9 Harold Macmillan, *Pointing the Way 1959–1961*, London 1972, Eintrag vom 29.11.1961, S. 427.

10 Zit. nach Thomas Kielinger, *Die Kreuzung und der Kreisverkehr. Deutsche und Briten im Zentrum der europäischen Geschichte*, Bonn 1997, S. 224.

11 Nigel Fisher, *Harold Macmillan. A Biography*, New York 1982, S. 100f.

12 Timothy Garton Ash, *Freie Welt. Europa, Amerika und die Chance der Krise*, München 2004, S. 43.

13 So der Titel des für die Jahre von 1949 bis 1987 aufschlußreichen Sammelbands von Karl Kaiser / John Roper (Hg.), *Die stille Allianz. Deutsch-Britische Sicherheitskooperation*, Bonn 1987. Für die fünfziger und die sechziger Jahre siehe Karl Kaiser / Roger Morgan (Hg.), *Strukturwandlungen der Außenpolitik in Großbritannien und der Bundesrepublik*, München 1970.

14 Dazu Timothy Garton Ash, *Freie Welt. Europa, Amerika und die Chance der Krise*, München 2004, S. 39 f.

15 Wenige Vorgänge der neueren britischen Außenpolitik haben so viel Interesse gefunden wie die Europapolitik in der zweiten Hälfte des 20. Jahrhunderts. Den besten Überblick vermittelt immer noch die Darstellung von Hugo Young, *This Blessed Plot. Britain and Europe from Churchill to Blair*, London 1999.

16 Die schöne, unverändert aktuelle Strophe aus Kaput X von *Deutschland. Ein Wintermärchen* (1844) lautet: »Sie fechten gut, sie trinken gut / Und wenn sie die Hand dir reichen / Zum Freundschaftsbündnis, dann weinen sie; / Sind sentimentale Eichen.«

17 Margaret Thatcher, *Statecraft. Strategies for a Changing World*, London 2002, S. 359.

18 Dazu Anthony Seldon, *Blair*, London 2004, S. 328–346.

19 Aus Sicht des Jahres 2002, vor den Differenzen über den Irakkrieg, hat Wolfgang Wagner die entsprechenden Ansätze in Berlin, Paris und London analysiert – nüchtern und konstruktiv, wie man ihn kennt: *Die Konstruktion einer europäischen Außenpolitik. Deutsche, französische und britische Ansätze im Vergleich*, Frankfurt/M. 2002.

20 Timothy Garten Ash, *Freie Welt*, a.a.O., S. 104–119.

6. Erweiterung und »Fast null«-
Vertiefung – nun auch noch die Türkei?

1 Hanns W. Maull, »Warum nicht Israel und Palästina in die EU?«, in: *Frankfurter Allgemeine Sonntagszeitung*, 7.11.2004, S. 2. Für eine hybride These der »Entgrenzung«, gemäß der sich Europa weniger kulturell, geschichtlich oder geographisch definiert als politisch durch Einbeziehung in die Integrationsprozesse der EU, plädiert auch Georg Kreis, *Europa und seine Grenzen*, Bern 2004.

2 Peter Glotz, »Das Völkerkonglomerat«, in: *Internationale Politik*, 4/2004, S. 28.

3 Herbert Kremp, »Europa ist tief gespalten«, in: *Welt am Sonntag*, 31.10.2004, S. 12.

4 Es hat vergleichsweise lange gedauert, bis die Kritik an einer Aufnahme der Beitrittsverhandlungen mit der Türkei ein breites Spektrum der deutschen Publizistik erfaßt hat. Einer der ersten war der Historiker Heinrich August Winkler, der im November 2002 in der *Zeit* den später von der CDU/CSU übernommenen Begriff »privilegierte Partnerschaft« als Alternative zur Vollmitgliedschaft in die Diskussion einführte (zu Winklers Argumentation siehe »Grenzen der Erweiterung: Die Türkei ist kein Teil des ›Projekts Europa‹«, in: *Internationale Politik*, 58/2 (Febr. 2003), S. 59–66. Dagegen: Dietrich von Kyaw, »Die Türkei ist ein Teil des ›Projekts Europa‹«, ebd., 58/3, S. 47–54). Heute hat sich eine Mehrzahl der überregionalen Blätter mehr oder weniger stark auf das unüberlegte Vorhaben eingeschossen. Genannt seien: Jacques Schuster und Roger Köppel, »Zehn Gründe gegen den Beitritt der Türkei«, in: *Die Welt*, 24.9.2004, S. 1; Ernst-Wolfgang Böckenförde, »Nein zum Beitritt der Türkei«, in: *Frankfurter Allgemeine Zeitung*, 10.12.2004, S. 35, 37; Nikolas Busse, »Das türkische Geschäft«, ebd., 9.8.2004, S. 1; Stefan Kornelius, »Die überdehnte Union«, in: *Süddeutsche Zeitung*, 8.9.2004, S. 4. Auch die Umfragen zeigen ein starkes Überwiegen der Bedenken in der Bevölkerung (nach einer Allensbach-Umfrage vom Oktober 2004 waren 51 % dagegen, 25 % dafür, 24 % unentschieden: *Frankfurter Allgemeine Sonntagszeitung*, 31.10.2004, S. 33. Die Zahl derer, die dagegen sind, ist im Dezember 2004 nach einer Umfrage des Pariser *Figaro* auf 55 % angestiegen: *Die Welt*, 14.12.2004).

5 Siehe Philippe Crevel / Norbert Wagner, »Frankreich am Ende des Integrationsmythos?«, in: *KAS/Auslandsinformationen*, 10/04, S. 113–130. In der schon erwähnten Umfrage des *Figaro* haben sich 67 % der befragten Franzosen gegen einen Beitritt der Türkei ausgesprochen (*Die Welt*, 14.12.2004).

6 Helmut Schmidt, *Die Mächte der Zukunft*, a.a.O., S. 206.

7 Wolf D. Gruner / Wichard Woyke, *Europa-Lexikon. Länder – Politik – Institutionen*, München 2004, S. 464.

8 Werner Weidenfeld, »Europas neues Gesicht«, in: *Internationale Politik*, 7/2004, S. 83.

9 Zahlen nach Petra Pinzler, »Türken? Schnell die Pralinen weg!«, in: *Die Zeit*, 30.9.2004, S. 4.

10 So Bundesaußenminister Joseph Fischer in einem Interview mit der *Frankfurter Allgemeinen Zeitung* zum Thema »Die Rekonstruktion des Westens«, 6.3.2004, S. 9.

11 Aus der Flut einschlägiger Darstellungen seien nur genannt: Udo Steinbach, *Die Geschichte der Türkei*, München 2001, und Hans Plattner, *Die Türkei. Eine Herausforderung für Europa*, München 1999, sowie zur Außenpolitik: Hans Kramer, *A changing Turkey. The challenge to Europe and the United States*, Washington, D.C., 2000.

12 Mesut Yilmaz, »Wir haben mutige Schritte getan« (Interview), in: *Die Welt*, 30.10.2004, S. 5.

13 Typisch David L. Phillips, »Turkey's Dream of Accession«, in: *Foreign Affairs*, vol. 83/5 (Sept./Okt. 2004), S. 86–97.

14 Heribert Prantl, »Das Volk, der große Lümmel«, in: *Süddeutsche Zeitung*, 24./25.6.2004, S. 4.

15 »Drei Viertel der Deutschen sind für ein EU-Referendum«, in: *Die Welt*, 10.7.2004, S. 5. Einen nuancierten Überblick zu den Umfragen gibt Michael Mertes, »Enorme Unterschiede. Aktuelle Demoskopie zum EU-Beitritt der Türkei«, in: *Internationale Politik*, 60/1 (Jan. 2005), S. 61 ff.

16 »Auch in Frankreich Abstimmung über EU-Verfassung«, in: *Frankfurter Allgemeine Zeitung*, 15.7.2004, S. 1.

7. MODELL EUROPA – DER STOFF AUS DEM DIE TRÄUME SIND?

1 Titel der sentimentalen Schmonzette von Johannes Mario Simmel, *Der Stoff, aus dem die Träume sind*, München 1971.

2 Zusammenfassende Aufrisse aus Sicht der späten neunziger Jahre finden sich in dem Sammelband von Karl Kaiser / Hans-Peter Schwarz (Hg.), *Weltpolitik im neuen Jahrhundert*, Baden-Baden 2000. Siehe auch den Problemaufriß von Paul Kennedy, *In Vorbereitung auf das 21. Jahrhundert*, Frankfurt/M. 1993 (1992).

3 Michael Stürmer, »Verkanntes Objekt der Geschichte«, in: *Die Welt*, 15.10.2004, S. 27.

4 Rede bei Verleihung des internationalen Karlspreises in Aachen, 2.6.2000, in: *Internationale Politik*, 9/2000, S. 97, 99.

5 Jacques Derrida / Jürgen Habermas, »Unsere Erneuerung«, in: *Frankfurter Allgemeine Zeitung*, 31.5.2003, S. 33.

6 *Im Zentrum der Macht. Das Tagebuch von Staatssekretär Lenz 1951– 1953*, bearb. v. Klaus Gotto u. a., Düsseldorf 1989, Eintrag vom 4.2.1952, S. 243.

7 Jacques Derrida / Jürgen Habermas, »Unsere Erneuerung«, a.a.O.

8 Robert Kagan, *Macht und Ohnmacht*, a.a.O., S. 45.

9 Siehe Kapitel II. 1, S. 108.

10 Gottfried-Karl Kindermann, *Der Aufstieg Ostasiens in der Weltpolitik 1840 bis 2000*, a.a.O., S. 19.

11 Zum neuesten Stand Gottfried-Karl Kindermann, »Taiwan im Brennpunkt«, in: *Internationale Politik*, 9/2004, S. 23–29.

12 Dazu ist nach wie vor eine Studie aktuell, die sich auf die Jahrzehnte des Kalten Krieges bezieht, aber wohl auch künftig von unveränderter Aktualität ist; Xuewu Gu, *Ausspielung der Barbaren. China zwischen den Supermächten in der Zeit des Ost-West-Konflikts*, Baden-Baden 1998.

13 Dietmar Rothermund, »Keine Lösung in Sicht. Der Kaschmir-Konflikt und seine Auswirkungen«, in: *Internationale Politik*, 2/2003, S. 55–58.

14 Philip Andrews-Speed / Xuanli Liao / Roland Dannreuther, *The Strategic Implications of China's Energy Needs*, Oxford 2002 (= Adelphi Paper 346), S. 89–93.

15 Lothar Rühl hält die operativen Fähigkeiten der chinesischen Marine nach wie vor für »extrem begrenzt«, meint aber gleichzeitig, daß China das Wirtschaftspotential zum langfristige Aufbau einer leistungsfähigen Streitmacht von Flugzeugträgern, einer hochwertigen U-Boot-Flotte und von rund fünfzig modernen Mehrzweckfregatten besitzt, vor allem dann, wenn Deutschland und Frankreich technologische Hilfe leisten. »Zur See begrenzt. Die chinesische Aufrüstung und die strategische Lage in Fernost«, in: *Frankfurter Allgemeine Zeitung*, 6.1.2005.

16 Zur Diskussion der Analogie zwischen dem heutigen »wilhelminischen«, autoritären China und den demokratischen USA, die sich in der Rolle Englands vor 1914 sehen könnten, siehe die Auseinandersetzung zwischen Lanxin Xiang, »Washingtons Misguided China Policy«, und David Shambaugh, »Response«, in: *Survival*, 43/3 (Autumn 2001), S. 7–30.

17 Frank Umbach, »Aufrüstung und neue Sicherheitskooperationen in Asien-Pazifik«, in: *Internationale Politik*, 9/2004, S. 68.

18 Zu den Gründen siehe Joachim Krause, »Nordkorea und Irak. Unterschiedliche Maßstäbe in der Bewertung«, in: *Internationale Politik*, 2/2003, S. 43–48.

19 Eberhard Sandschneider, »Asiens Ambitionen«, in: *Internationale Politik*, 9/2004, S. 7.

20 Bismarck an Prinz Heinrich VII. von Reuss, 13.12.1885, in: *Die große Politik der europäischen Kabinette 1871–1914*, Berlin 1922–1927, Bd. V, S. 35.

8. Die UN – zentral oder bloss funktional?

1 Das allgemeine Gewaltverbot der UN-Charta ist bekanntlich nicht identisch mit einem Gewaltmonopol der UN. Zur Thematik generell siehe Christian Tomuschat, »Globale Menschenrechtspolitik«, in: Karl Kaiser / Hans-Peter Schwarz (Hg.), *Weltpolitik im neuen Jahrhundert*, Baden-Baden 2000, S. 431–441.

2 Max Beloff, *The Future of British Foreign Policy*, London 1969, S. 25.

3 »Die Nationale Sicherheitsstrategie der USA vom 17. September 2002«, in: *Internationale Politik*, 12/2002, S. 115.

4 »Entwurf einer Europäischen Sicherheitsstrategie, vorgelegt am 20.6.2003«, in: *Internationale Politik*, 9/2003, S. 112.

5 Peter Müller, »Die Illusion von der Weltmacht«, in: *Welt am Sonntag*, 17.10.2004, S. 3.

6 Zur großen Zahl bisheriger Reformvorschläge und zu den Positionen der beteiligten Regierungen siehe Lisette Andreae, *Reform in der Warteschleife. Ein deutscher Sitz im Weltsicherheitsrat*, München 2002. Aus neuerer Sicht siehe auch das nachdrückliche Plädoyer von Karl Kaiser, »Der Sitz im Sicherheitsrat. Ein richtiges Ziel deutscher Außenpolitik«, in: *Internationale Politik*, 8/2004, S. 61–69. Generell zur Diskussion über die künftige Rolle der UN siehe Bernhard Dolzer u. a. (Hg.), *Die Zukunft der UNO und das Völkerrecht. Beiträge und Thesen einer Internationalen Konferenz*, Freiburg i. Br. 2004. Darin besonders instruktiv die Beiträge von Venkateswara S. Mani, Rudolf Dolzer, Matthias Herdegen, Wolfgang Schäuble und Kim R. Holmes.

7 James Gow, *Triumph of the Lack of Will. International Diplomacy and the Yugoslav War*, London 1997.

8 Das geht auch aus dem seither erschienenen wissenschaftlichen Schrifttum deutlich hervor, siehe Carsten Giersch, *Konfliktregulierung in Jugoslawien 1991–1995*, Baden-Baden 1998, S. 213–261 und 304 ff.. Giersch kommt nach gründlicher Untersuchung des mißglückten Krisenmanagements zu der Schlußfolgerung: »Das mit der ständigen Mitgliedschaft verbundene Vetorecht führt dazu, daß die USA, Großbritannien, Frankreich, Rußland und China dem Völkerrecht nur dann Geltung verschaffen, wenn dies in ihrem jeweiligen nationalen Großmachtinteresse liegt. Eine Erweiterung der ständigen Mitgliedschaft um Länder, die das heutige multipolare Staatensystem angemessen repräsentieren, die Abschaffung des Vetorechts der Großmächte und das Erfordernis hoher qualifizierter Mehrheiten für Entscheidungen unter Kapitel VII der UN-Charta dürften dem völkerrechtlichen Relativismus entgegenwirken, ohne

daß es zu einem unverantwortlichen Interventionismus kommen muß« (ebd., S. 304f.). Daß die Ständigen Mitglieder jemals auf ihr Vetorecht verzichten könnten, ist natürlich ein Sternengedanke. Die Forderung nach Erweiterung ist aber in der Tat eine naheliegende Schlußfolgerung. Den Verlauf der Krisen der Jahre 1991–1996 im einzelnen analysiert Daniel Eisermann, *Der lange Weg nach Dayton. Die westliche Politik und der Krieg im ehemaligen Jugoslawien 1991 bis 1995*, Baden-Baden 2000. Etwas gedämpftere kritische Einschätzungen der Rolle von UNPROFOR finden sich auch bei dem seinerzeit für Kambodscha und Bosnien zuständigen UN-Beamten Yasushi Akashi,»The Limits of UN Diplomacy and the Future of Conflict Mediation«, sowie Shashi Tharoor,»Should UN Peacekeeping Go Back to Basics?«, beide in: *Survival*, 4/37 (Winter 1995/96), S. 83 bis 98 und 52–64.

9 »Entwurf einer Europäischen Sicherheitsstrategie«, a.a.O.

9. Wird Deutschland wirklich am Hindukusch verteidigt?

1 Festvortrag des deutschen Verteidigungsministers Peter Struck, Hamburg, 15.10.2003, in: *Internationale Politik*, 6/2004. S. 115.

2 Ein Überblick über die Auslandseinsätze meist von Transportmaschinen oder auch von Marineeinheiten von Ost-Timor und Mosambik bis Djibouti und Gaza findet sich bei Martin Wagner,»Auf dem Weg zu einer ›normalen‹ Macht?«, in: Sebastian Harnisch u.a. (Hg.), *Deutsche Sicherheitspolitik. Eine Bilanz der Regierung Schröder*, Baden-Baden 2004, S. 89–118.

3 Zahlen für 2003: Deutschland 284 500 Soldaten, Frankreich 259 000, Großbritannien 212 600, Italien 200 000 (nach: *The Military Balance, 2004/2005*, London 2004, S. 353).

III. Deutsche Staatsräson

1 Friedrich Meinecke, *Die Idee der Staatsräson in der neueren Geschichte*, München 1929 (1924), S. 1.

2 Ebd., S. 538f.

3 Ebd., S. 21.

4 Ebd., S. 530.

5 Ebd., S. 522.

6 Eine in den frühen achtziger Jahren durchgeführte, international

vergleichende Wertestudie diagnostizierte in der Bundesrepublik einen auffällig niedrigen Nationalstolz, dies verbunden mit »Selbst-Demütigung« und ausgeprägt privatistischen Tendenzen. Elisabeth Noelle-Neumann interpretierte dies als Langzeitfolge traumatischer Verletzung aufgrund der Niederlage 1945 und der folgenden Besatzung. Elisabeth Noelle-Neumann / Renate Köcher, *Die verletzte Nation. Über den Versuch der Deutschen, ihren Charakter zu ändern*, Stuttgart 1987, S. 35, 47. Man müßte in diesem Zusammenhang wohl auch noch die Scham über den Holocaust an den Juden und über andere Schandtaten als Motiv vermuten. Ähnliche skeptische Beobachtungen zum deutschen Selbstwertgefühl finden sich bei Walter Laqueur, *Was ist los mit den Deutschen?*, Frankfurt/M. 1985.

7 Johannes Gross, *Die Deutschen*, Frankfurt/M. 1971 (1967), S. 9.

8 Ebd., S. 51.

9 Waldemar Besson, *Die Außenpolitik der Bundesrepublik. Erfahrungen und Maßstäbe*, München 1970. Wie zeitgemäß die Auseinandersetzung mit Bessons »großem Buch« ist, hat unlängst Wilfried von Bredow mit Nachdruck hervorgehoben. »Neue Erfahrungen, neue Maßstäbe«, in: *Internationale Politik*, 9/2003, S. 3.

10 Ebd., S. 459.

11 Ebd., S. 447.

12 Ebd., S. 447 f.

13 Ebd., S. 451 f.

14 Ebd., S. 453.

15 Ebd., S. 458.

16 Ebd., S. 459.

17 Ich habe, wie erwähnt, im Jahr 1994 auf meine Weise versucht, die neuen Möglichkeiten und Belastungen der von den Fesseln des Kalten Krieges befreiten, geostrategisch günstiger plazierten Bundesrepublik zu skizzieren, und dafür den Begriff »Zentralmacht Europas« formuliert, deren stets vorhandene innere Unsicherheiten durch die scheinbare Machtsteigerung eher noch verstärkt worden waren. Siehe dort z. B. Kap. 1/4 »Spitzweg-Staat und Ausnahmezustand« *(Die Zentralmacht Europas, a.a.O., S. 154–169).*

18 Johannes Gross, *Die Deutschen*, München 1971 (1967), S. 254. Wie bei fast jedem bedeutenden Staatsmann war auch die Außenpolitik Adenauers durch widersprüchliche Vielschichtigkeit gekennzeichnet (siehe dazu in meiner Studie *Anmerkungen zu Adenauer*, München 2004, das Kapitel »Außenpolitik«, S. 73–116). Zunehmend wurde er im nachhinein zum Kronzeugen einseitig europäischer und frankophiler Grundorientierung zurechtgeschminkt – eine Li-

nie, die sich bei ihm erst in den sechziger Jahren durchsetzte, aber auch dann aufgrund eines illusionslosen Interessenkalküls.

19 Rüdiger Altmann, *Der wilde Frieden. Notizen einer politischen Theorie des Scheiterns*, Stuttgart 1987, S. 90.

20 Der Terminus wurde von Dieter Oberndörfer mit prononciert euro-föderalistischem Akzent in die Diskussion eingeführt. *Die offene Republik. Zur Zukunft Deutschlands und Europas*, Freiburg 1991. Auf seine Weise hat auch Wolfgang Wessels die Entwicklung analytisch erfaßt: *Die Öffnung des Staates. Modelle und Wirklichkeit grenzüberschreitender Verwaltungspraxis 1960–1995*, Opladen 2000.

21 Waldemar Besson, *Die Außenpolitik der Bundesrepublik*, a.a.O., S. 448.

22 Joseph Fischer,»Die Selbstbeschränkung der Macht muß fortbestehen«, Vortrag am 8.6.1998, in: Karl Kaiser (Hg.), *Zur Zukunft der deutschen Außenpolitik. Reden zur Außenpolitik der Berliner Republik*, Bonn 1998, S. 78.

23 G. W. F. Hegel, *Die Verfassung Deutschlands*, in: *Werke in zwanzig Bänden*, Bd. 1: *Frühe Schriften*, Frankfurt/M. 1971, S. 461.

24 Siehe die Analyse des Vertrags über eine Verfassung für Europa von Wolfgang Wessels,»Die institutionelle Architektur der EU nach der europäischen Verfassung«, in: *integration* 3/2004 (September 2004), S. 166 f.

25 Ralf Dahrendorf,»Die Zukunft der repräsentativen Demokratie«, in: ders., *Der Wiederbeginn der Geschichte. Vom Fall der Mauer zum Krieg im Irak*, München 2004, S. 280.

26 Friedrich Meinecke, *Die Idee der Staatsräson*, a.a.O., S. 538.

27 »Straßburg ist kein oberstes Rechtsmittelgericht«. Gespräch mit dem Präsidenten des Bundesverfassungsgerichts, Hans-Jürgen Papier, in: *Frankfurter Allgemeine Zeitung*, 9.12.2004, S. 5.

28 So Friedrich Meinecke, *Die Idee der Staatsräson*, a.a.O., S. 2.

29 Dem Politologen Samuel P. Huntington schlägt bekanntlich vielerorts in Europa genausoviel Ablehnung entgegen wie Amerika selbst. Dennoch hat er die derzeit präziseste Liste von Merkmalen dessen zusammengestellt, was die westliche Kultur mit dem Schwerpunkt in der atlantischen Welt konstituiert: das klassische Erbe, das dialektische Gegeneinander und Miteinander von Katholizismus und Protestantismus, europäische Sprachen, Trennung von geistlicher und weltlicher Macht, Rechtsstaatlichkeit, gesellschaftlicher Pluralismus, Repräsentativorgane, Individualismus. Samuel P. Huntington, *Kampf der Kulturen. Die Neugestaltung der Weltpolitik im 21. Jahrhundert*, München 1996, S. 99–103. Neben dem Studium derart kulturbezogener Monographien, die gründ-

liche und kritische Auseinandersetzung verdienen, ist es aber von Nutzen, sich die Totalität der Vernetzung auf allen Ebenen konkret vor Augen zu führen, die unter den Bedingungen moderner Politik, Wirtschaft und Zivilisation zwischen den USA und der Bundesrepublik entstanden ist. Verwiesen sei also auch an dieser Stelle nochmals auf das reichhaltige Handbuch, hg. von Detlev Junker, *Die USA und Deutschland im Zeitalter des Kalten Krieges*. Ein Handbuch, Bd. 1: 1945–1968, Bd. 2: 1968–1990, Stuttgart 2001.

30 R. N. Coudenhove-Kalergi, *Pan-Europa*, Wien 1923.

31 Celeste A.Wallander / Robert O. Keohane,»Risk, Threat, and Security Institutions«, in: Helga Haftendorn u. a. (Hg.), *Imperfect Unions. Security Institutions over Time and Space*, Oxford 1999, S. 22–47.

32 Zum neuesten Diskussionsstand siehe wie erwähnt die Sammelbände von Erich Reiter (Hg.), *Jahrbuch für internationale Sicherheitspolitik* 2003, Hamburg 2003, und Reinhard C. Meier-Walser (Hg.), *Gemeinsam sicher? Vision und Realität europäischer Sicherheitspolitik*, Neuried 2004. Siehe auch die Aufsätze zum Thema »Was kann die NATO?«, in: *Internationale Politik*, 6/2004.

33 Ralph Alexander Lorz,»Zurück in die Zukunft«, in: *Frankfurter Allgemeine Zeitung*, 24.11.2004, S. 7.

34 August Ludwig von Rochau, *Grundsätze der Realpolitik angewendet auf die staatlichen Zustände Deutschlands*, Frankfurt/M. 1972 (1869), S. 208.

35 Dazu Hans Stark,»Paris, Berlin et Londres: vers l'émergence d'un directoire européen«, in: *Politique étrangère*, 4/67 (hiver 2002/2003), S. 967–982. – Art. I-41 Abs. 6 und Art. III-312 des Vertrags über eine Verfassung für Europa würden das erlauben, sollten diese Bestimmungen in Kraft treten.

36 J. J. Ruedorffer (Kurt Riezler), *Grundzüge der Weltpolitik in der Gegenwart*, Stuttgart 1916 (1914).

37 So der Titel der Monographie von Michael Stürmer – ein immer noch unverstaubtes Werk, dessen vieldimensionale Anlage die Motive damaliger deutscher Weltpolitik feinfühlig erfaßt hat: *Das ruhelose Reich. Deutschland 1866–1918*, Berlin 1983.

38 Kurt Riezler, *Tagebücher, Aufsätze, Dokumente*, eingel. und hg. von Karl Dietrich Erdmann, Göttingen 1972, S. 185.

39 So der Titel der Monographie von Fritz Fischer, der auf die nachträgliche Bewertung deutscher Weltpolitik durch die Öffentlichkeit der Bundesrepublik nachhaltig einwirkte: *Griff nach der Weltmacht. Die Kriegszielpolitik des kaiserlichen Deutschland 1914/18*, Düsseldorf 1969.

40 Richard Rosecrance, *Der neue Handelsstaat. Herausforderungen für Politik und Wirtschaft*, Frankfurt/M. 1987 (1986).

41 Ebd., S. 244.

42 Waldemar Besson, *Die Außenpolitik der Bundesrepublik*, a.a.O., S. 453.

43 Das war schon aus zeitgenössischer Sicht deutlich erkennbar, siehe dazu meinen Aufsatz »Die westdeutsche Entwicklungshilfe«, in: Hans-Peter Schwarz (Hg.), *Handbuch der deutschen Außenpolitik*, München 1975, S. 723–739, sowie Jürgen Dennert, *Entwicklungshilfe – geplant oder verwaltet? Entstehung und Konzeption des Bundesministeriums für wirtschaftliche Zusammenarbeit*, Bielefeld 1968. So hat die Bundesrepublik beispielsweise seit 1955 beträchtliche Entwicklungshilfe nach Südvietnam geleitet mit dem eindeutigen Ziel – in der Formulierung Bundeskanzler Erhards in einem Brief an Präsident Johnson –, Südvietnam »als Bollwerk der freien Welt in Südostasien zu erhalten«. Alexander Troche, »*Berlin wird am Mekong verteidigt«. Die Ostasienpolitik der Bundesrepublik in China, Taiwan und Südvietnam 1954–1966*, Düsseldorf 2001, S. 332.

44 Auch der Militärhilfe der Bundesrepublik in den Jahrzehnten des Kalten Krieges lagen neben Exportinteressen in starkem Maß arbeitsteilige Gesichtspunkte globaler westlicher Eindämmungspolitik zugrunde, wobei sich die Einwirkungen der USA auf den Juniorpartner Bundesrepublik stark bemerkbar machten. Dazu aus zeitgenössischer Sicht Helga Haftendorn, *Militärhilfe und Rüstungsexporte der BRD*, Düsseldorf 1971, und eine Fülle von Dokumenten in den *Akten zur Auswärtigen Politik der Bundesrepublik Deutschland* (AAPD), Jahresbände 1963–1974, München 1985 ff. Den geheimen Panzerlieferungen an Israel, deren Aufdeckung seit 1965 auf eine Reihe von Jahren die Beziehungen zur arabischen Welt schwer belastete, lagen neben dem deutschen Wunsch, Israel nach Kräften zu helfen, gleichfalls amerikanische Anregungen zugrunde.

45 Ebd., S. 454.

46 Dazu Sven Olaf Berggötz, *Nahostpolitik in der Ära Adenauer. Möglichkeiten und Grenzen 1949–1963*, Düsseldorf 1998.

47 Henry Adams, *Die Erziehung des Henry Adams*, a.a.O., S. 721.

48 *Strategic Survey 2002/3*, Oxford 2003, S. 153.

49 Im Dezember 2003 waren es genau 1950 Soldaten. Seitdem wurde die Truppe um ein paar hundert Mann verstärkt.

50 J. J. Ruedorffer (Kurt Riezler), *Grundzüge der Weltpolitik*, a.a.O., S. 106.

51 »Europe warned over dependence on Russian gas«, in: *Financial Times*, 3.12.2004, S. 1.

52 Zahlen für 2003, in: *Der Fischer Weltalmanach 2005*, Frankfurt/M. 2004, S. 647, 650.

53 Waldemar Besson, *Die Außenpolitik der Bundesrepublik*, a.a.O., S. 460.

54 Friedrich der Große, »Das politische Testament von 1752«, in: *Die Werke Friedrichs des Großen*, Bd. 7, Berlin 1913, S. 120.

Personenregister

Ferguson, Niall 180, 326
Fischer, Joseph (Joschka) 23, 25, 30, 111, 122, 164, 168, 204, 242, 256, 272, 275f.
Ford, Gerald 93
Frankel, Joseph 318
Friedrich II., der Große 311

Gansel, Norbert 239
Garton Ash, Timothy 186, 192
Gaulle, Charles de 29, 51, 53, 116, 122, 124f., 144, 147, 154, 162, 166, 168, 180, 188, 189, 219
Genscher, Hans-Dietrich 25, 52, 122
Giersch, Carsten 343
Gillingham, John 49
Giscard d'Estaing, Valéry 125, 181
Gladstone, William Ewart 257, 276
Glotz, Peter 198
Gorbatschow, Michail 18
Gow, James 249
Gross, Johannes 269, 273
Grawert, Rolf 40

Habermas, Jürgen 224ff.
Hacke, Christian 286
Haftendorn, Helga 19, 21
Hajek, Friedrich von 36
Hallstein, Walter 52, 58, 137, 225
Havel, Václav 11
Heath, Edward (Ted) 183, 191, 284
Heine, Heinrich 189, 215
Hitler, Adolf 63, 94, 268, 286, 298
Hobbes, Thomas 84
Ho Tschi-minh 90
Hubel, Helmut 330
Huntington, Samuel 204
Hussein, Saddam 25, 61, 74f., 87f., 105, 119, 240, 261
Hutton, Will 176
Huxley, Aldous 139

Jelzin, Boris 18, 25
Johnson, Lyndon B. 53, 93, 119

Kagan, Robert 83f., 227, 327
Kaiser, Karl 16f.
Karzai, Hamid 254

Kemal Atatürk, Mustafa 206
Kennedy, John F. 85, 119
Kennedy, Paul 59
Kerry, John F. 80, 94
Kiesinger, Kurt Georg 52, 225
Kim Jong Il 233, 245
Kindermann, Gottfried-Karl 231
Kissinger, Henry 35, 40, 284
Kohl, Helmut 11, 15f., 18ff., 23, 25, 27, 52, 59f., 122, 157, 167, 176, 189, 191, 239, 315
Kremp, Herbert 198f.
Kupchan, Charles 119, 332

Lafontaine, Oskar 276
Lamers, Karl 140, 157, 160, 162, 165
Laqueur, Walter 328
Lenin, Wladimir Iljitsch 268
Le Pen, Jean-Marie 29
Link, Werner 328
Lippmann, Walter 67, 71, 284, 322
Lübbe, Hermann 44
Lüthy, Herbert 172

MacArthur, Douglas 108
Machiavelli, Niccolò 57
Macmillan, Harold 180, 182, 190, 275
Major, John 177, 315
Mann, Golo 11
Mao Tse-tung 90, 94, 268
Marcos, Ferdinando E. 230
Maull, Hanns W. 17, 314
Meinecke, Friedrich 267ff., 272, 274, 277, 282
Merkel, Angela 192
Mersheimer, John J. 322
Metternich, Klemens Wenzel Fürst von 258
Milošević, Slobodan 247
Mitterrand, François 18f., 54, 63f., 125, 150, 154, 178, 183, 189ff., 315
Mollet, Guy 189
Mommsen, Hans 320
Montesquieu, Charles de Secondat, Baron de la Brède et de 84
Murdoch, Rupert 187
Mussolini, Benito 268

35I